儿童美术教学指导手册

张重欣　主编

中国美术学院出版社

责任编辑：章腊梅
执行编辑：金晓昕
封面设计：符　今
排版制作：胡一萍
责任校对：杨轩飞
责任印制：张荣胜

图书在版编目（CIP）数据

儿童美术教学指导手册 / 张重欣主编. -- 杭州 : 中国美术学院出版社，2023.12
ISBN 978-7-5503-3162-4

Ⅰ. ①儿… Ⅱ. ①张… Ⅲ. ①美术课－中小学－教学参考资料 Ⅳ. ①G633.955.3

中国国家版本馆CIP数据核字（2023）第230676号

儿童美术教学指导手册

张重欣　主编

出 品 人：祝平凡
出版发行：中国美术学院出版社
地　　址：中国·杭州市南山路218号 / 邮政编码：310002
网　　址：http://www.caapress.com
经　　销：全国新华书店
印　　刷：浙江国广彩印有限公司
版　　次：2023年12月第1版
印　　次：2023年12月第1次印刷
印　　张：6.5
开　　本：889mm×1194mm　1 / 32
字　　数：160千
印　　数：0001—2000
书　　号：ISBN 978-7-5503-3162-4
定　　价：68.00元

《儿童美术教学指导手册》编委会

目　录

序

2007年，是我担任余姚市教育局教研室美术教研员的第二年，当时除了开展常规的教研活动，我一直在寻找美术教研的落脚点与抓手。2007年3月与9月，我开展了两次教研工作疑难问题调查问卷调查，发现美术教师的问题焦点落在了美术教学策略、美术材料、美术作业上。据此，在深入地思考并与团队交流后我认为：美术教研的落脚点与抓手应落在美术作业（作品）上。只有解决了美术作业（作品）中各个环节的问题，才能落实美术课程的核心方向，才能真正体现美术学科的特点。基于此，我们团队从2007年起到2022年的15年来，持续进行与中小学美术作业相关的草根式研究。其中主要围绕美术作业进行了相关调研、教研、比赛、科研等项目研究。如全市美术教师作业设计评比、全市中小学生优秀作业（作品）评比、“品乐读画”系列、“艺术之星”系列、优秀美术作业展评系列等相关活动，其间我们团队积累了大量的优秀美术作业与优秀设计方案，汇编了《余姚市中小学师生优秀书画作品集》《中小学美术教师优秀教学设计案例》《余姚市美术教师作业论文集》《示范与创意》等资料与专著。相关课题研究获宁波市基础教育成果一等奖，浙江省教研课题一等奖等荣誉。当前，随着新课程的推进，我们团队将研究结果用文本的形式进行汇编、整理呈现给大家，主要基于以下原因：

其一，是为了贯彻落实党的教育方针。根据中共中央、国务院印发的《深化新时代教育评价改革总体方案》，中共中央办公厅、国务院办公厅印发的《关于进一步减轻义务教育阶段学生作业负担和校外培训负担的意见》，以及中共浙江省委、浙江省人民政府印发的《关于深化教育教学改革全面提高义务教育质量的实施意见》和《深化新时代教育评价改革实施方案》等综合性文件，学校应切实推进新课程改革，促进学生全面而又主动地发展。

其二，是根据余姚市教育局总体布局与教研室工作思路，余姚市中小学美术教师们积极地进行探索与实践，全面主动地参与新课程改革，尤其是围绕美术作业这一关键问题，进行了系列性研究与实践。我们尝试构建美术作业"双向六环"递进模式，以美术作业在课堂教学中的实施进程为主线，针对当前中小学美术作业实施现状，构建一套既具有一定系统性，又具有较强针对性的模式和与之配套的教学策略供广大美术教师参考使用。

而后我们又对美术作业"教·学"之道进行了探索，研究美术教学过程中整体优化美术作业的策略，促进美术教师在教学中更好地进行美术作业设计、布置、指导、评价、反馈和管理，解决如何教的问题；探索美术作业效能优化的策略，引导学生在美术学习中不断提升美术作业的品质，解决怎样学的问题。我们试图在研究与实践过程中让学生真正地获得美术学科的核心素养。

其三，是为了规范发展，促进师生成长。我们研制美术作业规范，研究、制定并逐步完善中小学美术教师作业规范与中小学生美术作业规范，并在全余姚市推广实行。近十年来，学生美术作业品质得到明显提升。如在“全国小学、初中学生美术课堂作业评选”活动中，余姚市共获 1 个一等奖（浙江赛区唯一的全国一等奖）、2 个二等奖、2 个优秀奖，一等奖作品同时刊登于全国美术教育类核心期刊《中国美术教育》。通过课题研究，课题组成员的科研能力也有效地得到了提升。课题组教师已有二十多篇美术作业相关论文在《现代中小学教育》《中国美术教育》《少儿美术》等专业期刊发表，获得省内外较高赞誉。

本手册分四个章节，其中前二章介绍美术作业的调研情况与基本内涵，回答美术作业是什么与为什么的问题。第三章介绍美术作业的“双向六环”的具体操作流程与具体案例，解决怎么办的问题。第四章是“儿童美术作业常规管理办法”，着重介绍了作业布置、评价、反馈的规范和作业管理细则。第五章是“儿童美术作业质量检测办法”，是美术作业质量检查的基础工具。期待此手册的发行，能让更多的同仁一起参与到课程改革的浪潮中，为美术教育的发展而努力！

张重欣

2022 年 10 月

第一章
美术作业研究的背景、意义

第一节　美术作业的内涵与价值

一、什么是作业

《中国教育百科全书》中对“作业”的解释：作业是学生为完成学习的既定任务而进行的活动，分为课内作业与课外作业两种。美术学科作为素质教育的重要组成部分，并不属于应试学科教育的范畴。原则上，美术课程不布置课后作业。美术作业常以课堂作业的形式出现。

二、什么是美术作业

美术作业是美术教师根据教学目标和教学内容的需要，为了达到检测教学效果和巩固学生的知识、技能的目的，指导学生完成的各种可以用美术语言进行描述和评价的课堂美术作业。

三、美术作业研究的背景

2015 年 12 月，浙江省教育厅办公室发文《关于改进与加强中小学作业管理的指导意见》。2021 年 7 月，中共中央办公厅、国务院办公厅印发了《关于进一步减轻义务教育阶段学生作业负担和校外培训负担的意见》。以上文件从加强作业的布置与管理、强化作业的设计与指导、落实作业的批改与反馈等几方面提出了指导意见。

四、美术作业的价值

课堂教学是教师与学生的双边双向活动，美术作业是教与学的交汇点，是教师教学和学生学习之间的桥梁，也是美术课堂教学目标的具体化手段。美术作业是美术课堂教学的重要组成部分，是学生掌握知识、形成技能、发展智力和培养运用所学知识解决实际问题能力的有效手段，它对于优化课堂教学过程、提高课堂教学效率、培养学生思维品质起着重要的作用。

美术课程具有审美性、情感性、实践性、创造性、人文性等特点。学生在美术学习中运用传统媒介或新媒体创作作品，发展想象能力、实践能力、创造能力。美术作业是艺术课程核心素养所倡导的审美感知、艺术表现、创意实践、文化理解的生动体现。

对于学生来说，美术作业是学生用以表达内心感受的有效载体，每一次美术作业就像是学生心灵发展的一个足迹。同时，美术作业又是学生美术学习的劳动成果，是他们智慧和汗水的结晶。因此，参与美术作业的整个过程是学生的内在需求。

五、美术作业的“六环”

美术作业渗透于整个教学过程之中，在众多教学环节相互影响、相互作用下逐步展开。美术作业不仅仅是最后展示在观者眼前的“物质作品”，而且也是师生教学中的一个媒介、一个由始而终的过程。设计、布置、指导、评价、反馈和管理，实现了美术作业的完整架构。

“六环”即美术作业实施过程中的六个环节。根据美术作业在教学中的发展过程，笔者团队提出了由“设计先行、布置优化、循序指导、评价全面、反馈及时和管理科学”六个环节组成的完整模式。同时，学生在这一过程中，相应地进行“提前预习、审题研读、构图创作、参与评价、修订问题和学以致用”六个环节。

此“六环”按照美术作业在课堂教学中的实施过程，依次展开，逐渐推进，形成一个递进而又完整的过程，学生在教师的引导下，逐渐展开相应的美术作业。六环中的各个环节虽然相互独立，但是环与环之间存在着特定的联系和内在秩序。前一环的完成是下一环开始的前提条件，后一环的实施是前一环的自然延续，六环的每一个环节都是不可或缺的。[1]

1. 张重欣．小学美术作业六环递进模式的实践与研究 [J]. 少儿美术，2017(10):13.

第二节 美术作业的研究调查与问题困境

本指导手册编写组在 2020 年对全余姚市 111 名美术教师和 1216 位学生进行的相关调查中发现，当前中小学美术作业在设计、布置、指导、评价、反馈和管理等几个方面仍然存在诸多问题，亟待解决。（详见第二章《美术作业问卷的研制与分析》）

出于对教学过程的整体性思考，许多教师在面对“作业”的时候，仅仅把作业当成是一个常规的教学环节、一次学生的巩固练习，缺乏对作业价值的深层思考。以学生问卷调查结果图示为例：79%的美术教师的美术作业是按照“学习建议”来设计的，缺乏针对性和个性化设计；78%的教师在布置美术作业时没有分层；59%的教师仅仅用等级来评价学生美术作业，甚至还有7%的教师依然在用分数进行美术作业评价；有54%的教师没有进行及时的作业反馈；只有13%的教师能做到完整拍摄和保存学生美术作业；等等。本课题将针对这些具体问题进行研究和实验，寻找令美术作业得以有效实施的教学方法和策略。

（柴青青）

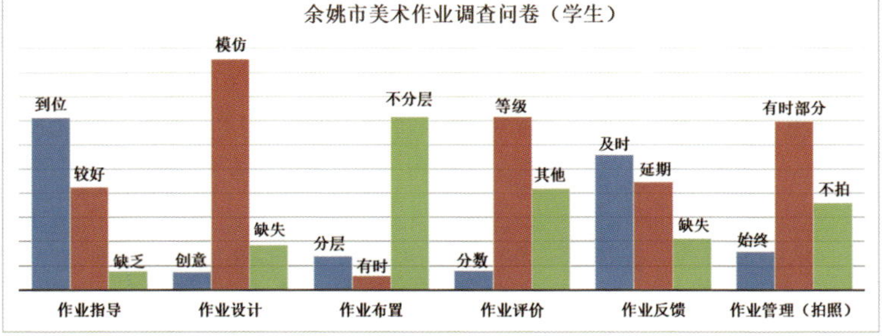

学生问卷调查结果图示（部分）

第二章
美术作业问卷的研制与分析

第一节　问卷的设计与调研

一、问卷的设计

美术作业的重要性毋庸置疑。当前，对美术作业的相关研究逐渐增多，但是美术作业实施现状的数据分析相对缺乏。我们了解到不少美术作业实施中出现的问题，也提出了一些相应的对策，但是，很少有老师能够从教师、学生两个层面，多个角度出发，去调查到底当前中小学美术作业的实施现状是怎样的，教师和学生在想什么，以及是怎么做的。

本次调查正是基于此，希望扩大调查范围，通过对全余姚市中小学111位美术教师、20所学校和1216名学生的调查，提高数据的参考价值，形成具有较强代表性的数据分析，进而为形成一套可操作的美术作业实施建议提供较为坚实的依据。

问卷一：《中小学美术作业（教师）调查问卷设计》

1. 问卷第一部分：基本情况

你的毕业学校是________，专业是_______。

你的教龄是___年，其中担任专职美术教师___年。

你的周任课量是___节。

你获得的最高美术教育类荣誉或比赛奖项是__________。

2. 问卷主体部分：美术作业

- 你平时注重美术作业设计吗？（ ）

  A. 很重视　B. 重视　C. 一般　D. 不重视

- 你觉得美术作业设计最需关注的是（ ）。

  A. 教材提供的“学习建议”　B. 学生现有水平和实际情况

  C. 教学目标和重难点　D. 学生发展的需要　E. 社会发展的需要

  F. 其他请写出具体内容：____________________。

- 你觉得如何设计美术作业才能吸引学生？（ ）

  A. 学生想要什么就设计什么 B. 让学生获得成功感受的作业设计

  C. 加强愉悦性，让学生感觉好玩 D. 采用竞争机制激发学习动机

  E. 其他请写出具体内容：____________________。

- 你会如何设计“欣赏•评述”的作业？（ ）

  A. 以口头表达为主　B. 以文字描述为主　C. 采用表格方式

  D. 用动手制作、表现来完成　E. 其他请写出具体内容：____________。

- 你觉得四个学习领域中，最难进行美术作业的是？（ ）

  A. 造型•表现　B. 设计•应用　C. 欣赏•评述　D. 综合•探索

- 你对美术课作业的布置通常是（ ）。

A. 根据美术教材中的“学习建议”或“学习活动”统一布置作业

B. 给学生自主完成美术作业的权力，不做统一的作业要求

C. 根据教师自身对美术课的安排状况布置作业

D. 其他请写出具体内容：____________________。

• 在布置同一课美术作业时，你是否根据不同的学生分层次或难易程度进行布置？（　）

A. 一直是　B. 有时是　C. 未考虑

• 你认为需要布置课外美术作业吗？（　）

A. 需要　B. 不需要　C. 不知道

• 如果布置课外美术作业，你觉得其频率应该是多少比较合适？（　）

A. 每周 2 次　B. 每周 1 次　C. 每个月 1 次　D. 其他

• 如果布置课外美术作业，你觉得每次作业时间多少为宜？（　）

A.40 分钟左右　B. 大于 40 分钟　C.20 分钟左右　D. 看学生自己喜欢

• 你在日常美术课中留给学生美术作业的时间通常为（　）左右。

A.10 分钟　B.15 分钟　C.20 分钟　D.25 分钟

E. 其他请写出具体内容：____________________。

• 觉得“作业分层”布置在实际操作中是否难以实施分层评价？（　）

A. 很难　B. 较难　C. 还好　D. 不难

D. 请写出具体方法：____________________。

• 你最常用的美术作业的评价方式是（　）

A. 百分制　B. 等级制　C. 等级加评语　D. 星级制

E. 单列式（造型、色彩、创意、态度等单独评价）

F. 其他请写出名称评价方式：____________________。

• 你认为学生美术作业的评价方式中最好是采用（　）为主，在实际操作中你最常用的是（　）。

A. 教师评价　B. 学生自评、互评、他评　C. 师生双向评价结合

D. 小组评价　E. 其他请写出具体内容：____________________。

- （多选题）学生作业情况反馈你一般安排在什么时候？（　）

  A. 学生作业时　B. 下课之前　C. 下一次上课前几分钟　D. 讲评本次作业时　E. 其他请写出具体内容：____________________。

- （多选题）你是如何管理学生美术作业的？（　）

  A. 以作品原件形式保存起来

  B. 所有美术作业原件在评价之后返还给学生

  C. 保留优秀美术作业原件，其他作业原件在评价之后返还给学生

  D. 建立学生美术作业档案袋，分类保存美术作业

  E. 用相机拍摄学生作业，原件发还给学生

  F. 其他请写出具体内容：____________________。

- 你经常使用的美术作业展示方式有哪些？（　）

  A. 在黑板上展示　B. 利用多媒体在教室内展示　C. 在教室内开设展示墙面　D. 在校内开设展示窗或场地　E. 利用网络进行展示

  F. 其他请写出具体内容：____________________。

- 你有没有让学生自己组织作业展览？（　）

  A. 每学期一次及以上　B. 一学年一次　C. 好几年一次　D. 没有

- （多选题）你通常会多少时间组织一次校级学生美术作业展示？（　）

  A. 一个月　B. 半学期　C. 一学期　D. 一学年　E. 好几年

- 你对美术作业的开发与利用已包含下列哪些方面？（　）

  A. 在班级或校园中布置美术作业展　B. 在校园网或博客中进行展示与评价

  C. 参与班级或校园文化活动　D. 形成美术教学成果集或发表相关论著

问卷二：《中小学美术作业（学生）调查问卷设计》

1. 问卷第一部分：基本情况

学校__________班级__________

2. 问卷主体部分：美术作业

• 你喜欢用什么材料来进行美术作业？（　）

A. 颜料　B. 彩纸　C. 橡皮泥　D. 水彩笔　E. 油画棒

F. 其他请写出具体内容：________。

请你谈一谈你喜欢的原因：________。

• 如果一节美术课为 40 分钟，除掉老师讲和相互交流、探究之外，你希望有多少时间来完成作业？（　）

A.10 分钟　B.15 分钟　C.20 分钟　D.25 分钟

E.30 分钟　F.30 分钟以上

• 你最不喜欢的是下列哪一种美术课？（　）

A. 儿童画　B. 漫画　C. 线描画　D. 国画　E. 水粉画　F. 手工制作

• 你喜欢和同学一起合作来完成美术作业吗？（　）

A. 很喜欢，希望每节课都这样　B. 喜欢，有些难的课一起合作

C. 我喜欢一个人独立完成　D. 不喜欢，因为没人跟我合作

• 在做美术作业之前，老师有没有向你们提出作业要求和注意点？（　）

A. 老师明确地说过，我清楚　B. 老师明确地说过，可我不清楚

C. 老师说得不够明确，我不清楚　D. 老师没说过，我不清楚

• 在老师的指导下，你有完成美术课作业的思路与方法吗？（　）

A. 经常有　B. 有时有　C. 很少有　D. 基本没有

• 你的老师是怎样布置美术作业的？（　）

A. 老师要求我们按照美术书上的“学习建议”或“学习活动”来完成作业　B. 老师自己设计作业，和书上的不一样

C. 老师让我们自己选择，没有统一的作业要求　D. 不知道

- 你喜欢下列哪一种美术作业形式？（　）

A. 照样子画　B. 参考别人作品再自己动脑筋画　C. 自己设计创作

D. 根据想象画画　E . 写生

- 你觉得最难做的作业是哪一种类型的？（　）

A. 绘画或雕塑　B. 设计类　C. 欣赏并评述美术作品

D. 综合类（考察、表演……）

- 在做同一课美术作业时，老师是否给你不同的难度选择？（　）

A. 一直是　B. 有时是　C. 不是　D. 不清楚

- 你的美术作业上常出现的评价是（　）

A. 分数（如 95……）　B. 等级（优、良、合格……）

C. 等级加评语（优、良、合格……加老师写的话）　D. 星级（5 ☆、4 ☆……）

F. 其他请写出老师是怎么评价的：＿＿＿＿＿＿＿＿＿＿。

- 除了老师给你的评分，你们还经常采用哪种评分方式？（　）

A. 自己给自己评分　B. 小组内相互评分　C. 给其他同学评分

D. 其他请写出是怎么操作的：＿＿＿＿＿＿＿＿＿＿。

- 一般情况下，老师会在什么时候讲评你们的作业？（　）

A. 做作业时　B. 下课前几分钟　C. 下一次上课前几分钟

D. 过一段时间　E. 老师不讲

- 老师是怎么处理你的美术作业的？（　）

A. 老师保留着，未还给我们　B. 到学期结束的时候老师会发回给我们

C. 每次讲评结束后，老师发还给我们　D. 优秀美术作业老师会保留，一般的作业交给我们自己保留　E. 学校有美术作业档案袋，分类保存

我们的美术作业

- 老师有没有把你们的作业拍成照片？（　　）

A. 每次都拍，而且全部拍　B. 每次都拍，但只拍优秀的作业

C. 有时候拍，有时不拍　D. 几乎没有拍过

- 你的作业上交之后，你还有机会看到你的作业吗？（　　）

A. 学期结束老师还给我们时可以看到

B. 老师会抽时间在课堂上展示我们的作品

C. 老师会把作品拍成照片给我们看

D. 老师会把作业在整理好后进行展览

- 你喜欢如何安排你的作业？（　　）

A. 交给老师，让老师处理　B. 在教室里展览　C. 带回家里，给家人看

D. 老师拍成照片，保存在电脑里

E. 其他请写出具体内容：____________________。

- 你见到美术作业在校园中曾被用于下列哪些方面？（　　）

A. 在班级或校园中布置美术作业展　B. 在校园网或博客中进行展示与评价　C. 参与班级或校园文化活动　D. 形成“美术作品集”的相册或书籍

- 你喜欢把美术作业带回家完成吗？（　　）

A. 喜欢，这样可以画得更好　B. 没有时间，还有很多其他作业

C. 喜欢，但是父母不提倡　D. 不喜欢，我喜欢多做一点其他事

- 每天回到家里，你大概有多少可以自由支配的时间？（　　）

A. 不到 1 个小时　B.1 至 2 个小时

C. 几乎没有空余时间　D. 时间很多，可以自由支配

二、问卷的调研

（一）调查时间

2020 年 9 月 9 日—2020 年 12 月 1 日

（二）调查对象

余姚市中小学师生

（三）教师调查人数

教师总数 111 人，其中小学教师占 83%，中学教师占 17%；农村教师占 43%，偏远乡镇教师占 18%，城区教师占 36%，山区教师占 3%。学生总数 1216 人，其中小学生占 91%，中学生占 9%。

第二节　问卷的数据与处理

一、教师问卷数据与处理（有效填写人次 111 人）

1. 您备课时注重美术作业设计吗？（　）

选项	小计	比例（保留小数点后两位，下同）
A. 非常重视	21	18.92%
B. 重视	73	65.76%
C. 一般	17	15.32%
D. 不太重视	0	0%

2. 在备课时，您会事先自己做一遍美术作业吗？（　）

选项	小计	比例
A. 每次都会	21	18.92%
B. 感觉有难度的会	62	55.85%
C. 偶尔会	28	25.23%
D. 不需要	0	0%

3. 在 40 或 45 分钟的课堂教学活动中，您用在美术作业上的精力大致达到多少？（　）

选项	小计	比例
A.20%	3	2.7%
B.30%	16	14.42%
C.40%	25	22.52%
D.50%	36	32.43%
E.60%	22	19.82%
F.70%	9	8.11%

4.在40分钟的课堂教学活动中，您留给学生做美术作业的时间通常为（　）左右。

选项	小计	比例
A.10 分钟及以下	2	1.8%
B.15 分钟	22	19.82%
C.20 分钟	54	48.65%
D.25 分钟	28	25.23%
E.30 分钟及以上	5	4.5%

5. 在 40 分钟的课堂教学中，您留给评价美术作业的时间通常为（ ）左右。

选项	小计	比例
A.1 分钟	6	5.41%
B.2 分钟	11	9.91%
C.3 分钟	34	30.63%
D.4 分钟	13	11.71%
E.5 分钟	40	36.03%
F. 其他请写出具体时间：	7	6.31%

6. 您布置美术课作业通常是（ ）。

选项	小计	比例
A. 根据美术教材中的“学习建议”或“学习活动”统一布置作业	46	41.44%
B. 给学生自主完成美术作业的权力，不做统一的作业要求	19	17.12%
C. 根据教师自身对美术课的安排情况布置作业	43	38.74%
D. 其他请写出具体内容：	3	2.7%

7. 在布置同一课美术作业时，您是否根据不同的学生分层次进行布置？（ ）

选项	小计	比例
A. 一直都是	19	17.12%
B. 常常	32	28.83%
C. 有时	40	36.03%

D. 一般统一布置	20	18.02%

8. 您认为需要布置课外美术作业吗？（　）

选项	小计	比例
A. 非常需要，课堂时间是不够的	44	39.64%
B. 不需要，课堂作业就可以了	44	39.64%
C. 不知道	5	4.5%
D. 其他	18	16.22%

9. 如果请您布置课外美术作业，您觉得其频率应该是多少比较合适？（ ）

选项	小计	比例
A. 每周 2 次	12	10.81%
B. 每周 1 次	41	36.94%
C. 每二周 1 次	22	19.82%
D. 每个月 1 次	19	17.12%
E. 其他	17	15.31%

10. 如果布置课外美术作业，您觉得每次作业时间以多少为宜？（　）

选项	小计	比例
A.10—20 分钟	23	20.72%
B.30 分钟左右	46	41.44%
C.40 分钟及以上	2	1.8%
D. 根据不同学生情况而定	34	30.63%
E. 其他	6	5.41%

11. 您最常用的美术作业的批改方式是哪一种？（　）

选项	小计	比例
A. 百分制	1	0.9%
B. 等级制	27	24.32%
C. 等级加评语	55	49.55%
D. 星级制	15	13.52%
E. 单列式（造型、色彩、创意等）	3	2.7%

F. 其他请写出具体评价方式：	10	9.01%

12. 您觉得如何设计美术作业，才能吸引学生？（ ）

选项	小计	比例
A. 根据学生的要求来设计	14	12.61%
B. 让学生获得成功感受的作业设计	59	53.15%
C. 加强愉悦性，让学生感觉好玩	29	26.13%
D. 采用竞争机制激发学习动机	6	5.41%
E. 其他请写出具体内容：	3	2.7%

13. 一般您会如何布置“欣赏·评述”的作业？（ ）

选项	小计	比例
A. 以口头表达为主	42	37.84%
B. 以文字描述为主	20	18.02%
C. 采用表格式欣赏	32	28.83%
D. 用动手制作、表现来完成	14	12.61%
E. 其他请写出具体内容：	3	2.7%

14. 在四个学习领域中，您感觉难度最高的美术作业是？（ ）

选项	小计	比例
A. 造型·表现	5	4.5%
B. 设计·应用	13	11.71%
C. 欣赏·评述	39	35.14%
D. 综合·探索	54	48.65%

15. 分层作业在评价环节是否需要统一标准？（ ）

选项	小计	比例
A. 需要，要让学生看到统一努力的方向	46	41.44%
B. 不需要，根据不同的层次进行评价	63	56.76%
C. 其他请写出具体方法：	2	1.8%

16. 您有没有让学生自己组织作业展览？（ ）

选项	小计	比例
A. 每学期一次及以上	41	36.94%
B. 一学年一次	25	22.52%
C. 好几年一次	11	9.91%
D. 没有	34	30.63%

17. 您一般将学生作业情况反馈安排在什么时候？（ ）

选项	小计	比例
A. 学生作业之时	11	9.91%
B. 下课之前	27	24.32%
C. 下一次上课前几分钟	67	60.36%
D. 其他请写出具体内容：	6	5.41%

18. 您通常会多少时间组织一次校级学生美术作业展示？（ ）

选项	小计	比例
A.1 个月	5	4.5%
B. 半学期	16	14.41%
C. 一学期	53	47.75%
D. 一学年	28	25.23%
E. 好几年	9	8.11%

19. 您会拍摄学生的美术作业吗？（ ）

选项	小计	比例
A. 每张都拍	1	0.9%
B. 拍摄优秀作业	62	55.85%
C. 拍摄部分作业	41	36.94%
D. 很少拍	7	6.31%

20. 最近一学年您在美术课堂中拍摄了（ ）照片（包括美术作业）。

选项	小计	比例
A.1000 张以下	92	82.88%

B.1000—2000 张	14		12.62%
C.2000—3000 张	3		2.7%
D.3000—4000 张	0		0%
E.4000—5000 张	1		0.9%
F.5000 张以上	1		0.9%

21. 在您的电脑中，已经累计有多少张课堂活动和学生作业照片？（ ）

选项	小计	比例	
A.5000 张以下	96		86.49%
B.5000—10000 张	9		8.11%
C.10000—20000 张	3		2.7%
D.20000—30000 张	0		0%
E.30000—50000 张	1		0.9%
F.50000 张以上	2		1.8%

22.（多选题）您是如何管理学生美术作业的？（ ）

选项	小计	比例	
A. 以作品原件形式保存起来	28		25.23%
B. 所有美术作业原件评价之后返还给学生	36		32.43%
C. 保留优秀美术作业原件，其他作业原件评价之后返还给学生	51		45.95%
D. 建立学生美术作业档案袋，分类保存美术作业	14		12.61%
E. 用相机拍摄并学生作业，原件发还给学生	68		61.26%
F. 其他请写出具体内容：	0		0%

23.（多选题）您经常使用的美术作业展示方式有哪些？（ ）

选项	小计	比例	
A. 在黑板上展示	54		48.65%
B. 利用多媒体在教室内展示	92		82.88%

C. 在教室内开设展示墙面	49	44.14%
D. 在校内开设展示窗或场地	52	46.85%
E. 利用网络进行展示	36	32.43%
F. 其他请写出具体内容：	0	0%

二、学生问卷数据与处理（本题有效填写人次 1216 人）

1. 一节 40 分钟的美术课，一般老师会给你多少时间来完成美术作业？（　）

选项	小计	比例
A.10 分钟	84	6.91%
B.15 分钟	145	11.93%
C.20 分钟	319	26.23%
D.25 分钟	211	17.35%
E.30 分钟	254	20.89%
F.30 分钟以上	203	16.69%

2. 一节 40 分钟的美术课，你希望有多少时间来完成作业？（　）

选项	小计	比例
A.10 分钟	53	4.36%
B.15 分钟	105	8.63%
C.20 分钟	275	22.62%
D.25 分钟	241	19.82%
E.30 分钟	332	27.3%
F.30 分钟以上	210	17.27%

3. 你最不喜欢的是下列哪一种美术课？（　）

选项	小计	比例
A. 儿童画	180	14.8%
B. 漫画	189	15.54%
C. 线描画	193	15.87%
D. 国画	264	21.71%
E. 水粉画	209	17.19%

F. 手工制作	181	14.89%

4. 你最喜欢用什么材料来进行美术作业？（　）

选项	小计	比例
A. 颜料	182	14.97%
B. 彩纸 / 卡纸	109	8.96%
C. 陶泥 / 彩泥	239	19.65%
D. 水彩 / 马克笔	602	49.51%
E. 油画棒	50	4.11%
F. 其他请写出原因：	34	2.8%

5. 你喜欢和同学一起合作来完成美术作业吗？（　）

选项	小计	比例
A. 很喜欢，希望每节课都这样	468	38.49%
B. 喜欢，有些难的课一起合作	560	46.05%
C. 我喜欢一个人独立完成	171	14.06%
D. 不喜欢，因为没人跟我合作	17	1.4%

6. 在做美术作业之前，老师有没有向你们提出作业要求和注意点？（　）

选项	小计	比例
A. 老师明确地说过，我清楚	1116	91.78%
B. 老师明确地说过，可我不清楚	60	4.93%
C. 老师说得不够明确，我不清楚	18	1.48%
D. 老师没说过，我不清楚	22	1.81%

7. 在老师的作业指导下，你有完成美术课作业的思路与方法吗？（　）

选项	小计	比例
A. 经常有	714	58.72%
B. 有时有	425	34.95%
C. 很少有	57	4.69%
D. 基本没有	20	1.64%

8. 你们老师是怎样布置美术作业的？（ ）

选项	小计	比例
A. 老师要求我们按照美术书上的“学习建议”或“学习活动”来完成作业	956	78.62%
B. 老师自己设计作业，和书上的不一样	75	6.17%
C. 老师让我们自己选择，没有统一的作业要求	150	12.34%
D. 不知道	35	2.87%

9. 你喜欢下列哪一种美术作业形式？（ ）

选项	小计	比例
A. 照样子画	162	13.32%
B. 参考别人作品再自己动脑筋画	276	22.7%
C. 自己设计创作	538	44.24%
D. 根据想象画画	199	16.37%
E. 写生	41	3.37%

10. 你觉得最难做的是哪一种类型的作业？（ ）

选项	小计	比例
A. 绘画	134	11.02%
B. 泥塑	437	35.94%
C. 设计	340	27.96%
D. 欣赏	111	9.13%
E. 纸工	156	12.82%
F. 其他请写出具体内容：	38	3.13%

11. 在做同一课美术作业时，老师是否给不同的同学有不同的难度选择？（ ）

选项	小计	比例
A. 一直是	140	11.51%

B. 有时是	359	29.52%
C. 不是	610	50.16%
D. 不清楚	107	8.81%

12. 你喜欢把美术作业带回家完成吗？（ ）

选项	小计	比例
A. 喜欢，这样可以画得更好	703	57.81%
B. 没有时间，还有很多其他作业	186	15.3%
C. 喜欢，但父母不提倡	29	2.38%
D. 不喜欢，我喜欢多做一点其他事	298	24.51%

13. 每天回到家里，你大概有多少可以自由支配的时间？（ ）

选项	小计	比例
A. 不到 1 个小时	312	25.66%
B. 1 至 2 个小时	533	43.83%
C. 几乎没有空余时间	106	8.72%
D. 时间很多，可以自由支配	265	21.79%

14. 你的美术作业上常出现的评价是（ ）

选项	小计	比例
A. 分数（如 95……）	81	6.66%
B. 等级（优、良、合格……）	716	58.88%
C. 星级（5 ☆、4 ☆……）	181	14.89%
D. 等级加评语（优、良、合格……加老师写的话）	193	15.87%
E. 其他	45	3.7%

15. 除了老师给你的评分，你们还经常采用哪种评分方式？（ ）

选项	小计	比例
A. 自己给自己评分	354	29.11%

B. 小组内相互评分	504	41.45%
C. 给其他同学评分	223	18.34%
D. 其他	135	11.1%

16. 一般情况下，老师会在什么时候讲评你们的作业？（　）

选项	小计	比例
A. 做作业时	216	17.76%
B. 下课前几分钟	343	28.21%
C. 下一次上课前几分钟	445	36.6%
D. 过一段时间	112	9.21%
E. 老师不讲的	100	8.22%

17. 老师是怎么处理你的美术作业的？（　）

选项	小计	比例
A. 老师保留着，未还给我们	58	4.77%
B. 到学期结束的时候老师会发给我们	261	21.46%
C. 每次讲评结束后，老师发还给我们	632	51.97%
D. 优秀美术作业老师会保留，一般的作业交给我们自己保留	173	14.23%
E. 学校有美术作业档案袋，分类保存我们的美术作业	92	7.57%

18. 老师有没有把你们的作业拍成照片？（　）

选项	小计	比例
A. 每次都拍，而且全部拍	159	13.08%
B. 每次拍，但是只拍优秀的作业	255	20.97%
C. 有时候拍，有时不拍	443	36.43%
D. 几乎没有拍过	359	29.52%

19. 你喜欢如何安排你的作业？（ ）

选项	小计	比例
A. 交给老师，让老师处理	494	40.63%
B. 在教室里展览	184	15.13%
C. 带回家里，给家人看	390	32.07%
D. 老师拍成照片，保存在电脑里	120	9.87%
E. 其他	28	2.3%

20. 你见到美术作业在校园中曾被用于下列哪些方面？（ ）

选项	小计	比例
A. 在班级或校园中用于布置美术作业展	796	65.46%
B. 在校园网或博客中进行展示与评价	73	6%
C. 参与班级或校园文化活动（如设计标志）	246	20.23%
D. 形成“美术作品集”的相册或书籍	101	8.31%

21. 你的美术作业上交之后，下面哪一种情况下你还可以看到它？（ ）

选项	小计	比例
A. 学期结束老师还给我们时可以看到	287	23.6%
B. 老师会抽时间在课堂上展示我们的作品	648	53.29%
C. 老师会把作品拍成照片给我们看	104	8.55%
D. 老师会在作业整理好后进行展览	177	14.56%

22. 上一学期你是小学生还是中学生？（ ）

选项	小计	比例
A. 小学	1111	91.37%
B. 中学	105	8.63%

第三节 问卷的结果与分析

一、作业备课及作业时间安排情况

作业备课情况							
教师	您备课时注重美术作业设计吗？	很重视	重视	一般	不重视	其他	
		18.92%	65.76%	15.32%	0%	0%	
作业时间安排							
学生	一节 40 分钟的美术课，一般老师会留给你多少时间来完成美术作业？	10 分钟	15 分钟	20 分钟	25 分钟	30 分钟	30 分钟以上
		6.91%	11.93%	26.23%	17.35%	20.89%	16.69%
	一节 40 分钟的美术课，你希望有多少时间来完成作业？	10 分钟	15 分钟	20 分钟	25 分钟	30 分钟	30 分钟以上
		4.36%	8.63%	22.62%	19.82%	27.3%	17.27%

常态的美术课，教师都会安排 20 分钟左右的学生作业时间。学生作业的时间，既是对学生前 20 分钟学习的反馈，又是对教师前 20 分钟教学的一种检验，是实现有效教学中不可忽视的一部分。

笔者认为，美术课堂不同于文化课程，在课堂上的时间规划可以采用“20+20”模式，这一模式是指课堂 40 分钟中教师利用 20 分钟进行知识讲解，在此基础上保证有 20 分钟的课堂作业练习时间，将这些时间分化到教学环节中。在具体实施过程中，教师要根据不同的作业内容，在不同时机，采取灵活机动的方式，把课堂中的练习巧妙、科学地与课堂教学相融合，在某一环节留出 20 分钟时间让学生独立完成作业。这样可以充分调动学生的积极性，使学生养成良好的作业习惯，从而达到优化课堂作业管理的目的。

二、作业布置情况

<table>
<tr><th colspan="7">作业布置</th></tr>
<tr><td rowspan="8">教师</td><td rowspan="2">你对美术课作业的布置通常是?</td><td>根据美术教材中的“学习建议”或“学习活动”统一布置作业</td><td colspan="2">给学生自主完成美术作业的权力，不做统一的作业要求</td><td>根据教师自身对美术课的安排布置作业</td><td>其他</td></tr>
<tr><td>41.44%</td><td colspan="2">17.12%</td><td>38.74%</td><td>2.7%</td></tr>
<tr><td colspan="2" rowspan="2">在布置同一课美术作业时，你是否根据不同的学生分层进行布置?</td><td>一直是</td><td>常常</td><td>有时</td><td>一般统一布置</td></tr>
<tr><td>17.12%</td><td>28.83%</td><td>36.03%</td><td>18.02%</td></tr>
<tr><td colspan="2" rowspan="2">在四个领域中，您感觉难度最高的美术作业是?</td><td>造型表现</td><td>设计应用</td><td>欣赏评述</td><td>综合探索</td></tr>
<tr><td>4.5%</td><td>11.71%</td><td>35.14%</td><td>48.65%</td></tr>
<tr><td colspan="6" style="display:none"></td></tr>
<tr><td colspan="6" style="display:none"></td></tr>
<tr><td rowspan="4">学生</td><td rowspan="2">你们老师是怎样布置美术作业的?</td><td>老师要求我们按照美术书上的“学习建议”或“学习活动”来完成作业</td><td colspan="2">老师自己设计作业，和书上的不一样</td><td>老师让我们自己选择，没有统一的作业要求</td><td>不知道</td></tr>
<tr><td>78.62%</td><td colspan="2">6.17%</td><td>12.34%</td><td>2.87%</td></tr>
<tr><td colspan="2" rowspan="2">在做同一课美术作业时，老师是否给你以不同的难度选择?</td><td>一直是</td><td>有时是</td><td>不是</td><td>不清楚</td></tr>
<tr><td>11.51%</td><td>29.52%</td><td>50.16%</td><td>8.81%</td></tr>
</table>

调查显示，只有41.44%的教师是根据自身对美术课的安排来布置美术作业的。这说明有相当一部分教师没有用心去参与美术作业布置方面的研究和创新，这与学生调查中显示有78.62%的教师选择以教材中的学习建议为模板进行学生作业的布置也比较吻合。

在布置同一课美术作业时是否进行分层一项，调查显示有28.83%的教师常常进行，而在学生调查栏目中，只有11.51%的学生选择了一直是分层作业。由此可见，分层作业不普遍，这导致学生作业雷同。作业无法完成，对作业无从下手等问题依然困扰着不少学生。很多教师也知道传统布置作业的方法是不科学的，但是迫于学校、教师环境的种种客观因素，很少能针对不同学生展开独立培养方式，所以大部分学生都是“吃大锅饭”。这种作业布置方法不论对能力强的学生还是能力相对弱一些的学生，都不是一种好方法。兴趣是最好的老师，提高教学质量的关键是培养学生的学习兴趣。在教学过程中，教师要充分挖掘教学内容的“趣味性”，帮助学生建立美术创作的信心，有效激发学生学习美术的兴趣，开拓学生的艺术视野，使其能欣赏美、感受美、创造美。我们不仅要注重图文并茂，用轻松幽默的方式进行教学，更要注重对学生情感教育的培养；教学生运用网络学习的方法，给学生提供获取知识的渠道，让学生怀着“喜欢学”的心态来独立尝试美术学习；还要结合学生的学龄特点，抓住学生的“兴趣点”，探索更科学的作业布置方式。

三、作业设计情况

<table>
<tr><th colspan="7">作业设计</th></tr>
<tr><td rowspan="6">教师</td><td rowspan="2">您觉得如何设计美术作业，才能吸引学生？</td><td>根据学生的要求来设计</td><td>让学生获得成功感受的作业设计</td><td>加强愉悦性，让学生感觉好玩</td><td>采用竞争机制激发学习动机</td><td>其他</td></tr>
<tr><td>12.61%</td><td>53.15%</td><td>26.13%</td><td>5.41%</td><td>2.7%</td></tr>
<tr><td rowspan="2">在四个学习领域中，您感觉难度最高的美术作业是？</td><td>造型表现</td><td>设计应用</td><td>欣赏评述</td><td colspan="2">综合探索</td></tr>
<tr><td>4.5%</td><td>11.71%</td><td>35.14%</td><td colspan="2">48.65%</td></tr>
<tr><td rowspan="2">分层作业在评价环节是否需要统一标准？</td><td>需要</td><td colspan="2">不需要</td><td colspan="2">其他</td></tr>
<tr><td>41.44%</td><td colspan="2">56.76%</td><td colspan="2">1.8%</td></tr>
<tr><td rowspan="2">学生</td><td rowspan="2">在老师的作业指导下，你有完成美术课作业的思路与方法吗？</td><td>经常有</td><td>有时候有</td><td>很少有</td><td colspan="2">基本没有</td></tr>
<tr><td>58.72%</td><td>34.95%</td><td>4.69%</td><td colspan="2">1.64%</td></tr>
</table>

数据显示，79.28%的教师希望美术作业可以让学生获得成功感、愉悦感与趣味感。那么在具体实施时，要切实地围绕这一目标进行作业设计。

当被问及“在老师的作业指导下，你有完成美术课作业的思路与方法吗？”时，58.72% 学生表示“经常有”，34.95% 的学生表示“有时有”，而表示“很少有”和“基本没有”的学生只占被调查人数的4.69% 和 1.64%。结果显示美术教师进行作业指导时十分讲究策略性，学生的完成度较高。

四、作业评价情况

<table>
<tr><th colspan="8">作业评价</th></tr>
<tr><td rowspan="2">教师</td><td rowspan="2">你最常用的美术作业的评价方式是?</td><td>百分制</td><td>等级制</td><td>等级加评语</td><td>星级制</td><td>单列式（造型、色彩等单独评价）</td><td>其他</td></tr>
<tr><td>0.9%</td><td>24.32%</td><td>49.55%</td><td>13.52%</td><td>2.7%</td><td>9.01%</td></tr>
<tr><td rowspan="4">学生</td><td rowspan="2">你的美术作业上常出现的评价是？</td><td>分数</td><td>等级</td><td>等级加评语</td><td>星级</td><td colspan="2">其他</td></tr>
<tr><td>6.66%</td><td>58.88%</td><td>15.87%</td><td>14.89%</td><td colspan="2">3.7%</td></tr>
<tr><td rowspan="2">除了老师给你的评分，你们还经常采用哪种评分方式?</td><td>自己给自己打分</td><td>小组内相互评分</td><td>给其他同学评分</td><td colspan="3">其他</td></tr>
<tr><td>29.11%</td><td>41.45%</td><td>18.34%</td><td colspan="3">11.1%</td></tr>
</table>

在作业评价调查中，从教师调查情况来看，教师常用的评价方式依然是用等级区分美术作业质量的高低。有 49.55% 的教师在等级上添加了较为人性化的评语，这与学生作业评价调查情况有一些出入。而对于采用其他有创意的评价方式，两边反馈都很少。

传统美术作业的批改方式以简单的等级作为评价标准，但美术作业由造型、色彩、构图、创意等很多因素组成，仅靠简单的等级来评判学生的美术作品，不利于学生美术素养的提升。

五、作业反馈情况

<table>
<tr><th colspan="7">作业反馈</th></tr>
<tr><td rowspan="4">教师</td><td rowspan="2">学生作业情况反馈一般安排在什么时候?</td><td>学生作业时</td><td>下课之前</td><td colspan="2">下一次上课前几分钟</td><td>其他</td></tr>
<tr><td>9.91%</td><td>24.32%</td><td colspan="2">60.36%</td><td>5.41%</td></tr>
<tr><td rowspan="2">您通常会多少时间组织一次校级学生美术作业展示?</td><td>1个月</td><td>半学期</td><td>一学期</td><td>一学年</td><td>好几年</td></tr>
<tr><td>4.5%</td><td>14.41%</td><td>47.75%</td><td>25.23%</td><td>8.11%</td></tr>
<tr><td rowspan="4">学生</td><td rowspan="2">老师是怎么处理你的美术作业的?</td><td>老师保留,不还</td><td>期末还给我们</td><td>每次点评结束后还</td><td>优秀的作品老师留着,一般的还给我们</td><td>学校有美术档案袋,保留自己的作业</td></tr>
<tr><td>4.77%</td><td>21.46%</td><td>51.97%</td><td>14.23%</td><td>7.57%</td></tr>
<tr><td rowspan="2">老师有没有把你们的作业拍成照片?</td><td>每次都拍而且是全部</td><td>每次都拍,但只是优秀作业</td><td>有时候拍,有时候不拍</td><td colspan="2">几乎没有拍过</td></tr>
<tr><td>13.08%</td><td>20.97%</td><td>36.43%</td><td colspan="2">29.52%</td></tr>
</table>

调查显示,美术作业反馈滞后现象相当普遍。有60.36%的教师把反馈时间放在下一次上课前。根据小学美术课时安排情况,此时距离前一次美术作业时间一般是1至3天甚至是一个星期,这样一来,等于失去了最佳的反馈时机。在校级的学生美术作业展示中,六成以上的教师选择一学期一次以上的展览活动。

六、作业管理情况

<table>
<tr><td colspan="8">作业管理</td></tr>
<tr><td rowspan="8">教师</td><td rowspan="2">你是如何管理学生美术作业的？（可多选）</td><td>以作品原件形式保存起来</td><td>原件在评价之后返还给学生</td><td>保留优秀美术作业原件，其他返还给学生</td><td>建立学生美术作业档案袋并保存</td><td>用相机拍摄，原件返还给学生</td><td>其他</td></tr>
<tr><td>25.23%</td><td>32.43%</td><td>45.95%</td><td>12.61%</td><td>61.26%</td><td>0%</td></tr>
<tr><td colspan="2" rowspan="2">您有拍摄学生美术作业吗？</td><td>每张都拍</td><td>拍摄优秀作业</td><td>拍摄部分作业</td><td>很少拍</td><td></td></tr>
<tr><td>0.9%</td><td>55.85%</td><td>36.94%</td><td>6.31%</td><td></td></tr>
<tr><td colspan="2" rowspan="2">最近一学年您在美术课堂拍摄了多少张照片？</td><td>1000 张以下</td><td>1000—2000 张</td><td>2000—3000 张</td><td>4000—5000 张</td><td>5000 张以上</td></tr>
<tr><td>82.88%</td><td>12.62%</td><td>2.7%</td><td>0.9%</td><td>0.9%</td></tr>
<tr><td colspan="2" rowspan="2">在您的电脑中，已经累计有多少张课堂活动和学生作业照片？</td><td>5000 张以下</td><td>5000—10000 张</td><td>10000—20000 张</td><td>30000—50000 张</td><td>50000 张以上</td></tr>
<tr><td>86.49%</td><td>8.11%</td><td>2.7%</td><td>0.9%</td><td>1.8%</td></tr>
<tr><td rowspan="6">学生</td><td colspan="2" rowspan="2">你喜欢如何安排你的作业？</td><td>交给老师让老师处理</td><td>在教室里浏览</td><td>带回家，给家里人看</td><td>老师拍照片，保存在电脑里</td><td>其他</td></tr>
<tr><td>40.63%</td><td>15.13%</td><td>32.07%</td><td>9.87%</td><td>2.3%</td></tr>
<tr><td colspan="2" rowspan="2">老师有没有把你们的作业拍成照片？</td><td>每次都拍而且是全部</td><td>每次都拍，但只是优秀作业</td><td>有时候拍，有时候不拍</td><td colspan="2">几乎没有拍过</td></tr>
<tr><td>13.08%</td><td>20.97%</td><td>36.43%</td><td colspan="2">29.52%</td></tr>
<tr><td colspan="2" rowspan="2">你的美术作业上交之后，下面哪一种是你经常可以看到的？</td><td>学期结束后还给我们会看到</td><td>老师会抽时间在课堂上给我展示</td><td>老师会把作品拍照然后给我们看</td><td colspan="2">老师在作业整理完后展示给我们看</td></tr>
<tr><td>23.6%</td><td>53.29%</td><td>8.55%</td><td colspan="2">14.56%</td></tr>
</table>

在学生美术作业管理方面，这些数据说明教师相对重视优秀学生的学习情况，而容易忽视其他学生的学习表现，缺乏一些深层次的思考。在学生美术作业的保存方面，61.26%的教师会用相机拍摄学生作业并加以保存。这一情况反映出大多数教师拥有大量美术作业电子照片。

作业展示是大多数学生体验成就感和相互交流的重要方式，美术教师应多制造给孩子们展示美术成果的机会。

对于学生“在校园中见到美术作业曾用于哪些方面”的问题，数据显示：当前超过七成的美术教师对于美术作业的开发与利用仍停留在展示层面上，不到三成的教师能够进一步开发与利用美术作业，让其“参与班级或校园文化活动”或形成“美术作品集”，而更为深入的美术作业开发与利用还没有形成。

（撰文：符今、马琳丽、施灵敏，问卷设计：柴青青）

第三章
美术作业的“六环”理论与实践

第一环　素养为先·设计先行

美术作业设计是为了更好地实施课堂教学而做的准备。作业设计的优劣，将会在很大程度上影响作业目标的达成度。美术作业的设计需要考虑诸多因素，本指导手册编写组以“艺术课程核心素养”提出的审美感知、艺术表现、创意实践、文化理解等四大核心素养为主导，提出了美术作业设计的新理念。

一、熟知课标，关注素养

一堂好的美术课，教师的引领非常关键。俗话说：“要给学生一杯水，教师先要有一桶水。”为了让学生能上好美术课，在课前老师应熟知《艺术课程标准》，以课标为核心，理念先行，关注学生素养的发展。美术学科内容包括“欣赏·评述”“造型·表现”“设计·应用”和“综合·探索”4类艺术实践，涵盖16项具体学习内容，分学段设置不同的学习任务，

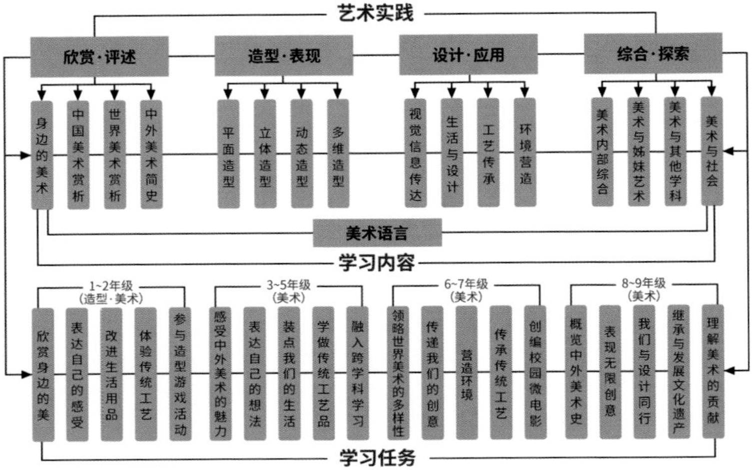

图 1　美术学科课程内容框架图

并将学习内容嵌入学习任务中。其整体结构如上图。

每一学段均设置了5项学习任务，将美术语言（造型元素和形式原理）贯穿其中。5项学习任务既各有侧重，又相互联系。每一学段均以注重发展学生审美感知和文化理解素养的“欣赏·评述”为起点，到以强调发展学生艺术表现和创意实践素养的“造型·表现”和“设计·应用”，再到加强课程内容、社会内容、社会生活与学生经验之间联系的“综合·探索”结尾。义务教育阶段共设置了20项学习任务，其中小学15项[1]。

浙江人民美术出版社版本（后简称浙美版）教材按照课程标准的要求，分列各学段教学任务见下表：

1. 中华人民共和国教育部．义务教育艺术课程标准（2022年版）[M]. 北京：北京师范大学出版社，2022：48.

浙美版各学段教学任务表

学段	学习任务 1	学习任务 2	学习任务 3	学习任务 4	学习任务 5
第一学段（1–2年级）	欣赏身边的美	表达自己的感受	改进生活用品	体验传统工艺	参与造型游戏活动
	帮助学生感知身边的美，认识到美存在于我们周边，初步形成发现、感知、欣赏美的意识。	引导学生尝试使用不同的工具、材料和媒介，以及线条、形状、色彩、肌理等造型元素，对称、重复等形式原理，按照自己的想法，以平面、立体或动态等表现形式表达所见所闻、所感所想。	引导学生学会从外观和使用功能等方面了解物品的特点，针对某件物品提出自己的改进意见并进行装饰和美化，初步形成设计意识。	引导学生利用不同的工具、材料和媒介，体验传统工艺，学习制作工艺品，知道中国传统工艺是中华民族文化艺术的瑰宝，增强中华民族自豪感。	组织学生参与班级或小组开展的美术与姊妹艺术及其他学科相结合的造型游戏活动，初步形成综合探索与学习迁移的能力。
第二学段（3–5年级）	感受中外美术的魅力	表达自己的想法	装点我们的生活	学做传统工艺品	融入跨学科学习
	帮助学生学会运用造型元素、形式原理和欣赏方法，欣赏、评述艺术家的作品，感受中外美术作品的魅力。	引导学生探索用传统与现代的工具、材料和媒介，创作平面、立体或动态等表现形式的美术作品，表现自己的所见所闻、所感所想，学会用视觉形式与他人交流。	引导学生了解“实用与美观相结合”的设计原则，为班级、学校的活动设计物品，体会到设计能改善和美化我们的生活。	引导学生利用不同的工具、材料和技能制作传统工艺品，学习工艺师敬业、专注和精益求精的工匠精神。	组织学生以个人或小组合作的方式，将美术与自然、社会及科技相融合，探究各种问题，提高综合探索与学习迁移的能力。

续表

学段	学习任务 1	学习任务 2	学习任务 3	学习任务 4	学习任务 5
第三学段（6–7年级）	领略世界美术的多样性	传递我们的创意	营造环境	传承传统工艺	创编校园微电影
	引导学生运用造型元素、形式原理和欣赏方法，欣赏、评述世界不同国家和地区的美术作品，领略世界美术的多样性和差异性，养成尊重、理解和包容的学习态度。	引导学生运用传统与现代的工具、材料和媒介，以及所习得的美术知识、技能、思维方式，创作平面、立体或动态等表现形式的美术作品，提升创意表达能力。	引导学生根据“人与自然和谐共生”的设计原则，对学校或社区进行环境规划，增强社会责任意识。	引导学生学会利用不同的工具和材料，学习制作或创作工艺品，体会传统工艺“守正创新”的内涵意义。	组织学生以个人或小组合作的方式，结合校园现实生活，探究各种问题，通过创编校园微电影，将不同学科的知识融为一体，增强综合探索与学习迁移的能力。

明确各学段教学任务的要求，做到心中有数、胸有成竹，能使老师更好地掌握教学方法、丰富自身知识、传授学生知识。例如：老师在上五年级下册《中国传世名作》时，对照表格可知这课属于第二学段学习任务 1，即感受中外美术的魅力。因此老师要对每一幅名作都有所了解，包括作者、姓名、朝代、影响和启发等，帮助学生学会运用造型元素、形式原理和欣赏方法，欣赏、评述艺术家的作品，感受中外美术作品的魅力。

二、深入教材，设计作业

老师要上好一堂课，除了自身素养外还要深入研究教材，备好课，在备课等环节上落实核心素养。备课应首先把握和理解教材，通过对教材的深入研读领会教材编写意图，再通过分析教材明确作业的重点、难点，根据学生的认知特点及教学条件等灵活地处理教材，探讨解决重难点的策略和方法。

案例点击

浙美版2013年版（以下未注明课例均为此版本）五年级上册第9课《飞天》属于第二学段“学习任务1：感受中外美术”“学习任务2：表达自己的想法”。其学习建议第二条是“临摹一幅飞天形象”。对于学生来说，无论是人物动态，还是人物服饰，这种临摹都不容易。但是老师能在研读教材的基础上，贯穿本册教材，前后联系——在本册第4课《好看的装饰画》和本册第5课《生活中的民族纹样》中，借用前者的人物装饰造型和后者的纹饰表现进行补充学习。如此既能激发学生学习兴趣，又能使学生更好地完成作业。参考操作可按如下进行：

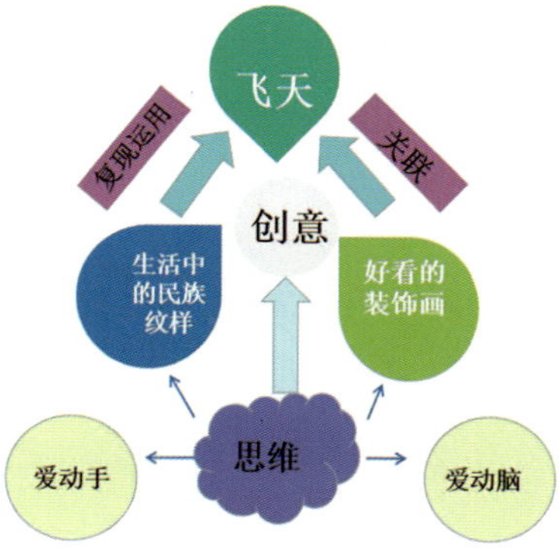

图2　打通教材，前后共用

先把飞天画于纸张上；再用铅笔画成小格子进行分割，可以是有规律地分割，也可以是有意识地分割；最后进行涂色。学生有了前一课的基础，画飞天就更得心应手，他们的主动性也加强了，会去琢磨，怎么区分这个格子才能把飞天的一些主要部分凸显出来。学生就变得爱动脑，爱思考，更爱动手了。

案例点击

在设计浙美版 2010 年版第7册第8课《风儿吹过》作业时，结合前面一课《线条的魅力》，教师可以这样理解本课的教学目标："画风"并不是本课的重点。本课的重点在于如何运用多种线条去表现生活中的某一事物。这样的事物有很多，风仅仅是其中的一种，风的多种形态比较适于用各种不同的线条来表现。这样，笔者在进行课堂作业设计的时候就有了一个很明确的目标，课堂作业的效能很快就能体现出来。

图 3　学生以线条为主表现的关于"风"的作品

如图 3 所示，由于目标清晰，因此学生作业时放弃了色彩，把精力集中到选择描绘什么样的事物，用何种长短、曲直、粗细、疏密的线条来表现不同大小的风。明确的目标，让学生放开了手脚，大胆表现。

教师通过对教材的深入解读和灵活运用，为学生创设多样化的作业，可以促使课堂生动有趣，不再枯燥单调。学生也变得爱听、爱学，最后呈现的作业效果会更加丰富多彩。

三、把握细节，分层设计

为配合双减政策，小学美术作业应尽量在课堂上完成，但在美术课上学生作业效果好与不好的情况都会出现。究竟是什么原因引起作业效果不佳，学生又该如何在课堂上保质保量地完成美术作业呢？这就要求美术教师要把握好作业难易程度，根据不同学生的差异设计分层作业。美术作业的落实者是教师，这对教师的教学设计能力提出了巨大的挑战，教师在深入研究教材的同时还要根据学生的具体差异设计作业，提高学生的作业效果，减轻他们的作业负担。

（一）因材施教，突出层次性

一千个人眼中就有一千个哈姆雷特。教师要从不同层面去了解、认识孩子。其实每个孩子都具有差异性，不同能力的学生应该有不同难度的作业，这样能够有效避免因学生进度快慢不一而产生差距。如果对所有学生的作业要求都一样，无疑会给接受能力弱的学生增加作业负担。对于不同层面的学生，设计的作业应该有层次感。作业分层设计是“因材施教”教育理念的集中体现，是根据不同的学生，合理分布作业难度。作业有不同的难度层级，有易有难，会给不同层次的学生减轻作业负担，学生也会更容易在作业过程中体会到成功的乐趣。

案例点击

以四年级上册《家乡的古塔》这一课为例（图4），教师在设计作业的时候根据学生家庭环境、个体差异和能力强弱的不同，分层次布置作业，设计了低层、中层、高层三个层次，注重以人为本，让学生明确学习目标，掌握基本的知识技能和重难点。层级一（★）：参考图片画一幅简单的古塔画。层级二（★★）：用纸版画的方式拼贴一幅家乡的古塔。层级三（★★★）：通过掌握纸版画底版制作家乡的古塔并印制。不同的作业设置，让学生拥有选择权，让美术课堂更高效，学生真正实现快乐学习。学生通过不同的美术手段记录传统历史文化，获得成就感的同时也激发起学生对家乡人文遗产的情感和对家乡的热爱之情。

图 4　不同层级的学生作业图例

（二）分步作业，突出进阶性

在美术课中，分层设计作业，一是针对不同的学生设计作业，二是针对作业的难度，设计有梯度的作业，引导学生分模块循序渐进，从简单到复杂、从美术知识走向知识的运用。一节课中知识点有很多，如果教师一口气讲完后直接让学生去创作，学生对本节课所讲知识的接受能力有限，可能不能很快、很好地完成作业。教师可以每讲一个知识点布置一次作业，通过一次、二次、三次作业，层层深入，引导学生完成作品。

案例点击

三年级上册第14课《彩色拼贴画》这一课，是跟着马蒂斯学做拼贴画。第一步通过“玩一玩”剪出碎纸片，第二步通过“想一想”联想碎纸片像什么，第三步通过“拼一拼”用碎纸片拼出想表达的心情，第四步通过“剪一剪”剪出各种造型的人物，第五步通过“贴一贴”完成一幅有意思的色彩拼贴画。这样的分层作业，既有趣又容易掌握，提高了作业完成的效率。这样的学习过程不仅拉近了学生与大师的距离，而且让学生觉得剪纸没那么难，学得轻松愉悦，让学生有“跳一跳就能摘到桃子”的感觉。

图5　分步美术作业图例

作业是课堂教学的延伸与拓展，是学生学习的“第二课堂”。优化分层作业设计，能达到增趣减负提质的效果。课堂应适应学生的发展需求，从学生的实际出发，考虑学生的不同差异，真正做到因材施教。好的作业不仅培养了学生的美术综合能力，而且有利于完善分层教学的策略，激发不同层次的学生学习美术的兴趣，激发学生的各种潜能，享受美术带来的乐趣，激发学生对美术的热爱之情。

四、多元媒材，注重创新

随着时代发展，更多的新型材料及工艺走进了美术课程教学中，中小学美术课材料种类也一直处于更新中。近年来，纸、橡皮泥、陶泥、线绳等材料陆续进入教学者的视野。不同的教学材料对儿童素质能力锻炼的侧重点不尽相同，在同样的绘画内容中也会呈现出截然不同的效果。根据绘画内容精心选择材料能更好地激发起学生的绘画兴趣，支持学生更快速、便捷地获得成功。

（一）明确素材，突出多样性

教师应该在设计作业时侧面了解学生想运用的材料并且“引导”学生搜集多种素材，引导学生在创作作品时有自己的想法，增加创新性，使同学们有多种选择去完成作品。材料的多样性也是创设高效课堂的基础。

手工的各种综合材料有很多，如包装纸、废报纸、毛线、彩带、棉花、海绵，甚至泥石、种子、植物等，这些都可以拼拼贴贴。例如：如何用新媒材来画飞天呢？鉴于课程的性质和局限性，学生对新媒材的探索还很盲目。所以教师先以调查问卷的形式，对学生以前临摹绘画用的

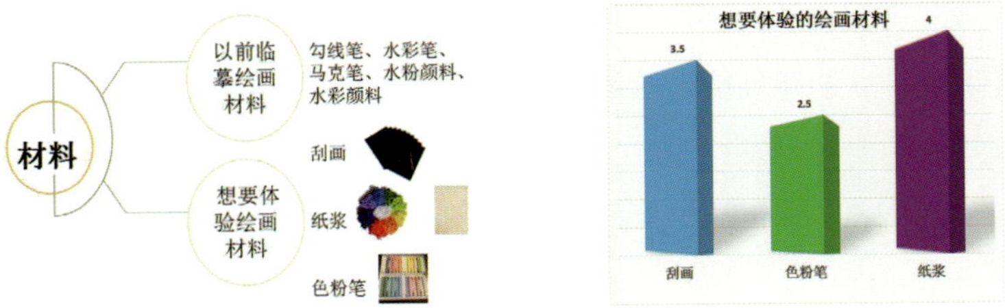

图 6　学生综合材料调查

材料和现在想要体验的绘画材料，进行调查，借此了解学生对材料的了解程度。

案例点击

在《飞天》临摹作业中，老师可以引导学生在保留原作内涵的基础上，创造性地运用材料。如刮画材料是一种双层艺术类纸品，上层主要为黑色，下层为单色或迷彩色，刮去上层的黑色便露出下面的彩色。其色彩亮丽，对比强烈，深得小朋友的喜爱，而且简单易操作。教师引导学生用牙签，用完水的水性圆珠笔、竹筷、回形针等进行创作。尖的用来画细线条，如飞天的轮廓和丝带，能更好地表现细节；扁平的有一定宽度的工具可以用来画粗犷的线条或者是面，例如头饰、项链等。学生对此非常感兴趣。一开始由于刮画材料不能反复修改，学生们画的时候感到有点局限和放不开，但是经过几次失败后，就更加得心应手，作品效果也出乎意料。

图 7　《飞天》作业设计

（二）校本特色，突出创新性

纤维艺术是余姚市梨洲小学开发的校本课程，教师带领学生认识生活中的各种纤维材料，通过梳理教材中有关纤维艺术的内容，在课堂中进行 20% 的课时补充，延伸了美术课程。有趣味和创新的纤维材料，点燃了学生对艺术的兴趣，培养了学生创新思维、动手等全方位的能力。利用新型材料对小学美术课程进行开发，可以有效增加美术课程的多样性，改变传统小学美术课程教学的单一形式，对已有的小学美术教学模式及教学材料和教学方法都是一大更新和突破。

案例点击

基于四年级下册第 2 课《年年有余》，梨洲小学延伸出纤维艺术课《年年有余（纤维版）》。纤维艺术作品在校连廊处展出，让同学也想亲自动手做一做。老师以此契机，给学生准备各种各样的布、无纺布、毛线等，让学生通过剪一剪、拼一拼、贴一贴，创作布艺鱼，再用事先制作好的小鱼缸，在规定时间内比一比谁钓的鱼多。从学习到应用的过程让

图 8　年年有余（纤维版）创意设计

学生切切实实地感受到成功的喜悦。新颖的材料激发了学生的创作热情，生动有趣的课堂让学生们意犹未尽。从绘画到巧妙运用材料，学生自由发挥创作，提高了综合能力，培养了创新意识。这也满足了学生的差异化发展。

在美术教学中，学生运用不同的材料，能有效地表达自己的创作意图，锻炼自己的创新能力和动手能力。教师引导学生发散思维，用多种材料完成作业，使学生产生好奇，激发其学习兴趣，打开学生的思维，开阔学生的眼界。学生爱上美术课的同时，作业效果也会更上一层楼，学生的综合素养也会得到提高。多元材料正以越来越受欢迎的姿态走进各个小学美术课堂，每个美术教学者都需要不断探索和进步，更新观念，跟上时代的脚步，不能固步自封，要学会运用新材料，给小学美术注入新鲜的活力，也给学生作品带来无限的可能。

五、拓展模式，开放作业

在教学改革的大环境下，美术课堂不应局限在课堂内，应该不断创新，让孩子们离开课桌，走出教室，走进生活，走向社会，去收集，去认识。在开放性的实践作业中，学生全身心地投入，积极主动地思考，创新的热情高涨，最后向更高的目标挑战。

千变万化的大自然现象，是美术创作取之不尽的源泉。在“双减”背景下，孩子们应释放压力，解放天性，回归到大自然中去，真实地感受自然，感受生活。教师带领孩子们跳出平时在教室里的上课模式，走出教室，与自然为伴，让孩子们的作品与大自然相融。

案例点击

六年级上册第 6 课《秋之韵》，以“留住秋天、落叶为画”为主题，但不再只是单一地描绘秋景。教师引导学生把美术作业材料范围延伸到自然和生活中，带着学生走出教室，来到校园探索、寻找一些可利用的材料，告诉学生：带着目标寻找，想要做什么就寻找相似的叶子；带着美好寻找，找到叶子看看像什么，也可以变换角度看，像什么就做什么；除了叶子，树枝树干能用到吗？学生通过“收集树叶—制作树叶标本—制作树叶画”的过程来完成作业。这能培养发现美的眼睛，激发学生的想象力和创造力。这样的教学模式能提升学生的审美情趣和综合能力，让每个孩子都沐浴着爱的阳光，健康快乐地成长！

图 9　拓展作业方式

图 10　丰富作业形式——秋之韵

案例点击

五年级上册第 11 课《植物写生》。虽然从临摹到写生是有难度的，但不同于以往的教学模式，也能点燃学生们的学习热情。教师在课堂上进行细致的讲解，并给学生做示范，使学生能直观地感受写生的过程，提升对身边事物的敏感性，并产生绘画的欲望。学生们围坐在一起，通过自己的视角，描绘出自己对植物的直观感受，富有情趣和个性。

图 11　丰富作业形式——植物写生

学生对单一的美术作业形式容易产生厌倦感，使作业效果不佳，不能全面地展现学生的各项能力。教师要善于在学生的活动中捕捉时机，给学生创造机会，设计灵活多样的趣味作业内容。通过多种作业形式激发学生的学习兴趣，提高学习的积极性。

丰富的作业形式突破了传统的绘画方法。学生勤于动脑、动手，很大程度上能保证学生创作出美观而富有个性的作品。教师采用多样化、趣味化的教学手段，构建一个灵活多变的美术课堂，让学生在美术学习中既能收获知识，又能获得愉悦的体验，开阔眼界，提升美术表现、审美判断、创意实践的美术素养。这才真正做到寓教于乐、寓乐于学。

六、从图文出发，明确作业方向

教师的引领非常关键，但学生的学习态度和提前预习能力也是至关重要的。一直以来，预习语文和数学比较常态，但是预习美术不常有。其实在美术课程学习中，提前预习非常重要。教师引导学生读美术课本，学生学会主动学习，才能更好地完成美术作业。

除了在课堂上注重美术技能技巧的训练外，课前的预习也能为美术创作锦上添花。由于美术书中大部分为图片，很多学生在看美术书时可能只关注了图片而忽略了文字。图像识读固然重要，但是文化理解也很关键。教师让学生预习新课时，还要引导学生学会从细微处着手——看文字：课题、目标、小知识、制作步骤、学习建议等等。

通过对图片和文字的理解，学生明确了课题的同时也了解了教学目标和重难点。通过对学习建议的分析，学生明确素材和表现方式，更有利于进行美术创作。学生通过读课本、看文字，学会怎么预习美术作业，练就了一双慧眼，从文字入手，明确学习任务。这些都为更好地完成美术作业播下了一颗基础的“种子”。

案例点击

二年级上册第 4 课《船儿出航》中，船儿乘风破浪去远航。学生翻阅书本，明确教学目的和重难点：了解船的基本造型，尝试用绘画或制作的方法进行表现。根据书中文字“你见到过哪些船？它们各有什么用途和造型特点”，学生进行图片和资料的收集。最后根据学习建议“绘画或拼贴一幅船儿出航的想象画”，明确学习任务，学生可以选择以油画棒和水彩涂色相结合为主的作画方法进行绘画创作，既提高学生初步的作画能力，又培养学生观察和表现美好事物的能力和习惯。

图 12　从课本文字的研读中出发

七、从媒材出发，提升作业质量

学生不仅要学会预习还需积极准备各种美术媒材，包括各类材料和相关素材，为美术课做好课前准备。这样可以保证美术课的顺利进行，防范因教学材料的缺少而产生问题的现象。

（一）基于教材，认识作业媒材

笔者根据教学经验了解到小学美术课对学具和材料的依赖性非常大，许多美术课堂的教学效果很大程度上受制于学生准备的学具材料情况。有时在课堂上会见到孩子两手空空，可谓“巧妇难为无米之炊”，在多年的美术教学中，教师体会到课前准备是决定美术课质量的关键因素之一，是创设高效课堂的基础。

以下是对浙美版通用性工具材料和专业性工具材料的现状及准备方式进行的归纳与分析：

浙美版通用性和专业性工具材料对照表

<table>
<tr><td rowspan="2">通用性工具材料</td><td>绘画</td><td>儿童画</td><td>铅笔、橡皮、勾线笔、水彩笔、马克笔、油画棒、彩铅</td></tr>
<tr><td>手工</td><td></td><td>彩色卡纸、剪刀、双面胶或固体胶</td></tr>
<tr><td rowspan="6">专业性工具材料</td><td rowspan="3">绘画</td><td>国画</td><td>毛笔、国画颜料、宣纸、墨汁、调色盘、水桶、毛毡、抹布</td></tr>
<tr><td>水粉</td><td>水粉笔、水粉颜料、调色盘、水桶、抹布</td></tr>
<tr><td>版画</td><td>吹塑纸版画：吹塑板、铅笔、白纸、夹子、滚筒、油墨、马莲等（也可由墨汁、调色盘、毛笔、洗洁精、水桶代替）</td></tr>
<tr><td rowspan="3">工艺</td><td>剪纸</td><td>剪刀、彩色纸张、铅笔、橡皮</td></tr>
<tr><td>陶泥</td><td>陶泥、塑料刮刀</td></tr>
<tr><td>手工</td><td>彩色卡纸、剪刀、双面胶</td></tr>
</table>

几乎在每一节美术课上，总会有学生没有带或者没带齐学具材料，严重影响学习效果。教师通过长时间的观察和调查总结出几个原因：多数学生会忘记，是因为个人不良学习习惯，长期以来没有养成上课前一天收拾整理学具的好习惯；部分学生家长认为美术课不是主科，也不考试，对学得好坏持无关紧要的态度，对教师布置的任务不支持不配合，不肯花钱购买除图画本、水彩笔之外的其他学具，进而直接影响孩子对美术的学习态度和学习效果； 在美术课中，高年级学生准备材料兴趣低，低年级学生准备起来盲目。[2]

鉴于以上几种情况，如果美术教师还只是在课前或课堂上随意念几个材料的名称，让学生去准备的话，学生可能就随意待之，或干脆不做准备。那么如何改善这种情况呢？ 首先，在每学期初，可以根据每学期的教材内容，设计一份“年级所需素材、学具材料一览表”，分发给每位学生，在表格上详细标注本学期每节美术课所需的素材和材料，让每位学生及其家长对本学期所需准备的材料有了解、有准备，让学生和家长一起完成准备工作，为作业做好保驾护航工作。小学美术各册的素材要求和材料的准备，如以下系列表格所示：

2. 郭金华. 小学美术学具材料的准备工作分析 [J]. 新智慧，2020(20)：68.

一年级上册所需素材、材料一览表

课序	课题	课型	素材	准备的材料
1	走进新天地	综合・探索	无	铅笔、橡皮、勾线笔、水彩笔、马克笔、油画棒、彩铅等
2	新朋友	造型・表现	无	铅笔、橡皮、勾线笔、水彩笔、马克笔、油画棒、彩铅
3	色彩大家庭	造型・表现	无	铅笔、橡皮、勾线笔、水彩笔、马克笔、油画棒、彩铅
4	生活中的基本形	造型・表现	生活中具有基本形的图片或实物	水彩笔或油画棒一套、彩色纸
5	巧压碎纸片	造型・表现	无	各种碎纸片、胶水、水彩笔或油画棒
6	来来往往的汽车	造型・表现	无	胶水、彩色纸等
7	字母设计	设计・应用	无	铅笔、橡皮、勾线笔、水彩笔、马克笔、油画棒、彩铅等
8	奇妙的同心圆	造型・表现	无	水粉画笔和颜料、方形画纸
9	彩旗飘飘	设计・应用	无	剪刀、固体胶、彩纸、广告纸、报纸、小木棒、绳子、水彩笔或油画棒等
10	纸袋玩偶	设计・应用	无	信封、纸袋、一次性纸杯、报纸、彩纸、广告纸、皱纸、双面胶、剪刀、水彩笔或油画棒
11	“东西南北”	设计・应用	无	彩纸、水彩笔、剪刀、胶水等
12	秀秀我的玩具	欣赏・评述	准备自己喜欢的玩具 1—2 件	无
13	花式“点心”	造型・表现	无	彩泥或相类似的材料（陶泥、面团），泥工板（塑料板或铅画纸）

续表

课序	课题	课型	素材	准备的材料
14	好看的棒棒糖	造型·表现	无	彩泥或相类似的材料（陶泥、面团），泥工板（塑料板或铅画纸）
15	小小水果店	造型·表现	无	橡皮泥、牙签、垫板或废报纸、尺子等
16	民间面塑	欣赏·评述	自备面塑图片、书籍等相关资料	无
17	动物身上的斑点	造型·表现	教师收集各种斑点动物的图片	记号笔、水彩笔等常规作画工具
18	画画叶子	造型·表现	收集各种形状、颜色的叶片和叶子枝	彩色水笔或记号笔、铅笔
19	心中的太阳	造型·表现	无	水彩笔或油画棒
20	画家笔下的童话	欣赏·评述	课前收集并阅读带有插画的童话故事或绘本	无

一年级下册所需素材、材料一览表

课序	课题	课型	素材	准备的材料
1	五彩的烟花	造型·表现	课前选择合适的方式观察烟花的色彩、形状，利用网络观看烟花的图片或视频	油画棒、水彩颜料、毛笔、调色盘、水桶、抹布等
2	我的老师	造型·表现	无	铅笔、橡皮、勾线笔、水彩笔、马克笔、油画棒、彩铅
3	叔叔阿姨真忙	造型·表现	无	铅笔、橡皮、勾线笔、水彩笔、马克笔、油画棒、彩铅
4	刮出来的画	造型·表现	无	油画棒、素描纸、卡纸、牙签或小木棒等刮画工具
5	卷纸动物	造型·表现	无	胶水、剪刀、各种彩色卡纸或其他质地较厚的彩色纸
6	小小书签	设计·应用	无	彩色水笔或油画棒、彩色纸、儿童剪刀、双面胶、细绳
7	缤纷花布	设计·应用	无	油画棒、水彩颜料、毛笔、调色盘、水桶、抹布等
8	美丽的盘子	设计·应用	无	纸盘子、彩泥、水彩笔、油画棒等制作工具
9	窗花花	设计·应用	无	彩色卡纸、剪刀、双面胶或胶水
10	漂亮的拉花	设计·应用	无	各种彩色卡纸、剪刀、双面胶或胶水
11	摹印纹理	造型·表现	寻找生活中适合摹印的物品	油画棒或蜡笔、粗铅笔或彩色铅笔、普通白纸、一枚硬币
12	手指印画	造型·表现	无	印泥、水粉颜料、浅色卡纸、水彩笔、小毛巾

续表

课序	课题	课型	素材	准备的材料
13	机器人来了	造型·表现	收集与机器人相关的图片资料，了解有关机器人的知识	黑色勾线笔、彩绘工具、剪刀等
14	我喜欢的绘本	欣赏·评述	带自己喜欢的绘本1—2本	无
15	热带鱼乐园	造型·表现	利用网络观看热带鱼的图片或视频	水彩笔、油画棒、剪刀、双面胶
16	神气的大公鸡	造型·表现	无	铅笔、橡皮、勾线笔、水彩笔、马克笔、油画棒、彩铅
17	大牛和小牛	造型·表现	收集牛的图片资料	铅笔、橡皮、勾线笔、水彩笔、马克笔、油画棒、彩铅、彩色卡纸
18	蘑菇家园	造型·表现	事先了解有关蘑菇的知识（如蘑菇的种类、生长的环境、特点、形状、色彩、用途等）	铅笔、橡皮、勾线笔、水彩笔、马克笔、油画棒、彩铅、彩色卡纸
19	奇妙的昆虫	综合·探索	收集昆虫的标本或图片、寻找生活中与昆虫的色彩、形状有关的产品	彩笔、油画棒、水粉（水彩）颜料、毛笔、调色盘、水桶、抹布等
20	民间玩具	欣赏·评述	收集身边的民间玩具	无

二年级上册所需素材、材料一览表

课序	课题	学习领域	素材	准备的材料
1	画家笔下快乐的童年	欣赏·评述	课前阅读教材、了解长辈在童年时的快乐趣事	无
2	我的假日	造型·表现	自己喜欢的假日照片	铅笔、橡皮、勾线笔、水彩笔、马克笔、油画棒、彩铅
3	游乐园	造型·表现	课前收集部分游乐设施与游玩时的图片或照片	铅笔、橡皮、勾线笔、水彩笔、马克笔、油画棒、彩铅
4	船儿出航	造型·表现	无	铅笔、橡皮、勾线笔、水彩笔、马克笔、油画棒、彩铅
5	我们喜欢的动画形象	欣赏·评述	带好自己搜集并剪好的动画形象1—2个	铅笔、橡皮、勾线笔、水彩笔、马克笔、油画棒、彩铅
6	动漫宝宝	设计·应用	收集动漫的图片、故事等	铅笔、橡皮、勾线笔、水彩笔、马克笔、油画棒、彩铅
7	光荣的奖章	设计·应用	教师收集各种奖章实物和图片	有一定硬度的画纸、水彩笔、油画棒
8	走迷宫	设计·应用	无	铅笔、橡皮、勾线笔、水彩笔、马克笔、油画棒、彩铅
9	动物造型饼干	造型·表现	无	彩泥（或橡皮泥）、塑料刀、牙签、底板（卡纸或三合板等）
10	做一棵大树	造型·表现	无	黏土（彩泥或橡皮泥）、塑料刀、小毛巾等
11	泥塑恐龙	造型·表现	收集有关恐龙的图片和资料	彩泥或陶泥、恐龙玩具模型等
12	炫彩的天空	造型·表现	无	水粉笔、水粉颜料、调色盘、水桶、抹布
13	小鸟的家	造型·表现	无	铅笔、橡皮、勾线笔、水彩笔、马克笔、油画棒、彩铅

续表

课序	课题	学习领域	素材	准备的材料
14	奇特的梦	造型·表现	回忆自己做过的美梦	铅笔、橡皮、勾线笔、水彩笔、马克笔、油画棒、彩铅
15	淘气堡	造型·表现	无	彩色纸张、剪刀、胶水或双面胶
16	剪影	造型·表现	无	剪刀、黑色卡纸、双面胶等
17	剪花边	设计·应用	无	彩色纸张、剪刀、胶水或双面胶
18	站立的折纸动物	设计·应用	无	各种质地较厚的彩色纸张、剪刀、胶水或双面胶
19	手拉手好朋友	设计·应用	无	彩色纸张、剪刀、胶水或双面胶
20	剪纸欣赏	欣赏·评述	无	彩色纸张、剪刀、胶水或双面胶

二年级下册所需素材、材料一览表

课序	课题	学习领域	素材	准备的材料
1	春天在哪里	综合·探索	无	水彩笔或油画棒、纸张、废旧材料
2	盛开的鲜花	造型·表现	收集鲜花图片资料	水彩笔、油画棒等绘画工具材料
3	田园风光	造型·表现	课前观察乡村的生活场景	铅笔、橡皮、勾线笔、水彩笔或马克笔或油画棒或彩铅
4	我的爱心卡	设计·应用	无	彩色卡纸、综合材料、剪刀、双面胶、水彩笔
5	折纸蝴蝶	设计·应用	无	剪刀、彩色笔或油画棒、彩色卡纸
6	小画框	设计·应用	无	剪刀、双面胶或胶水、彩色卡纸或质地较厚的挂历纸、画笔、自己的绘画作品一幅
7	笔筒设计	设计·应用	收集各种各样的笔筒	彩色卡纸、剪刀、双面胶、彩色水笔等
8	倒影	造型·表现	课前收集各种倒影的图片	水粉笔、水粉颜料、调色盘、水桶、抹布
9	印印画画	造型·表现	无	树叶若干、水粉笔、水粉颜料、调色盘、水桶、小毛巾
10	纸版画人物	造型·表现	无	画纸、剪刀、胶水、拓印工具材料（油画棒或水粉颜料、水粉笔或彩色铅笔等）
11	民间年画	欣赏·评述	无	水粉笔、水粉颜料、调色盘、水桶、小毛巾
12	闪闪的星星	设计·应用	无	卡纸或信封、彩色笔、胶水或双面胶、小棒或铅笔
13	美丽的丝巾	设计·应用	无	水粉笔、水粉颜料、调色盘、水桶、小毛巾、宣纸 1—2 张

续表

课序	课题	学习领域	素材	准备的材料
14	做香囊，迎端午	设计·应用	收集有关端午节风俗的图片、资料，了解端午节的风俗，收集和端午节有关的物品	制作香囊所需的材料（艾草、干花、流苏、彩笔等）也可用彩色卡纸、剪刀、双面胶、彩笔替代
15	向日葵	造型·表现	无	铅笔、橡皮、勾线笔、水彩笔或马克笔或油画棒或彩铅
16	夏天	造型·表现	课前收集体现“夏天”特征的活动图片	油画棒、水粉颜料、水彩笔等常规作画工具
17	可爱的猫咪	造型·表现	无	彩色卡纸、彩色笔或油画棒或颜料等
18	潺潺的小溪水	造型·表现	无	铅笔、橡皮、勾线笔
19	我们画我们评	欣赏·评述	课前收集自己的绘画作品	无

三年级上册所需素材、材料一览表

课序	课题	学习领域	素材	准备的材料
1	我驾神州游太空	造型·表现	无	彩纸、废旧材料、剪刀、泡沫胶、双面胶
2	汉字的创意与设计	设计·应用	无	铅笔、橡皮、勾线笔、水彩笔或马克笔或油画棒或彩铅
3	刊头设计	设计·应用	无	铅笔、橡皮、勾线笔、水彩笔或马克笔或油画棒或彩铅
4	纸拎袋	设计·应用	无	各式纸拎袋、旧挂历纸（旧画报纸）、彩色卡纸、剪贴材料（布、图案、贴纸等）、装饰材料（纽扣、珠子、彩绳等）、双面胶、剪刀等常规绘画工具
5	找果子的刺猬	造型·表现	收集小刺猬的图片资料	陶泥或跳跳泥、小刺猬玩具
6	夸张的脸	造型·表现	无	陶泥或彩泥及制作工具
7	威武的大将军	造型·表现	课前收集中国古代名将的各种图片	陶泥、泥塑工具等常规制作材料及用具
8	三原色与三间色	设计·应用	无	红黄蓝三色、水粉笔、调色盘、水桶、小毛巾
9	四季歌	综合·探索	无	水粉笔、水粉颜料、调色盘、水桶、小毛巾
10	彩墨游戏	造型·表现	无	毛笔、国画颜料、宣纸、墨汁、调色盘、水桶、毛毡、抹布
11	大狮子	造型·表现	无	毛笔、国画颜料、宣纸、墨汁、调色盘、水桶、毛毡、抹布
12	向齐白石学画蔬果	造型·表现	教师收集齐白石作品和小故事	毛笔、国画颜料、宣纸、墨汁、调色盘、水桶、毛毡、抹布
13	黑白拼贴画	造型·表现	无	黑、白、灰纸若干、废报纸、胶水或双面胶

续表

课序	课题	学习领域	素材	准备的材料
14	彩色拼贴画	造型・表现	无	彩色卡纸、剪刀、双面胶
15	剪雪花	设计・应用	了解雪花的相关知识	彩色卡纸、剪刀、胶水或双面胶
16	迎春祈福	综合・探索	查找有关福文化与艺术的资料	红纸、福字书写格样纸、剪刀、绘画工具等
17	中国结	造型・表现	了解中国结的文化含义、收集有关中国结的饰物	彩色卡纸、剪刀、胶水或双面胶以及前一节课的福字作业等
18	中国彩陶	欣赏・评述	无	黑色勾线笔
19	秦始皇陵兵马俑	欣赏・评述	了解兵马俑的特点	陶泥

三年级下册所需素材、材料一览表

课序	课题	学习领域	素材	准备的材料
1	灯彩辉映	综合·探索	收集、了解元宵灯会的内容	各种废旧材料、剪刀、双面胶
2	台灯造型设计	设计·应用	观察身边台灯的结构和各式造型	铅笔、橡皮、勾线笔、水彩笔或马克笔或油画棒或彩铅
3	巧折巧剪	设计·应用	无	彩色卡纸、剪刀、胶水或双面胶
4	绿色家园	综合·探索	收集山林绿化、绿色家园的摄影图片	彩色卡纸、剪刀、胶水或双面胶
5	生动的表情	造型·表现	无	吹塑纸、黑色卡纸、水粉颜料、水粉画笔、调色盒、水桶、小抹布
6	我们爱劳动	造型·表现	无	吹塑板、铅笔、白纸、夹子、滚筒、油墨、马莲等（也可由墨汁、调色盘、毛笔、洗洁精、水桶代替）
7	爷爷奶奶	造型·表现	无	吹塑板、铅笔、白纸、夹子、滚筒、油墨、马莲等（也可由墨汁、调色盘、毛笔、洗洁精、水桶代替）
8	我家的厨房	造型·表现	收集自家厨房厨具若干张	彩纸、水彩笔、记号笔等绘画工具材料
9	眼睛的创想	设计·应用	无	铅笔、橡皮、勾线笔、水彩笔或马克笔或油画棒或彩铅
10	图形的联想	设计·应用	无	铅笔、橡皮、勾线笔、水彩笔或马克笔或油画棒或彩铅
11	门票设计	设计·应用	无	长方形铅画纸、铅笔、橡皮、勾线笔、水彩笔或马克笔或油画棒或彩铅、尺子
12	班级小报	设计·应用	无	铅笔、橡皮、勾线笔、水彩笔或马克笔或油画棒或彩铅、尺子

续表

课序	课题	学习领域	素材	准备的材料
13	活字印刷	综合·探索	无	水笔或油画棒、陶泥、刻刀等
14	小陀螺，转呀转	设计·应用	无	卡纸或硬纸板、彩纸或相应的材料、双面胶、纸杯、小棒或铅笔或筷子等制陀螺的材料及工具
15	小小建筑师	造型·表现	无	彩色卡纸、剪刀、胶水或双面胶
16	奇石	欣赏·评述	收集各种奇石的图片、了解擅长画石头的画家和作品等	毛笔、国画颜料、宣纸、墨汁、调色盘、水桶、毛毡、抹布
17	会说话的石头	造型·表现	收集各种形状、大小适合学习活动的石头	水粉颜料、画笔、记号笔及其他可用于装饰的生活废弃品（瓶盖、毛线、清洁球等）
18	山外有山	造型·表现	无	毛笔、国画颜料、宣纸、墨汁、调色盘、水桶、毛毡、抹布
19	南宋官窑	欣赏·评述	无	水笔等

四年级上册所需素材、材料一览表

课序	课题	学习领域	素材	准备的材料
1	水资源	综合·探索	有关水的资料（故事、知识、家乡水资源情况调查表、表现水的艺术品）	铅笔、橡皮、勾线笔、水彩笔或马克笔或油画棒或彩铅
2	砖石上的雕刻	造型·表现	课前收集相关砖雕资料	陶泥或相应的材料（彩泥、面塑）、泥工板（塑料板或铅画纸）
3	墙	造型·表现	无	陶泥、塑料刮刀
4	家乡的古塔	造型·表现	了解家乡塔的历史和文化	各式纸材、剪刀、胶水、拓印工具材料（油墨和滚筒、水粉颜料和水粉笔或彩色铅笔等）
5	美术档案袋	设计·应用	无	自己优秀的美术作业、若干张彩色卡纸、剪刀、双面胶或者固体胶和其他装饰材料（纽扣、小型彩带等各类材料）
6	眼镜的设计	设计·应用	无	各色卡纸、剪刀、双面胶、毛线、纽扣、小珠子等综合材料、旧眼镜
7	椅子的设计	设计·应用	无	各色卡纸、剪刀、双面胶或固体胶、彩笔等
8	水墨画鱼	造型·表现	无	毛笔、国画颜料、宣纸、墨汁、调色盘、水桶、毛毡、抹布
9	毛茸茸的动物	造型·表现	课前搜集整理有关水墨画技法的资料	毛笔、国画颜料、宣纸、墨汁、调色盘、水桶、毛毡、抹布
10	花鸟小品	造型·表现	无	毛笔、国画颜料、宣纸、墨汁、调色盘、水桶、毛毡、抹布
11	漫画与生活	欣赏·评述	准备自己喜欢的漫画书或漫画资料	铅笔、橡皮、勾线笔、水彩笔或马克笔或油画棒或彩铅

续表

课序	课题	学习领域	素材	准备的材料
12	给同学画漫画	造型・表现	无	小镜子、铅笔、橡皮、勾线笔、水彩笔或马克笔或油画棒或彩铅
13	自己做图画书	综合・探索	课前搜集整理家里各种不同外形、装订方式的图画书	钝头剪刀、胶水或双面胶、简易图书装订工具、有特色的装订线、若干张纸（具体张数可根据自己图画书的张数预估决定）等图画书制作工具（鼓励寻找生活中容易找到的材料进行创意）
14	为自己的书设计封面	设计・应用	无	铅笔、橡皮、勾线笔、水彩笔或马克笔或油画棒或彩铅、彩色卡纸、剪刀、双面胶、小塑料袋
15	正负图形	设计・应用	无	记号笔、水彩笔等
16	剪纸喜花	设计・应用	无	红纸、剪刀、胶水
17	生肖贺卡	设计・应用	收集十二生肖图片	剪刀、彩笔、彩纸、固体胶、剪纸、邮票、故事等
18	青铜器	欣赏・评述	收集有关青铜器的图片	陶泥、塑料刮刀

四年级下册所需素材、材料一览表

课序	课题	学习领域	素材	准备的材料
1	茶香四溢	综合・探索	各种茶叶包装盒、收集关于茶文化的信息资料	彩纸、水彩笔、胶水等
2	年年有余	设计・应用	收集鱼纹图片和文字资料	勾线笔、马克笔或水彩笔等
3	节日的徽标	设计・应用	无	彩色水笔、油画棒、彩色铅笔、签字笔等
4	安全标识	设计・应用	收集各种常见的安全标识	勾线笔、马克笔或水彩笔
5	时钟造型设计	设计・应用	无	水彩笔、黑色勾线笔、白纸、彩色卡纸、剪刀、双面胶
6	家乡的桥	造型・表现	收集桥的资料图片	陶泥、泥塑工具
7	生长的植物	造型・表现	收集植物的图片	白纸若干张、铅笔、橡皮、剪刀、双面胶、夹子、滚筒、油墨、马莲等（也可由墨汁、调色盘、毛笔、洗洁精、水桶代替）
8	爱书藏书	综合・探索	收集藏书票作品和有关藏书票的知识	KT 版或吹塑纸版、卡纸、铅笔、橡皮、夹子、滚筒、油墨、马莲等（也可由墨汁、调色盘、毛笔、洗洁精、水桶代替）
9	奇妙的点彩	造型・表现	无	水粉画颜料、大中小号画笔、调色盘、小水桶、抹布等
10	落日	造型・表现	收集落日照片	水粉画颜料、调色板、画笔、水桶、抹布等
11	夜色	造型・表现	老师准备白天到黑夜的视频、学生准备一张自己喜欢的夜色照片	水粉画颜料、调色板、画笔、水桶、抹布、油画棒等

续表

课序	课题	学习领域	素材	准备的材料
12	亭子	造型・表现	课前参观家乡的亭子、收集亭子的照片	铅笔、橡皮、勾线笔
13	房间的一角	造型・表现	教师收集并整理有关房间一角的照片、学生事先观察自己的房间，了解自己房间的布置和摆设，准备房间的照片	铅笔、橡皮、勾线笔
14	线条的魅力	造型・表现	无	记号笔
15	创造美的纹理	设计・应用	无	废旧报纸、废旧牙刷、吸管、水粉画颜料、调色板、画笔、水桶、抹布等
16	瓶子变个样	设计・应用	无	陶泥、泥塑工具、瓶子导学单
17	虫虫大聚会	造型・表现	无	彩色卡纸、剪刀、双面胶或固体胶
18	良渚古玉	欣赏・评述	教师收集相关图片	铅笔、橡皮、勾线笔
19	清明上河图	欣赏・评述	清明上河图作品打印稿	无

五年级上册所需素材、材料一览表

课序	课题	学习领域	素材	准备的材料
1	悠悠老街	综合·探索	收集有关老街的资料文字、照片等	铅笔、橡皮、勾线笔
2	传统门饰	设计·应用	搜集门饰资料	各种彩纸、综合材料、水彩笔、金银笔、记号笔、剪刀、双面胶
3	适合纹样	设计·应用	无	白纸、彩色纸、马克笔等
4	好看的装饰画	设计·应用	无	彩色纸、彩色笔、绘画铅笔等
5	生活中的民族纹样	设计·应用	搜集具有民族纹样的物品	铅笔、橡皮、勾线笔、水彩笔、马克笔、油画棒、彩铅等
6	运动会奖杯设计	设计·应用	搜集各种奖杯图片、知名运动会奖杯背后的故事和艺术特点等资料	陶泥、泥塑工具
7	泥娃娃	造型·表现	无	陶泥、泥塑工具
8	吹吹打打	造型·表现	无	陶泥、泥塑工具
9	飞天	欣赏·评述	教师准备飞天视频录像、飞天临摹作品	铅笔、橡皮、勾线笔、水彩笔、马克笔、油画棒、彩铅等
10	指墨画	造型·表现	无	毛笔、国画颜料、宣纸、墨汁、调色盘、水桶、毛毡、抹布
11	泼墨山水	造型·表现	无	毛笔、国画颜料、宣纸、墨汁、调色盘、水桶、毛毡、抹布
12	江南民居	造型·表现	无	毛笔、国画颜料、宣纸、墨汁、调色盘、水桶、毛毡、抹布

续表

课序	课题	学习领域	素材	准备的材料
13	西湖十景	造型·表现	收集西湖十景图片、文字资料	毛笔、国画颜料、宣纸、墨汁、调色盘、水桶、毛毡、抹布
14	童谣童画	造型·表现	收集一些喜欢的童谣童画	铅笔、橡皮、勾线笔、水彩笔、马克笔、油画棒、彩铅等
15	色彩的世界	造型·表现	无	水粉或水彩画颜料水粉笔或水彩画笔、调色盘、水桶、吸水布等
16	画音乐	造型·表现	无	水粉画颜料、调色板、画笔、水桶、抹布、油画棒等
17	小盒子大舞台	造型·表现	无	剪刀、刻刀、尺子、颜料或其他着色工具、卡纸、双面胶、彩泥等
18	中国传世名作	欣赏·评述	无	无

五年级下册所需素材、材料一览表

课序	课题	学习领域	素材	准备的材料
1	画家故居	欣赏·评述	教师准备图片资料	毛笔、国画颜料、宣纸、墨汁、调色盘、水桶、毛毡、抹布
2	风筝风筝飞上天	综合·探索	无	削好的竹篾、无纺布或化纤布料、飘带两条、胶水、棉线、安全剪刀、自己喜欢的作画工具、风筝线一卷
3	木版年画	欣赏·评述 造型·表现	收集木版年画图片	刻刀、拓印用纸、常用绘画工具
4	剪纹样	设计·应用	无	剪刀、刻刀、蜡光纸、垫板、胶水
5	剪纸人物	欣赏·评述 造型·表现	无	彩纸、剪刀、胶水
6	剪纸中的故事	造型·表现	无	彩纸、剪刀、胶水
7	电影的始祖——皮影	综合·探索	无	笔、皮影人物
8	设计《西游记》人物	设计·应用	无	铅笔、橡皮、勾线笔、水彩笔、马克笔、油画棒、彩铅
9	弯弯的小路	造型·表现	收集路的图片	铅笔、橡皮、勾线笔、水彩笔、马克笔、油画棒、彩铅
10	光与影	造型·表现	无	油画棒、素描纸（沙画纸）、水粉颜料、铅笔等
11	植物写生	造型·表现	无	勾线笔、马克笔或油画棒等
12	运动鞋写生	造型·表现	无	勾线笔、马克笔或油画棒等
13	自行车写生	造型·表现	无	铅笔、橡皮、勾线笔
14	椅子的构成	设计·应用	无	记号笔、彩色笔

续表

课序	课题	学习领域	素材	准备的材料
15	圆筒造型	造型·表现	无	彩色卡纸、白纸、剪刀、双面胶或固体胶
16	请柬设计	设计·应用	搜集一些请柬	彩笔、彩纸、剪刀、双面胶或胶水
17	手绘校园招贴	设计·应用	无	记号笔、马克笔或彩铅等常规绘画工具
18	映日荷花别样红	综合·探索	无	毛笔、国画颜料、宣纸、墨汁、调色盘、水桶、毛毡、抹布
19	中国漆器	欣赏·评述	无	笔、纸

六年级上册所需素材、材料一览表

课序	课题	学习领域	素材	准备的材料
1	徐悲鸿与奔马	欣赏·评述	课前收集徐悲鸿的相关资料	中国画颜料、墨汁、宣纸、调色盘、毛笔、水桶、抹布等
2	戏曲人物	造型·表现	收集戏曲人物图片及其相关故事等资料	中国画颜料、墨汁、宣纸、调色盘、毛笔、水桶、抹布等
3	水墨人物	造型·表现	无	中国画颜料、墨汁、宣纸、调色盘、毛笔、水桶、抹布等
4	画家林风眠	造型·表现	无	中国画颜料、墨汁、宣纸、调色盘、毛笔、水桶、抹布等
5	蔬果造型	造型·表现	准备蔬果造型的图片	参考教科书设想自己想要的造型，寻找合适的蔬果、牙签、切刀、彩纸及一些废弃物品等。
6	秋之韵	造型·表现	收集各种秋天的树叶、树皮等材料	手工用的白乳胶、水粉笔一支、剪刀
7	做做陶艺	造型·表现	收集生活或艺术陶制实物	陶泥、刮刀
8	中国扇子	综合·探索	收集1—2把好看的扇子带到课堂	中国画颜料、墨汁、宣纸、调色盘、毛笔、水桶、抹布等
9	小小果壳箱	设计·应用	无	瓦楞纸、剪刀、双面胶
10	流动的风景线	设计·应用	无	彩色卡纸、双面胶、尺子、水彩笔、剪刀
11	公交站台设计	设计·应用	无	铅笔、彩色卡纸、美工刀、剪刀、胶水或双面胶

续表

课序	课题	学习领域	素材	准备的材料
12	街市新貌	设计·应用	无	彩色瓦楞纸、彩色卡纸、双面泡沫胶、彩色水彩笔、剪刀、胶水等
13	生活与科幻	造型·表现	观察生活中先进的科技用品和存在的问题	水彩笔、油画棒、彩铅等
14	窗外的风景	造型·表现	无	油画棒或水彩笔或马克笔或水粉（彩）颜料等
15	新家园	综合·探索	无	铅画纸、记号笔或水彩笔、彩色铅笔
16	金银器	欣赏·评述	课前阅读教科书，收集相关图片	无
17	中国的文化与自然遗产	欣赏·评述	收集中国的文化与自然遗产图片、文字资料	无

六年级下册所需素材、材料一览表

课序	课题	学习领域	素材	准备的材料
1	外国传世名作	欣赏·评述	收集各种外国优秀雕塑、建筑和绘画作品的信息	无
2	用线画人物	造型·表现	无	记号笔、中性笔、荧光笔、铅笔等
3	色彩风景	造型·表现	准备风景照片	水彩颜料、毛笔、排刷、水彩纸、调色盘、水桶等
4	奇妙的新画笔	造型·表现	搜集自己喜欢的图片（保存到自己的邮箱或 U 盘）	Photoshop 电脑软件、数字绘画板工具
5	奇思妙想	设计·应用	无	铅笔、橡皮、勾线笔
6	会动的“画”	造型·表现 设计·应用	无	铅笔、橡皮、勾线笔、马克笔或彩色铅笔、16 开白纸、卡纸、剪刀、固体胶
7	巧妙地包装	设计·应用	无	铅笔、彩色卡纸、水彩笔、剪刀、胶水、尺子、双面胶等
8	展示设计	综合·探索	准备自认为最佳的美术作品	制作布置画展用的各种板材、彩纸、剪刀、胶水、挂钩
9	纸塑	造型·表现	无	各式纸材、剪刀、胶水或双面胶
10	竹	综合·探索	收集与竹有关的诗句、收集竹制品、生活中与竹有关的物品资料	毛笔、墨、宣纸、水、调色盘、水桶等
11	青花瓷	欣赏·评述	打印的青花瓷瓶图片	国画颜料、毛笔。宣纸、墨汁、调色盘、水桶等
12	美无处不在	造型·表现	无	手机、数码相机、盆栽花卉

续表

课序	课题	学习领域	素材	准备的材料
13	祖国美景知多少	造型·表现	无	单反相机（或数码相机、手机、取景框）
14	拍一部小电影	综合·探索	收集电影素材、分镜素材、分镜表	铅笔、橡皮
15	我们的课本剧	综合·探索	收集了解课本剧	铅笔、彩色卡纸、剪刀、双面胶、固体胶、其他废旧材料
16	东阳木雕	欣赏·评述	收集木雕资料	凿子、小块的木板、肥皂、土豆等雕刻工具和材料
17	中国非物质文化遗产	欣赏·评述	收集苗银实物	剪刀、珠光纸、纹样参考图

有了“年级所需素材、学具材料一览表”，学生就能一清二楚，提前做好准备，特别是在手工创作中，除了常用的一些工具材料，还需准备特殊材料。

案例点击

例如六年级上册第5课《蔬果造型》中，教学素材需要准备蔬果造型的图片。学生材料需要寻找合适的蔬果、牙签、切刀、彩纸及一些废弃物品等（下表），这些材料不一定马上有，家长做到心中有数，可以根据一览表备好材料。学生就可以用材料制作出各种生动的蔬果造型。

课序	课题	学习领域	图片素材	学生材料
5	蔬果造型	造型·表现	蔬果造型的图片	参考教科书设想自己想要的造型，寻找合适的蔬果、牙签、切刀、彩纸及一些废弃物品等

图 13　基于媒材的学生作业

（二）留心生活，积累作业媒材

美术媒材的收集整理，并不只是准备图片资料，教师应该引导孩子用发现美、欣赏美的眼光去观察身边的点点滴滴，时时留意生活，形成一个积累的过程，同时也应注意：在教学资料的整理过程中，要对收集的资料进行评估，认真地取舍。教学资料是在边搜集边取舍的过程中逐渐丰富起来的，而不是单纯的蓄积。“不积跬步，无以至千里”，教师引导学生在资料的收集整理中学会成长。

案例点击

三年级下册第 17 课《会说话的石头》，要求学生动手在石头上画一画，这时学生要留心生活，把大自然看成一个取之不尽的美术资源库。每一块石头都是大自然的伟大杰作，学生先收集不同形状、不同大小的石头，再通过水粉颜料、橡皮泥等材料进行创作。教师要培养孩子留心生活中每一处细微的美，激发他们的创作灵感。学生可以根据一览表，了解上课的进度，在生活中留意不同的石头，做好搜集工作，提前备好材料。

图 14　在生活中积累美术作业所需的各种媒材

通过积累素材，学生完成作业时就不会手足无措，而会信心满满，这样做作业会事半功倍。素材和材料准备是否充分、合理，直接影响课堂作业的完成质量。那么，学生在课前做到有目的地搜集素材，就可以避免因材料缺失而导致作业质量不高或完不成的情况。

八、从思维出发，创意作业设计

在美术书中，最后的作业建议有很多种表现形式，教师可以引导学生用不同媒材进行创作，发展具有个性的表现能力，表达思想和情感；还可以在原有的画作上进行改编、添加或删减，让画面更有创意。

（一）注重发散，创意素材准备

学生欣赏美术书中的图片时，可以有意识地看看作品的表现形式，作品形式的多样性使学生在创作中更加注重发散思维，用多种材料来表现作品。对通用性材料的认识，学生可能从幼儿时期就开始，并且经常用颜色笔随心所欲地表现画面。经过头脑风暴发现，不同的材料在同样的绘画内容中也会呈现出截然不同的效果。根据绘画内容精心选择材料能更好地激发起学生的绘画兴趣，支持学生能更快速、便捷地获得成功。所以教师的任务应该是“引导”学生，激发学生在创作作品时有自己的想法，让他们大胆去想，准备多样素材，让学生选择合适的材料进行创作。

案例点击

一年级上册第 7 课《字母设计》中，教材分析“e”字母有很多种表现形式：手工、绘画、拼贴、电脑设计等。学生作品中有字母的联想，用水彩笔、油画棒、彩铅等绘画材料进行绘画表现；有字母鱼拼贴画，用彩纸、剪刀等进行字母动物设计，还有可爱的字母房子设计，用水彩笔等绘画材料按绘画形式根据字母设计房子。作业表现形式多样化激发了学生的创造思维，使学生选择多样化的材料来完成作业。

（二）寻找替代，拓展素材运用

由于美术学科材料、技法的特殊性，教师会着重强调知识与技能教学，从而不断影响学生的创作表现，导致学生作业过程始终跟随着教师的引导，逐渐丧失美术创作“自由表达思想与情感”的特征，学生丰富的创造能力日渐消亡，作业表现形式也单一单调。在完成美术作业时，学生应该选择适合自己的素材，并合理运用模仿、重组、变化等丰富的创作手法，让素材为作业服务。学生也需要留心观察周围的世界，感受身边事物的造型、色彩、结构、纹理等，不断丰富视觉体验。

案例点击

在《字母设计》中，根据学习建议用绘画或拼贴的方法设计字母。作业的形式已经多样化，准备的材料也是多样化的，若教师引导学生用以上两种方法表现创作，学生的作业形式就可能只有这两种，还有可能因手工材料准备不足，材料受局限，导致作业形式也受局限，最后就只能呈现绘画一种表现形式。教师可以开阔学生思维，多给学生一些建议，如果准备材料缺失，学生可用其他材料替代，如用橡皮泥、绳子、纸张（手撕画）、毛线和扭扭棒尽情创玩，玩中学，学中做。相比起传统材料，

图 15　创意《字母设计》作业设计

这些材料既操作简单又能调动学生积极性，制作的作品观赏性也很强。这样学生对于自己的作品会更为满意，轻松有趣的氛围使作品精彩纷呈、各具特色。

在美术创作中引导和激发小学生的美术创新思维很重要。“一千个读者就有一千个哈姆莱特”，美术创作也是如此，不同的人对美术材料的运用有着不同的想法。教师在教学中要能够引导学生发散思维，用多种材料表现作业，使学生产生好奇，激发起学习兴趣，更能积极听课。课堂生动有趣，不再枯燥单调，作业效果也会丰富多彩。

美术教学应以学为中心，通过回归课本预习、素材准备、发散思维，把握影响作业的最初起点，关注学生的学，使教与学的主体转变，以学生学习为主体，从单一的图像识读到对书本文字的解读、素材的准备以及作业表现形式的多样性，不断加强学习美术的意识，以“学”促教，内化知识，优化课堂教学过程，提高课堂教学效率，培养学生思维品质，最终提升作业的表现形式。

通过教师自身素质的厚积与提升，对课程设计和材料的预设，加之学生对课程的预习和多种材料的需求，转换学习观念，运用创新素材玩转美术，可以使学生高效减负地完成美术作业，使学生爱上美术，让教育回归本位。

（王旭华）

第二环 关注情意·布置优化

作业布置是美术教学的重要环节，是有利于教师调控教学进程、激活学生思维的有效手段，其关键是依据教学目标和重难点，向学生提出具有明确指示和可操作的作业要求，使学生了解作业内容，明确作业方向。如何提高教师课堂作业布置的水平，实现课堂作业高效、高质与轻负，使课堂作业布置更具实效性、针对性、层次性、开放性，是新课程背景下的教学研究与实践的课题。[3]

调研发现，中小学美术教师在课堂作业布置方面还存在一些典型性问题，其具体表现在：

现象一：课堂作业要求脱离实际，大多数学生无法完成课堂作业。

案例点击

在一次市教研活动中，朱老师执教浙美版三年级《灵璧奇石》一课，从教学材料的准备、地方资源的利用、课堂教学的设计等，似乎都考虑得非常完美，但最后大家看到课堂教学效果并不理想，大多数学生无法完成教师布置的课堂作业。朱老师在自己的反思录中谈道：“为了让学生看到更多、更美、更奇异的石头，给学生带来一次‘石头盛宴’，我花了大量时间从水库边苦苦觅来各种小石头，从网上下载奇石图制作精美课件，希望能最大限度地‘开发’学生的想象力，期待学生作业精彩纷呈……”

3. 张重欣．中小学美术课堂作业布置的优化对策 [J]. 少儿美术，2012(1):26.

但结果为什么达不成教学预想呢？课后，参与活动的美术教师共同探讨、反思了这节美术课，归纳总结到：教师提供的精美范图与石材装饰“盛宴”脱离了学生生活实际与认知基础，使学生对“高、精、美”的范作产生一定的心理隔膜，对作业生出畏难情绪，从而降低了自我效能。

现象二：课堂作业导向单一，学生课堂作业千篇一律。

案例点击

杨老师在执教浙美版三年级《山外有山》一课时，在课中进行示范，用两张绿色卡纸制作山峰造型，运用叠加的手法，表现出一种重叠式的前后相隔的江南山峦。然后他要求学生“用纸造型表现重叠的山峰”。结果学生作业千篇一律，几乎都是老师作品的翻版。

课后寻求其中的主要原因有：一是选用材料单一，课前教师虽要求学生带各种纸材，但在示范的过程中没有穿插引导，布置作业时没有明确要求材料运用的多样性，造成学生作业时选用材料依然单一；二是教师的当堂示范与课件中的范图在用材、制作方法、造型上几乎一致，缺少对学生进行创新引导，无意中还强化了单一的作品形式，导致学生作业毫无新意；三是作业布置时没有考虑到学生的层次差异，学生或“吃不好”或“吃不饱”或“吃不了”，造成学生完成作业效益低下。

现象三：课堂作业目标宽泛，学生课堂作业无从下手。

案例点击

王老师在执教浙美版小学美术第五册《图形联想》时，给学生看了大量的经过图形联想的精美用品，如苹果形的沙发、小猪形的手机座、鸟巢形的北京体育馆等，提到了用“加一加”“减一减”的方法进行设计。作业布置前，她将大量生活中的图形展现给了学生，要求学生“自己选定一个图形，画这个图形的联想图，并用线条画的形式表现出来”。结果学生开始磨磨蹭蹭，似乎难以决定从哪个图形入手，最终作业完成的情况不尽如人意。

课后究其原因发现：一是教学中缺少了适合这一年龄学生发展的如何进行图形联想的方法辅导一环。知识与技能的形成是一个渐进、积累的过程，将知识运用到具体的操作环节中要有一定的台阶与训练，虽然教师在学生作业前安排了“说画”、观看范例，但没有深入突破，如：在一个具体的图形中怎样“加一加”或“减一减”最合适？原图与联想后的图形间有什么联系？教学缺少了具体指导与训练，造成学生作业困难。二是教师布置的作业目标过于宽泛，造成作业指向不明、内容繁杂，学生在大量的图形面前一时难以选择、无从下手。

现象四：课堂作业评价单一，学生课堂作业迁就课堂预设。

案例点击

一次教研活动中，陈老师上浙美版第四册《倒影》一课，要求学生用对印法完成“倒影”作业。作业中途，陈老师不动声色地拿了一张纸给一位学生，好像让学生“重画”。原来这位学生把刚画的作业纸揉成了一团，老师让他重画一张。另一位老师展开那张作业，却看到了一幅绚丽的“抽象画”！而这位学生满脸急躁，匆匆补画了一张作业，画面却很是单调。

事后，有老师提出，假如陈老师有意识地引导学生在那张漂亮的“抽象画”上做些修正补充，相信这位学生能创作出别具一格的作品。这也能为教学内容的拓展提供一个很好的范例。

从以上几个案例中看到教师美术课堂作业布置不当、学生美术作业不甚理想，其原因不外乎以下几点：一是教师对教材的理解有偏差，教学目标定位不准；二是教师不了解学生心理需求，作业要求不符合学生年龄特点与认知规律；三是作业布置没有考虑到学生的个性差异、学生成长中的思维与能力的层次性，内容单一、形式变化少；四是教育智慧缺失，缺少预设与生成的有效结合，不能有效应对学生在课堂作业上的不同表现；五是教师缺乏运用教学规律的能力，尤其缺少渗透在作业布置上的策略。以上几点造成教学三维目标游离，形成调控与反馈教学过程困难，学生技能与思维能力发展方向偏离，教学效益明显滞后等情况。

针对上面这些问题，通过教师问卷与教研调查，经集体教学备课、研讨、同课异构等一系列的教师课堂教学实践后，笔者团队觉得优化中小学美术课堂作业布置应把握以下五点。

一、理解教材，活用教材

教师如果不清楚教材的特点与编写意图，就无法深入教学，也无法布置好作业。因而作为教师，首先要掌握教材特点、灵活运用教材。

现行的中小学美术教材打破了过去以学科知识、技能为主要目标的教材体系结构，构建以促成美术素养的形成为核心，以探究式美术实践活动为主线，以人文性单元结构为基本特征的美术教材新体系。教材在内容的选择上充分考虑了不同地区的基础、地方资源和文化特色，具有多样选择性与参与性。因此作为教师，要创造性地使用教材，强化教学的个性化风格与特点。

教师充分学习教材、理解教材、活用教材，才能在作业布置时围绕三维目标准确定位。如同样的《图形联想》课，余姚市第一实验小学教育集团的柴老师在作业布置时对教材进行了处理，对教材中宽泛的作业要求进行了细化，确定了四类图形（生活用品类、水果类、动物类、花卉类），让每个小组选一类图形进行联想设计，这样缩小了作业的范围，小组每位成员有了明确的作业目标。最终作业展示以小组为单位，效果非常好。

案例点击

案例：一位教师在执教《奇妙的点彩画》时，向学生出示了右图所示的作业提示。作为学生，可以如此思考：作业主题，画风筝；作业方式，点彩画；作业内容，各类物象；作业要求，色彩丰富协调。也就是“用点彩方法画一只色彩丰富协调的（动物等）风筝”。其中最重要的是：丰富而协调的色彩。因为造型不是本节课的重点，本节课重在点彩画的学习和表现，因此学生不要被提示中的“造型独特”所迷惑，影响作业方向。从这一案例，教师也可以看到在布置作业时需要注意的地方。

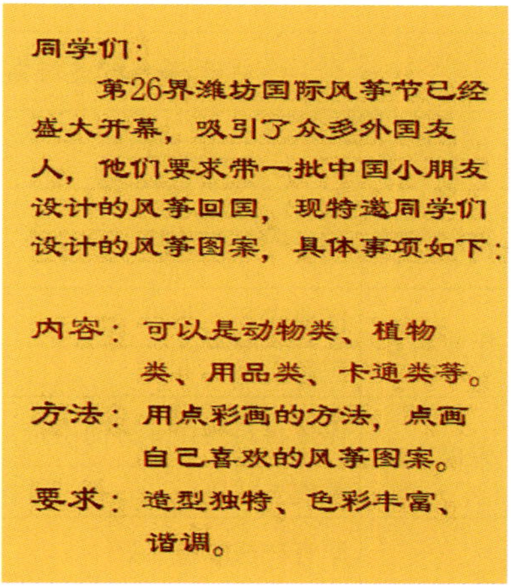
同学们：

第26界潍坊国际风筝节已经盛大开幕，吸引了众多外国友人，他们要求带一批中国小朋友设计的风筝回国，现特邀同学们设计的风筝图案，具体事项如下：

内容：可以是动物类、植物类、用品类、卡通类等。

方法：用点彩画的方法，点画自己喜欢的风筝图案。

要求：造型独特、色彩丰富、谐调。

图 1

二、根据需求，难易适中

作业的难易程度是指作业难度等级相对于不同学生现有实际能力水平的差异程度。作业难度过高，会使学生望而生畏，无从下手；作业难度过低，会让学生觉得易如反掌，食之乏味。教师可以通过合理分步作业·化解作业难点、创新表现方式·提升表现能力、加强技法指导·降低作业难度等方法调控与把握美术作业的难易程度，使之适合学生，从而激活学生思维，提高作业兴趣，提升作业品质。作为学生，应该正视自己的能力水平，针对教师作业布置中的分层作业，选择适合自己的作业要求，在自己的能力范围内获得各自的成功体验。

<table>
<tr><th colspan="4">引起美术作业难易度变化的主要因素及其影响</th></tr>
<tr><th>相关因素</th><th>主要现象</th><th>学生表现</th><th>结果</th></tr>
<tr><td>教学方式</td><td>同一内容涉及知识点过多</td><td>学生难以理解，
作业质量低下</td><td rowspan="8">学生兴趣不高，作业品质下降</td></tr>
<tr><td rowspan="2">作业布置</td><td>作业内容不明确</td><td rowspan="2">作业难以下手、无所适从、不知道怎么做更好</td></tr>
<tr><td>作业提示不直观</td></tr>
<tr><td rowspan="2">表现方式</td><td>作业材料与作业方向不符</td><td rowspan="2">学生思维被误导，
作业单调，兴趣低下</td></tr>
<tr><td>表现方式单一</td></tr>
<tr><td rowspan="3">技法问题</td><td>原有技法掌握不好</td><td rowspan="3">难以有效掌握技法，
更无法熟练运用技法，
作业过程受挫</td></tr>
<tr><td>新技法难度过大</td></tr>
<tr><td>技法涉及面较广</td></tr>
</table>

从实际情况来看，面对要求不同的分层作业，大部分学生往往会选择能力层级更高的作业目标，因为他们希望自己得到较高的评价。而教师虽然进行了分层作业，但在评价时，依旧普遍采用统一标准，即不管学生当初选择了哪一个层级的作业，教师都按照同一作业目标要求去衡

量。虽然有时教师也会因人而异地进行差异评价，但是最后大家承认的优秀作业，依然是那些符合大众审美的作品。这种评价趋向使得学生忽略了自身能力水平的限制，盲目选择超越自己能力水平的作业要求。当然，作业效果常常不尽人意，作业评价也无法达到他们满意的程度。为此，学生应该正视自己的能力水平，针对教师作业布置中的分层作业，选择适合自己的作业要求，在自己的能力范围内获得各自的成功体验。

三、尊重差异，鼓励创新

学生的差异性主要指在个体发展阶段的差异、个体间起点行为水平的差异及发展潜能上的差异。这样的差异性让美术作业更具有丰富性与独特性，这也正是艺术教育所追求的。因此，教师要尽可能理解这种差异性，并充分利用，加强引导，如在作业的表现形式、材料运用、构图构思等方面给予多元感知与指导。

课堂中美术作业的差异性并不单纯只是表现在学生作业的技能与构思上，还表现在教师对学生作业的理解与评价的观念差异上。学生的美术作业是其个体艺术创作的主观思维想象与对客观物象的表现，是其个性张扬的媒介。作为教师要尊重学生的理解与表现，肯定学生的个性化作业，鼓励作业求同存异，培养学生的健康的艺术情趣，彰显艺术个性。

但由于受传统教育观、作业观的影响，并不是所有的教师都能在观念上理解学生的作业差异。评价的标准往往还是从原先的经验与审美标准出发，没有深入体会新的课程观、教师观与学生观，这必将影响学生的作业质量与方向，也影响学生的发展。所以，教师要树立新的教育理念，用发展的眼光看待学生，努力关注学生在作业上所反映的发展性与独特性，关注学生的综合思维与情感体验，关注学生心理特点与成长需要，鼓励学生的创新精神与技术意识。但同时要注意防范作业的随意化与无序化，尽力让作业布置的方向与要求吻合艺术教育的规律与健康的审美要求，使美术课堂作业布置默合于因材施教与个别化教学的原理。

四、把握预设，注重生成

教师要充分运用教学智慧，在预设的课堂中抓住教学生成的火花，通过作业变式手法，激发学生的学习动机，使学生保持学习兴趣。

案例点击

余姚中学徐老师的一堂野外岩石画创作课，在充分利用地方资源的同时演绎了课堂生成的精彩，加上富有创意的作业布置，成为发展学生创新思维的成功案例。徐老师简述如下：

山区学生给我的印象是纯朴、热情，但缺少对美术的造型表现能力和基础知识。怎样有效利用自然资源，让学生在薄弱的美术知识和技能的基础上创作出优秀的作品，同时提高学生学习美术的热情，是我在山区支教中极想突破的课题。

今天的美术课，我带学生到学校门前的一条小溪边进行风景写生。同学们很兴奋，带着写生工具有说有笑地来到了小溪边。我向同学们讲述一些写生时应注意的取景、构图等知识后，便和学生们一起画了起来。

“啊！老师，您看，范余哲不好好画画，在我身后的石头上画了个蛇头！多恐怖！”随着同学的喊叫，我将目光投向了她身后的一块石头。“哇！真像！”“呀！好大的一个蛇头！”同学们都惊呼了起来，远处写生的同学也围了过来。

杂草丛中，一个巨大的蛇头向上高高昂起。我也被眼前的作品吸引了，心想：咦！这种创作手法还真不错，让同学们来尝试一下肯定挺有意思。"同学们，你们觉得范余哲同学画的蛇头逼真吗？"我顺势问道。"逼真！"同学们齐呼。"那么大家讨论一下，为何范余哲同学能表现出如此逼真的蛇头呢？""是因为范余哲同学画画的水平高。""是因为这块石头本来就像一个蛇头。""那是因为周围的环境衬托得好。""……"

"刚才，大家发表的意见挺有道理。范余哲同学虽然没有按老师的要求进行写生，在石头上涂画，但我觉得他涂画得非常不错，这倒是为我们提供了一种新的画画方法。大家想尝试一下吗？"我向同学们建议。

同学们纷纷向我讲述着他们的发现和构思。我也向他们谈了我的建议。他们拿着画笔，高声地讨论着，尽情地描绘着，活像一个个出色的环境美化师。下课了，我激动地举起了手中的相机，记录下他们的作品：

图2 学生创意化作业表现

五、自然分材，循序渐进

美术作业是学生进行艺术创造的重要步骤，也是发挥想象、提高技能的重要过程。课堂作业由于具有一定的时空要求，教师在布置作业时要考虑到实效性、针对性、层次性与开放性。作业的布置要考虑美术课程的一般规律与学生的发展规律，运用好"跳一跳，摘果子"的心理期待与目标定位。教师要根据教育学与心理学原理，根据学校与学生的具体情况，掌握分层教学目标设计、分层作业布置与分层评价指标设计等环节。笔者团队认为在课堂上可分为五个从低到高的渐进而又富有层次的作业布置对策：

第一是临习与模仿。它主要针对一些比较困难的教学任务与作业，是在学生的专业能力受到限制的情况下而采用的方法。另外，同一作业，由于学生的自然差异，老师可根据学生的实际能力，进行自然分组或分层作业，对无法达成目标的学生降低要求，只要求采用临习与模仿的方法。只要方法正确，临习与模仿的过程合理，即使没有创新性，也可以努力寻找其作业的优点。

第二是分散与组合。教师提供一定的媒介与材料，学生在教师提供的半成品作业上进行添加与筛减。这样既可减少课堂作业时间，也可减轻学生的思维强度。这样的作业设计，具有省时、省力、可操作性强、效果好的特点。如余姚新建小学的吕老师执教《卡通人物头像——设计未来的我》一课时就采取了该方法。教师先给出五官不完整的脸型，让学生根据旁边单个耳、鼻等器官临摹填空，然后给出没有五官的脸型轮廓，让学生添加五官（图 3），最后作业要求设计完整的卡通人物头像。这样从临摹单个器官，到五官组合，再到头像设计的层层递进作业设计，

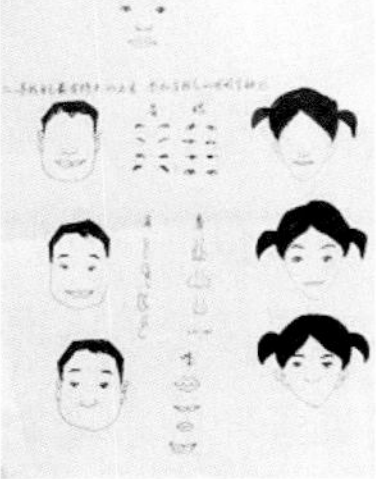

图 3　作业练习

图 4　我是未来画家

图 5　我是未来摄影师

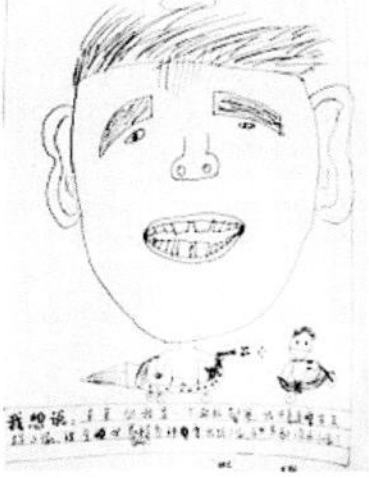

图 6　我是未来宇航员

使作业难点分散，且每一次作业具有引导性与专业性。最终学生都非常出色地完成了教学任务（图 4—图 6）。

老师通过作业与学习行为的分散组合操作，使学生在专业知识、艺术素养、创新意识等综合素质方面稳步发展。但运用该策略时也要防范导向不正确，导致分散作业对目标与重难点的解决没有因果关系，只是为作业而作业。

第三是合作与探究。美术课堂作业通常是个体创作比较多，但不同学习领域有不同的学习要求。合作作业能让学生的思维进行交融、碰撞，相互学习相互帮助，使课堂作业更丰富饱满。如浙美版《黑白撕贴画》一课，许多老师执教这一课时，学生大多无法顺利完成撕贴作业，或者作业显得单薄。寻求其中原因是教师没有充分考虑到教材的特点，往往从单纯的技法出发，解决了学生纸工上的技能（撕、贴等技法）培养目标，却没有考虑到二年级的学生在较短的时间内只能做简单的组合。而有位教师确定主题，采用小组合作的作业方法，令作业完整而富有层次美感，每位学生又在合作作业中达到了技能目标。

第四是加工与迁移。课堂美术作业的加工实质就是我们通常说的教师对作业的修改。在课堂上，学生完成作业有先后，因而作为教师要及时进行课堂辅导与修改。但教师个人力量一时无法满足大量涌现的作业，这时可利用学生来做“小教师”，采用同学互助的形式进行作业修改，但这样的修改与加工的关键是教师要有正确的引导与指导，并经常进行相关训练。迁移是一种学习对另一种学习的影响。如果学生能将现学的美术知识与技能运用到他人的美术作业上实现正迁移，这正是我们教师要教育学生、发展学生的方向。教师也可尝试运用华东师范大学熊川武提出的普读与补读相结合，按自然分材形式来进行教学试验，但同时要防范落入俗套。

第五是创作与创新。美术作业的最高层次是创作与创新。开放思维、鼓励创新是创作的源泉。所以教师在布置作业时也要考虑到一批中等以上的尖子生，布置给他们的作业要具有挑战性，才能激发他们的创作热情。教师可以放手让学生充分发挥自己的聪明才智，围绕教学重难点，让学生自己设计作业、布置作业、完成作业，进行换位思考与实践。教师只需将基本的方法教给学生，并适时地将创作要求告知学生，相信这些学生的能力会给我们惊喜。

新课程背景下的美术作业应该是课程发展的延伸，是学生进行创意思维发展的创造过程。教师布置作业如果真正地充分考虑到学生的认知基础与生活经验，掌握学生心理需求，理解教材，明确目标，弄清重难点，运用任务分层、学生分层、作业分层及作业五个层次的布置策略，相信美术课堂作业会越来越精彩。

（邹银燕）

第三环　交互辅导·循序指导

作业指导是指教师通过观察、分析等方法，了解学生作业状况，从造型、色彩、构图、创意、情感等不同方面，提出建设性的建议，使得学生能更好地实现作业目标。而学生将在这一过程中，对自己的作品进行相应的调整、改进和提高。

美术作业指导，是现代美术教育活动中一项必不可少的重要环节，是现行艺术课程标准中的教学新理念，重视艺术体验，围绕核心素养，加强美术作业循序渐进式的辅导，让学生从理论学习中获得知识。老师通过作业练习得以实现对美术教与学的理解，从量变转化为质变。

一、尊重个性，鼓励创新

由于美术学科材料、技法的特殊性，教师会着重强调知识与技能教学，从而不断影响学生的创作，导致学生作业过程始终跟随着教师的引导，逐渐丧失美术创作“自由表达思想与情感”的特征，使学生丰富的创造能力逐渐弱化。

美术作业没有标准答案，学生的美术作业是其个体艺术创作的主观思维想象和对客观物象的表现，是其个性张扬的媒介。美术课堂教学时间短、任务多，学生的美术作业不可能面面俱到。作为教师要尊重学生的理解与表现，肯定学生的个性化作业，张扬艺术个性。循序练习，是一种目的性较强的练习。复杂的动作需要不断练习才能达到熟能生巧的程度。练习时，学生必须调动感知、记忆、思维等多种认知的积极参与，有效地改善形成动作技能的四个条件，即顺序、偶合、连贯和强化。在这样的作业中，学生在每一次练习时，有着不同梯度、不同要求的技能目标，而学生也将为此不断地学习，多次作业，从而逐渐掌握相应的技能。

案例点击

根据五年级下册第 11 课《植物写生》教材内容，以引导学生发现美、认识美、表现美为出发点，有效结合自然中的美术教学素材，加深学生的体验，提升教学效果。植物写生的课堂练习，以小组为单位，让学生选择自己喜欢的方式进行“写生”表现，使他们产生身临其境的感受，体会美术学习的魅力，调动学生美术创作的积极性，创作出丰富多彩的作品（图 1—图 3）。

图 1—图 3　植物写生表现形式的拓展

现代艺术的先锋、立体主义代表画家毕加索创作的作品无不体现着生活趣味（图 4）。老师可以教学生从艺术大师的作品中汲取灵感，拓宽思维，结合立体主义绘画风格，追求几何形体的美，在这个过程中给予学生启发，教他们学会思考，打破传统表现手法，变形重组，将抽象思维转化为具象绘画形式，正确引导学生个性化地表达艺术创意。

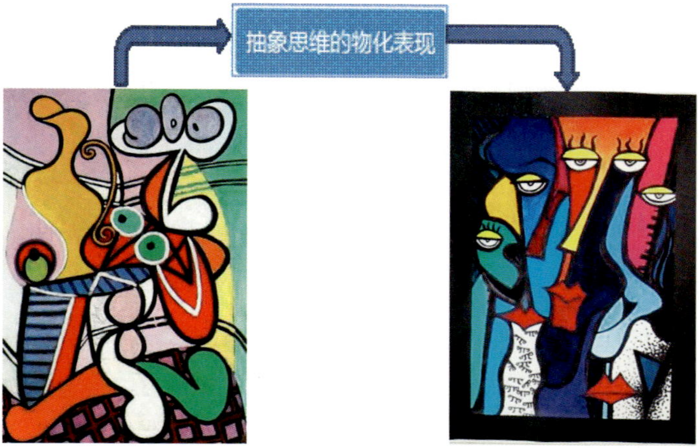

图4　毕加索作品

图5　学生作品《我的爸爸妈妈》

青铜器是我们中华民族珍贵的历史文化遗产，青铜器以其独特的造型、精美的纹样、典雅的铭文，展示出当时祖先的智慧、高超的铸造工艺、文化水平和历史源流，被史学家们称为“一部活生生的史书”。美术课可以设置为将不同历史时期的物象抽象化，构成具有时代特征的图案纹样（图6），让学生继承传统文化并加以创新，表现青铜立人。老师拓展课程，教非遗文化掐丝彩砂画技艺，生动地表现青铜立人的夸张形象（图7），同时让学生以青铜器为原型进行修补练习，在这过程中体验古人的智慧。学生在已知经验的思维运用的基础上，感知历经千年的文化底蕴，

图6　《青铜器》作业展示创意设计

图7　青铜立人掐丝彩砂画创意作业

以此来创新艺术表现，表达对文化的独特理解。

二、回忆联想，思维导图

教师布置完作业，学生便开始进行创作构思。这需要学生进行记忆搜索和相关联想，再根据脑海中的形象进行表现。但是，有不少学生难以建立起新旧思维之间的联系，或者是这些信息支离破碎，没能在当下发挥作用。因此，教师可以引导学生运用思维导图的方式，建立当前作业和已有记忆的联系。

操作方式因人而异，简单来说可以这样来做：

1. 从作业要求、作业提示中找出关键要素，建立思维起点站；
2. 根据作业内容和要求，拓展思维外延；
3. 根据这些新的站点，搜寻相关视觉形象；
4. 选择其中适合自己表现的形象，进行本次课堂作业。

案例点击

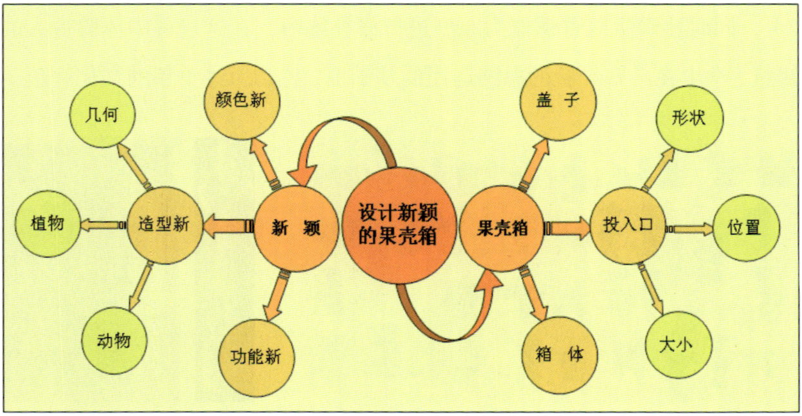

图 8 《小小果壳箱》思维导图

如图 8 所示，在六年级上册第 9 课《小小果壳箱》作业辅导环节中，分析作业内容“设计新颖的果壳箱”，可以找到两个关键要素：新颖，果壳箱。新颖可以细化为造型新颖、颜色新颖、功能新颖等。此时，学生就比较明确，造型新颖是可以把果壳箱设计成几何型、植物型、动物型等等。而这之后又可以细化为具体的造型，如植物造型之竹筒、树干等。

通过这样一步一步地引导，抽象的概念逐渐转化为直观的形象，再结合果壳箱自身的结构特点，学生的创作就方便多了。

浙美版四年级上册第六课《眼镜的设计》，重视知识的内在关联，加强了教学内容的有机整合。选取相同素材“兔子”元素设计眼镜，小组分类设计眼镜。植物元素的眼镜设计制作中，对称和非对称的构想，凸显设计创意。同题材还可以采用不同的设计方法表现独特的眼镜造型。有关设计课的前后知识关联，学生可以将所学造型元素知识延伸、迁移到第七课《椅子的设计》，串联相同素材达成不同的视觉效果，拓展想象力，将设计与生活建构起联系。

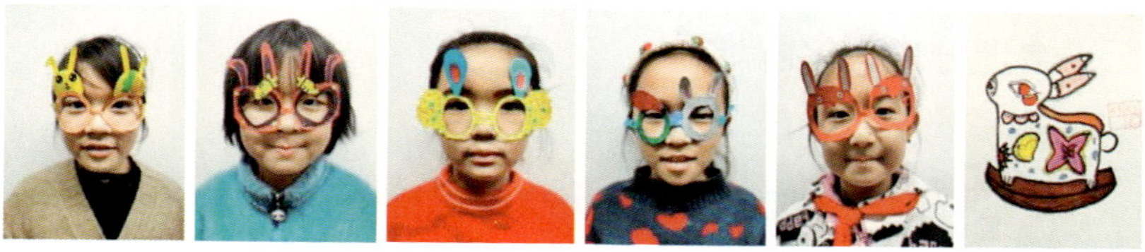

图 9　动物“兔子”元素眼镜和椅子的设计学生作业

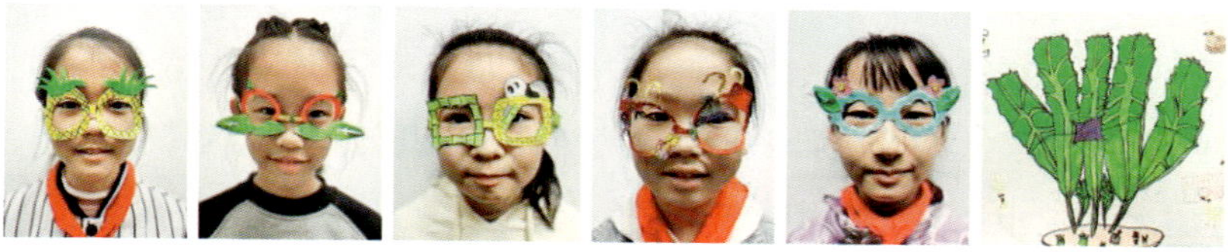

图 10　植物元素眼镜和椅子的设计学生作业

三年级下册第 9 课《眼睛的创想》，从局部眼珠的联想到整体眼睛的创想，结合生活经验，从形的联想到义的拓展联想（下图），图中船的俯视图联想成眼睛的形状，船桨创意地变化为眼睫毛，从简单的形的联想表现激发学生的创作潜能，建构思维模式层层递进。话筒和音符的组合，小鸟斜对称的表现环绕组成眼睛的造型，从简单的形的联想到义的思维挖掘，不同的物质元素构成绿色和谐的自然环境，学生的思维广度、深度在实践过程中加以拓展。

图 11 《眼睛的创想》学生联想作业

三、合理分步，化解难点

分步作业的要点是把一个完整的具有较高难度的作业内容，分多次练习完成，使学生逐渐掌握其中各项要领，化解作业难度，提升作业品质。这种分步作业的策略常常用于一些新授课中，因为在这些课的教学中，新技法、新思维的出现，会让学生一时难以理解，更难以掌握。如果此时教师不顾学生实际情况，一股脑儿地把所有知识点、技能点都教授完毕，学生则可能出现学了后面就忘了前面的情况，顾此失彼，最终导致作业失败。

（一）合理分步

一次完整的创作，是分成 2 个步骤完成，还是分成 3 个步骤完成，这是需要根据实际情况来判断的。教师应该清楚，每一个步骤分别要解决哪些问题，侧重点放在哪里。同时，教师还要根据教学内容和教学对象的实际情况，选择合理的分步方式。分步可以有很多种方式。例如：绘画中先构图，再造型，最后上色；也可以先造型，再构图，最后上色；甚至可以先画色，接着构图，最后造型；等等。不同的分步方式，思维的切入点不同，解决的重难点不同，对应的教学对象也不同。

（二）有机组合

分步本身不是目的，而是为最后完整的作业而服务的。在合理分步的基础上，教师需要把这些分开的步骤，有机地组合成一个整体，以达到提高学生作业品质的目的。

案例点击

在二年级上册第 6 课《动漫宝宝》的教学中，一位教师把完整的作业分成以下几个练习完成：首先让学生在水果造型的纸上添画五官，解决卡通形象的五官及其表情的造型问题（图 12）。解决了这个问题，也就完成了学生思维由实物向卡通转化的关键一步。接着，让学生把这些完成的水果宝宝贴到教师事先准备好的不同动作造型的身体上（图 13），使得学生在选择粘贴的同时，对卡通人物身体造型有了一个初步的认识。最后，教师通过示范、纠错等方式，引导学生进行整个卡通形象的造型，并根据不同的情景添画场景（图 14）。这样，经过三次分步作业，学生逐渐掌握了卡通造型的要领。

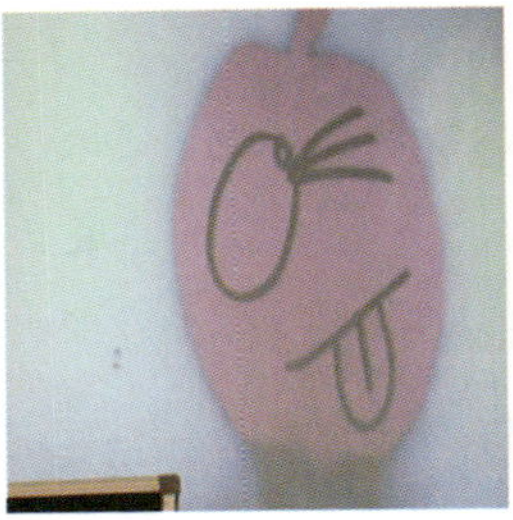
图 12　添画练习

图 13　选择粘贴

图 14　完整作业

四、创新方式，提升能力

美术的创作材料和表现方法繁多，这一方面给学生创作带来一定的难度，但同时也给学生创新表现方式提供了可能。同样的作业目标，可以用不同的表现形式来实现。不同的表现方式，在视觉效果上有着较为明显的差异，同时学生所获得的体验也大不相同。[4]

（一）创新表现方式

学生往往对于新鲜的事物有着更多的好奇心，也更乐意进行尝试和探究。在某些课程中，教师应该充分把握学生的这种心理，创新表现方式，提高学生做作业的兴趣。

案例点击

《四季歌》一课的教学目的，是用艺术的形式表现四季的特征。从社会生活中看，人们会在春天播种、夏天除虫、秋天收获，人类社会的发展与自然也是息息相关的。用不同的艺术形式表现秋天的美感，配上

---

4. 柴青青．美术作业难易程度的调控与把握 [J]. 中国美术教育，2014(3):75.

一句秋天的诗句，增添了作业的视觉意境。“四季”这个主题可以以多种表达方式，拓宽学生的创作思维。同时教师还可以将四季变化与其他单元内容进行整合，如在春季进行风景写生，在夏季学习泥塑陶艺，在秋季捡落叶进行拼贴，在冬季堆雪人，从而让学生感受到四季变化的特征，欣赏不同季节的美丽。在生活化视角下，进行生活化美术教学能够强化学生观察生活的能力，了解并掌握美术学科的魅力，提高美术课堂教学质量和效果。如图15所示，学生分别用不同的绘画形式表现秋天，从生活实际出发，贴近生活实际。美术教育教学可以更加生活化。教师应在教学过程中，多给学生以艺术方面的启发，改变传统教学模式，构建学生实践和体验的空间。

诗配

纸浆画

丙烯画

图 15　不同的绘画形式表现秋天

（二）探索内容载体

同样的作业内容，用什么载体表现，如何处理这些载体，是有讲究的。不同的作业载体，对学生思维的引导、技法的创新，乃至最后作业的效果来说会有不同的结果。

案例点击

以《图形联想》为例，在教学中，两位教师都选择了让学生在已有简笔图形的纸上进行添画练习。一位教师选择的纸张是长方形（图 16），另一位选择的是圆形（图 17）。这两位教师都希望学生“旋转”图形，进行不同角度的创意联想。既然要旋转，我们知道圆形更适合于全方位的转动，而长方形的旋转角度有限，后者无形中就束缚了学生的思维。

图 16　长方形作业纸

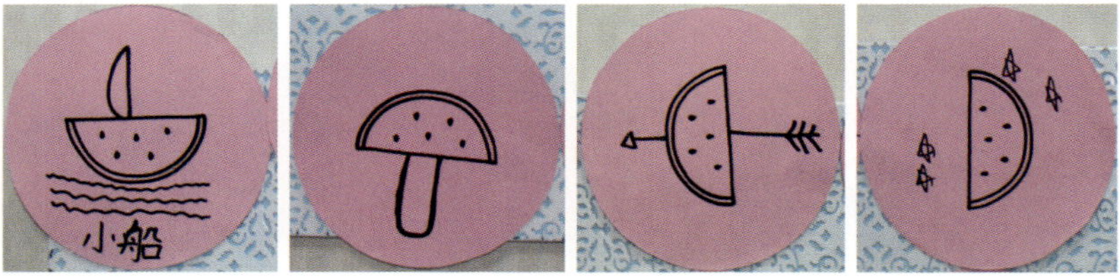

图 17　圆形作业纸

案例点击

在《中国彩陶》一课中，创设“泥沙淘宝”这一情境，让学生尝试当个考古专家，泥沙淘宝，穿越时光体会意境，请他们上台把淘出的宝贝进行拼贴，拼贴完整后会发现神奇的事物。贴近生活的实物呈现拉近了学生和彩陶的距离，使他们迅速融入课堂学习中，激发起学习兴趣，活跃了课堂气氛，丰富了课堂教学内容。在小组分发彩陶的仿制实物，学生会对彩陶产生一种敬畏感和探究欲，最后完成彩陶修补作品。同一节课，不同的作业练习能呈现不同的视觉美感。

图 18　彩陶修补作业展示

图 19　彩陶绘画作业呈现

五、技法指导，降低难度

美术课程具有实践性，其特点是必须“运用技术改变媒材的形态”，其中技术是关键因素，因为如果没有技术，我们就不能按照预期的构想改变媒材的形态。在美术课程中，学生需要花一定的时间练习，以便获得能够熟悉改变媒材形态的技术。因此，在美术教学中，教师应当通过技法的提炼和有效指导，降低作业难度，提高学生美术创作的能力。对学生加强技法指导，教师需要做两件事：第一要明确使用什么技法，第二要提高这种技法在学生作业中的可操作性。

（一）明确技法

有些技法在教材中非常明确，如在《花瓶》一课中，教材目标为“学习对称剪纸并进行装饰”。剪纸的技法有很多，本课的重点技法非常明确，即为“对称”剪纸。而有些技法往往隐藏于教材之中，需要教师深入研读，并进行挖掘。

案例点击

以浙美 2010 年版第八册第 12 课《美丽的拼画》为例，教材目标为“绘画，设计，综合表现”。教材中的制作步骤，其一为单张作品的拼贴步骤，其二为多张单件作品组合成完整拼画的步骤。但是，这些都无法让学生明白如何才能创作出“美丽”的拼画。其实，拼画作为一种独特的艺术表现形式，其最大的魅力主要体现在两个方面：一方面，所有单件作品组合成一件完整的拼画作品时所具有的整体和谐的美感；另一方面，在整体和谐的基础之上，又因为单件作品之间存在着或多或少的不同之处，从而使得整件拼画作品呈现出既统一、又有变化的美感。“统一而有变化的拼”，正是在拼画创作中合理改变媒材的方法，也是本课的技法关键所在。

（二）加强指导

技法是需要指导的，尤其是涉及创作的关键技法和那些对学生来说具有一定难度的技法，教师更应该加强指导。技法指导的方式方法有很多，教师可以根据自己的特长进行各自的发挥。值得注意的是，在进行技法指导前，教师应当充分了解学生现有的实际水平，再进行相应的指导。简单的技法，宜采用学生探究、主动发现为主；难度相对较高的技法，则可以采用尝试探究、示范引导、对比发现等方式进行指导。同时，教师应当深入研究与技法相关的多方面要素。以油画棒技法为例，教师需要对用笔方法、作画材质、基本技法、特殊技法和综合技法等诸多方面进行课前了解、尝试和研究，如此才能应对不同教学内容和不同学生的不同需求，进行深入有效的技法指导（下表）。

<table>
<tr><th colspan="6">油画棒技法相关要素表</th></tr>
<tr><td>用笔方法</td><td>基本技法</td><td>特殊技法</td><td>作画材质</td><td>综合技法</td><td rowspan="8">其他</td></tr>
<tr><td>用笔尖画</td><td>点画法</td><td>遮挡法</td><td>铅画纸</td><td>油画棒 + 记号笔</td></tr>
<tr><td>用侧边画</td><td>刮画法</td><td>预混色法</td><td>色卡纸</td><td>油画棒 + 水粉</td></tr>
<tr><td>竖 涂</td><td>叠画法</td><td>模版作画法</td><td>水粉纸</td><td>油画棒 + 粉彩棒</td></tr>
<tr><td>横 涂</td><td>混色法</td><td>铺盖表面法</td><td>油画布</td><td>油画棒 + 剪纸</td></tr>
<tr><td>斜 涂</td><td>厚涂法</td><td>油水分离法</td><td>砂纸</td><td>油画棒 + 松节油</td></tr>
<tr><td>绕圈涂</td><td>手指涂抹法</td><td>酒精使用法</td><td>木板</td><td>油画棒 + 刮刀</td></tr>
<tr><td colspan="5">其他</td></tr>
</table>

六、二次作业，体验成功

由于学生个人能力和特长不同，不同的教学内容中学生的第一次课堂作业往往并不能令他们自己满意。这种不满意如果长久地积累下去，很容易挫伤学生的自信心。因此，当学生在第一次创作中感受到不满意、不成功时，教师可以引导学生进行二次创作。

二次创作为学生创造了第二次获得成功的机会，因为他们可以选择适合自己的表现方式，对原作进行一次新的构图，达到更好的作业效果。二次创作最大的魅力是在于其不否定自己第一次创作的成果，而是在肯定首次创作的基础上对原作进行进一步的加工处理，从而产生更加符合审美需求的作品，最终让学生在成功的美术活动中获得身心愉悦的体验。[5]

回归到现实，学生面对自己的作业时，常常会拿自己作业跟同学的作业进行横向的比较，从而区分出孰优孰劣。不过不少学生在比较之时，

5. 柴青青 .“二次创作”让美术作业焕发新的生命力 [J]. 中国美术教育，2011(3):30.

<table>
<tr><td rowspan="2">不同的处理方式</td><td colspan="2"></td><td></td><td></td></tr>
<tr><td colspan="2">直接装饰背景
郑晨的二次创作</td><td>简单截取画面再装饰
李沁的二次创作</td><td>深度裁剪再重新组合
黄霞的二次创作</td></tr>
<tr><td rowspan="2">不同的创作手法</td><td></td><td></td><td></td><td></td></tr>
<tr><td>以画为主
赵丹的二次创作</td><td>剪贴为主
王淑平的二次创作</td><td>折纸为主
陈彦添的二次创作</td><td>粘贴纸直接粘贴
姚晶莹的二次创作</td></tr>
</table>

图 20　二次作业处理与创作的方法

常会拿他们认为较好的作业进行对比，结果因为不如别人而自我否定。为此，学生应该放弃这种方式的比较，更多地采用二次创作的方法，根据自己的爱好和特长，进行多样化的修改和调整，从而使得自己的作品在原有基础上得到一个新的提升。

（沈　嫣）

第四环　尊重差异·评价全面

美术作业评价是指教师、学生、家长等不同主体，依据作业目标、作业内容和作业结果等，运用口头语言、书面语言等多种方式，对学生作业进行多角度评判，使得被评价学生受到更多启发，进而提高学生的审美能力，并为他们今后的作业提供更多帮助。

一、小学美术作品评价的主要功能

（一）诊断功能

通过作业评价，教师可以看到学生对这一节课的掌握程度，也可以知道他们在学习过程中出现的问题，进而有针对性地对各类问题进行解答。评价就像是一剂试纸，诊断教师在教学目标、教学重难点、教学方法等存在的问题，对于教师本身能力的提高也有很大的作用。

（二）激励功能

对于个人能力不强、欠缺自信心的学生来说，教师的正面评价无疑是一颗定心丸，能够激发学生对于美术的学习兴趣与信心。对于骄傲自满的学生来说，教师指正、诚恳的评价能让他们认识到自己的不足，戒骄戒躁，改进自身缺点。无论是肯定的还是否定的评价，教师的眼神、语言、动作等都能激励不同学生向好的方面发展，提高学习积极性和学习效果。

（三）改善功能

一堂课的教学目标与重难点往往受到评价内容和评价标准的影响。

通过自我与他人的评价，学生能够知道什么是好的、应该如何去做。小学美术作业评价能够对学生完成学习任务的质量进行反馈，并对其在学习过程中出现的问题进行诊断，充分肯定学生的进步与发展，具有改进教学，完善课程的功能。

二、评价中出现的主要问题

自20世纪80年代以来，国内对作业评价的研究一直处于起步阶段。伴随着教育改革的不断深入，作业评价也存在着许多不足之处，主要有以下表现：

（一）评价主体单一化

在传统美术教学中，教师常以学生最后作品结果作为评价依据，而评价标准也都是按照自己的喜好来评定，评价主体过于单一。一千个人眼中有一千个哈姆雷特，不同的人对于同一作品有不同的看法。这样的评价主观性会较强，不利于学生思维的进步与核心素养的提升。实施新课程改革后，作业评价方面虽然有所改进，但是要摆脱评价过于主观这一问题，依旧任重而道远。

（二）评价标准教条化

对于学生美术作业的评价，很多教师仍然以用笔是否流畅、画面是否干净、涂色是否均匀作为评分的标准，忽视了作品的构图、想象力、创造力、学生学习态度等方面的评价。由于学生是独立的个体，每个人都具有差异性，需要用发展的眼光去看待他们，教师要发现每位学生身上不同的闪光点，而不是用单一的标准进行评价，在评价过程中应该从多方面进行考察。

（三）评价方式单一化

美术课堂应该是热情洋溢，充满艺术修养的。但是有时由于教师在课堂上的评价过于刻板、模式化、重视结果等因素，抹杀了学生在艺术方面的大胆尝试，这样的美术课堂就会渐渐缺乏艺术创造力与艺术趣味，同时也阻碍了学生在美术方面的个性发展与创新意识的培养。目前从美术教学评价情况来看，很多美术教师只对学生作品结果进行评价。比如教师在屏幕上出示图片，然后让学生对着屏幕临摹，最后根据教师所谓的评分标准来给出分数。这样的评价方式过于单一，显然忽视了学生的情感体验与核心素养的提升。

三、评价的标准

《艺术课程标准》指出：评价是检验、提升教学质量的重要方式和手段。要充分发挥评价的诊断、激励和改善功能，促进学生发展。评价涉及学习态度、过程表现、学业成就等多方面，贯穿艺术学习的全过程和艺术教学的各个环节。

作业评价既要关注结果，如实物作品、视听表演、数字化编创作品等，也要关注过程，如方案策划、素材收集、创意构思等。在整体把握作业质量的基础上，进一步对作业要素或组成部分进行单项分析。依据作业意图，确定作业评价侧重点，可注重统一要求，也可注重创意表达，处理好两者之间的关系。综合运用质性分析和量化评定，要重视书面或口头反馈，发挥评价的引导、激励功能。[6]

结合《艺术课程标准》提出的学习评价要求，美术作业评价上教师

---

6. 教育部 . 义务教育艺术课程标准 (2022 年版)[S]. 北京 : 北京师范大学出版社 , 2022.

主要从学习态度、过程表现和能力达成这三个方面进行考察。

（一）学习态度

学生对于美术学科的学习态度，包括课前的材料准备，课堂上的表现和课后美术作业的完成情况，校内外美术活动的参与情况。

<table>
<tr><th colspan="3">学生学习态度评价表</th></tr>
<tr><td rowspan="3">学习态度</td><td>材料准备</td><td>课堂中所需要的美术材料准备情况</td></tr>
<tr><td>课堂表现</td><td>课堂上发言的积极性，对于教室与个人卫生的保持，是否能够积极地上交美术作业</td></tr>
<tr><td>课外活动</td><td>参加学校组织的美术兴趣小组、美术社团和各类美术比赛的表现，自主参加校外艺术学习、参与艺术实践的情况</td></tr>
</table>

（二）过程表现

评价内容包括学生的学习行为以及课堂学习阶段的目标完成程度。教师运用观察、提问、交流、记录等方法，对学生在欣赏、表现和创新实践等方面的学习进程、行为表现进行全面的评价，对学生的学习态度、学习体验、学习困难进行分析和把握，并对其进行相应的引导。

（三）能力达成

这一部分主要包括学生在美术作业中所呈现出来的对于基础知识和技能的掌握，创造能力、鉴赏能力等方面的内容。

学生能力达成评价表		
能力达成	基础知识	理解和掌握美术课程标准要求的基础知识的情况
	基本技能	理解和掌握美术课程标准要求的基本技能的情况
	创造能力	作品某一方面是否有自己的独特之处
	赏析能力	能从美学的角度、从不同方面去欣赏一件作品，并且能够大胆流畅地对它进行分析

四、基本原则

（一）坚持素养导向

以核心素养内涵、课程总目标和学段目标为核心，以课程的内容要求、学业要求和学业质量标准为基础，展开全面、综合的评价，不仅要将重点放在学生对艺术知识、技能的掌握情况上，更要重视对价值观、必备品格、关键能力的考查。

（二）坚持以评促学

提倡评价促进学习的思想，注重学生的实际进步，捕捉、欣赏、尊重学生创造性的、独特的表现，并给予鼓励，深化学生的艺术体验，引导学生发掘自身的艺术潜力，合理利用评价结果，改善学习，发展自己的艺术特长。

（三）重视表现性评价

以学生艺术学习的实践性、体验性、创造性等特点为中心，重点关注并记录学生在艺术学习、实践、创作等活动过程中的典型行为和态度特征，运用作品展示、技艺表演等形式，对学生艺术学习的状况展开质性分析，并考虑到其他评价方式的运用。重视指导学生真实地记录自己的学习过程，充实评价的内容，提高评价的全面性和准确性。

（四）坚持多主体评价

为了有效地发挥学校、教师、学生和家长等不同评价主体或角色的作用，我们要建立一个多方共同激励的机制，让学生在学习美术时能够得到更多的尊重和认可，激发他们对美术学习的热情和自信，从而提升他们的美术学习效果。

（五）个性发展原则

学生的个体差异是客观存在的，因此教师在指导学生时要尊重学生的个体差异，尽量避免以统一标准来衡量每个学生，应该根据每个学生的实际情况，采取不同的评价方式。教师要了解个别学生的学习动机，知晓其学习基础，根据不同的基础水平进行教学。个性发展的评价原则是引导学生在认识自我的基础上，发挥自身的潜能，培养其独立思考、独立实践的能力，使其能够在最大限度内发挥出自己的最大能力。要制定分层评价目标，教师可以在动态的评价目标的基础上根据学生的基础层次进行引导。

六、评价方法的运用

（一）注重评价主体多元化

新课标强调，教师要把评价学生的权力转向学生，让学生由被动的评价者转向主动参与者，从而调动学生学习的积极性和主动性。为此在

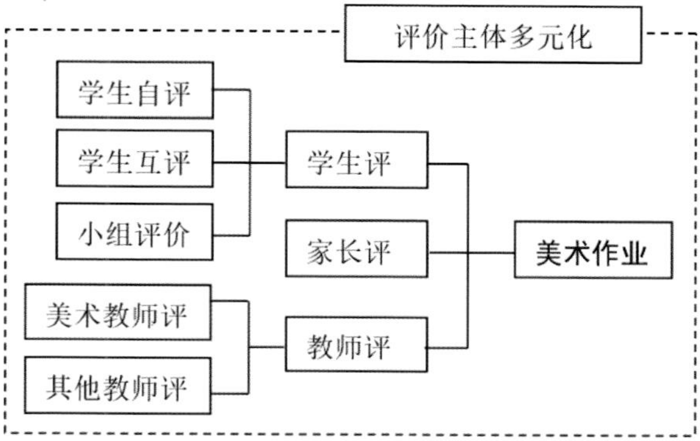

图 1　评价主体多元化

实际教学中，教师可以采取学生、教师、家长多主体参与的开放式评价，注重评价主体的多元化。通过学生的自评，让学生正确认识自己，了解自己的学习水平与能力。通过同学互评，让学生在评价中学习，在欣赏中激励，取长补短，共同进步。通过教师点评，让学生更富激情、更有效地完成教学目标。通过家长参与评价，让家长学会用欣赏的眼光、平等的态度来激励自己的孩子不断进步。

学生应该主动参与评价，学习用积极的心态对自己和他人的美术作业进行多角度的评价，并通过评价和被评价，促进美术学习发展。同时，学生应该调整心态，把他人的评价看成是提高自己的手段，努力探寻评价的内容和实质，不必太在意评价的结果。正面评价固然可喜，反面评价也未尝不是好事。正是那些反面的评价，可以促使自己发现不足，进而进行有的放矢的改进和提高。

（二）促进评价方式系统化

评价方式系统化即课堂作业评价和美术成长档案评价相结合的评价方式。这种评价方式的优点是具有纵向的连贯性，不以单次的学生作业

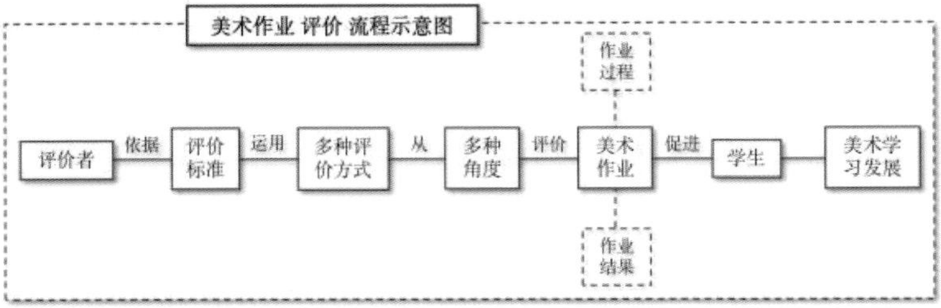

图 2　美术作业评价流程示意图

为标准，而是注重以学生的日常美术学习情况为基础，进行系统的评价。平时作业评价贯穿于整个课堂教学过程之中，包括对学生作业过程的评价、作业结果的评价等。以美术成长档案袋的方式进行评价，一方面可以使学生对自己的作品有一个较好的保护意识，另一方面也可以使学生对自己的作品、学习状况有一个较为全面的了解。此外，各方面对学生的评估也会更具系统性和完整性。

（三）促使评价方式多样化

评价内容丰富可以从两个方面进行理解，其一即作业评价不仅仅是针对单一的方向，而是对构图、造型、色彩、创意、态度等多方面进行评价。其二是评价方式的综合化，即评价不仅仅使用优、良、合格、不合格的等级评价，而是结合小组评价、表格评价、合作评价、网络评价等多种方式，使得评价方式多样，提高评价的参与率和实效。

从评价内容上来讲，学生要舍弃成人化的评价标准，不简单用“像不像”为标准。除了造型，更多地从构图、色彩、构思、创意等方面进行综合性的评价。作为自我评价的另一方面，学生更应该以自己原有能力水平为出发点，进行纵向的评价。通过纵向对比，学生可以得到更为直观的评价信息，从而为今后的美术作业探寻更为合适的方向。

1. 巧用综合评价表

在实际教学中，教师可以采取填写综合评价表（以下表《三年级上册美术综合评价表》为例）的方式，引导自我评价、生生评价、教师评价等多主体参与的开放式评价，注重评价主体的多元化。学生应该主动参与评价，学习用积极的心态对自己和他人的美术作业做多角度评价。在学期末时，小组长可以对每位同学的综合评价表进行统分计算，作为考评成绩的重要依据之一。

三年级上册美术综合评价表					
评价等级	课题	态度	作业效果	组评	师评
A 优秀（5 分） B 良好（3 分） C 合格（1 分）	1《我驾神州游太空》				
	2《汉字的创意与设计》				
	3《刊头设计》				
	4《纸拎袋》				
	5《找果子的刺猬》				
	6《夸张的脸》				
	7《威武的大将军》				
	8《三原色与三间色》				
	9《四季歌》				
	10《彩墨游戏》				
	11《大狮子》				
	12《向齐白石学画蔬果》				
	13《黑白拼贴画》				
	14《彩色拼贴画》				
	15《剪雪花》				
	16《迎春祈福》				
	17《中国结》				
	18《中国彩陶》				
	19《秦始皇陵兵马俑》				
	班级：（　　）姓名：（　　）学号：（　　）期末总分：（　　）				

2. 拓展数字评价

随着信息技术的普及，利用“互联网+”的思维和数字化思维，能有效拓宽评价的渠道和方式。主体的创新方式。对于美术作品的评价，主体往往只有授课老师与本班学生，过于局限。那如何突破评价主体，让其他人员也参与进来呢？公开课时，听课教师对课堂与学生有不同角度的想法，虽课后有其他代表教师进行评价，但比较片面。如图3、图4，在上课时可以以消息上墙的方式在手机客户端与大屏幕上播放消息，上课的同时也能看到他人的评价，手机端还可以查看所有人的评价，交流想法。

图3、图4　上课的同时以“消息墙”的方式通过手机与大屏进行互动评价

3. 巧用展示性评价

当一堂美术课结束时，可以根据学生的能力水平，选择不同的时间进行上墙。能够在课上完成作业的，在课尾进行上墙，并调动学生的积极性及时进行评价。在课堂上有限的教学评价中，学生的参与感往往得不到满足，课后他们可以对着班级文化墙慢慢欣赏交流。同时，在每位学生的作业左下角设置评价区域，学生可以在自己喜欢的作业下进行评价、建议。除了将作品展示在教室中，还可以依托校园活动如校园文化艺术节、艺术之星等活动，向全校师生展示优秀美术作品。全校师生可以用贴纸、便利贴评价留言等方式发表观点，选出最受欢迎的作品。

图 5、图 6　学生参与班级、校园展示评价

4. 美术学习档案袋评价

美术学习档案袋是一种用来记录学生整个美术成长过程的资料夹。学生在档案袋中汇集美术学习全过程的资料，包括研习记录、构想草图、设计方案、创作过程的说明、自我反思、他人的评价等。作业完成后，学生可以将自己的作品存入档案袋中。通过一段时间的学习，学生可以对先前的作业进行二次评价，从中发现自己现阶段的进步，看到努力的方向，对个人有更为清晰的认识。美术学习档案袋评价不以单次作业为标准，而是注重以日常美术学习为基础，进行系统的评价，试着以自己原有能力水平为出发点，进行纵向评价。

5. 尝试运用情景式评价

美国教育家杜威曾说：“我们主张必须有一个实际的经验情境，作为思维的开始阶段”，还提出了“教育即生活”和“学校即社会”的教育理念。在创设情境时，教师打造一个基于学生已有生活经验的“形真”实景情境，更容易激发学生的兴趣与情感。这一观点引导教师创造生活情景，将评价与生活相关联，激发已有生活经验，提升学生兴趣。教师在评价时可以采用游戏、讲故事、角色扮演等方法。“形真”的情境带学生走进一个多彩世界，增强了学生体验度，它是点燃学习的“助燃剂”。

案例点击

《水资源》这一课，教师在展评时让学生都穿上了蓝色马甲，化身水资源宣传大使，拿着课堂上完成的海报，与在座的老师和校园中其他同学宣传节水、护水、爱水的理念（图 7）。在《风筝风筝飞上天》这一课上，教师创设了风筝铺的情景，让学生化身为“售货员”，将自己完成的风筝推销给在座的老师们。当有了任务，学生积极性高涨，从风筝的造型、纹样、寓意等多方面进行介绍，在推销时无形之中将评价结合在一起，与生活实践相结合（图 8）。

图 7 《水资源》评价现场

图 8 《风筝风筝飞上天》评价现场

《眼镜设计》这一课中，教师创设了眼镜时尚秀，请学生带着自己制作的眼镜在全班同学面前走秀，课堂氛围一下子就达到了高潮。这时教师再采访各位小设计师，让他们说说自己的设计理念，在师生互评时更具效果（图 9）。又比如《西游记人物设计》这一课，教师又让学生过了一把当导演的瘾，将设计的人物带入职场中，用“变形记”代替了常规的评价方式，此次以讲故事的方式展开（图 10）。

图 9 《眼镜设计》评价现场

图 10 《西游记人物设计》评价现场

（四）从不同视角进行评价

多元智能理论由美国教育学家和心理学家加德纳提出，是一种全新的人类智能结构的理论，他认为人类思维和认知方式是多元的。教师在教学时在注重全面发展学生的各种智能时，还要注重个性发展。“多一把衡量的尺子，就会多出一个好学生”。所以在评价时，应该尊重每位同学的差异，找到每一位学生的发光点，根据不同的能力分层布置作业，进行有梯度的评价。

1. 从不同视角进行作业评价

教师在指导学生评价美术作业时，可以从多个审美视角来进行鉴赏，例如构图、创意、造型、内容、色彩、材质等，提升学生审美素养。基于该学段学生爱竞赛的身心发展规律与性格特点，教师可以设置“最佳制作奖”“最佳设计奖”“最佳造型奖”等奖项。

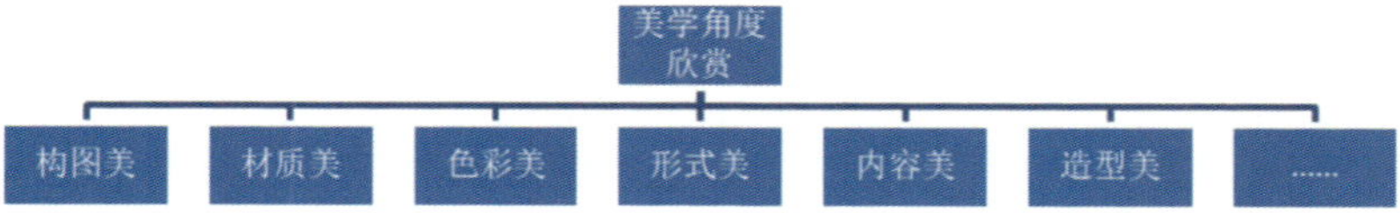

图 11 从不同的维度对学生作业进行评价

2. 从同一作品的不同局部进行评价

学生评价作品时，教师可以引导他们从多个角度进行分析。比如整体分析，在欣赏美术作业时，首先感受整体作品，用自己的语言对作品进行描述。在局部分析时可以从局部的画面中感受画面的美感，抓住某一点进行分析评价。

<table>
<tr><th colspan="3">美术作业“整体 · 局部”评价表</th></tr>
<tr><td>作品名：</td><td>作者：</td><td>种类：</td></tr>
<tr><td colspan="3">整体分析：</td></tr>
<tr><td colspan="3">局部分析：（找几个你感兴趣的点）</td></tr>
<tr><td colspan="3">你的感受与建议：</td></tr>
</table>

（五）充分引导学生进行自我评价

教师在美术教学中以客观事实为基础,注重评价与教学的协调统一，尤其要加强形成性评价和自我评价。教师要把评价的权力转向学生，让学生由被动的评价者转向主动参与者，通过自评可以深刻且全面地认识到自己的优缺点，调动学习的积极性和主动性。

1. 给每幅作品一张“身份卡”

美术作业完成后，独幅的作业往往会不容易保存，时间长了甚至不知道这张作业是谁的，这不利于学生的自我反思与成长。这时候就可以给每张作品提供“身份卡”贴在作品背面，不仅是标记作品的信息，还是学生进行自我评价的途径。“身份卡”可以让学生梳理创作思路，找一找本作品构图、色彩、内容、线条等方面的亮点与创新性，并与之前的作品进行对比反思，是否有进步或需要改进的地方，加强自我评价，进行自我反省。这样一来，每张作品有了标记，学生本人也能通过此卡回忆自己创作时的思路，并进行纵向比较，看到自身进步与成长，增强自信心。

自我评价作品卡（编号：______）		
班级：______________	姓名：______________	时间：______________
创作思路： ____________________ ____________________ ____________________	作品亮点： ____________________ ____________________ ____________________	我的进步与改进： ____________________ ____________________ ____________________

图 12　学生填写自我评价表

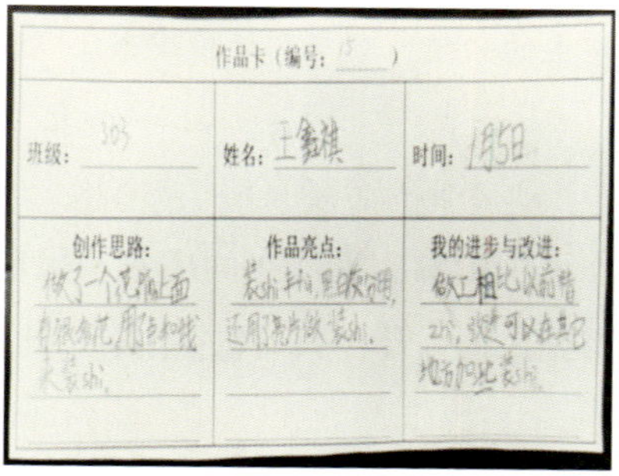

作品卡（编号：　　）		
班级：	姓名：	时间：
创作思路：	作品亮点：	我的进步与改进：

图 13　自我评价作品卡案例

2. 巧用学习单

学习单也称学习任务单，是学习设计的主要载体[7]。其主要作用是将教学的目标转化成学习任务，呈现给学生，让学生清晰地了解本课所要完成的学习任务，同时也是学生进行自我评价的有效途径。

案例点击

图 14 展现的是《会说话的石头》一课：老师在学习单的设计中加入了“我会评”与“我的收获”两块内容。在课堂评价环节中，老师提出了让学生根据本节课的教学目标完成情况在学习单中打钩评星与填写收获。有的同学给自己打了 5 星，他对着自己的作品从制作、立意、创新等方面阐述了打满分的原因，并且说了本节课的收获。也有同学给自己打 3 星，说了自身的不足和改进的方向。这样的方式能够趁热打铁，让学生当堂进行自我评价，明确优缺点与收获，同时也激发了学生的兴趣，参与到评价中来。

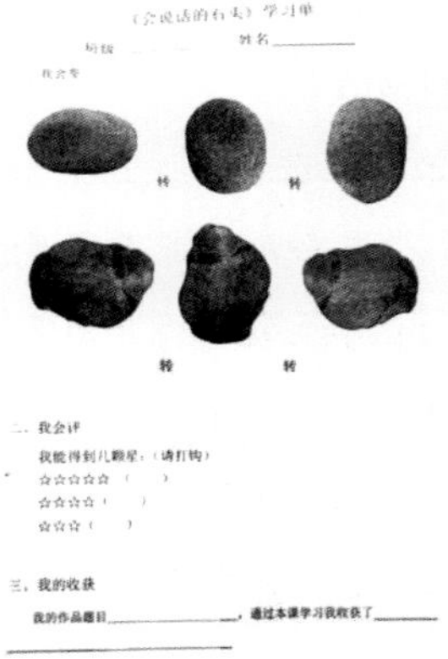

图 14　学习单

3. 书画结合抒真情

中国画有着悠久的历史和优良的传统，书画一体是其特有的表现形式。古人常在画上题字作诗，比如文人画的代表性人物王维融诗情于

7. 陈冬珍 . 巧用学习单，引发深度学习 [J]. 课外语文，2021(30):35–37.

画，开创了“诗情画意”的绘画新风格。[8] 书与画的结合未尝不是一种对自我的评价呢？画表现的事物直观、具体、真实，但因为受到了时空的限制，所以它只能选择一种静止的状态。文字虽简短几行却包罗万象，能表达当下自我创作的所思所感，当画面无法完全表达情感之时可用文字记录弥补。将书法与绘画相结合，能够让原本静止不动的画面变得生动活泼，而文字也有了一个形象的依托，二者相结合，不仅充实了画面的内涵，还加深了画面的意境，同时还能让人获得更多的审美享受。

案例点击

例如《窗外的风景》这一课，老师改变了纸张形式，留有一部分空白让学生写下当时的所思所感，抒发内心情感。这样能够让学生在短时间内完成一张“明信片”式的作品，不仅能记录当下，下课后学生之间也可以互相欣赏评价，让每一幅作品更具温情，拉近了学生之间的距离。除了直接在画上添字，学生还可以用便利贴、小纸条等写下个人感受。

图 15 《窗外的风景》书画结合式评价

8. 王瑶 . 中国画特有的艺术形式美——浅析中国画中的诗书画印 [J]. 艺术教育，2008(9):22-23.

（六）借用“词汇”促进评价深度开展

美术课程内容丰富，所以对于不同种类的课型应该从不同的角度引导学生欣赏，提高审美能力。为了更好地引导学生对优秀美术作品进行赏析，笔者将浙美版教材共12册教科书中的优秀作品进行了归纳与整理。针对小学生的认知发展水平与义务教育对于美术学科的要求，教科书中的优秀作品可分成油画、国画、版画、剪纸、陶瓷、立体造型六个方面。对此我们可以进行表格式分析，形成适合小学生的欣赏评述与评价标准（见下文6份系列评价用语表）。

<table>
<tr><th colspan="3">国画欣赏评价用语表</th></tr>
<tr><td>墨色</td><td colspan="2">墨分五色，焦浓重淡清、浓淡干湿、水墨淋漓、彩墨交融、色破墨、墨破色、色不碍墨、浓重、淡雅……</td></tr>
<tr><td>用笔</td><td colspan="2">中锋、侧锋、散锋、逆锋、勾、皴、擦、点、染、利落、随意挥洒、不拒形似、疾速、生动、严谨……</td></tr>
<tr><td>构图</td><td colspan="2">长卷、留白、饱满完整、引人遐想、意境、疏密得当、主体突出、画面均衡、开合有序……</td></tr>
<tr><td>装裱</td><td colspan="2">立轴、条屏、手卷、册页、扇面、团扇、中堂……</td></tr>
<tr><td>线条</td><td colspan="2">疏密、长短、曲直、粗细、轻重、快慢、生动、轻松灵活、流畅潇洒、精美细致、锐利、肯定自信……</td></tr>
<tr><td>透视</td><td colspan="2">三远法：高远、深远、平远，散点透视法</td></tr>
<tr><td>地域</td><td>北方山水画</td><td>雄健险峻、雄伟峻厚、一峰峭拔、长松巨木、飞泉之下、大山大水、雄奇险峻、巍然挺立、层峦叠嶂、气势壮阔、诸峰如屏、飞瀑如练、直泻九天、山势险要、悬崖峭壁、高耸入云、云雾缭绕、崇山峻岭、危峰兀立、怪石嶙峋、大气磅礴……</td></tr>
</table>

续表

<table>
<tr><td>地域</td><td>南方山水画</td><td colspan="2">平淡天真、江南秀丽、清润幽深、温润柔和、蜿蜒曲折（小河）、水面空阔、山清水秀、千山一碧、绿树掩映、竹筏小舟、山水相依、水色交融、虚实相生……</td></tr>
<tr><td rowspan="12">形式</td><td>写意</td><td colspan="2">笔墨酣畅、信笔挥洒、逸趣横生、风格疏放、不求形似、水墨淋漓……</td></tr>
<tr><td>工笔</td><td colspan="2">细致入微、工整细致、风格富丽、设色浓重、写实、精美……</td></tr>
<tr><td rowspan="2">指墨画</td><td colspan="2">作画直接、游戏性、凝重古拙、金石味强、厚重、粗犷……</td></tr>
<tr><td colspan="2">手点涂抹，指头、指甲可比作毛笔笔尖，指背可比作毛笔笔腰，手掌、手掌背、手掌侧面可比作笔根</td></tr>
<tr><td>泼墨画</td><td colspan="2">自然淋漓、气韵生动、妙趣天成、奇妙新颖，添物：内容少、小，用笔干、简……</td></tr>
<tr><td rowspan="7">彩墨画</td><td colspan="2">色彩浓郁、丰富、明快、鲜亮……</td></tr>
<tr><td rowspan="6">风眠体</td><td>东方神韵，西方格调</td></tr>
<tr><td>构图：方形为主，摒弃中国传统国画的横卷和立轴</td></tr>
<tr><td>造型：变形、夸张
简洁灵动的线条，不是纯写生，有装饰性</td></tr>
<tr><td>用笔：随意、干脆、简练迅速</td></tr>
<tr><td>用色：墨色为主，再设色点彩，以墨显色，以色助墨</td></tr>
<tr><td>落款：落款简单</td></tr>
</table>

剪纸欣赏评价用语表	
艺术特色	纸感与刀味、镂空艺术、玲珑剔透、虚实相生、黑白分明、极具装饰性、最古老的民间艺术之一
折法	对折、连续折、四分折法（中心点折）、六分折法（对角折、平角折）、大折、小折、横折、竖折
剪 / 刻法	黑白灰明确、精美、粗犷 阳刻：保留原稿的轮廓线，剪去其余部分，每一条线都必须相互连接 阴刻：刻掉轮廓线，保留块面部分，剪纸的线不一定相连
造型	概括、夸张、变形、添加、简洁、动态鲜明、精美、稚拙、生动形象、流畅优美
	对称性：平衡、均衡
	重复性：形象、纹样的复数性、具有节奏的美感
纹样	柳叶纹、水滴纹、圆形、月牙纹、锯齿形……
	寓意美好：石榴：多子多福，蝴蝶：美好的事物，猫：耄耋之年、长寿，鱼：繁殖力、繁荣昌盛，瓶子：平平安安，蝙蝠：谐音“福”，桃子：长寿……
地域	北方：粗犷朴拙、天真浑厚、纹样设计以大块面为主 南方：精巧秀丽、玲珑剔透、纹样设计丰富细腻

油画欣赏评价用语表	
构图	三角形构图、S形构图、主体突出、遮挡关系、画面丰富、饱满……
色彩	类似色：柔和、悦目、清新、愉悦、和谐、舒适、平静、温和……
	对比色：强烈、灿烂、醒目、跳跃……
	冷色调：寒冷、宁静、柔和、寂静……
	暖色调：温暖、热烈……
笔触	潇洒、肯定、流畅、大胆、细腻、激昂、舒缓、错落有致……
线条	疏密、长短、曲直、粗细、轻重、快慢、生动、轻松灵活、流畅潇洒、精美细致、锐利、肯定自信……
透视	近大远小、近宽远窄、近实远虚、近高远低、近疏远密……
	平行透视、成角透视、三点透视、焦点透视、散点透视……
视角	俯瞰、平视、仰视、局部、整体……
情感	欢快、优美、低沉、伤感、难过、愤怒、平和……
点彩	色彩斑斓、迷离、秩序美、激情、游戏性强、生机……
	点的方法：并置、叠加、混加
	点的色彩：明亮、鲜艳、纯度高
	点的形状：多样、大小、疏密、方向

<table>
<tr><th colspan="4">版画欣赏评价用语表</th></tr>
<tr><td>版材</td><td colspan="3">木版、石版、铜版、纸版、丝网……</td></tr>
<tr><td>刀法</td><td colspan="3">细腻、奔放、稚拙、肯定、成熟、灵活、自如……</td></tr>
<tr><td>色彩</td><td colspan="3">单色、套色、鲜艳、丰富、黑白灰分明……</td></tr>
<tr><td rowspan="9">年画</td><td>题材</td><td colspan="2">神像类（门神）、美人类、金童子、山水花鸟、戏剧人物、民间故事、神话传说等</td></tr>
<tr><td>色彩</td><td colspan="2">色彩艳丽、对比鲜明、明快，传统五色：红、黄、绿、紫、黑</td></tr>
<tr><td>造型</td><td colspan="2">概括、夸张、变形、可爱、喜庆、添加、精美、生动……</td></tr>
<tr><td>寓意</td><td colspan="2">驱魔、美好、辟邪、祈福、保平安、喜庆吉祥、祝福……</td></tr>
<tr><td>艺术特征</td><td colspan="2">画中要有戏，百看才不腻。
出口要吉利，才能合人意。
人品要俊秀，能得人欢喜。</td></tr>
<tr><td rowspan="4">四大产地</td><td>天津杨柳青</td><td>“半印半画”，先用木版雕刻出画面线纹，然后用墨印在纸上，套过两三次单色版后，再以彩笔填绘，笔法细腻，人物秀丽、色彩艳丽。</td></tr>
<tr><td>苏州桃花坞</td><td>兼用着色和彩色套版，构图对称丰满、色彩绚丽。</td></tr>
<tr><td>山东杨家埠</td><td>木版套色为主，色彩艳丽、火爆，对比强烈，富有装饰性和浓郁的生活气息。</td></tr>
<tr><td>四川绵竹</td><td>多以木版印出轮廓而后填色，设色单纯艳丽，强烈明快。</td></tr>
</table>

<table>
<tr><th colspan="3">陶瓷欣赏评价用语表</th></tr>
<tr><td colspan="3">土与火的艺术、美好生活的追求、古人智慧的结晶、工匠精神……</td></tr>
<tr><td>器型</td><td colspan="2">稚拙、质朴、精美、精致、简约、实用、大气、典雅、沉稳……</td></tr>
<tr><td>釉色</td><td colspan="2">沉稳、清新、丰富、鲜艳、类冰似玉、通透、温润……</td></tr>
<tr><td rowspan="2">纹样</td><td colspan="2">具象、抽象、变形、夸张、美好寓意、精美……</td></tr>
<tr><td colspan="2">适合纹样排列方式：向心式、离心式、旋转式、均衡式</td></tr>
<tr><td rowspan="3">陶泥泥塑</td><td>技法</td><td>团、搓、压、捏、揉、贴、刻、滚、卷……</td></tr>
<tr><td>成型</td><td>捏塑成型、泥条成型、拉坯成型、泥片成型</td></tr>
<tr><td>零件</td><td>泥球、泥条、泥块（大小、粗细、长短不同的排列组合）</td></tr>
</table>

<table>
<tr><th colspan="2">立体造型评价用语表</th></tr>
<tr><td>材质</td><td>纸、铁、钢、石头、木头、青铜、泥……</td></tr>
<tr><td>造型</td><td>写实、抽象、精美、独特、逼真、夸张、变形、概括……</td></tr>
<tr><td>雕刻形式</td><td>浮雕（厚度薄：浅浮雕，厚度厚：高浮雕）、圆雕、透雕</td></tr>
<tr><td>纸艺</td><td>技法：折、剪、叠、编、卷、插接、刻、画、贴……</td></tr>
<tr><td>艺术感受</td><td>重复排列、对比、节奏、震撼、灵动、激昂、威武……</td></tr>
</table>

（谢佳蓉）

第五环 丰富信息·反馈及时

作业反馈是指教师通过学生作业情况获得多方面的信息，然后把相关信息再及时反馈给学生，使得学生对自己的作业有更为全面的了解，并提高教学效果的双边过程。

一、美术作业反馈的特点及作用

在美术学科中，学生的美术作业是教师获得作业反馈信息最直接、最有效的载体。学生将完成的美术作业交到老师手中，老师从作业中可以获取学生对美的认识与表达，也可以针对作品中的问题或变化，用不同的形式进行评价或激励，教会学生一些形式美的法则，提高学生感受美创造美的能力，同时可以反思教学实践中存在的问题和不足。当教师将批改评价后的作业情况反馈给学生时，学生又可以从教师的反馈中得知作业中的问题，也可以从教师的评价反馈中感受到对自己的赞赏、鼓励、教诲和批评。研究表明，没有获得作业批改反馈信息的学生，对自己的学习情况往往心中无数，若有错误可能一错再错，以致形成消极思维定式。有了批改反馈信息，学生能够及时了解自己的进步之处与所存在的问题，有助于提高学生的技能和水平。

所以，作业反馈作为一种师生之间的双边活动，是教学过程中重要的环节，是师生之间进行学识交流、情感沟通、教学相长的过程。其不但可以衡量教与学的水平，对教学目标进行检测、对教学效果进行反馈，改善与提高教学质量，而且对帮助学生巩固知识、提升能力都有着很好的促进作用。

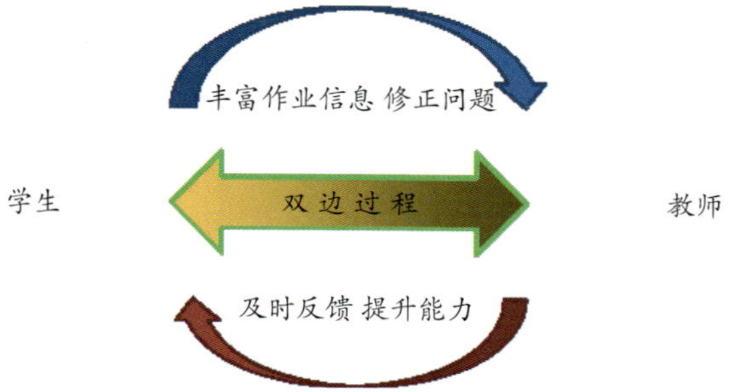

二、有效作业反馈和低效作业反馈

根据反馈能否对教学系统产生效用，能否有效提高学生艺术素养和审美创造能力，可将作业反馈分为有效作业反馈和低效作业反馈。

（一）有效反馈

以促进学生更好地学习美术，提高学生学习积极性为目的的反馈，就是有效反馈。在教学中，教师及时回授正确有效的反馈信息，不仅有益于学生改变思考问题的角度，也有益于学生调节学习方法和学习态度。

案例点击

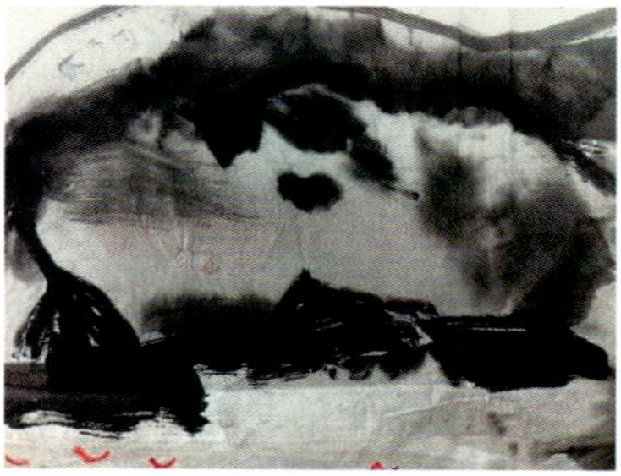
图1 看似"反面教材"中的"有效反馈"

在学习水墨画的过程中，可能有如下情况：多数学生在学习之前，很少有水墨画的基础和学习经验，经过老师讲解后在作业时仍有畏难心理，无从下笔。当教师将班级一个经常捣蛋的学生的作业拍照（图1）进行课堂展示时，其他学生的反应是哄堂大笑，这位学生也是羞红了脸，以为要拿这份作业当“反面教材”进行批判。但当老师针对画面夸奖了该学生下笔大胆、运笔果断、处理远近关系及墨色浓淡有变化时，消除了其他学生的“疑惑”及作画时的畏难心理，同时也有助于该学生对作业和学习美术形成积极的态度，激发他的积极作业行为。

（二）低效反馈

在实际的教学过程中，并不是所有的作业反馈都是积极有效的，与以上相反的情景也经常发生。例如：当学生在课堂上回答的答案与老师预想的有较大偏差时，教师立刻拉下脸来给予否定；或没有针对性的点评，教师直接在作业中打出某个分数或“优、良、合格”的等级评定。教师没有对这些作品进行对比分析，学生也不清楚自己的问题所在，久而久之可能导致学生学习兴趣降低，对学习产生抵触情绪，这就是低效反馈。有时候在相同的情况下，由于教师给予的反馈信息的不同，会对学生的学习积极性产生截然不同的效果。

案例点击

在学习《小小果壳箱》一课中，要求通过本课教学，让学生了解果壳箱的结构和功能等，初步学习果壳箱设计的基本知识，能够设计出造型新颖的果壳箱，并运用立体纸工的形式来表现。教师在课堂提问：“同学们想设计一个怎样的果壳箱？”某同学怯生生地回答：“我想设计一个打怪兽版的果壳箱。”面对这样的回答，教师应该给予怎样的反馈才能有效深入课堂教学，同时激发学生的创作热情呢？如果这时教师为了课堂能在自己预设中顺利进行而否定学生的想法，可能对学生以后的学习产生负面的学习效应。在实际教学中，教师可以充分抓住学生喜欢讨

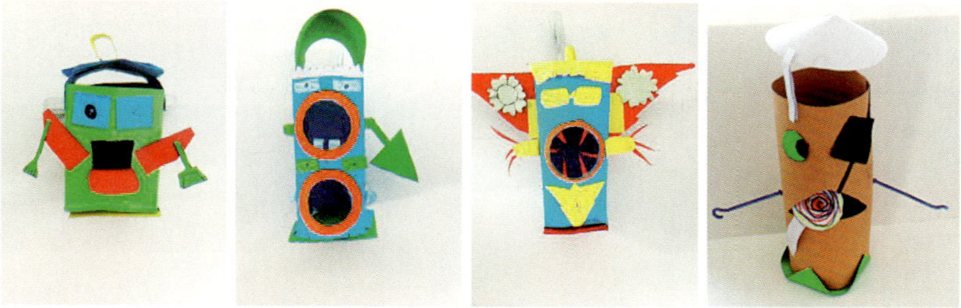

图 2—图 5　适时调整低效反馈，提升作业成效

论各种游戏之类话题的机会，以孩子们的兴趣点顺势引导，鼓励他们可以从游戏的角度大胆进行创新。结果这节课孩子们积极性很高，并且大多数的男同学都出乎意料地设计出了很多有创意的果壳箱作品（图 2—图 5）。

三、作业反馈策略

作业反馈是为了激发学生的积极性，同时指出其存在的问题，帮助学生改进学习。作业反馈应注重即时性、生成性、针对性，以鼓励为主，具体做法如下。

（一）丰富作业信息

学生的美术作业是教师获得教学反馈信息最直接、最有效的载体。在美术教学过程中，由于学生对美的感知与创造能力的不同，在摄入信息方面存在着个体差异，因此，作业反馈也会呈现多样性。作业信息的收集反馈就像是一个将军在交战前的情报搜集、交战之中的战术调整、交战之后的经验总结，是教师在课前准备、课中修正、课后反思的主要依据。对这些反馈信息进行处理和分析，是调整教学手段和改善学生作

业有效的方式之一。[9] 因此，教师挖掘学生作业中的各类信息为今后的教学服务，不能单纯停留在课后作业信息反馈的收集。根据课堂教学时间维度来划分，可以从以下几个方面丰富学生作业信息的收集。

1. 课前准备材料信息

“工欲善其事，必先利其器”，美术学科的课前除了准备一些平常课堂上所需的美术工具之外，有时还需要准备其他综合材料。课前材料的准备对一节课是否能够顺利进行及是否能完成有创意的作品，都起着关键性的作用。调查发现，在课前材料的准备上，教师大多数都是采用口头布置的形式，仅布置了材料，而没有具体的色彩、质地、形状等美术元素的分析；大部分学生在课前材料准备时也都是应付完成，怎么简单怎么来，把老师布置的材料精简再精简。教师在上课前对学生准备材料的情况也是几乎一无所知，直接反映在学生作业上的问题也就显而易见：材料单一、画面千篇一律。

导致这一问题出现的原因就是教师把大量的时间和精力放在了教学环节的设计上，忽视了学生课前材料信息的准备和收集，没有进行及时的反馈。

9. 张仁贤 . 教师如何进行反馈与测评 [M]. 天津：天津教育出版社，2009:11.

案例点击

在教授《秋之韵》时，本课要求学生感受秋天的收获与色彩缤纷之美，掌握用秋天植物材料来做造型的方法，利用植物的原始形状或纹理来造型或运用一些简单的美术形式表达对秋天的感受和理解。教师没有根据学生的实际情况，及时发现学生课前材料准备中存在的问题，在学生课前收集植物材料时进行及时反馈。从最后的作业呈现来看，大部分同学的作业都是运用树叶进行了拼贴，材质、色彩及形式都比较单一。如果教师能在课前引导学生从色彩、纹理、形状等方面收集不同的植物材料，最后的作业会有更高水平的提升。

图6 学生仅把树叶组合起来

图7 学生能从色彩、纹理、形状上进行处理

2. 当堂练习问题信息

在美术教学中，课堂小练习是美术课堂教学中的重要环节。学生在练习的过程中可以加深对知识点的理解，初步发现难点。教师也能及时统计学生当堂练习的信息，以这种质性记录为主的分析方式，教师可以对学生的一些练习问题进行分类统计，其中有优秀的作业练习，也可以有错误的典型。教师可以根据学生的不同表现，分析学生达成各种核心素养的水平，并分析不同表现的学生分别有哪些值得进一步提高的地方。

这种以质性为主的统计分析，既可以帮助教师掌握学生在不同作业任务中的不同表现，发现不同类型的学生存在的需要解决的主要问题，为后续评价反馈提供依据，还可以成为今后有效的教学资源。

案例点击

在浙美版三年级下册《眼睛的创想》一课教学中，重点是要求学生了解眼睛创想的基本方法，对眼睛的图像进行举一反三的发散性思考。教师通过课堂阶梯式小练习，拓展学生思维，看在规定的时间内谁的创意最多。结果在课堂巡视中发现很多学生的思路会很局限，只停留在对眼睛形状的创想上。教师通过对学生练习信息的收集和反馈，进一步讲解，让学生可以从图形替代、材质替代、部分替代等方面进行联想，逐步解决课堂重点，突破难点，顺利达成教学目标，促进了课堂的有效性。

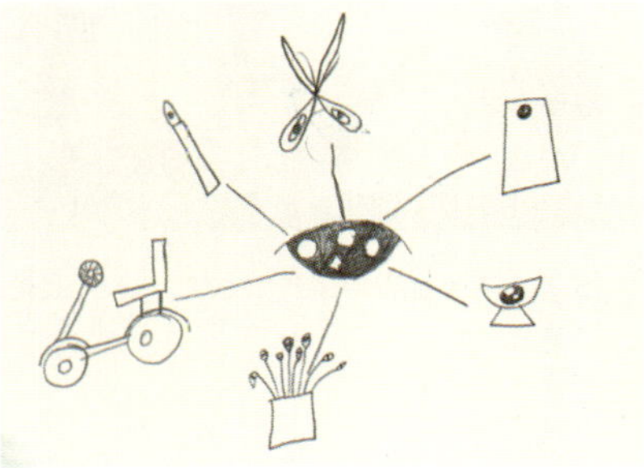
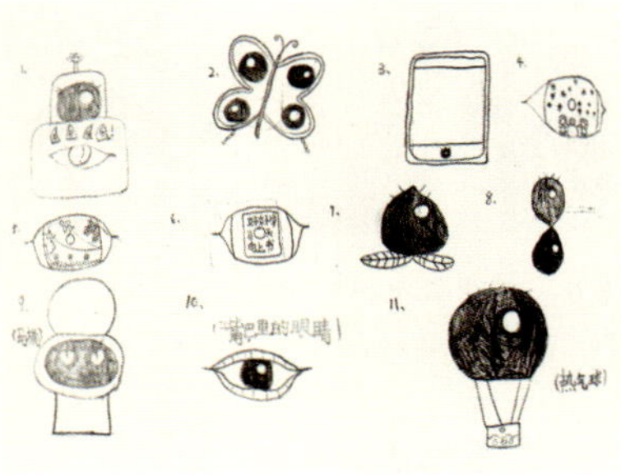

图 8—图 9　当堂练习问题反馈发现，学生可以从更多方面进行联想

3. 课后作业信息的收集

（1）横向观测获取反馈信息：横向观测全体学生的美术作业，可以让教师对学生作业有一个整体的认识。一般来说，两头小中间大的目标

达成情况是比较合理的（图 11）。如果以面向全体学生为出发点，我们更希望看到的是末端小，中上偏大的趋向（图 12）。当这条曲线出现“较低层级”端过大而“较高层级”端过小时（图 10），说明有很多学生无法达到基本的作业目标，教师就必须检查作业设计、布置、指导乃至整个教学过程，从而探究其中可能出现的问题。教师应该关注学生作业细节，通过横向观测，找寻具有共性的问题。

（2）纵向比较获取反馈信息：以同一学生的多次作业为对象，进行纵向观测，能深入了解学生的发展变化情况，这对于教师进行学生作业反馈是非常有帮助的。

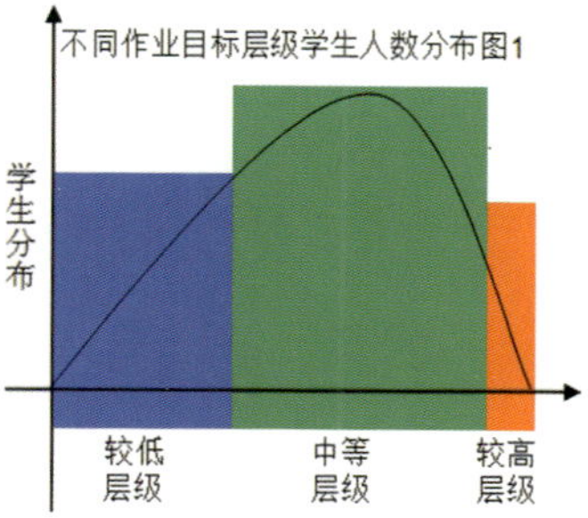

图 10　作业目标层级过高

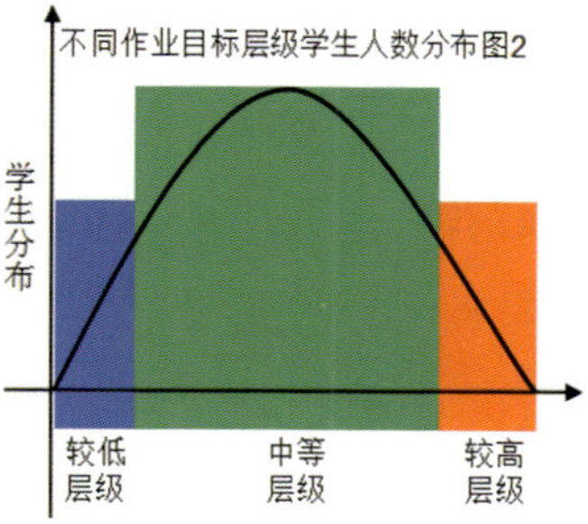

图 11　作业目标层级适中图

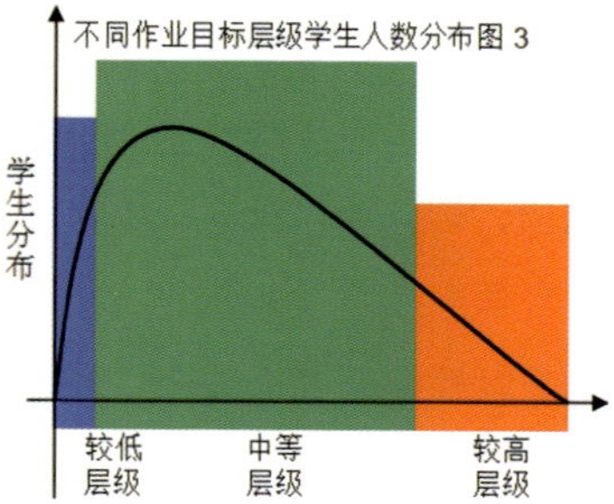

图 12　作业目标层级过低

案例点击

以下是第九册第8课《收获的季节》中学生作业的局部。通过这三件作业人物造型的分析，可以发现，这些学生存在着同样的问题：①头、身相连，无颈部；②没有耳朵；③手、脚造型简单。结合当下初高中部分学生的造型能力问题，我们发现当今美术教学对人物造型的要求有所降低。作为教师，可以从引导观察入手，适当加入人物造型教学，提高学生的造型能力。

<table>
<tr><td rowspan="2">同一教学内容，不同学生的作业</td><td rowspan="2">
图 13

图 14

图 15</td><td>同样的问题：</td></tr>
<tr><td>①头、身相连，无颈部；
②没有耳朵；
③手、脚造型简单。</td></tr>
</table>

（二）进行有效的作业反馈

维纳曾说过："一个有效的行为必须通过某种反馈过程来取得信息，从而了解目的是否已经达到。"作为教学过程控制者的教师，必须通过作业反馈，把知识信息的系统输出转变为系统的输入，促使教学恰到好处地适合学生的学习水平，顺利按照教学目标要求引导学生的思维活动，从而呈现以教师为主导、学生为主体的相互作用的教学状态。

美术作业属于创造性和拓展性作业，完成作业所用的时间较长，一般很少能当堂完成。但我们教师一定要遵循"及时性原则"。心理学研究表明：对学生的某种行为及时地给以正强化有助于行为反应的保持，而及时地给以负强化有助于行为反应的及时消退。反馈时间的及时性原则，对于小学低年级儿童及美术学困生尤为重要，这些学生在作业过程中付出更大的努力，他们希望及时看到自己的成绩和教师的评价，从中看到进步，受到鼓舞，改正不足，进一步努力。反馈有多种途径，也有不同对象，教师需要根据不同的信息内容、时间和对象，进行美术作业的反馈。老师可以通过文字评价的方式反馈，也可以通过口头阐述反馈给学生，使学生发现问题，及时修正。

1. 当堂反馈（趁热打铁，把握作业反馈的时效性）

从时间上来讲，当堂反馈是最为及时，同样也是最为有效的一种作业反馈方式。因为在课堂内，学生刚刚完成作业，对作业的创作过程比较清晰，此时进行反馈，学生容易理解。这也就是我们平时所说的趁热打铁，体现出作业反馈的时效性。

（1）及时反馈，机会均等

美术课堂动静结合，我们经常会留一部分时间给学生做美术作业。这时候教师一般都在巡视辅导，看看学生在作业过程中会出现哪些问题，可以一对一进行口头反馈。不管是优等生还是后进生、困难生，在保证及时反馈机会均等的基础上，教师应当更有针对性，一是针对知识点，二是针对学生。如手工制作课，有些学生难以掌握，老师就可放慢些脚步，或把这些学生集中起来手把手教学，也可以让学生之间互相帮助。有些学生每次画画都生怕画错，总是把主体物画得很小，教师可以给他指出来，或者帮他几笔；有些学生构图能力强，但是对色彩搭配不是很熟悉，教师可以提出自己的想法供学生参考；制作拼贴画时，部分学生可能对黑白灰的处理不是很合理，可以让学生说说自己的想法，然后教师进行反馈，是否换个颜色会更好，等等。反馈时要不吝啬表扬，对学生有进步的地方或者值得肯定的地方要多表扬鼓励。对于比较典型的作业，教师可以当堂直接反馈，请学生用描述性语言说说什么地方值得学习，及时反馈、及时改进，让每个学生都获得不同程度的进步。

案例点击

如教学《汉字创意设计》一课时，第一课时让他们对艺术的“艺”字进行创意，要求把“艺”字写在整张 16K 纸上。写大字对于学生来说也是有挑战性的，于是教师进行了单线条“艺”字的示范。在此基础上，学生有了创意：有对“艺”字进行图形取代的，有对“艺”字展开各种字义联想的。针对学生出现的不同问题如整体笔画不够统一，线条不够流畅，色彩搭配等，教师当堂一对一进行口头反馈，让学生及时修改，获得意想不到的效果（图 16—图 19）。

图 16

图 17

图 18

图 19

（2）作业反馈，落到“错”处[10]

在面对问题作业的时候，教师不宜将学生的原作完全否定，否则学生会觉得自己的作业一无是处。修改时老师也要把握分寸，尊重原作，

10. 黄民忠 . 作业反馈，落到“错”处 [J]. 数学学习与研究，2018(10):54.

局部修改。比如给学生进行简单的添加，将过多过散的去掉，等等。“将错就错”也是较好的选择，有时候学生作业中的有些“不足”往往是创意发挥的契机。

案例点击

教学《纸拎袋》一课时，学生都在热火朝天地装饰自己的袋子，唯独学生甲坐在那边无动于衷，笔者以为她没带工具，于是问：“你的纸拎袋忘记带来了吗？”（因为袋子是上节课制作的，有些学生会忘记）她支支吾吾不作声。

甲的同桌告诉笔者，她画错了。

“来，拿出来，老师看看！”

女生小心翼翼地拿出纸拎袋，其实是画得挺好的一个袋子，就是中间那个兔子画错了，眼睛画糊了，然后她用修正带，越改越糟糕。笔者看了后说：“不要紧，还有补救办法。”说着，把自己的想法反馈给了她，女生的眼睛一下子亮了起来。将错就错，亡羊补牢，也为时不晚（图20—图22：通过信息反馈，将错就错，完成作业的调整）。

图 20

图 21

图 22

（3）相互整合，反馈创新

对造型表现领域的美术作业来说，一个班上不可能每个学生的画都令人悦目，大多数学生的作业都存在或多或少的问题，这些问题需要我们通过当堂反馈去解决。我们也能看到每个学生的作业都有可取的地方，可以通过反馈选取好的部分，整合学生的作业，进行取长补短，对作业进行二次创新，使作品焕发新的魅力。

案例点击

教师示范完折剪方法，学生尝试剪雪花。

教师巡视，反馈。

把学生剪的雪花放在黑板上，由于不少同学的雪花花纹比较单调，整体效果不是很好。

思考：如何让雪花飘呀飘，营造冬天雪花纷飞的感觉？

学生尝试小组合作，进行作品整合。教师组内进行反馈，提供些背景。学生小组合作完成了雪花的制作（图 23—图 25：学生通过集体的力量来共同完善作品）。每一片雪花都成了艺术品的一部分，每个学生都很有成就感。作品整体视觉效果提升了不少。

图 23

图 24

图 25

简单裁剪、装饰也是使学生作业面貌换新的好方法。再不济的作业也有比较令人满意的地方，将满意的部分裁剪下来，再将裁剪下来的作品张贴在线描画或是卡片上甚至包装盒中。这种方式尤其适合美术能力较弱的孩子，也就是我们平时所说的美术类学困生。老师的帮助能让自己的作业变成作品，相信学生学习美术的兴趣也会浓厚起来。

2. 课后反馈（接纳不同，把握作业反馈的适切性）

一次有效的作业反馈，取决于师生对作业反馈形式和内容的接纳程度。绝大多数失败的作业活动，往往栽在了作业反馈这一环节上。好的作业反馈是教师学习管理理念和教育智慧的综合反映，它需要我们老师真心去把握“因材施教”，时刻牢记“一把钥匙开一把锁”的理念。

大多数时候，我们的美术作业都是集体上交后，教师再进行作业的批改反馈。课后作业反馈是当堂作业反馈的有效补充。对于那些涉及面较小，但一时又难于理解的信息，可以带到课后，与学生进行更为深入的交流。

（1）重视作业反馈的养成功能

一份用心绘制、构图精美、色彩和谐的作品，不仅带给批阅者美的享受，更多的是折射着学生对待作业的一份态度。对于美术老师，应该关注学生的美术习惯和对待美术作业的态度。例如，有些学生经常会不上色就上交美术作业，有些学生的美术作品中铅笔痕迹严重，有些学生美术作业线条潦草，一看就没有认真对待。这些小问题时常困扰我们美术老师，不知道该如何解决。其实解决问题的关键要从教师端正学生的态度，重视纠正学生的不良学习习惯开始，并通过作业反馈，及时予以合适的引导。

案例点击

笔者在美术作业反馈中重视对学生美术学习习惯的培养，每学期都设有学习评价表，从课堂纪律、材料准备、作业表现和课堂发言等四方面对学生进行评价，其中作业表现这块也要根据不同学生有不同的对待。笔者尝试使用“量身定制的要求”批改、反馈学生的作业，且每次作业均会写上评语“作业很认真，作业有创新，作业有进步”等，对于态度认真的学生均会在等第的基础上添加五角星。笔者会和学生强调，老师先看你的学习态度，态度认真的学生肯定能取得令自己满意的成绩。反之有些美术基础较好的学生如果态度不端正，草草了事，笔者也不会给他好等第。我们尝试从不同纬度去欣赏和评价学生的每份作业，鼓励不同学生在不同方面的长处，向学生证实教师对完成作业态度的重视程度。

四年级上册美术学习综合反馈表（一、二单元为例）						
单元	课 题	材料准备	课堂纪律	积极发言	作业表现	教师评语
一	《青铜器》					
二	《美术档案袋》					
	《眼镜的设计》					
	《椅子的设计》					
总评						
班级____姓名________ 学号____ 2022 学年第一学期						

（2）加强作业反馈的指导功能

心理学家布克和诺维尔的实验表明：对学生的每次练习给以评分，有利于学生练习成绩的进步；学生知道自己练习的结果，获得练习后的反馈信息，有助于增强学习动机，从而提高学习成绩。美术学习也必然如此。教师要善于捕捉作品的闪光点：在进行学生美术作业反馈的时候，要沉下心来，尽力发掘学生作业的闪光点。这些点要具体可见，这样的评价反馈才不流于表面，能让学生感受到反馈的真实和有效性。同时，教师还要针对孩子，用心反馈。每个孩子的思维方法是不一样的，体现画面效果的方法途径也是不一样的，老师要从孩子的角度出发，针对每个孩子的画面以及想表达的效果进行反馈。

善于捕捉：在批改学生美术作业的时候，教师要沉下心来，尽力发掘学生作业的闪光点。很多时候，面批学生的作品，我们往往一句“作品很棒，作品不太理想”简单带过。那么究竟棒在哪里？不妨让学生介绍一下自己的创作思路，演示下自己的作画过程。这样的评价反馈才不流于表面，能让学生感受到我们的真心。学生也会觉得自己的作品得到肯定，老师对他的夸奖是发自内心的。笔者认为在评价时不仅要告诉学生作品究竟好在哪，更要告诉他不足的地方，该如何改进，同时也要善于倾听孩子的声音。有些作品虽然杂乱，但不妨听听小作者的想法，他究竟想表现什么，为什么要这样表现。哪怕最不堪的作品，也有它可取的地方。

用心点拨：每个学生的思维方法是不一样的，体现画面效果的方法和途径也是不一样的。老师从学生的角度出发，针对每个学生的画面以及想表达的效果进行辅导，多给一些建议，使得学生在潜移默化中提高自身对“美”的感受力。对于学生的美术作业，老师可以先让学生说说哪里存在不足，再和学生说一说自己的想法。对于个别基础较差的学生，教师可以进行简单帮画。课堂指导也能使教师更好地把握学生的创作情况，及时地反馈教学信息。从小朋友的画面中就能反映出教师的教学要求，以前觉得不可思议，但是现在在教学实践中对于这句话有了更深刻的理解。学生的作业效果是老师设置作业要求及是否达成教学目的的一种直观体现，所以在对学生进行针对性指导的同时，教师也应及时了解授课中的不足，以便及时调整教学方法。

3. 课前反馈

由于美术课程的特殊性，有些作业可能需要两节课才能完成，这种情况老师向学生反馈作业就需要放到下一节上课前或者是特定的某一节课的开始阶段，也称课前反馈。如果能让学生自主参与作业反馈，甚至家长也能充当伙伴角色，这样的作业反馈更有效！

（1）师生互动，反馈沟通

以往的美术作业，都是学生提交，教师批改，学生面对的是冷冰冰的等第或字母反馈，那么如何让作业的批改反馈更有意思呢？首先需要老师和学生都有积极的态度，其次是反馈方式要有趣。批改学生美术作业时，我们采用描述性语言写上几句评语，如果再加上幽默的语气，那效果会更好！老师也可以采用改进小贴士的形式，让学生明确自己努力的方向，让反馈更具价值。美术老师应把握住这样的机会，提升自己的素养与魅力。利用课前时间同学间读一读老师写的评语，相互看一看同学的作业，通过这样的批改反馈，学生看到了不一样的美术老师。学生有不明白的地方也可写小贴士或课前反馈给老师。这样的互动使学习有来有往，自然就能提高作业活动的积极性和品质性！

（2）收集素材，个性反馈

由于受思维、遗传、个性、情感等因素影响，学生的思维发展不平衡，对美术作业的喜爱和完成程度也不同，因此呈现的美术作业也大不相同。这就要求教师善于观察每位学生的作业，及时发现学生好的创意构思和可取之处。教师在反馈学生作业信息时，要区别对待，收集素材。共性问题，集体反馈矫正；个性问题，个别反馈矫正。很多时候，我们批改作业时会收到不少明显未完成的美术作业。可能大多数老师会给出差评，觉得学生态度不端正。但笔者不这么认为，也许会发现学生有很好的创意构思，画面有很多可取之处，只是由于某些原因才导致作业成为半成品。这时候一般不用急着评价作业，而是在课前和学生进行沟通，同时给他较充裕的时间，让孩子对自己的作品进行二次创作，相信会有更加完美的表现。美术作业从表面看是一个承载一些美术语言的静态结果，其实它还凝结着学生的思维、情绪、情感等动态因素，它可能是一个相对完美的结果，也有可能是通向更加辉煌的某个步骤。因此，教师的反馈也应该保持动态性。

（3）展示分享，爱上作业[11]

作业反馈，不仅是课程学习中的具体行为，也是学习文化的重要一环，要让学生养成作业即作品的理念，通过作业活动特别是作业反馈活动，在师生中营造一种以“展示与分享”为核心的作业文化。要让学生意识到每次作业都是学习成果的展示，都能收获成功的喜悦。课前，可进行作业成果展。可以是在教室中进行布置展览，也可以在班级钉钉群或微信群中进行布置展览，教师也可以将作业发布朋友圈（图26—图30），让学生作品得到更多人的关注。这个时候，家长、学生、老师都可以进行互动，既是参观者，又是评论者。有些时候，笔者还会把学生的优秀作业进行简单装饰（衬上卡纸）交给班主任，让班主任老师将它们展示在班级文化墙上。这样学生的作业成果“看得见”“在分享”“有乐趣”，学生不爱上美术作业都难。

11. 刘春生 . 展示与分享，让作业反馈更有效 [J]. 未来教育家，2020(12):64.

图 26

图 27

图 28

图 29

图 30

案例点击

图 31、图 32 是《恐龙乐园》课的两件学生作品。此前笔者在批改时看到这两个学生都没有添加背景，再仔细看看，无论构图还是动态，两个学生都抓住了恐龙的特点，也有自己的想象，只是画面有些单调。笔者并没有给这两个学生打分，而是在课前反馈时进行了一对一的交流："你看，这恐龙画得那么生动，如果添上背景肯定就能得五星了。"两个学生都很认真地对作品进行了二次加工，画面效果明显提升了。这就是所谓的"以动制动"。

图 31

图 32

4. 其他反馈：个别反馈、群体反馈和全体反馈

前面所讲的反馈都是以时间来节点来区分的。其实反馈也可以根据反馈对象来区分：个别反馈、群体反馈和全体反馈。一般课后反馈的对象往往是个别学生，课前反馈的对象通常是全体学生，而当堂反馈的对象可以包含个别、群体和全体学生。教师要有效利用教学时间，在课堂教学的宝贵时间中，更多地运用群体性反馈，解决一些共性问题。在课后等闲暇时间，运用个别反馈，使反馈更为深入有效。

（1）合理区分，寻找关键：反馈从具体内容上来说非常丰富，有态度、技法、思维等不同方面。而其中又可以细分为许多项目，如技法反馈包括造型、色彩、构图等不同侧面。作为学生，必须首先认清反馈信息涉及的领域，然后结合自身特点，寻找那些对自己帮助最大的反馈信息。

（2）综合运用，扬长补短：根据关键反馈信息，学生应该结合自己的实际情况，在今后的学习中进行适当调节和改进，从而不断促进自身的发展。

案例点击：集体反馈

案例内容《自画像》

教学过程片段：

一、尝试作业（了解基本学情，发现绘画中存在的问题，及时反馈）

教师进行简单的自我介绍，请孩子为自己画头像（头部形象）。

二、学生尝试为教师画像，教师展示所收集的学生作品。

三、作业分析反馈。让学生初步了解作画的基本要求，然后通过点评学生作业，尝试解决以下问题。

1. 出示第一幅学生作品进行交流，反馈存在的作业问题，主要是色彩问题。

浅色的纸上应该用深色的笔去画，在深色的纸上要用浅色的笔去画。

2. 针对第二幅学生作品进行交流，解决构图问题。

用对比方法展示一张构图比较小的和一张构图适中的学生作品，通过辨析选择让学生了解构图要尽量饱满、充实。

3. 针对第二幅作品解决绘画表达是否完整的问题。

在画人物头像时一定不能少了脖子、耳朵等部位。

4. 教师在黑板上演示，解决绘画概念化问题。学生普遍将老师的脸画得像皮球一样圆，眼睛像乒乓球或豆子，嘴巴画成一条线等，都是程式化画法。因此要向学生指出：绘画要抓住人物特点。

案例点击：随堂反馈

案例内容《西湖印象——黑白撕贴画》

教学过程片段：

一、撕一撕

教师示范撕一座房子，请学生仔细观察老师是怎么撕的。

学生尝试撕一座房子，教师提出要求：能不能撕出和老师不一样的。

学生尝试，教师巡回指导。

展示两位学生撕的房子，让学生介绍自己的方法。（让学生观察老师的示范，初步了解撕贴画的方法。再让学生自己亲手尝试，就有了真实的体验，最后请两位学生现场介绍自己的方法，这样学生就会觉得撕纸贴画并不难，为下一环节做准备）

二、摆一摆

请学生将先前撕出的房子和树摆在一起，看看怎样更好看，并考虑底纸的选择。

选择一幅学生作品展示到投影台，请学生说说不足之处。

画面的色彩搭配：白色的树不能直接贴在白色的底纸上。

画面的布局：左下角的树和下面的房子贴到了底纸外面，等等。

教师追问：怎么做才能更美呢？学生经过一番讨论，认为如果选择白色的底纸，画面中景物不能是白的，所以可以选用报纸来做树冠，用黑纸做树干。另外贴的时候应注意层次，制造远近遮挡的景深效果。

陶行知先生的生活教育理论有三大原则，其中第三条原则就是前进性原则。陶行知先生认为生活教育是与时俱进的，那么我们的美术教育作为美育这一块，更需要我们与时代接轨，与时代融合。美术作业的反馈亦可如此。钉钉、微信、QQ 等软件功能如此强大，美术教师可以利用它们。考虑到某些美术作业的特殊性，老师也可以采用个别反馈。

案例点击：个别反馈

案例内容：泥塑课

浙美版三年级上册中美术课安排了不少泥塑内容，从《背果子的刺猬》《夸张的脸》到《威武的大将军》，一般情况下，泥塑作业通常是当堂完成，学生边做教师边指导，边反馈。但有些同学动手能力较弱，做作业比较慢。老师可以让他课外完成。但如果等到下一节美术课再带过来，陶泥肯定散了，不好携带。这时候，可以利用互联网进行提交（图 33—图 35：学生钉钉作业提交）。没有完成作业的孩子可以选择钉钉提交，教师根据学生的作业情况进行个别反馈，指出问题所在，指导学生动手修改。

图 33

图 34

图 35

5. 反馈的形式

反馈可以采用一系列不同的方式（如口头、书面评定、行为等），而且反馈接受者的特点不同，如有的学生喜欢言语的反馈方式，有的喜欢书面的，有的喜欢行为的……基于以上情况，有的研究者认为：反馈的方式可以影响结果。因此，对学生反馈信息时，可以从学生特点出发，因人而异。

（1）赞美式：人是需要赞美的，学生也想得到肯定，不论是口头表扬还是书面鼓励，都应外显，即在公开场合给予赞美，这样不仅让学生感受到了尊重，还能激发学生继续做好或做得更好的动力。

（2）暗示式：罗森塔尔效应告诉我们，人的情感和观念，会不同程度地受到别人下意识的影响，人们会不自觉地接受自己喜欢的人的影响和暗示。许多教师就是学生崇拜、信任的对象，因此学生非常重视老师的期望。老师应该常有意无意地向每个学生暗示对他们的希望。

（3）“批评”式：教育不是万能的，表扬也是有限度的。有时，对一些行为懒散、缺乏自制力的学生，教师也要根据实际情况，适时恰当地进行批评教育。

（方 炜　郑海玉）

第六环　加强实效 · 管理科学

美术作业的管理是指教师和学生对已经完成的美术作业成品的收集、整理、归类、展示、保存等一系列教学活动（图 1）。美术作业管理将为作业设计、指导、评价、反馈等多个方面，提供强大的支撑。对学生作业的科学规范管理，建立健全学生作业的监管与考核机制，有利于促进学生个性特长发展，促使教师关注学生的个性特点和学习兴趣，关注作业的科学性和有效性；促使教师钻研教材教法，重视教学规律和认知规律，促进教师提升教学水平和教学能力。具体要求如下。

一、把握学情教材特点，调控作业时间总量

根据不同年级学生情况与不同美术作业特点，科学合理布置，控制作业时间总量，如：通常 1—2 年级不布置书面家庭作业；每天书面作业时间，小学生平均不超过 1 小时，初中生不超过 2 小时，高中生不超过 2.5 小时。课堂美术作业通常在课堂完成；建议平时教学时间不布置实践性、花费大量时间的美术课后作业。如要布置也要视作业的内容与形式，把

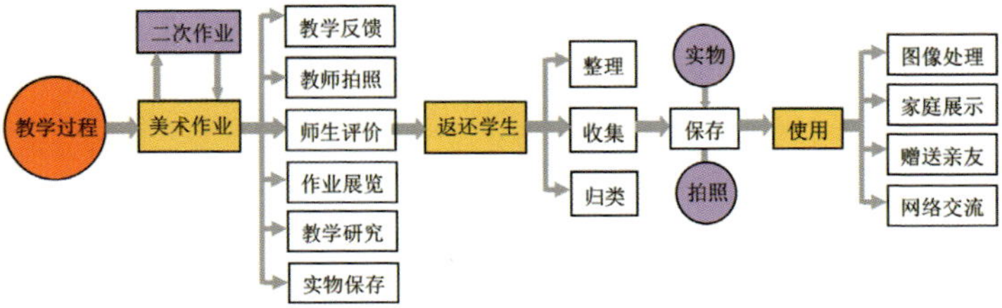

图 1　美术作业后续管理示意图

握作业难度，注意调控好时间。尽量布置一些提升其图像识读、审美判断能力的欣赏类、参观类作业，如参观美术馆、博物馆等。

二、设置协商检查制度，强化作业的控制与管理

（一）协商控制

学校要建立同班各学科作业布置协商机制，须按年级做好课后作业量的学科平衡工作。最好由班主任负责协调、控制课外作业量，并有作业布置记录单（表），确保每生每天课外作业学科平衡、总量合理。

（二）检验抽查

学校要建立对学生作业本批改数量与质量情况的定期检查与不定期抽查制度。一是检查批改记录，确保教师认真完成每一次作业的批改，确保学生学业成绩基础数据的完整；二是通过检查，了解教师的教学动态与教学效果。

（三）统计分析

学校与教师要学会统计与分析美术作业，用图像、文字、声音等形式记录调查与思考的结果，在此基础上，对素材进行整理和分析，并在作业中寻找规律。要根据学科要求与学生美术作业特点，遵循教育教学规律，强化美术作业管理效率。

三、数码设备拍摄，实施电子作业保存管理

教师如何更好地进行学生美术作业管理已成为当下美术教学中一个

不容忽视的问题。管理的方法很多，以方便、长期和有效为原则，运用电子档案保存、管理的方式是比较合适的。

（一）电子作业管理优点

1. 空间巨大

以每张照片 3M 计算，一只 1T 的硬盘可以保存 30 多万张学生作业，这是实物保存无法比拟的。

2. 经久不衰

保存在电脑中的学生作业照片，不会随着时间而褪色，更不会破损。

3. 使用方便

电子文档学生作业可以在投影屏幕上播放，因此全班学生可以同时观看，教师只要轻点鼠标就可以进行管理、搜寻和使用。

4. 便于交流

作业原件一经展出，往往会出现褪色、破损等现象。电子文档学生作业，不但可以使用优盘、硬盘进行传递，而且还可以通过微信、邮箱、网盘、QQ、微博等方式进行交流。某些网络平台还具有即时互动功能。这种传递交流，不受单件原作的限制，可以反复进行。

（二）电子档案管理美术作业技巧

1. 拍摄技巧

使用电子档案保存学生美术作业，拍摄是最基础的一步，拍摄质量直接影响着今后使用的效果。

（1）拍摄清晰：清晰的作业照片，是电子作业有效使用的前提。教师要合理使用光照，提高快门速度和感光度，提高成像质量。同时，教师还要学会控制拍摄背景，背景紊乱，会影响作业的呈现效果。当然，有时不妨选择学生作为背景，这种拍摄更为真实。如图2，同样是拍摄风车，可以放置在地面，把风车拍摄得清晰完整，也可以让学生举着风车进行拍摄，同时借用“慢门”拍摄技巧，突出风车转动的效果。

图2　运用慢门拍摄动态作业

图3　选择平视角度拍摄立体作业

（2）选择角度：学生立体作业的拍摄角度很多，教师应该选择那些能够充分展示学生作品艺术美感的角度进行拍摄。如图3《蔬果造型》一课，教师可以选择平视甚至仰视的正侧面角度进行拍摄，一只可爱的小鹿立马就活灵活现地展现在观者眼前。

（3）存放技巧：美术作业电子文档存放需要按照一定的规律进行，存放越有规律，提取就越方便。以“学年——学期——课题——班级——课时——作业”这样一个逐级存放的方式储存会比较方便（图4）。这种存放以时间为总体布局，以教学内容为主线，以班级为落脚点，层层递进，脉络清晰，教师很轻松地就能在班级文件夹中寻找到需要的学生作业。

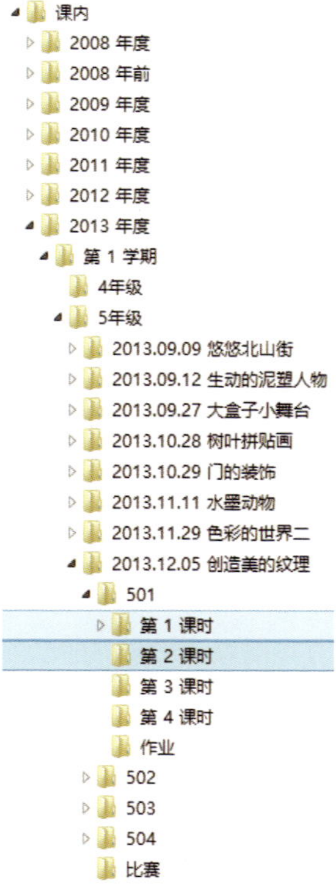

图4　以特定路径保存作业

四、注重作业多元运用，推进美术作业深度开发

美术作业（作品）的管理是一项复杂的系统工程，优秀的教师、学生总会让自己的作业（作品）成为永恒的记忆。

（一）二次作业

二次作业是指对原作进行二次加工，让作业更加符合审美的要求。一是指作品的装裱。俗语“三分画，七分裱”，将适合的装裱形式运用于美术作品，会显现更具美感的展示效果。二是对原作有不满意的地方，可以进行第二次加工。如简笔画、水粉画、儿童画等，具体可采用背景装饰法、剪裁拼贴法、打破重组法、添画补充法等形式。在“实物作业”二次创作的同时，学生还可以对“电子作业”进行图像处理，运用 Photoshop 等图形图像处理软件，对自己的电子作业进行色彩美化、局部调整、裁切重构、画面变形等，拓展艺术表达的空间。

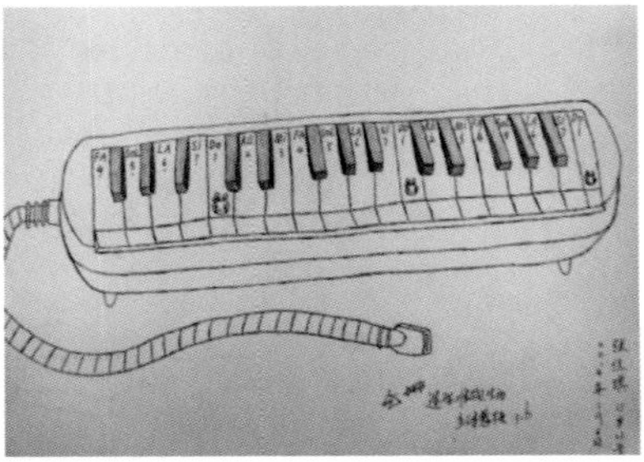

图 5　学生原作

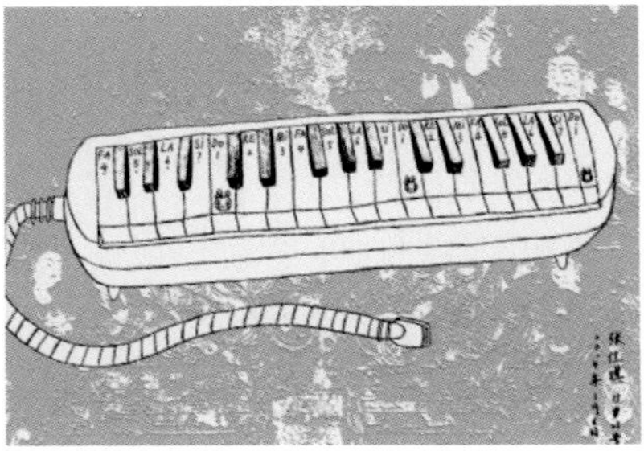

图 6　PS 处理后的作品

（二）作业展示

对于学生的作业原件，教师可以组织定期的展示，通过学生参与展示、欣赏、评价等活动，调动学生参与美术作业的热情。展示方式有班级展示、

办公室展示、校级展示和网络展示等。尤其是在当下各类数字平台丰富的背景下，学生可以通过微信、微博、抖音等多种方式，展示自己的美术作业。学生通过展示，与他人进行新一轮的交流，从而促进自己持续的创作欲望，也能从中不断提高审美能力和创作能力。

图 7　班级展示

图 8　校级展示

图 9　网络展示

（三）档案袋

通过调查，我们发现学生缺乏良好的美术作业保存习惯，常常损坏、遗失甚至丢弃。之所以出现这些现象，是因为学生不知道如何进行美术作业的保存。为此，学生要运用档案袋、文件夹等工具，把作业整理成册，也可以以学期或学年为单位，用订书机、针线装订自己的美术本。学习档案袋能够储存学习资料，记录学习过程、教师反馈意见、建议性评价等内容。

图 10　学生制作自己的美术作业册

图 11　学生美术作业册样本

（四）美化家居

优秀的美术作业在一定程度上也是美术作品，而美术作品具有装扮生活、美化环境的作用。因此，引导学生一起“共同设计、布置学生美术作业展览或美化教室、家庭”成为一种时尚。这种美化环境的做法，也是美术作品最好的归宿之一。为了更好地实施家居美化，学生也需要做一些后续的工作，例如给绘画作业制作画框，给立体作业制作底盘，等等，从而优化展示效果。如图 13 所示，通过这样一个步骤，简单的美术作业，逐渐成为小小的艺术品。

图 12　学生原作

图 13　制作画框后的效果

（五）馈赠亲友

要引导学生树立美术为生活服务的理念，使自己的优秀美术、书法作品成为情感交流、美化生活、点亮生活的载体。如春联送福、新春贺卡、书签、藏书票、书画作品等，均可以用来馈赠亲友、同学，以此增进情谊，提升幸福感、成就感。

（六）教学参考

学生作业最直接的作用是对于本届学生的帮助，这些作业将对全面评价、系统反馈和综合指导提供充分的依据。当然这些作业一旦保存下来，对今后教师教学的其他学生同样有效。

（七）个案研究

当下美术教师对于美术作业中普遍存在的问题已经逐步开始重视，但是对于学生美术作业个案研究仍相对缺乏。教师收集、保存和整理的大量美术作业，为实施学生作业个案研究提供了充分的支撑。教师可以通过电子文档作业，挑选学生个人作业，进行集中分析。

（柴青青）

第四章
儿童美术作业常规管理办法

美术作业是美术课堂教学的重要组成部分，是学生掌握知识、形成技能、发展智力和培养学生运用所学知识解决实际问题能力的有效手段，它对于优化课堂教学过程、提高课堂教学效率、培养学生思维品质起着重要的作用。作为美术教师，应该提高对美术作业的认识，在作业设计、布置、指导、评价、反馈和管理等方面规范自己的教学行为，提高美术作业实效。

第一节　作业布置规范

一、四性为导，有效作业

教师设计作业必须根据《艺术课程标准》和教材的要求，以视觉性、实践性、人文性和愉悦性为导向，挑选具有科学性、典型性、启发性的作业内容和形式。防止教师布置无效或低效作业，凡布置给学生的作业，教师应亲自尝试一遍，了解作业的难易程度和容易出现的问题，以利于对学生进行指导。美术作业布置的关键是根据教学目标和重难点的具体内容，向学生提出具有较强操作性的作业要求，使学生了解作业内容，明确作业方向。

二、精心选择，贴近学生

在进行作业布置的时候，教师应该从学生的实际情况出发，想方设法选择更为贴近学生的作业内容、作业材料和作业形式。现行教材在内容的编排上充分考虑了不同地区的差异，使得教师在运用教材上，具有更多的选择性和灵活性。作为教师，应充分学习教材、理解教材、活用教材，才能在布置作业时围绕三维目标准确定位。

三、调整难度，适合学生

作业的难易程度是指作业难度等级相对于不同学生现有实际能力水平的差异程度。作业的难易程度对学生完成作业有着直接的影响。作业难度过大，学生会迷惑不解、望而却步；作业难度过低，学生完成作业轻而易举、食之乏味。合适的作业难度是教学顺利、有效开展的保证。教师可以通过直观作业提示、明确作业要素、建立思维导图、引导作业方向、合理分步作业、化解作业难点、创新表现方式、提升表现能力、加强技法指导、降低作业难度等方法调控与把握美术作业的难易程度，使之适合学生，从而激活学生思维，提高作业兴趣，提升作业品质。

四、分层布置，各取所需

针对不同学生对象设计不同程度、可供选择的作业，使学生的个性得到充分的展示，使所有的学生能尝到成功的快乐。作业数量上实行弹性制，根据学生的实际情况布置不同数量的作业，照顾学生的差异，多给学生创造自主选择的权利与机会。

第二节　作业评价规范

一、作业批改规范

批改作业一般当日完成。批改次数应和学生作业的次数一致，有实例点评，有情感激励。按要求布置的课堂美术作业要全批，无漏批，批改率 100%，严禁只布置不批改。教师一律用红笔批改，字迹端正，采用正楷或行楷的方式进行作业批改。对困难生要努力做到面批面改。杜绝分数批改的方式，运用等级加评语的方式，或者采用星级制等丰富多彩的批改方式批改学生美术作业。等第、评语和批改日期要书写规范，记分要客观公正、评语要实事求是，多用鼓励性的评语，肯定学生的成绩，遇到问题要委婉地指出存在的不足，帮助学生找到解决的方法。

二、评价主体多元

教师宜采取学生、教师、家长多主体参与的开放式评价，注重评价主体的多元化。通过学生的自评，让学生正确认识自己，了解自己的学习水平与能力；通过同学互评，让学生在评价中学习，在欣赏中激励，取长补短，共同进步；通过教师点评，让学生更富激情、更有效地完成教学目标；通过家长参与评价，让家长学会用欣赏的眼光、平等的态度来激励自己的孩子不断进步。

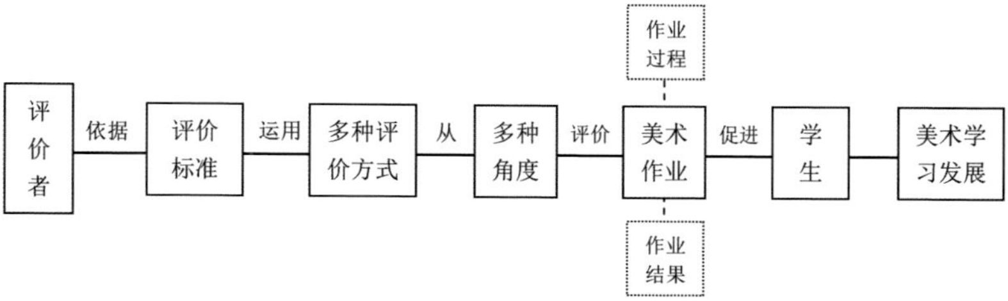

图 1 美术作业评价流程示意图

三、评价方式系统

以课堂作业评价和美术成长档案评价相结合的方式进行美术作业评价。平时作业评价贯穿于整个课堂教学过程之中，包括对学生作业过程的评价、作业结果的评价等。建立美术成长档案袋，一方面能让学生更好地保存自己的作品，另一方面也让学生对自己的作品、学习情况有一个完整、全面的了解，随之进行的评价也将更加系统和完整。

四、评价内容丰富

评价内容丰富可以从两个方面进行理解，其一即作业评价不仅仅是针对单一的方向，而是对构图、造型、色彩、创意、态度等多方面进行评价。其二是评价方式的综合化，即评价不仅仅使用优、良、合格、不合格的等级评价，而是结合小组评价、表格评价、合作评价、网络评价等多种方式，使得评价方式多样，提高评价的参与率和实效。

第三节　作业反馈规范

一、有发必收

教师要督促学生及时上交作业，并及时批复，从而了解学生对知识、技能的掌握情况和学习上存在的共性和个性问题，并针对作业中出现的相关问题及时采取补救措施。

二、有批必评

教师对批改的作业应做适当的批改摘记，特别是对具有独创性或有代表性错误的应予详细记录，作为讲评和辅导的依据。

三、多渠道反馈

教师需要根据不同的信息内容、时间和对象，进行美术作业的反馈。多采用当堂反馈，解决共性问题。在课后等闲暇时间，运用个别反馈，使反馈更为深入有效。

四、合理区分，寻找关键

反馈从具体内容上来说非常丰富：有态度、技法、思维等不同方面。而其中又可以细分为许多项目，如技法反馈，包括造型、色彩、构图等不同侧面。作为学生，必须首先认清反馈信息涉及的领域，然后结合自身特点，寻找那些对自己帮助最大的反馈信息。

第四节　作业管理细则

一、注重拍摄

使用电子档案保存学生美术作业，拍摄是最基础的一步，拍摄质量直接影响着今后使用的效果。

① 拍摄清晰：清晰的作业照片，是电子作业有效使用的前提。教师要合理使用光照，提高快门速度和感光度，提高成像质量。同时，教师还要学会控制拍摄背景，背景紊乱，会影响作业的呈现效果。当然，有时不妨选择学生作为背景，这种拍摄更为真实。

② 选择角度：学生立体作业的拍摄角度很多，教师应该选择那些能够充分展示学生作品艺术美感的角度进行拍摄。

二、合理存放

以“学年——学期——课题——班级——课时——作业”这样一种目录格式，逐级存放学生的美术作业电子档案。

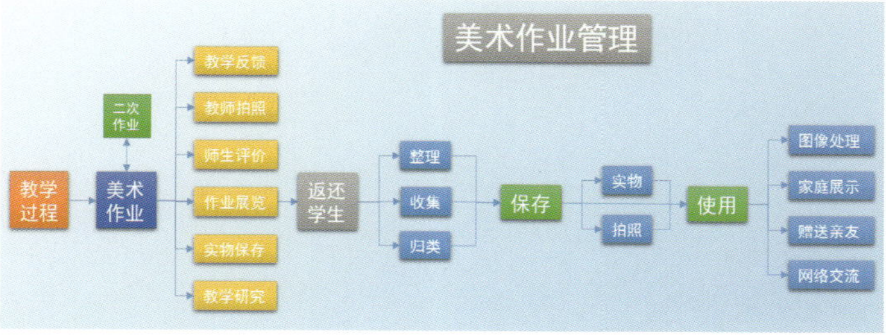

图 2　运用电子档案管理学生美术作业

（柴青青）

第五章
儿童美术作业质量检测办法

第一节　小学美术作业质量检测办法

一、指导思想

为了进一步加强学生美术核心素养水平，整体刻画不同学段学生学业成就的具体表现特征，根据《义务教育艺术课程（2022 版）》要求，以核心素养为主要维度，结合推行的《中小学美术作业六环递进模式》和美术课程内容，特制定本办法。

二、检测对象

义务段小学 1— 6 年级，全体学生参与。

三、检测内容

以 2022 版艺术课程标准和浙美版小学美术教材为依托，设置检测内容，具体包括：

（一）学习态度与习惯

关注平时学生参与美术学习的表现状况，重视过程性评价。

（二）美术基础知识

以期末卷面检测成绩为评价依据。检测内容要根据教学要求出题，一般包括美术基础知识、美学常识、美术史知识、技能方法等三方面。

（三）造型表现技能

根据小学生实际年龄和作品质量认定造型表现技能。把美术教学要求与学生创造意识、个性表现、画面效果作为作品质量的主要评估标准。

（四）美术学科的情感、态度与价值观

四、学业质量要求

小学美术学业质量要求表	
学段	学业质量描述
第一学段（1—2 年级）	· 能从线条、形状、色彩、肌理等方面欣赏、评述周边环境中各种自然物与人造物，学会发现、感受、欣赏其中的美。（审美感知） · 能识别至少 5 种生活中常见的标识，知道其用途和所传递的信息，并能用自己的语言与同学分享、交流。（审美感知） · 能根据教师提出的主题或根据自己的所见所闻、所感所想，使用美术工具、材料和媒介创作 1—2 件富有创意的平面、立体或动态的美术作品（如绘画、泥塑、定格动画等）。（艺术表现、创意实践） · 能针对 1—2 件生活用品的设计提出改进的想法，并能进行装饰和美化。（审美感知、艺术表现、创意实践） · 能运用撕、剪、编织等方法制作 1—2 件工艺品（如剪纸、小挂饰等）。（艺术表现、创意实践） · 能口头表述对“中国传统美术是中华民族文化艺术的瑰宝”的感受。（文化理解） · 能积极参与小组或班级组织的各种造型游戏活动，并结合各种活动创作 1—2 件作品。（艺术表现） · 在造型游戏活动中，能与同学交流合作，并尊重、理解他人的看法。（文化理解）

续表

小学美术学业质量要求表	
学段	学业质量描述
第二学段 （3—5 年级）	· 知道至少 4 位中外著名美术家及其代表作。（审美感知） · 能运用感悟、讨论和比较的方法，描述、分析作品的主要内容和特点。（审美感知、文化理解） · 知道 3—4 种美术门类（如绘画、雕塑、书法、篆刻、摄影、设计、建筑、媒体艺术等）。（审美感知） · 能说出 2—3 种中国民间美术的类别（如剪纸、皮影、年画、泥塑、刺绣、蜡染等）。（审美感知） · 能口头或书面表述对“中国美术源远流长的历史和多样的艺术魅力”的体会。（审美感知、文化理解） · 能根据教师提出的主题或自己的所见所闻、所感所想，创作 2—3 件富有创意的平面、立体或动态的美术作品（如绘画、泥塑、摄影、定格动画等），运用造型的手段表达美。（艺术表现、创意实践） · 能从舒适、美观、便利的角度发现日常生活用品存在的不足，并用手绘草图的形式提出改进建议。（审美感知、创意实践） · 能为班级或学校的活动设计 2—3 件作品（如标识、请柬、贺卡或海报等）。（创意实践） · 能口头或书面表述对“设计改善、美化生活的作用和意义”的认识。（审美感知、文化理解） · 能用剪、刻、折、叠、卷曲、捏塑、插接等方法制作 1—2 件工艺品（如剪纸、编织、刺绣、印染、陶艺、风筝等）。（艺术表现、创意实践） · 能口头或书面表述对“传统工艺师敬业、专注、精益求精的工匠精神”的体会。（审美感知、文化理解） · 能运用不同学科的知识、技能和思维方式创作 1—2 件作品（如图画书、摄影、动画、微电影、戏剧小品等）。（创意实践） · 能将美术与其他学科的知识、技能相结合，提出解决问题的思路和方案。（艺术表现、创意实践） · 在参与综合探索活动中，能主动学习和探究；在交流、合作时，能尊重、理解他人的看法。（文化理解）

续表

小学美术学业质量要求表	
学段	学业质量描述
第三学段（6 年级）	· 知道至少 6 位不同历史时期中外著名的美术家及其代表作。（审美感知） · 能运用感悟、讨论、比较等方法分析、描述作品的主要内容和特点。（审美感知、文化理解） · 知道 2—3 种外国民间美术的类别。（审美感知） · 能采用不同的手段（如写实、夸张或变形等），创作至少 3 件富有创意的平面、立体和动态的美术作品（如绘画、雕塑、摄影、定格动画、微电影等）。（艺术表现） · 能为学校的不同活动设计 2—3 件作品（如海报、请柬、封面、书籍装帧、统计图表等）。（艺术表现、创意实践） · 能运用剪、刻、折、叠、编、卷曲、捏塑、磨制等方法，制作 2—3 件工艺品（如剪纸、编织、刺绣、印染、陶艺等）。（艺术表现、创意实践） · 能以校园现实生活中的人物、事物或景物为素材，创编 1 部微电影。（艺术表现、创意实践） · 能运用跨学科的方法，多角度、辩证地分析问题，具有一定的综合探索和学习迁移的能力。（文化理解）

五、检测原则

1. 过程性原则，既关注结果，也关注过程。遵循各学段学生的身心发展规律和水平，促进各学段之间知识水平衔接，提升美术课程科学性和系统性。

2. 相对性原则，增强课程指导性和可操作性。

3. 全面性原则，全面了解学生的整体学习状况。

4. 发展性原则，从学生个人发展的角度来审视检测结果。精选对学生终身发展有价值的内容，减负提质。

六、检测办法

（一）检测时间安排

1. 平时课堂表现，随堂进行教学。

利用课堂提问、作业、师生对话等方式，及时了解学生的学习情况。包括：课前准备、回答问题、作业完成情况、课堂纪律等。

2. 学期与学年期末检测。

（二）检测内容安排

1. 分理论考试与技能考察两部分。

2. 总分 100 分，理论考试占 20%—30%，欣赏评述占 30%；技能考试占 40%—50%。

（三）检测人员安排

1. 平时检测：平时检测由专职美术教师随课进行。

2. 期末检测：学期或学年期末检测，由专项考评小组成员组织进行。

七、检测具体内容与标准

小学美术（平时检测）学业质量检测具体内容与标准				
学习领域	分类	等级标准		
		合格（不合格）	良好	优秀
造型表现	态度	课前准备不充分，作业不认真，每学期有 2 次以上没交	参与活动，课前准备较充分，作业认真，每学期未上交少于 1 次	积极参与活动，课前准备充分，作业认真且质量较好，上交及时
	表现	能感知色彩、造型、材质等，并进行简单的造型表现	运用色彩、造型等知识，提高造型表现力	理解美术元素与法则，在作品中合理运用并表达自己的情感
设计应用	态度	课前准备不充分，作业质量一般	参与活动，课前准备基本充分，作业质量较好	积极参与活动，课前准备充分，作业质量较高
	表现	动手完成作品	通过改进表达创意	描述自己作品的创意、制作过程及应用
欣赏评述	态度	（不）关注美术相关资料	会收集相关的资料	主动和同学交流
	表现	（不会）用自己的语言描述作品	领悟作品的语言	领悟作品的语言，主动表达自己的感受
综合探索	态度	纪律较差，参加活动不积极	参与活动	积极主动参与活动
	表现	根据要求完成作品	综合其他学科知识等进行参与	关注生活并根据需要综合性、有创意地完成制作

小学美术（期末检测）学业质量检测具体内容与标准

年级	学习领域	目标	测评内容	评价标准	等级
1—2年级	造型表现	尝试不同工具，用纸以及容易找到的各种媒材，通过看看、画画、做做等方法，大胆、自由地表现所见所闻、所感所想，体验造型活动的乐趣。	了解常用的色彩及形状，并能运用这些色彩；体验不同媒材工具的使用效果。运用形和色，进行临摹、添画、记忆画、想象画练习。用撕、剪、贴、画的方法表达自己的想法。	在规定时间内完成，造型生动、主题明确；具有丰富的想象力和创造力。作品整体构图合适、内容饱满。	优秀
				在规定时间内完成，构图完整，造型生动、主题明确。	良好
				在规定时间内完成，主题基本明确；基本能表现出自己所观察到的事物的特征和感受。	及格
				未能在规定时间内完成，画面脏、乱，构图不完整。	待及格
	设计应用	观察身边的用品，初步了解形状与用途的关系。尝试不同工具，用身边容易找到的各种媒材，进行简单组合和装饰，体验设计和制作活动的乐趣。	了解橡皮泥制作方法，并能创作作品；学会对称剪纸方法。（作品可以上交形式测评）	在规定时间内完成作品；具有想象力和创造力；造型生动、主题明确。能从设计的角度对作品进行描述与分析。作品整体效果完整、美观，充分体现作品实用与美观的统一。	优秀
				在规定时间内完成作品；有较强构思，富有创意，画面整体效果较好，构图适当，形象饱满。	良好
				在规定时间内完成作品；能从生活角度设计造型、主题明确。作品整体效果完整，考虑到作品的实用与美观。	及格
				不能在规定时间内完成作品，作品不完整，脏、乱。	待及格

续表

年级	学习领域	目标	测评内容	评价标准	等级
1—2年级	欣赏评述	观赏自然景物和学生感兴趣的美术作品，用简短的话语大胆表达感受。	欣赏祖国风光和儿童画、民间美术作品的美；了解多种民间玩具，感受民族文化的魅力。	能用简短的语句等表达自己对美术作品的感受和认识。评述流畅，有独特见解。	优秀
				对美术作品的美术语言、艺术成就等有较好的认知，评述流畅，有自己的见解。	良好
				能用合适的词语、短句等表达自己对美术作品的感受和认识。对美术作品的美术语言有粗浅的认知，评述流畅。	及格
				不能对作品做出任何评述，答不对题。	待及格
	综合探索	采用造型游戏的方式，或以造型游戏与语文、音乐等学科内容相结合的方式，进行无主题或有主题的想象、创作和展示。	认识材料的特性，综合运用各种创作手法；尝试各学科知识在美术学科的运用，根据创作需要进行整合。	在规定时间内完成作品；有明确的创作意图，主题明确；作品整体效果完整，美观，具有艺术性。	优秀
				在规定时间内完成作品；创作意图明确，主题鲜明。	良好
				在规定时间内完成作品；作品整体效果完整。	及格
				未能在规定时间内完成作品；作品不完整。	待及格

续表

年级	学习领域	目标	测评内容	评价标准	等级
3—4年级	造型表现	初步认识线条、形状、色彩与肌理等造型元素，学习使用各种工具，体验不同媒材的效果，通过观察、绘画、制作等方法表现所见所闻、所感所想，激发丰富的想象，唤起创造的欲望。	选择一个主题，用线条、形状、色彩和肌理的基本知识，描绘事物，表达情感。了解线条的多种表现形式，并能创作运用；初学写生方法。	在规定时间内完成，造型生动、主题明确；具有丰富的想象力和创造力。色彩（黑白、点线面）肌理关系处理恰当；能表现出自己所观察到的事物的特征和感受。作品整体效果完整，美观，具有艺术性。	优秀
				在规定时间内完成，造型生动、主题明确；有一定的想象力和创造力。色彩（黑白、点线面）肌理关系处理较好；作品整体效果完整，美观。	良好
				在规定时间内完成，主题基本明确；基本能表现出自己所观察到的事物的特征和感受。画面构图一般。	及格
				未能在规定时间内完成，画面脏、乱，构图不完整。	待及格

续表

年级	学习领域	目标	测评内容	评价标准	等级
3—4年级	设计应用	尝试从形状与用途的关系，认识设计和工艺的造型、色彩、媒材，学习对比与和谐、对称与均衡等形式原理，用手绘草图或立体制作的方法表现设计构想，感受设计和工艺与其他美术活动的区别。	根据物品的用途，提出设计构想，用手绘草图或立体模型的方法加以呈现或以适当材质通过拼贴、镶嵌等造型手段设计作品。	在规定时间内完成作品；具有想象力和创造力；造型生动、主题明确。能从设计的角度对作品进行描述与分析。作品整体效果完整，美观，充分体现作品实用与美观的统一。	优秀
				在规定时间内完成作品；有较强构思，富有创意，画面整体效果较好，构图适当，形象饱满。能从设计的角度对作品进行描述与分析。作品注意到实用与美观的统一。	良好
				在规定时间内完成作品；能从生活角度设计造型、主题明确。作品整体效果完整，考虑到作品的实用与美观。	及格
				不能在规定时间内完成作品，作品不完整，脏、乱。	待及格
	欣赏评述	欣赏符合学生认知水平的中外美术作品，用语言或文字等多种形式描述作品，表达感受与认识。	对我国民间美术作品（如彩陶、年画、剪纸、漫画等），并了解其中的特点或寓意。	能用专业的术语、短句等表达自己对美术作品的感受和认识。能从历史文化、美术语言、艺术成就等角度去欣赏作品，评述流畅，有独特见解。	优秀
				能用部分专业的术语、短句等表达自己对美术作品的感受和认识。对美术作品的美术语言、艺术成就等有较好的认知，评述流畅，有自己的见解。	良好
				能用合适的词语、短句等表达自己对美术作品的感受和认识。对美术作品的美术语言有粗浅的认知，评述流畅。	及格
				不能对作品做出任何评述，答不对题。	待及格

续表

年级	学习领域	目标	测评内容	评价标准	等级
3—4年级	综合探索	采用造型游戏的方式,结合语文、音乐、品德与社会、科学等学科内容，进行美术创作与展示，并发表创作意图。	根据诗歌、童话、故事或创设某一情境，自己制作图画书。 了解有关水资源的知识，制作一幅关于水资源的招贴画。	在规定时间内完成作品；有明确的创作意图，主题明确；造型生动，富有想象力；能大胆地发表自己的创作意图，对他人的作品进行评述；作品整体效果完整,美观,具有艺术性。	优秀
				在规定时间内完成作品；创作意图明确，主题鲜明；能发表自己的创作意图，对他人的作品进行评述；作品整体效果完整，美观。	良好
				在规定时间内完成作品；有创作意图和主题；能将自己的作品做较好展示；作品整体效果完整。	及格
				未能在规定时间内完成作品；作品不完整。	待及格
5—6年级	造型表现	运用线条、形状、色彩、肌理和空间等造型元素，以描绘和立体造型的方法，选择合适的工具、媒材，记录与表现所见所闻、所感所想，发展美术构思与创作的能力，表达思想与情感。	根据主题能用不同的造型表现方法（如写实、夸张、抽象、装饰等），运用造型元素和形式原理，对比、调和等色彩知识以及透视知识描绘事物，表达思想与情感。	在规定时间内完成作品；运用造型元素和形式原理塑造形象熟练生动；用笔准确较熟练，构图饱满，对比色、邻近色色彩关系恰当；具有想象力和创造力；作品整体效果完整，美观，具有艺术性。	优秀
				在规定时间内完成作品；运用造型元素和形式原理塑造形象；构图合理，对比色、邻近色色彩关系处理较好；有一定的想象力和创造力；作品整体效果完整，美观。	良好
				在规定时间内完成作品；构图合理，对比色、邻近色色彩关系处理较好；作品整体效果完整。	及格
				未能在规定时间内完成，画面脏、乱，构图不完整。	待及格

续表

年级	学习领域	目标	测评内容	评价标准	等级
5—6年级	设计应用	从形态与功能的关系，认识设计和工艺的造型、色彩、媒材。运用对比与和谐、对称与均衡、节奏与韵律等形式原理以及各种材料、制作方法，设计和装饰各种图形与物品，改善环境与生活，并与他人交流设计意图。	运用视觉传达设计的知识，为学校的运动会、文娱活动、节庆以及村庄进行设计。用单独纹样进行设计练习。学习用计算机或其他手段进行广告、公交车站、街市等设计。	在规定时间内完成作品；具有想象力和创造力；运用形式原理进行设计和制作；能从设计的角度对作品进行描述与分析；作品整体效果完整，美观，具有实用与美观的统一。	优秀
				在规定时间内完成作品；有较能构思，富有创意，画面整体效果较好，构图饱满。能从设计的角度对作品进行描述与分析。作品注意到实用与美观的统一。	良好
				在规定时间内完成作品；能从生活角度设计造型、主题明确。作品整洁、完整，考虑到作品的实用性。能对作品进行描述与分析。	及格
				不能在规定时间内完成作品，作品不完整，脏、乱。	待及格

续表

年级	学习领域	目标	测评内容	评价标准	等级
5—6年级	欣赏评述	欣赏符合学生认知水平的中外美术作品，用语言或文字等多种形式描述作品，表达感受与认识。	对我国民间美术作品（如青铜文化、彩陶、壁画、篆刻、雕塑、建筑、绘画等）进行评述，并了解其中的艺术特点或寓意。	能用专业的术语、短句和比较的方法表达自己对美术作品的感受和认识。能从历史文化、美术语言、艺术成就等角度去欣赏作品，评述流畅，有独特见解。	优秀
				能用部分专业的术语、短句和比较的方法表达自己对美术作品的感受和认识。对美术作品的历史文化、美术语言、艺术成就等有较好的认知，评述流畅，有自己的见解。	良好
				能用合适的词语、短句等表达自己对美术作品的感受和认识。对美术作品的历史文化、美术语言、艺术成就等有粗浅的认知，评述流畅。	及格
				不能对作品做出任何评述，答不对题。	待及格

续表

年级	学习领域	目标	测评内容	评价标准	等级
5—6年级	综合探索	结合1—6年级其他学科的知识、技能以及学校和社区的活动，用多种美术媒材进行策划、创作与展示，体会美术与生活环境、美术与传统文化的关系。	为自己所在社区的未来发展进行规划，设计蓝图。设计、制作服饰道具，以及节庆日贺卡等。	在规定时间内完成作品；有明确的创作意图，主题明确；造型生动，富有想象力；展示作品大胆富于表现力；作品整体效果完整，美观，具有艺术性。能以口头描述或写作的方式表达自己对美术与生活环境、美术与传统文化的认识和体会。	优秀
				在规定时间内完成作品；创作意图明确，主题鲜明；展示作品大胆富于表现力；作品整体效果完整，美观。能以口头描述或写作的方式表达自己对美术与生活环境、美术与传统文化的认识和体会。	良好
				在规定时间内完成作品；有创作意图和主题；能将自己的作品做较好展示；作品整体效果完整。能以口头描述或写作的方式表达自己对作品的认识和体会。	及格
				未能在规定时间内完成作品；作品不完整。不能表达自己对作品的看法。	待及格

八、存档材料

（一）兴趣态度方面

每个学生的过程性测评表，常见的以记分册的形式记录。

（二）认知表现方面

1. 期末笔试试卷 30%。

2. 平时作业成绩记录单 70%。

（郑海玉）

第二节　中学美术学业质量检测办法

一、检测对象

义务段七、八、九年级，全体学生参与。

二、检测内容

以湖南美术出版社中学美术教材为例，根据艺术课程标准（2022年版），湖南美术出版社中学美术教材中课程内容包括“欣赏·评述”“造型·表现”“设计·应用”“综合·探索”4类艺术实践活动，涵盖16项具体学习内容，分学段设置不同的学习任务。

具体内容包括：

（一）美术学科的基本理论和知识；

（二）美术学科的造型技能与表现技法；

（三）美术学科的情感、态度与价值观。

三、教材教学内容设置

（一）“造型·表现”单元

七年级上册：画画你我他、卡通故事、画家笔下的色彩；

七年级下册：画家乡的风景、黑白世界、画家笔下的质感；

八年级上册：梅竹言志、寄情山水、用画笔触摸细节、静物画有声；

八年级下册：画故事、视觉中的红屋顶、方寸之间；

九年级上册：瞬间的精彩、画“说”空间、我们在一起；

九年级下册：用雕塑记录时光、画布上的抽象。

（二）“欣赏·评述”单元

七年级上册：书法的点画之美；

七年级下册：书法的结构之美；

八年级上册：笔墨千秋；

八年级下册：文明之光、以形写神；

九年级上册：走下神坛、魅力永恒的建筑；

九年级下册：画布上的阳光。

（三）“设计·应用”单元

七年级上册：标志设计、喜庆吉祥的民间美术；

七年级下册：扮靓生活的花卉纹样、灯饰设计与制作；

八年级上册：公益招贴设计；

八年级下册：我喜爱的书；

九年级上册：美丽家园；

九年级下册：设计美丽服装、小产品·巧创意。

（四）“综合·探索”单元

七年级上册：让图表说话；

七年级下册：千姿百态的水；

八年级上册：远古的呼唤；

八年级下册：变废为宝；

九年级上册：门；

九年级下册：我的网页、走进收藏。

四、学业质量要求

中学美术学业质量要求	
学段	学业质量描述
7 年级	·知道至少 6 位不同历史时期中外著名的美术家及其代表作。（审美感知） ·能运用感悟、讨论、比较等方法分析、描述作品的主要内容和特点。（审美感知、文化理解） ·能采用不同的手段（如写实、夸张或变形等），创作至少 3 件富有创意的平面、立体和动态的美术作品（如绘画、定格动画等）。（艺术表现） ·能为学校的不同活动设计 2—3 件作品（如运动会、艺术节标志，统计图表）。（艺术表现、创意实践） ·能运用剪、刻、折、叠、编、卷曲等方法，制作 1—2 件工艺品（如剪纸、中国结、灯饰等）。（艺术表现、创意实践） ·能口头或书面表述对“世界美术的多样性、差异性”的感受和认识。（审美感知、文化理解） ·能运用跨学科的方法，多角度、辩证地分析问题，具有一定的综合探索和学习迁移的能力。（文化理解）
8—9 年级	·知道至少 6 件我国古代不同历史时期的美术作品（包括绘画、雕塑、工艺、建筑等）。（审美感知） ·能口头或书面表述对“中国美术源远流长的历史和艺术成就”的理解。（文化理解） ·能辨析世界美术史上 2—3 个主要流派（如古典主义、现实主义、浪漫主义、印象主义和现代主义等）。（审美感知） ·能采用不同的手段（如写实、夸张、变形、抽象等），创作至少 3 件富有创意的平面、立体和动态的美术作品（如绘画、雕塑、摄影、定格动画等）。（艺术表现、创意实践） ·在创作中能通过想象、联想、归类、重组等方式进行艺术构思，表达思想和感情。（艺术表现、创意实践） ·能根据学校或社区的学习、生活需要设计 2—3 件作品（如标识、海报、手绘地图、书籍装帧、校服、立体模型等）。（艺术表现、创意实践） ·能运用剪、刻、折、叠、编、卷曲、捏塑、焊接等方法，制作 2—3 件工艺品（如剪纸、编织、刺绣、印染、陶艺或竹木、金属材料的作品等）。（创意实践） ·能用口头、书面或图像的方式阐述“美术对个人发展、社会进步及构建人类命运共同体的独特作用”的理解。（艺术表现、文化理解）

五、检测办法

（一）检测时间安排

1. 平时课堂表现：课前学习资料的收集和工具材料的准备、课堂参与是否积极、课堂纪律表现和课后作业完成情况等。

2. 学期期末与学年末检测。

（二）检测内容安排

1. 检测内容包含理论与技能两部分，形式为笔试考试。

2. 试卷卷面总分 100 分，理论占 30%—40%，技能占 60%—70%。

（三）检测人员安排

1. 平时检测：平时检测由美术教师随课进行。

2. 期末检测：面向全体学生，全面检测。

六、检测具体内容与评分方法

（一）检测内容

依据宁波市中小学生艺术素养监测方案中初中美术教育质量抽测办法，要求学生掌握的所学教材中的美术理论知识和绘画表现技能。

（二）检测形式

闭卷考试。

（三）检测时间

45—60 分钟。

（四）检测标准

1. 美术欣赏与美术基础知识（30 分）。

2. 造型表现（40 分）。

3. 设计应用（30 分）。

中学美术学业质量检测评分标准		
测试内容	评分标准	建议得分
美术欣赏与基础知识	熟练掌握美术基础知识，并能够灵活地运用；熟练运用美术语言对作品进行赏析，可以运用感悟、比较等方法表述自己对作品的感受和评价。	26—30 分
	比较熟练地掌握美术基础知识；能够简单运用美术语言对作品进行欣赏，简单表述自己对作品的感受。	22—25 分
	基本了解美术基础知识，还不够熟练；能够用自己的语言简单地对美术作品进行赏析。	18—21 分
	没有很好地掌握美术基础知识，不会书面形式描述美术作品的欣赏方法。	18 分以下
造型表现	熟练运用美术基础知识和技能，根据主题创作一件作品，作品构图饱满，色彩丰富，构思新颖，凸显个性与创新。	32—40 分
	比较熟练地运用美术基础知识和技能，自由表现创作一件作品，构图合理，色彩较丰富。	28—31 分
	能基本运用美术基础知识和技能，完成一件作品，构图、色彩基本合理。	24—27 分
	不能较好地完成一件作品，构图、色彩、构思等不够合理。	24 分以下
设计应用	熟练运用美术基础知识和技能，根据题意设计一件作品，富有创意，能体现探究与创新精神。	24—30 分
	比较熟练地运用美术基础知识和技能，基本符合题意设计一件作品，比较有创意，能体现探究与创新精神。	23—21 分
	能基本运用美术基础知识和技能，临摹一件设计作品，不能较好地体现探究与创新精神。	20—18 分
	不能独立完成一件设计作品。	18 分以下

依照以上检测结果，综合给出学生美术素养检测等级评价。测评等级均按 A（优秀——85 分以上）、B（良好——75 分以上）、C（合格——60 分以上）、D（待合格——60 分以下）四个等级给予评定。

（金　峰）

后记

《儿童美术教学指导手册》的刊印，既是对国家相关文件的有效落实，也是推进“双新”（新课标、新课程）的有力举措，更是笔者团队成员近十余年来的阶段成果展示。这本册子的成功汇编，不仅是撰写者的成果，还是课题组成员如许黎剑副主任、徐海华（特级教师）、刘永永（宁波名师）、闫冬（余姚名师）、徐君（兼职教研员）、柴青青（宁波骨干兼职教研员）等人的研究成果。

本指导手册的核心是美术作业的“六个环节”的有效处理，采用双向的模式层层递进，追求师生作业环节的顺畅与规范，尤其注重美术核心素养下作业方向的引领问题。

本册撰稿团队主要以柴青青骨干师徒为主，具体分工如下：

“第一章 美术作业研究的背景、意义”：柴青青；

“第二章 美术作业问卷的研制与分析”：符今、马琳丽、施灵敏、柴青青；

“第三章 美术作业的‘六环’理论与实践”：王旭华、邹银燕、沈嫣、谢佳蓉、方炜、郑海玉、柴青青；

“第四章 儿童美术作业常规管理办法”：柴青青；

“第五章 儿童美术作业质量检测办法”：郑海玉、金峰。

全书由符今进行封面设计，由柴青青进行统稿校对。

本册在印制前，征求了余姚市教育局教科所、教研室等专家的意见，很多案例来自基层一线学校。在此，对所有付出辛勤劳动的各位专家与同仁表示感谢！

由于笔者受一定的视野限定，理论与实践经验不足，本手册肯定存有诸多不足，敬请读者批评指正！

闲置土地认定与处置

典型案例与法律实务

主　编　胡玉平
副主编　段俊茹　周　胜

XIANZHI TUDI RENDING YU CHUZHI

DIANXING ANLI YU FALÜ SHIWU

法律出版社
LAW PRESS·CHINA
北京

图书在版编目(CIP)数据

闲置土地认定与处置：典型案例与法律实务 / 胡玉平主编. -- 北京：法律出版社，2022
ISBN 978-7-5197-6826-3

Ⅰ. ①闲… Ⅱ. ①胡… Ⅲ. ①土地管理法-研究-中国 Ⅳ. ①D922.304

中国版本图书馆 CIP 数据核字(2022)第 107850 号

闲置土地认定与处置：典型案例与法律实务
XIANZHI TUDI RENDING YU CHUZHI:
DIANXING ANLI YU FALÜ SHIWU

胡玉平 主编

策划编辑 张　珺
责任编辑 张　珺
装帧设计 汪奇峰

出版发行 法律出版社
编辑统筹 法商出版分社
责任校对 裴　黎
责任印制 胡晓雅
经　　销 新华书店

开本 710 毫米×1000 毫米　1/16
印张 19.25　　**字数** 294 千
版本 2022 年 7 月第 1 版
印次 2022 年 7 月第 1 次印刷
印刷 三河市兴达印务有限公司

地址：北京市丰台区莲花池西里 7 号(100073)
网址：www.lawpress.com.cn
投稿邮箱：info@lawpress.com.cn
举报盗版邮箱：jbwq@lawpress.com.cn

销售电话：010-83938349
客服电话：010-83938350
咨询电话：010-63939796

书号：ISBN 978-7-5197-6826-3
定价：85.00 元

凡购买本社图书，如有印装错误，我社负责退换。电话：010-83938349

本书编委会

主　　编　胡玉平

副 主 编　段俊茹　周　胜

编委会成员　（按姓氏笔画为序）

王柄晰　杨　阳　李光昕

周　胜　孟　辉　胡玉平

赵　然　段俊茹

序

马怀德*

我国人多地少，耕地资源十分稀缺，2021 年第三次全国国土调查主要数据成果以及第七次人口普查结果显示，我国人均耕地面积不足 1.5 亩，在城镇化的关键时期，建设用地供需矛盾突出。同时，各地出现大量闲置建设用地，城市土地资源浪费严重。根据原国土资源部发布的国家土地督察公告，仅 2009—2014 年，全国闲置土地面积就达到 105.27 万亩。

早在 2008 年，国务院就正式发文确立了节约集约利用土地的国家政策，落实该项政策的重要措施之一就是要严格执行闲置土地处置政策。通过国务院的督察、专项治理和问责问效，地方政府加大了闲置土地的处理力度，全国闲置土地处置工作取得明显成效。但是，闲置土地处置也面临诸多困境，主要表现为：有些地方对闲置土地处置不积极，在国务院土地督察问责中，土地闲置被当作地方政府“懒政、怠政、不作为”的典型，清理闲置土地时，地方政府往往高举轻放。虽然开发商囤地炒地以牟取暴利是造成土地闲置的原因之一，但政府原因造成的土地闲置，如未交付净地、规划调整、政策变化等导致的闲置土地占到了全部闲置土地的六成以上，此类闲置土地处理难度较大。鉴于土地经济价值巨大，闲置土地的处置涉及政府、土地使用权人以及土地抵押权人等多方利益关系，对行政机关合法行政、合理行政的要求较高，稍有不慎，容易引发社会矛盾。加之《闲置土地处置办法》属于部门规章，法律位阶不高，对除自然资源主管部门以外的其他部门约束不够；而闲置土地的处置又需要多部门的协作配

---

* 中国政法大学校长、中国法学会行政法学研究会会长。

合,因此,闲置土地处置问题仍有许多需要研究的问题。

在房地产市场上行周期中,开发商囤地牟取土地增值利益,土地闲置现象严重;同样在房地产市场下行周期中,开发商因资金问题无力开发土地致使土地闲置的现象也较常见。随着集体经营性建设用地逐步入市,集体建设用地的闲置问题也会日益显现。可以说,在促进土地资源集约节约利用的政策背景下,闲置土地处置问题的重要性将更为突出。

实务中,在闲置土地调查、认定、处置的各个环节以及闲置土地处置争议解决过程中,存在诸多疑点和难点问题。如闲置土地处置行政诉讼案件中就存在政府对自然资源主管部门的内部批复是否属于行政诉讼受案范围问题;《闲置土地认定书》、注销土地的公告可诉性问题;闲置土地被无偿收回的,土地使用权人的债权人等第三人的诉权问题,等等。

本书针对闲置土地处置实践中存在的问题,结合国家和地方相关规定及大量行政诉讼案件,总结出闲置土地处置的十二个重要问题,并就解决相关问题提出有针对性的对策建议。本书不仅为政府部门处置闲置土地的执法活动提供参考,也为房地产开发企业合规经营防范闲置土地法律风险提供建议,为律师、公司法务等法律工作者处理此类案件提供实务操作指引,是一本难得的理论实务相结合的好书,相信广大读者一定有收获。

是为序。

2022 年 2 月 12 日

凡　　例

一、法律法规

1.《中华人民共和国民法典》(自 2021 年 1 月 1 日起施行),以下简称《民法典》

2.《中华人民共和国立法法》(自 2000 年 7 月 1 日起施行,2015 年 3 月 15 日修正),以下简称《立法法》

3.《中华人民共和国土地管理法》(自 1987 年 1 月 1 日起施行,1988 年 12 月 29 日第一次修正,1998 年 8 月 29 日第二次修正,2004 年 8 月 28 日第三次修正,2019 年 8 月 26 日第四次修正),以下简称《土地管理法》

4.《中华人民共和国城市房地产管理法》(自 1995 年 1 月 1 日起施行,2007 年 8 月 30 日第一次修正,2009 年 8 月 27 日第二次修正,2019 年 8 月 26 日第三次修正),以下简称《城市房地产管理法》

5.《中华人民共和国城乡规划法》(自 2008 年 1 月 1 日起施行,2015 年 4 月 24 日第一次修正,2019 年 4 月 23 日第二次修正),以下简称《城乡规划法》

6.《中华人民共和国建筑法》(自 1998 年 3 月 1 日起施行,2011 年 4 月 22 日第一次修正,2019 年 4 月 23 日第二次修正),以下简称《建筑法》

7.《城市房地产开发经营管理条例》(自 1998 年 7 月 20 日起施行,2011 年 1 月 8 日第一次修正,2018 年 3 月 19 日第二次修正,2019 年 3 月 24 日第三次修正,2020 年 3 月 27 日修订,2020 年 11 月 29 日第二次修订),以下简称《城市房地产开发经营管理条例》

8.《中华人民共和国城镇国有土地使用权出让和转让暂行条例》(自 1990 年 5 月 19 日起施行,2020 年 11 月 29 日修正),以下简称《城镇国有土地使用权出让和转让暂行条例》

9.《中华人民共和国行政许可法》(自2004年7月1日起施行,2019年4月23日修正),以下简称《行政许可法》

10.《中华人民共和国行政处罚法》(自1996年10月1日起施行,2009年8月27日第一次修正,2017年9月1日第二次修正,2021年1月22日修订),以下简称《行政处罚法》

11.《中华人民共和国行政诉讼法》(自1990年10月1日起施行,2014年11月1日第一次修正,2017年6月27日第二次修正),以下简称《行政诉讼法》

12.《中华人民共和国行政复议法》(自1999年10月1日起施行,2009年8月27日第一次修正,2017年9月1日第二次修正),以下简称《行政复议法》

13.《中华人民共和国行政复议法实施条例》(自2007年8月1日起施行),以下简称《行政复议法实施条例》

14.《中华人民共和国行政强制法》(自2012年1月1日起施行),以下简称《行政强制法》

15.《中华人民共和国价格法》(自1998年5月1日起施行),以下简称《价格法》

16.《中华人民共和国国家赔偿法》(自1995年1月1日起施行,2010年4月29日第一次修正,2012年10月26日第二次修正),以下简称《国家赔偿法》

17.《中华人民共和国合同法》(自1999年10月1日起施行,已为2021年1月1日起施行的《民法典》吸收),以下简称《合同法》

18.《中华人民共和国物权法》(自2007年10月1日起施行,已为2021年1月1日起施行的《民法典》吸收),以下简称《物权法》

二、部门规章及规范性文件

1.《闲置土地处置办法》(自1999年4月28日起施行,2020年6月1日修订),以下简称《闲置土地处置办法》

2.《国土资源听证规定》(自2004年5月1日起施行,2020年3月20日修正为《自然资源听证规定》),以下简称《国土资源听证规定》《自然资源听证规定》

3.《城市、镇控制性详细规划编制审批办法》(自2011年1月1日起施行),以下简称《控详规编制审批办法》

4. 国土资源部《关于进一步做好闲置土地处置工作的意见》(国土资发〔2008〕178 号,自 2008 年 9 月 3 日起实施,目前已失效),以下简称 2008 年《闲置土地处置工作的意见》

5.《招标拍卖挂牌出让国有土地使用权规范(试行)》(国土资发〔2006〕114 号,自 2006 年 8 月 1 日起实施),以下简称《招拍挂出让国有土地规范(试行)》

6. 国务院《关于促进节约集约用地的通知》(国土资发〔2008〕3 号,自 2008 年 1 月 3 日起实施),以下简称《节约集约用地通知》

7. 自然资源部办公厅《关于政府原因闲置土地协议有偿收回相关政策的函》(自然资办函〔2018〕1903 号,自 2018 年 12 月 18 日起施行),以下简称《政府原因闲置土地协议有偿收回政策的函》

8. 国家土地管理局印发《关于认定收回土地使用权行政决定法律性质的意见》的通知(〔1997〕国土〔法〕字第 153 号,自 1997 年 10 月 30 日起施行),以下简称《收地行政决定法律性质的意见》

9. 国土资源部关于印发《国土资源违法行为查处工作规程》的通知(国土资电发〔2014〕117 号,自 2014 年 10 月 1 日起施行),以下简称《国土资源违法行为查处工作规程》

10. 国务院办公厅《关于完善建设用地使用权转让、出租、抵押二级市场的指导意见》(国办发〔2019〕34 号,自 2019 年 7 月 6 日起施行),以下简称《完善建设用地二级市场的指导意见》

11.《国土资源部对收回被司法机关查封国有土地使用权问题的批复》(国土资函 403 号,自 1998 年 12 月 11 日起施行,2010 年 12 月 18 日起失效),以下简称《对收回被查封土地问题的批复》

三、司法解释及司法文件

1. 最高人民法院《关于行政诉讼证据若干问题的规定》(法释〔2002〕21 号,自 2002 年 10 月 1 日起施行),以下简称《行政诉讼证据规定》

2. 最高人民法院《关于审理商品房买卖合同纠纷案件适用法律若干问题的解释》(自 2003 年 6 月 1 日起施行,2020 年 12 月 29 日修正),以下简称《商品房买卖司法解释》

3. 最高人民法院《关于适用〈中华人民共和国行政诉讼法〉的解释》(法释

〔2018〕1号，自2018年2月8日起施行），以下简称2018年《行政诉讼法司法解释》

4. 最高人民法院《关于执行〈中华人民共和国行政诉讼法〉若干问题的解释》（法释〔2000〕第8号，自2000年3月10日起施行，2018年2月8日废止），以下简称2000年《行政诉讼法司法解释》

5. 最高人民法院、国土资源部、建设部《关于依法规范人民法院执行和国土资源房地产管理部门协助执行若干问题的通知》（法发〔2004〕5号，自2004年3月1日起实施），以下简称《规范法院执行和国土房产部门协助执行的通知》

6. 最高人民法院《关于人民法院民事执行中查封、扣押、冻结财产的规定》（自2005年1月1日起施行，2008年12月16日第一次修正，2020年12月29日第二次修正），以下简称《查封、扣押、冻结财产的规定》

7. 最高人民法院《关于人民法院执行工作若干问题的规定（试行）》（自1998年7月8日起施行，2008年12月16日调整，2020年12月29日修正），以下简称《执行工作若干问题的规定》

8. 最高人民法院《关于适用〈中华人民共和国行政复议法〉第三十条第一款有关问题的批复》（法释〔2003〕5号，自2003年2月28日起施行），以下简称《适用行政复议法第30条第1款的批复》

前　言

近年来，在国家强力推行节约集约土地资源政策的背景下，地方各级政府加大了闲置土地处置利用力度，随之而来的是闲置土地认定及处置纠纷案件的高发和频发。闲置土地行政案件大数据报告显示，自2013年起，闲置土地行政案件的数量呈现爆发式增长。因闲置土地的处置涉及当事人的重大利益，给土地使用权人和政府都会造成重大的影响，所以闲置土地行政案件的上诉率非常高。从一审裁判结果来看，原告(土地使用权人)的诉讼请求得到法院全部或部分支持的案件比例高达52.02%，这意味着在闲置土地处置过程中行政机关的违法行政现象较为严重，行政机关作出的超过一半的闲置土地处置决定被一审法院判决撤销；另外，我们也应当看到，有近一半的闲置土地处置决定被一审法院判决维持，土地使用权人被征缴土地闲置费或者被处无偿收回闲置土地的行政处罚的比例非常高。这些数据对土地使用权人以及自然资源主管部门都有重要的警示作用。

很遗憾的是，目前市面还没有一本系统性的，专门针对闲置土地调查、认定以及处置的实务书籍。鉴于此，笔者团队结合工作过程中处理的闲置土地处置争议，以原国土资源部制定的《闲置土地处置办法》以及各地关于闲置土地处置的规定为基础，研读了大量的闲置土地行政诉讼实务案例，总结出了与闲置土地认定及处置有关的12个重要核心专题。这些专题涉及闲置土地认定、因政府原因造成的闲置土地的处置、因建设用地使用权人自身原因造成的闲置土地的处置、闲置土地处置的行政救济及司法救济(行政复议和行政诉讼)、闲置土地抵押权人的权益保障、审判权和行政权同时作用于闲置土地而产生的冲突、闲置土地处置中的听证程序以及送达程序等。专题既涉及实体问题，又涉及程序问题。12个专题较为全面、系统地总结了闲置土地处置的实务核心要点。

关于本书的体例结构。笔者团队参与了最高人民法院组织编写的《国有土地使用权合同纠纷案件裁判规则》(拟定名,待出版)中部分规则的撰稿工作,借鉴该书的体例结构,本书每个专题均包含【要点描述】【可供参考的例案】【要点分析】三个主要栏目。其中,【要点描述】栏目简要概述了本专题的基本内涵;【可供参考的例案】栏目选取了三个与该专题有关的实务案例,均为人民法院已生效判决,且绝大多数为中级人民法院、高级人民法院以及最高人民法院裁判的案例;【要点分析】栏目紧紧围绕该专题所涉的实务疑难点问题进行解析,通过该结构安排,读者可以较好地获取该专题的实务知识要点。

本书还包括四则附录。附录一为闲置土地行政案件大数据报告。报告系借助 Alpha 系统生成,数据采集时间为 2021 年 12 月 23 日,案件裁判日期为 2002－2021 年,案由为行政案件,关键字为"闲置土地""处置"。通过阅读报告,读者可以了解涉闲置土地行政纠纷整体情况、所涉行业分布、诉讼程序(一审、二审以及再审案件情况)、一审裁判结果(全部/部分驳回、全部驳回、驳回起诉案件的相应比例)和二审裁判结果(维持原判、改判、发回重审案件的相应比例)以及再审改判情况、审理期限等。附录二是闲置土地认定及处置流程图,系笔者团队根据《闲置土地处置办法》的规定,整理闲置土地调查、认定以及处置等三个阶段的具体程序而得出的。附录三为各地关于闲置土地处置的相关规定以及政策文件的汇总,因相关规定及文件可以通过网络检索的方式获取,故未将文件的全文进行汇编。附录四为闲置土地认定及处置法律文书示范文本。文本系原国土资源部发布,包括《闲置土地调查通知书》《闲置土地认定书》《闲置土地情况告知书》《闲置土地处置听证程序告知书》《征缴土地闲置费决定书》《收回国有建设用地使用权决定书》。

本书历经一年半时间最终得以付梓。感谢师父周胜律师、部门主任段俊茹律师的信任和支持;感谢团队各位同事在紧张工作之余利用个人时间检索和研读大量实务案例,并积极参与书稿的撰写;感谢马怀德校长为本书作序;感谢法律出版社在本书出版过程中给予的大力支持。由于时间仓促、笔者知识水平有限,书中难免有错漏,请读者不吝赐教(联系邮箱:zzhuyuping@126.com)。

目　录

CONTENTS

专题一 超过动工开发日期满一年未动工开发的国有建设用地，构成闲置土地

要点描述

根据《土地管理法》第38条、《城市房地产管理法》第26条的规定，建设用地使用权人使用建设用地，必须按照土地使用权出让合同约定的土地用途、动工开发期限开发土地，否则可能构成闲置土地。《闲置土地处置办法》第2条第1款进一步规定："本办法所称闲置土地，是指国有建设用地使用权人超过国有建设用地使用权有偿使用合同或者划拨决定书约定、规定的动工开发日期满一年未动工开发的国有建设用地。"第22条规定："国有建设用地使用权有偿使用合同或者划拨决定书应当就项目动工开发、竣工时间和违约责任等作出明确约定、规定……"

因此，建设用地使用权人应当限期开发利用土地，若超过动工开发日期满一年仍未动工开发的，则该宗国有建设用地会被认定为闲置土地。

一、可供参考的例案

例案一 澄迈绿丰农业开发有限公司与海南省澄迈县人民政府、海南省人民政府无偿收回国有建设用地使用权及行政复议纠纷案

【法院】

最高人民法院

【案号】

(2020)最高法行再425号

【当事人】

再审申请人(一审被告、二审被上诉人)：海南省澄迈县人民政府

被申请人(一审原告、二审上诉人)：澄迈绿丰农业开发有限公司

一审被告、二审被上诉人:海南省人民政府

【基本案情】

1995年7月28日,原海南省土地管理局作出琼土用〔1995〕124号《关于征用并出让土地给海南国际置业有限公司的复函》(以下简称124号批复),将包含涉案土地在内的荒地295.238亩有偿出让给海南国际置业有限公司(以下简称海南置业公司)作为兴建新加坡花园、新加坡街、新加坡别墅等三个项目用地。2000年8月8日,海口市中级人民法院向海南省澄迈县国土资源局(以下简称澄迈县国土局)发出《协助执行通知书》,要求将海南置业公司转移到海南芬芳园艺有限公司名下的上述295.238亩土地使用权过户到海南省琼州宾馆(以下简称琼州宾馆)名下。2001年11月15日,海南省国有资产管理委员会办公室发函至澄迈县国土局,要求其将琼州宾馆名下的295.238亩土地使用权过户到海南华海投资有限公司(以下简称华海公司)名下。

2003年9月6日,华海公司与澄迈绿丰农业开发有限公司(以下简称绿丰公司)签订《休闲娱乐中心合作开发协议》(以下简称《合作开发协议》),约定合作开发上述295.238亩土地,将其中的22.92亩即涉案土地办证至绿丰公司名下,土地价值视为华海公司的项目投资。2003年9月10日,华海公司作出《致澄迈县国土局函》,以签订了《合作开发协议》为由请求将涉案22.92亩土地过户至绿丰公司名下。2003年12月16日,海南省澄迈县建设局(以下简称澄迈县建设局)作出《关于选址兴建休闲娱乐中心项目的复函》(以下简称项目选址意见复函),同意前述休闲娱乐中心项目选址,要求未经许可不得改变用地性质。2004年3月12日,澄迈县建设局向绿丰公司核发〔2004〕59号《建设用地规划许可证》(以下简称59号规划许可证),证载用地项目名称为休闲娱乐中心。2004年3月22日,海南省澄迈县人民政府(以下简称澄迈县政府)向绿丰公司颁发《国有土地使用证》(以下简称2591号土地证),将涉案土地登记至绿丰公司名下,证载土地面积22.92亩,用途为综合用地。

2016年12月13日,澄迈县国土局对涉案土地开展外业调查;2017年4月27日,澄迈县国土局向绿丰公司作出《闲置土地调查通知书》,认定涉案土地为闲置土地,闲置原因系企业自身原因。

海南省第一中级人民法院(一审法院)认为,虽然绿丰公司于2004年3月取得2591号土地证时涉案土地之上没有总体规划和控制性详细规划覆盖,但绿丰公司在取得2591号土地证和59号规划许可证的情况下，仍可以向澄迈县规划部门申请用地规划指标并进行开发建设，可是其怠于履行建设职责，缺乏开发土地的意愿，导致土地闲置。尽管绿丰公司取得涉案土地后，修建了一栋二层楼房、搭建了部分养鸡棚并种植了部分林木，但是绿丰公司从未向规划部门申请办理规划报建手续，不能认定为已经动工开发。

海南省高级人民法院（二审法院）认为，在2002年1月1日，绿丰公司便与华海公司签订《澄迈荒地开发、经营租赁合同》，租赁包括涉案土地在内的213亩土地用于农业开发。绿丰公司自取得2591号土地证后，继续开发使用涉案土地，在地上种植林木、从事养殖业并建造办公楼。绿丰公司虽没有按照59号规划许可证进行开发建设，但2591号土地证登记的土地用途是综合用地，存在历史遗留问题。澄迈县政府在没有明确涉案土地具体用途情况下，将绿丰公司自2002年至今长期使用涉案土地的事实认定为土地闲置，并决定予以无偿收回，该认定存在事实不清、证据不足的问题。

澄迈县政府不服，向最高人民法院申请再审。澄迈县政府申请再审称：涉案土地的原始用途、与华海公司签订的协议书、和绿丰公司取得土地使用权时办理的59号规划许可证等，可证明涉案土地属于国有建设用地；但是绿丰公司对涉案土地缺乏开发意图，从未申请过规划报建，土地闲置十余年系企业自身原因所致，再审申请人认定的事实清楚。绿丰公司答辩称：（1）绿丰公司的2591号土地证，证载涉案土地用途是“综合用地”，直至澄迈县政府作出446号无偿收地决定时也未明确涉案土地的具体用途。（2）与华海公司签订了《澄迈荒地开发、经营租赁合同》，约定对涉案土地进行农业开发，故一直进行管理使用至今，不存在土地闲置的事实。请求驳回澄迈县政府的再审申请。

【案件争点】

涉案土地是否属于国有建设用地，涉案土地是否构成闲置土地。

【裁判要旨】

1. 涉案土地属于国有建设用地，应纳入闲置土地处置范围。

在确定涉案土地具体用途时，不能以土地现状及土地实际使用情况为准，而是应当从当事人取得涉案土地的途径、方式、目的及其办理行政许可、规划报建等情况，以及政府及其职能部门征收、出让涉案土地，作出建设规划许可证、项目用地选址意见书等行政事项方面综合、全面地判定，从而确定涉案土地是否属于国有建设用地,土地使用权人是否负有开发建设的职责,是否应将这类土地纳入闲置土地调整的范畴。

根据原审查明及当事人提交的证据材料,原海南省土地管理局于 1995 年 7 月作出 124 号批复,将包括涉案土地在内的 295.238 亩土地作为新加坡花园、新加坡街、新加坡别墅等项目的建设用地予以征收,并有偿出让给海南置业公司;2000 年 8 月,琼州宾馆根据人民法院的司法执行取得了 295.238 亩土地使用权;2001 年 11 月,根据海南省国有资产管理委员会的决定,295.238 亩土地作为国有资产注资到华海公司名下,由其负责管理使用;2003 年 9 月,华海公司与绿丰公司签订《合作开发协议》,约定合作开发 295.238 亩土地作为休闲娱乐中心,而涉案 22.92 亩土地则作为华海公司的项目投资过户给绿丰公司;华海公司在 2003—2004 年,分别向澄迈县国土局、澄迈县建设局提交报告申请,请求其出具项目选址意见书、建设用地规划许可证以及为绿丰公司办理涉案土地的国有土地使用证;澄迈县建设局于 2003 年 12 月出具项目选址意见复函,于 2004 年 3 月作出 59 号规划许可证;澄迈县政府于 2004 年 3 月向绿丰公司颁发了 2591 号土地证。

综上可以认定,澄迈县政府在 1995 年 7 月已将包括涉案土地在内的 295.238 亩土地作为建设项目用地予以征收并出让,而绿丰公司也是以开发建设涉案土地为目的与华海公司签订的《合作开发协议》,取得涉案土地的使用权,并办理了项目选址意见复函、59 号规划许可证及 2591 号土地证,故涉案土地性质应认定为国有建设用地,绿丰公司负有开发建设涉案土地的职责。

2. 涉案土地构成闲置。

《城市房地产管理法》第 26 条、《闲置土地处置办法》第 2 条第 1 款及《海南省闲置土地认定和处置规定》第 6 条规定,国有建设用地使用权人应当按照土地使用权出让合同约定的土地用途、动工开发日期开发土地,超过动工开发日期满一年未动工开发的属于闲置土地,可征收土地使用权出让金 20% 以下的土地闲置费;满 2 年未动工开发的,可以无偿收回土地使用权;但是,土地闲置系政府原因或不可抗力的除外。若动工开发日期没有约定、规定或者约定、规定不明确的,以实际交付土地之日起 1 年为动工开发日期;实际交付土地日期不明确的,以核发土地使用权证之日起 1 年为动工开发日期。

本案中,绿丰公司是通过与华海公司签订《合作开发协议》的方式取得涉案土地使用权并办下2591号土地证，并未与澄迈县政府及其国土部门签订国有用地使用权出让合同约定动工开发日期，因此涉案土地的动工开发日期应“以核发土地使用权证之日起1年”进行计算，即应当在2004年3月23日前动工开发。但是直至2017年4月27日，澄迈县国土局向绿丰公司作出《闲置土地调查通知书》时，涉案土地始终未动工开发建设，已经构成土地闲置的客观事实。

虽然绿丰公司在涉案土地上建设一栋二层楼房、种植林木，出租给农民养殖等，但是该建设行为没有取得施工许可，依法不能认定涉案土地已经动工开发建设。且种植林木、出租给农民养殖等系绿丰公司按农用地性质对涉案土地进行经营管理，不属于建设开发行为，不能据此认定涉案土地没有闲置。

➡ 例案二　衡阳保丰建筑有限责任公司与海南省乐东黎族自治县人民政府无偿收回国有建设用地使用权纠纷案

【法院】

最高人民法院

【案号】

(2020)最高法行申3775号

【当事人】

再审申请人(一审原告、二审上诉人)：衡阳保丰建筑有限责任公司(前身为湖南省祁东县第三建筑安装公司)

被申请人(一审被告、二审被上诉人)：海南省乐东黎族自治县人民政府

【基本案情】

1992年11月11日，海南省乐东黎族自治县人民政府(以下简称乐东县政府)作出《关于出让岭头港附近地区土地搞贸易、旅游业的批复》，批准出让100亩土地给海南民福投资集团公司。1992年12月13日，乐东县国土环境资源局(以下简称乐东县国土局)与海南民福投资集团公司签订《经济开发区成片开发土地使用权出让合同》。1995年4月8日，乐东县国土局给海南民福投资集团公司核发98.325亩土地证，用途为贸易、旅游业用地，批准使用年限为50年。

1999年5月31日，湖南省衡阳市中级人民法院裁定，海南民福投资集团公司上述98.325亩土地使用权中的50亩土地(涉案土地)使用权归湖南省祁东县第三建筑安装公司(以下简称祁东三建公司)所有。1999年6月16日，乐东

县国土局给祁东三建公司办理土地过户手续,并核发《国有土地使用证》,证号为:尖峰国用(1999)字第69号,面积50亩,用途为贸易、旅游用地。2001年7月2日,祁东三建公司与乐东县尖峰镇岭头村村民陈某签订《土地承包协议书》,约定祁东三建公司将涉案50亩土地中的除近海岸线200米以外的32亩土地发包给陈某用于高位池养殖,承包期限为6年,从2001年7月至2007年7月。乐东县国土局在合同上盖章确认。2007年8月1日,祁东三建公司又与乐东县尖峰镇岭头村村民陈某签订《土地承包协议书》,继续将上述32亩土地发包给陈某用于高位池养殖,承包期限为6年。

2016年9月27日,乐东县国土局就涉案土地向祁东三建公司作出乐土调通〔2016〕1号《闲置土地调查通知书》,并于当日向祁东三建公司送达。2017年10月23日,乐东县国土局作出乐土闲处字〔2017〕50号《闲置土地认定书》,并于10月24日向祁东三建公司送达,上述认定书中确认涉案土地存在超过应动工开发日期两年未动工开发建设情况,认定涉案土地为闲置土地。

另查明,2004年,祁东三建公司经原祁东县洪桥镇人民政府批准改制,2005年12月,经工商核准登记注册,变更为衡阳保丰建筑有限责任公司。

【案件争点】

涉案土地是否构成闲置土地。

【裁判要旨】

《城市房地产管理法》第26条规定:"以出让方式取得土地使用权进行房地产开发的,必须按照土地使用权出让合同约定的土地用途、动工开发期限开发土地……满二年未动工开发的,可以无偿收回土地使用权;但是,因不可抗力或者政府、政府有关部门的行为或者动工开发必需的前期工作造成动工开发迟延的除外。"参照《闲置土地处置办法》第2条第1款规定:"本办法所称闲置土地,是指国有建设用地使用权人超过国有建设用地使用权有偿使用合同或者划拨决定书约定、规定的动工开发日期满一年未动工开发的国有建设用地。"《海南省闲置土地认定和处置规定》第6条规定:"本规定第二条所称动工开发日期,按照国有建设用地使用权有偿使用合同约定或者划拨决定书规定认定;没有约定、规定或者约定、规定不明确的,以实际交付土地之日起1年为动工开发日期;实际交付土地日期不明确的,以核发土地使用权证之日起1年为动工开发日期。"

依据上述法律规定，因为乐东县政府及其国土部门没有与祁东三建公司另行签订国有建设用地使用权出让合同，也没有约定动工开发日期，所以涉案土地的动工开发日期参照《海南省闲置土地认定和处置规定》第6条“以核发土地使用权证之日起1年”进行起算，即2000年6月17日为涉案土地的动工开发日期。

但是，直至2016年9月27日乐东县国土资源局向祁东三建公司作出乐土调通〔2016〕1号《闲置土地调查通知书》时止，涉案土地始终未动工开发建设，已经构成土地闲置的客观事实。

➡ 例案三　洋浦经济开发区管理委员会与洋浦泓润达置业有限公司土地行政管理纠纷案

【法院】

海南省高级人民法院

【案号】

（2018）琼行终737号

【当事人】

上诉人（原审被告）：洋浦经济开发区管理委员会

被上诉人（原审原告）：洋浦泓润达置业有限公司

【基本案情】

涉案土地为洋浦泓润达置业有限公司（以下简称泓润达公司）的儋国用（2010）第453号国有土地使用证（以下简称453号土地证）项下位于儋州湾洋浦半岛东南部地段，面积为68,766平方米的土地，即下述B-2地块。

2007年9月10日，泓润达公司通过竞拍取得位于三都镇儋州湾洋浦半岛东南部152,074平方米国有土地使用权。2010年1月5日，儋州市国土资源局（以下简称儋州市国土局）与泓润达公司签订《国有建设用地使用权出让合同》（以下简称《土地出让合同》），将上述152,074平方米国有土地使用权出让给泓润达公司，合同约定宗地用途为住宅用地，合同上记载“土地利用要求详见规划部门意见”，同时约定受让人在2010年6月1日之前开工，在2012年6月1日之前竣工。

2010年5月25日，儋州市人民政府（以下简称儋州市政府）就上述

152,074平方米国有土地使用权向泓润达公司颁发了儋国用(2010)第452号国有土地使用证(以下简称452号土地证)和儋国用(2010)453号土地证(以下简称453号土地证)。其中,452号土地证项下使用权面积为83,308平方米,《洋浦泓润达置业有限公司项目用地勘测走界图》(以下简称走界图)上记载为B－1地块;453号土地证项下使用权面积为68,766平方米,走界图上记载为B－2地块。

2013年5月,海南省建筑设计院(以下简称省设计院)接受泓润达公司委托编制了《海南洋浦半岛海天公寓修建性详细规划》,记载工程名称为"海南洋浦半岛海天公寓(B－1/B－2地块)",工程总造价为39,754.95万元,该《海南洋浦半岛海天公寓修建性详细规划》上加盖了儋州市住房和城乡建设局(以下简称儋州市住建局)的规划审核专用章。

2013年8月22日,儋州市住建局作出儋建函〔2013〕298号《关于海南洋浦半岛海天公寓项目规划设计成果审查的意见》(以下简称298号《审查意见》),原则同意泓润达公司提交的海南洋浦半岛海天公寓项目的报建方案,该项目分两期建设,本次报建的一期项目位于B－1地块。

2014年3月19日,儋州市住建局作出儋建函〔2014〕102号《海南洋浦海天公寓修建性详细规划项目二期设计成果审查意见》(以下简称102号《审查意见》),原则同意泓润达公司提交的海南洋浦半岛海天公寓项目的报建方案,该次报建的二期项目位于B－2地块。

2014年12月,泓润达公司与广西建工集团第五建筑工程有限责任公司就洋浦半岛海天项目B－1地块一期工程签订《建设工程施工合同》。

2015年1月20日,儋州市住建局向洋浦经济开发区规划建设土地局(以下简称洋浦土地局)发函,认为泓润达公司开发的"洋浦半岛海天公寓"位于儋州湾半岛东南部地段,半岛体育公园内;在三都地区纳入洋浦前,该项目前期多项手续已经在儋州市住建局办理,为确保项目顺利对接及尽快实施建设,建议该项目的工程监督、施工报建、验收、预售、备案等相关手续仍在儋州市住建局办理。

2015年2月9日,洋浦土地局复函,同意"洋浦半岛海天公寓"项目一期工程的施工报建、验收等手续仍在儋州市相关部门办理,该项目的二期工程应在洋浦相关部门办理。2015年3月10日,泓润达公司取得儋州市住建局颁发的建筑工程施工许可证，建设规模为27,326.8平方米。

2016年12月6日，洋浦土地局对453号土地证项下土地进行外业调查。2017年1月10日，洋浦土地局向泓润达公司发出闲置土地调查通知书。2017年2月7日，泓润达公司向洋浦土地局提交《关于洋浦半岛海天公寓项目闲置土地情况说明》。2017年5月5日，洋浦土地局向泓润达公司作出闲置土地认定书。

一审法院审理对本案被收回的68,766平方米土地是否属于闲置土地的问题做如下解释。《闲置土地处置办法》第2条规定："本办法所称闲置土地，是指国有建设用地使用权人超过国有建设用地使用权有偿使用合同或者划拨决定书约定、规定的动工开发日期满一年未动工开发的国有建设用地。已动工开发但开发建设用地面积占应动工开发建设用地总面积不足三分之一或者已投资额占总投资额不足百分之二十五，中止开发建设满一年的国有建设用地，也可以认定为闲置土地。"《海南省闲置土地认定和处置规定》第8条规定："闲置土地面积按照国有建设用地使用权有偿使用合同约定或者划拨决定书规定的宗地面积进行认定。因特殊原因需要分割发证的，应当按照分割后的土地面积重新签订国有建设用地使用权有偿使用合同或者重新核发划拨决定书。"

上述规定明确了闲置土地的宗地面积应按照国有建设用地使用权有偿使用合同约定或者划拨决定书规定的面积进行认定，即对闲置土地宗地的认定应根据国有建设用地使用权有偿使用合同的约定或者划拨决定书的规定。

对此，海南省人民政府《关于进一步做好闲置土地处置工作的通知》(琼府〔2015〕24号)第1条第1项亦明确规定："明确闲置土地宗地的认定标准。闲置土地的认定和处置要以宗地为基本单位，宗地面积按照国有建设用地使用权有偿使用合同约定(以下简称合同约定)或者划拨决定书规定(以下简称文件规定)的面积进行认定。因规划调整、分割转让等特殊原因分割发证的，应当重新签订国有建设用地使用权有偿使用合同或者重新核发划拨决定书，并按照重新签订的合同约定和核发文件规定的宗地面积进行闲置土地认定；未重新签订合同或者核发划拨决定书的，以分割发证后土地使用权载明的宗地面积进行闲置土地认定。"

从本案查明的事实来看，洋浦经济开发区管理委员会(以下简称洋浦管委会)无偿收回的68,766平方米土地在儋州市国土局于2010年1月5日与泓润达公司签订的土地出让合同中的152,074平方米国有土地范围内,虽然儋州市政府就该合同中的152,074平方米国有土地使用权向泓润达公司颁发了452号土地证和453号土地证,但是洋浦管委会并未提交证据证明该颁证行为属于因规划调整、分割转让等特殊原因分割发证,也并未与泓润达公司重新签订合同,故按照上述规定的闲置土地认定标准,应以儋州市国土局于2010年1月5日与泓润达公司签订的土地出让合同中152,074平方米宗地为基本单位来对闲置土地认定和处置。故洋浦管委会仅以453号土地证的68,766平方米土地为宗地基本单位,以236号收地决定认定该宗地为闲置土地,显然与上述规定不符,其认定的宗地基本单位事实错误。

【案件争点】

对涉案土地应当按照68,766平方米土地面积还是152,074平方米土地面积进行闲置土地认定。

【裁判要旨】

关于涉案B-2地块是否构成闲置的问题。本案中,泓润达公司于2010年1月通过出让方式,取得B-1、B-2两地块共计152,074平方米国有土地使用权。虽然儋州市国土局与泓润达公司只签订了一份土地使用权出让合同,仅约定了出让地面积、单价、动工开发时间,对宗地数、建设指标、基础配套建设等内容均无约定,但儋州市政府随后于2010年5月就上述出让土地给泓润达公司颁发了两个《国有土地使用证》,即涉案B-1的452号土地证、B-2的453号土地证。因此,B-1、B-2地块属于两宗独立地块。

根据本案双方的陈述及原审法院的现场勘查,虽B-1地块项目已竣工并对外出售,但B-2地块尚处于未动工开发的状态。依照《海南省闲置土地认定和处置规定》第8条及《海南省人民政府关于进一步做好闲置土地处置工作的通知》第1条第1项的规定,闲置土地以土地使用证载明的宗地面积为宗地单位进行认定。因此,洋浦管委会以453号土地证项下B-2地块为宗地基本单位进行闲置土地认定,并无不当。自儋州市政府于2010年5月向涉案B-2地块颁发了453号土地证以来,该地块已超过两年未动工开发建设,因此,涉案B-2地块事实上已构成闲置。

二、要点分析

“闲置土地”是我国为提高建设用地利用率而提出的法律概念,即闲置土地是指依法依规应当利用而未被利用或未被有效利用的土地。《闲置土地处置办法》第2条第1款是本篇专题的规范依据,即“本办法所称闲置土地,是指国有建设用地使用权人超过国有建设用地使用权有偿使用合同或者划拨决定书约定、规定的动工开发日期满一年未动工开发的国有建设用地”。

虽然“超过动工开发日期满一年未动工开发的国有建设用地构成闲置土地”的表述从字面上不难理解,但是实务中司法机关在适用该规则判断某宗土地是否构成闲置土地时普遍存在认定难的问题。

笔者经过梳理发现,这些实务问题主要包括:闲置土地的认定是以宗地还是建设项目为基本单位?在宗地分期开发建设的情况下,应该是按照分期开发土地面积分别认定还是按照宗地全部面积整体认定闲置土地?动工开发日期如何确定,尤其是国有建设用地使用权人通过司法拍卖等方式取得的国有建设用地如何确定动工开发日期?工程施工达到什么标准才算是动工开发?若未取得施工许可证但工程形象进度达到条件,算不算已经动工开发?等等。

笔者将梳理大量的实务案例以及各地规定,就上述问题进行逐一分析,以期解决闲置土地认定的有关难点问题。

2.1　闲置土地的内涵

本书主题为闲置土地的认定及处置,笔者认为有必要先准确界定闲置土地的内涵。从广义和狭义两个角度进行解释,闲置土地有着不同的内涵。

2.1.1　广义的闲置土地内涵

广义的闲置土地的内涵是指在较长一段时间内空闲、搁置不用或者没有得到实际使用的土地,符合该特征的建设用地(包括国有建设用地以及宅基地等集体建设用地)、农用地均构成闲置土地。

就建设用地而言,因批而未供和供而未用导致的大量闲置土地占用建设用地空间,这些闲置土地在沉淀大量的征地费用和资金的同时,加剧了建设用地供需紧张的矛盾;就农用地而言,主要是指农村撂荒的耕地,农用地的大量闲置会影响我国粮食安全。

土地是我国城乡发展最重要的要素资源,在土地利用过程中,使用价值、经济价值以及社会功能未能被充分挖掘或未充分发挥效用的土地,都可视为闲置土地。

2.1.2 狭义的闲置土地内涵

批而未供的土地是指政府已经完成土地征收和农转用的审批手续,但未能完成征收或者已经征收但是未能上市供应的建设土地;供而未用的土地是指土地已经由政府出让或划拨给土地使用权人,但土地使用权人并未按照土地出让合同或者划拨决定书实施土地开发建设。

批而未供和供而未用的土地都会造成土地资源的巨大浪费。2018 年自然资源部印发了《关于健全建设用地“增存挂钩”机制的通知》,提出新增建设用地与消化存量建设用地(包括批而未供的土地和闲置土地)挂钩,即消化存量土地越多,产生的新增建设用地指标越多,从制度层面建立起了正相关机制;2019 年《节约集约利用土地规定》纳入了“增存挂钩”制度;2021 年《中华人民共和国国民经济和社会发展第十四个五年规划和 2035 年远景目标纲要》进一步把批而未供的土地和闲置土地的处置提升到国家政治经济社会发展的新高度。

如无特别说明,本书“闲置土地”是指供而未用的土地,并不包括批而未供的土地。

2.2 闲置土地认定的客体

关于闲置土地认定的客体,涉及的主要问题是:哪些性质或者用途的土地可以构成闲置土地;土地使用权人在土地一级市场或者土地二级市场上获得的国有建设用地是否均可以构成闲置土地;除国有建设用地外,集体建设用地是否也应纳入闲置土地处置的范畴,等等。

2.2.1 闲置土地认定的客体为建设用地

按照土地用途分类,我国土地分为农用地、建设用地和未利用地。那么闲置土地认定的客体对象是哪种用途的土地?

十分珍惜、合理利用土地和切实保护耕地是我国的基本国策。我国耕地面积为 19.179 亿亩、全国人口共约 14.11 亿人①，人均耕地面积不足 1.5 亩。我国人均耕地少、耕地总体质量不高、后备资源不足的基本国情，以及全国城镇用地面积增加较快的现状，决定了耕地保护是关系我国经济和社会可持续发展的全局性战略问题。加强耕地保护，必须是一个长期坚持的基本国策。

为贯彻落实上述基本国策，我国实行严格的土地用途管制制度。在土地资源总量不变的限制下，切实保护耕地需严格控制建设用地总量和城镇化迅速发展需增加建设用地的矛盾，突出和决定了提高建设用地利用率的重要性。因此，我国便出台了一系列的文件，提出了闲置土地处置利用政策，确定了闲置土地认定的客体为建设用地。

1994 年颁布的《城市房地产管理法》第 25 条（现为《城市房地产管理法》第 26 条）规定："以出让方式取得土地使用权进行房地产开发的，必须按照土地使用权出让合同约定的土地用途、动工开发期限开发土地。超过出让合同约定的动工开发日期满一年未动工开发的，可以征收相当于土地使用权出让金百分之二十以下的土地闲置费；满二年未动工开发的，可以无偿收回土地使用权；但是，因不可抗力或者政府、政府有关部门的行为或者动工开发必需的前期工作造成动工开发迟延的除外。"前述规定首次为闲置土地的认定和处置提供了明确的法律依据。

随后，自然资源主管部门为解决一些地方在兴办各类开发区、工商业小区和城镇建设中乱占土地、滥用耕地、占而不用、多占少用、土地闲置、耕地荒芜等问题，相继于 1995 年、1996 年出台了有关政策性文件，②均明确指出闲置土地是指非农业建设用地中的闲置土地。

1998 年修订的《土地管理法》新增了第 37 条，本条第 1 款（现为《土地管理法》第 38 条第 1 款）规定："禁止任何单位和个人闲置、荒芜耕地。已经办理审批手续的非农业建设占用耕地……一年以上未动工建设的，应当按照省、自治

---

① 2021 年 8 月 26 日，自然资源部召开新闻发布会，公布第三次全国国土调查主要数据成果，数据显示，我国耕地面积 19.179 亿亩，建设用地 6.13 亿亩；2021 年 5 月 11 日，第七次全国人口普查结果公布，全国人口共约 14.11 亿人。

② 这些政策性文件主要包括：国家土地管理局《关于全面清理非农业建设闲置土地的通知》（〔1995〕国土〔建〕字第 31 号）；国家土地管理局《关于进一步抓好闲置土地清理和各类建设用地检查的通知》（〔1995〕国土〔建〕字第 99 号）；国家土地管理局《关于切实做好非农业建设闲置土地利用工作的通知》（〔1996〕国土〔建〕字第 40 号）。

区、直辖市的规定缴纳闲置费；连续二年未使用的，经原批准机关批准，由县级以上人民政府无偿收回用地单位的土地使用权……”该条款亦指明，可以征缴土地闲置费和无偿收回的闲置土地是已经办理审批手续的建设用地。

1999 年，原国土资源部就闲置土地的认定和处置出台了专门的规定——《闲置土地处置办法》，明确了闲置土地消化利用的方向，为闲置土地的认定和处置提供法律依据，该办法第 2 条第 1 款首次明确规定了“闲置土地”的概念，即“本办法所称闲置土地，是指土地使用者依法取得土地使用权后，未经原批准用地的人民政府同意，超过规定的期限未动工开发建设的建设用地”。该概念一经提出即奠定了闲置土地的认定和处置以其属于建设用地为前提的重要基础。

2008 年，国务院《节约集约用地通知》指出，我国建设用地供需矛盾十分突出，解决该矛盾途径之一为，充分利用现有建设用地，大力提高建设用地利用效率，严格执行闲置土地处置政策。这也说明了闲置土地认定和处置的客体为建设用地。

2012 年，原国土资源部修订了《闲置土地处置办法》，该办法第 2 条第 1 款规定：“本办法所称闲置土地，是指……国有建设用地”，进一步强调了闲置土地的上位概念为建设用地。

实务中，判断某宗土地是否为建设用地，可参照用地相关手续的内容，土地使用权出让合同、划拨决定书、建设用地批准书、建设用地规划许可证、不动产权证书等文件上会载明土地的具体用途。

若用地相关文件未明确记载土地的具体用途，可以借鉴可供参考的例案一的法院意见确定该宗土地的性质。本案中，最高人民法院指出，在确定涉案土地具体用途时，不能以土地现状及土地实际使用情况为准，而是应当从当事人取得涉案土地的途径、方式、目的及其办理行政许可、规划报建等情况，以及政府及其职能部门征收、出让土地，作出建设规划许可证、项目用地选址意见书等行政事项方面综合、全面地判定，从而确定涉案土地是否属于建设用地。

2.2.2 任何用途的建设用地均可能构成闲置土地

《土地利用现状分类》（GB/T 21010—2017）按照一级类十二类、二级类七十二类将农用地、建设用地、未利用地三大类土地进行分类。其中，建设用地包括零售商业用地、批发市场用地、餐饮用地、商务金融用地、娱乐用地、其他商务用地、工业用地、采矿用地、盐田、仓储用地、城镇住宅用地、农村宅基地等四十类。实践中，土地登记的用途一般按照《土地利用现状分类》二级类填写。

《城市用地分类与规划建设用地标准》将城市建设用地分为八大类、三十五中类、四十二小类，相关分类更为具体，如居住用地分为一类居住用地、二类居住用地和三类居住用地。

理论上，任何用途的建设用地都可以构成闲置土地，但是实务中涉及较多的是住宅、商业、工业等经营性项目开发用地的闲置土地认定和处置纠纷。笔者在检索闲置土地处置的地方性文件中发现，珠海市对闲置土地认定和处置的建设用地范围进行了限缩。《珠海市闲置土地处置办法》第 2 条第 2 款规定："军事用地、本市党政机关、财政全额拨款的事业单位行政办公用地、集体经济组织留用地和以无偿划拨方式供应的非营利性文化教育、医疗卫生、市政基础设施、政府储备的用地，不纳入闲置土地的认定和处置范围。"

笔者认为，之所以有上述规定，是因为这类用地多属于公益性用地，建设非以营利为目的，一般不存在建设用地使用权人恶意囤地的主观恶意。除珠海市有上述特别规定外，暂时未查到其他地方有类似的规定。

2.2.3　任何方式取得的建设用地都可以构成闲置土地

改革开放以来，通过大力推行国有建设用地有偿使用制度，我国基本形成了以政府供应为主的土地一级市场和以市场主体之间转让、出租、抵押为主的土地二级市场。

土地一级市场是指市、县人民政府作为国有土地所有者的代表，将土地使用权以出让、划拨、租赁、作价出资或入股等方式供应给土地使用者使用的市场。土地二级市场是指土地使用权人进行土地使用权转让、出租、抵押等交易的市场。

值得注意的是，根据《完善建设用地二级市场的指导意见》，各类导致建设用地使用权转移的行为都视为建设用地使用权转让，包括买卖、赠与、出资以及司法处置、资产处置、法人或其他组织合并或分立等形式导致的建设用地使用权转移。

笔者认为，无论土地使用权人是通过土地一级市场还是通过土地二级市场取得的国有建设用地，只要其满足闲置土地认定的构成要件，都可以被认定为闲置土地。

2.2.4 集体建设用地可以构成闲置土地

《闲置土地处置办法》第 31 条规定:“集体所有建设用地闲置的调查、认定和处置,参照本办法有关规定执行。”因此,除国有建设用地外,集体建设用地也构成闲置土地认定的客体。

一直以来,集体建设用地的使用受到国家严格限制。《土地管理法》(2004 年修正)第 43 条第 1 款规定:“任何单位和个人进行建设,需要使用土地的,必须依法申请使用国有土地;但是,兴办乡镇企业和村民建设住宅经依法批准使用本集体经济组织农民集体所有的土地的,或者乡(镇)村公共设施和公益事业建设经依法批准使用农民集体所有的土地的除外。”本法第 63 条规定:“农民集体所有的土地的使用权不得出让、转让或者出租用于非农业建设……”

根据上述规定,建设必须使用国有建设用地,集体建设用地只能由集体经济组织用于特定目的和用途,在土地市场上流通更是受到严格限制。这也就解释了,虽然集体建设用地也是闲置土地认定的客体,但是实务中却鲜有对集体建设用地按照《闲置土地处置办法》的规定进行闲置土地进行认定和处置的案例。

2019 年,《土地管理法》修正,删除了原第 43 条的内容,即建设必须使用国有土地的限制性规定,修改后的第 63 条第 1、3 款明确:土地利用总体规划、城乡规划确定为工业、商业等经营性用途,并经依法登记的集体经营性建设用地,土地所有权人可以通过出让、出租等方式交由单位或者个人使用;通过出让等方式取得的集体经营性建设用地使用权可以转让、互换、出资、赠与或者抵押。根据该条规定,集体建设用地与国有建设用地同等入市、同权同价。应当注意的是,可以入市的是符合前述条件的集体经营性建设用地,并非任何集体建设用地都可以入市交易,集体建设用地还包括宅基地、集体公共设施和公益事业用地等非经营性建设用地。

笔者认为,可以预见的是,随着集体经营性建设用地逐步入市交易,未来涉及集体建设用地的土地闲置纠纷会逐步出现和增多,有必要加以重视。

2.3 闲置土地认定的基本单位

闲置土地的认定首先要确定的是闲置土地认定的基本单位,这涉及《闲置土地处置办法》第 2 条的适用问题。闲置土地是否必须按宗地进行认定;若多宗土地是按照整体项目进行统一报批报建，是否应该以该项目所涉及的多宗土地共同进行闲置土地的认定；若宗地分期建设，是否可以按分期建设所涉土地进行分别认定。

按不同的基本单位进行闲置土地的认定，最终的结果一定是千差万别的。在行政执法以及司法实务中，相关争议较大，笔者根据各地规定以及实务案例总结、分析了处理该问题的基本规则。

2. 3. 1　闲置土地的认定以宗地为基本单位

宗地，是指土地权属界线封闭的地块或者空间，宗地是地籍的最小单元，土地以宗地为单位进行登记。根据我国土地出让制度以及实践，土地使用权的出让是以宗地为单位，通常每通过一份土地使用权出让合同出让一宗土地，便登记办理一个不动产权证，以“不动产单元号”锁定相关宗地。

正如前文所述，闲置土地处置政策的宗旨是提高建设用地利用率以解决建设用地供需矛盾，最终达到节约集约用地的目的，因此，闲置土地认定和处置的基本单位越小，越能排查出大量的闲置土地，就越能促进存量建设用地的充分利用。而宗地是地籍的最小单元，所以从闲置土地处置政策宗旨出发，宗地理应是闲置土地认定和处置的基本单位。

通过检索、梳理大量的地方性规定，如《广州市闲置土地处理办法》第 8 条、《杭州市闲置土地处理办法》第 6 条、《沈阳市闲置土地处置办法》第 3 条可以发现，它们都明确规定了闲置土地认定和处置的基本单位为宗地。

在海南省琼海市人民政府、海南省人民政府与海南龙成房地产开发有限公司无偿收回国有土地使用权及行政复议案[案号：(2019)最高法行申 9069 号]再审中，最高人民法院在再审裁定书中指出：“土地资源是宝贵的不可再生资源，我国土地管理法律制度要求十分珍惜、合理利用土地，促进社会经济的可持续发展。……确定是否属于闲置土地当然应当以宗地为单位。”

2. 3. 2　土地分割或合并后以重新登记的宗地认定闲置土地

实务中常会出现因规划调整（如部分土地被调整为绿地，政府修路占用部分土地）、分割转让等特殊原因需要对建设用地使用权人已取得的宗地进行分割发证的情况。在这种情况下，对分割后所涉土地如何进行闲置土地认定，《闲置土地处置办法》未有规定。结合地方性规定以及司法案例，可以得出的结论是，土地分割或合并的，以分割或合并后不动产权证书登记的宗地进行闲置土地认定。

各地对此问题也有相关规定,例如,海南省人民政府《关于进一步做好闲置土地处置工作的通知》(琼府〔2015〕24 号)明确规定:“……未重新签订合同或者核发划拨决定书的,以分割发证后土地使用权证载明的宗地面积进行闲置土地认定……”《河源市区闲置土地处置办法(试行)》第 4 条第 1 项规定:“……土地供应后,用地已办理分割或合并的,以分割或合并后不动产权证书登记的宗地为单位”;《中山市闲置土地处置实施细则》第 5 条规定:“调查、认定和处置闲置土地以宗地为单位。通过划拨、出让方式取得的国有建设用地办理分割和合并手续的,以目前不动产登记权属证书登记的宗地为单位进行调查、认定和处置”;《长沙市闲置土地处理办法》(已废止)第 9 条规定:“……因土地使用权分户、分割登记后未开发的土地重新登记土地使用权的,以重新登记的宗地面积认定闲置土地面积……”

司法实践中也有相关的案例。例如,在可供参考的例案三中,海南省高级人民法院认为,应以后续发出的不动产权证书为标准,分开、单独认定其是否构成闲置土地。

笔者建议,出现因规划调整、分割转让等特殊原因分割或合并发证的情况时,市、县自然资源主管部门应当与土地使用权人重新签订国有建设用地使用权出让合同或者重新核发划拨决定书,明确合宗后的土地或者分割后的每宗土地的规划设计条件、项目投资额、动工开发时间、竣工时间等土地开发利用条件,避免后续可能出现的闲置土地认定及处置没有任何合同依据。

2.3.3 以审批同意分期开发的土地分别认定闲置土地

如宗地分期开发建设的,如何进行闲置土地的认定?是按照一宗土地整体认定还是按照分期建设的土地面积分别认定?经过梳理各地规定发现,如符合特定条件,则可以按照分期建设的土地面积分别进行闲置土地认定。《内蒙古自治区闲置国有土地处置实施办法》、①《唐山市闲置土地处理办法》、②《长沙市

① 参见《内蒙古自治区闲置国有土地处置实施办法》第 15 条规定:“国有土地有偿使用合同或划拨决定书约定分期开发的,核定闲置土地面积时,按照分期开发的范围核定闲置土地面积。”

② 参见《唐山市闲置土地处理办法》第 5 条规定:“国有土地有偿使用合同约定或建设用地批准书规定分期建设的,按分期建设的范围核定闲置土地面积。”

闲置土地处理办法》(已废止)、[1]《上海市宝山区闲置土地处置实施意见(试行)》[2]等地方性文件对此有明确的规定。

应当注意的是，“分期建设、分期认定”的前提是，国有建设用地使用权出让合同约定或者划拨决定书规定，又或者是其他书面的建设用地批准文件同意，土地可以分期开发建设，并对分期开发建设内容进行审批。房地产项目开发实务中，建设单位从营销以及资金投入等方面考虑，可能会实施项目分期开发，即针对一宗土地开发的项目分区、分批办理了多份建设工程规划许可证。在闲置土地认定时，如果建设单位以此主张土地属于分期建设，应当分期认定闲置土地，恐怕不会得到行政机关认可，在发生争议时也不会得到法院支持。

笔者认为，经审批同意的土地分期开发建设，可以按照分期开发的土地面积分别核定闲置土地面积。其合理性在于，若土地为分期建设，则每期建设的规模、投资总额、动工开发时间、竣工时间等土地开发利用条件和要求均会有所不同，不宜以整宗土地进行闲置土地认定，以分期开发的土地面积进行闲置土地认定更具可操作性和合理性。

2.3.4　以审批同意整体规划建设的项目认定闲置土地

若按政府要求，建设用地使用权人应当利用多宗土地整体规划建设某项目，因此项目实施了整体报建，城乡规划主管部门统一办理规划设计方案审批手续，在这种情况下，以报建的整体项目进行闲置土地认定和处置可能更妥当，但是认定时须提供规划国土部门审定的整体规划方案等相关资料。

司法实践中，有相关案例印证了此种情况下应以整体项目为基本单位进行闲置土地的认定。在文昌市人民政府与文昌昌都房地产有限公司行政处罚案[案号：(2018)琼行终1108号]二审中，海南省高级人民法院认为，经审查，昌都公司已按照控规的要求就133,326.95平方米土地统一报建开发，文昌市规划局亦向其颁发了整个宗地(四个地块)的规划许可证，表明该部门认可133,326.95平方米土地为整体开发建设用地。故本案应以“椰风浪琴”项目整

---

① 参见《长沙市闲置土地处理办法》(已废止)第10条规定：“国有建设用地使用权有偿使用合同约定、国有土地使用权划拨批准文件规定或者其他建设用地批准文件规定分期建设的，按分期建设的范围认定闲置土地面积。”

② 参见《上海市宝山区闲置土地处置实施意见(试行)》第2条规定：“……国有建设用地使用权出让合同约定或者划拨决定书规定分期建设的，按照分期建设的范围认定闲置土地面积……”

体规划用地面积 133, 326. 95 平方米作为认定昌都公司的土地是否构成闲置的单位。

笔者认为,之所以在多宗土地整体规划、整体报建的情况下,以项目为基本单位进行闲置土地的认定和处置,是因为土地投资总额、动工开发时间、竣工时间等土地开发利用条件多是按整体项目进行安排的,并非以每宗土地分别确定,如涉嫌构成闲置土地,可能也无法做到按单宗土地进行闲置土地的调查、认定和处置。

2.4 “动工开发日期”的确定方式

如前文所述,超过约定或规定的动工开发日期满一年没有动工开发的建设用地,构成闲置土地。在闲置土地认定和处置案件中,关于动工开发日期的确定,存在诸多争议,尤其在土地出让合同或相关文件未明确规定土地的动工开发日期,抑或约定、规定的期限不合理的情况下如何确定有效的动工开发日期,将会成为实务难点。

2.4.1 应当以约定或规定的动工开发日期为准

建设用地使用权人使用国有建设用地的,应当按照土地出让合同的约定或者土地划拨批准文件的规定使用土地。通常,土地出让合同或者土地划拨批准文件会明确规定土地的动工开发时间、竣工时间。《闲置土地处置办法》第 2 条第 1 款规定,“动工开发日期”以土地出让合同或划拨决定中约定或规定的时间为准。

但是,实务中存在土地出让合同约定的土地动工开发日期不合理的情况。因建设工程的特殊性,在开工前涉及招投标、勘查、设计等多个环节,还需要办理相关开工手续,进行开工签发的准备,这些工作需要一定时间才能完成,故理应为动工开发预留合理时间。《闲置土地处置办法》第 22 条第 1 款规定:“……约定、规定动工开发时间应当综合考虑办理动工开发所需相关手续的时限规定和实际情况,为动工开发预留合理时间。”因此,在约定或规定的动工开发日期明显不合理的情况下,建设用地使用权人有权以此对闲置土地的认定进行抗辩。

值得注意的是,并不是约定的动工开发时间与土地出让合同签订时间之间的期限较短就一定意味着约定不合理,还需结合实际情况具体分析。在广州市瑞丰实业发展有限公司诉广州市规划和自然资源局、广州市人民政府闲置土地认定及行政复议决定案［案号：(2019)粤71行终234号］二审中，广州市瑞丰实业发展有限公司以“涉案补充合同二签订时间2016年9月7日至约定的动工日期2016年12月31日仅有83天”为由认为约定的动工开发时间不合理，但是案件审理法院认为：“因签订补充合同二时距瑞丰公司实际取得涉案地块已远超出一年时间，该公司应了解自身办理相关审批报建手续的进度及需求，所作出的工程筹建计划表系该公司为保障在涉案补充合同二约定时间内如期开工，列明对办理报建手续进度时间表的单方承诺，是其对自身权利义务的处分，不违反法律禁止性规定，且瑞丰公司从未就涉案地块交付、重新约定的开工准备期限过于仓促提出异议或申请延期。”最后法院未支持广州市瑞丰实业发展有限公司的相关主张。

2.4.2　可以实际交付土地之日起一年为动工开发日期

由于之前土地出让不规范的情况普遍存在，实务中常会出现未签订土地出让合同的情况，或者在土地出让合同中未填写应动工开发时间的情况。那么，若是未约定动工开发日期，该如何确定动工开发日期呢？

《闲置土地处置办法》第22条第2款规定：“因特殊情况，未约定、规定动工开发日期，或者约定、规定不明确的，以实际交付土地之日起一年为动工开发日期。实际交付土地日期以交地确认书确定的时间为准。”

一些地区对于这个问题有不同规定。如《宝山区闲置土地处置实施意见(试行)》第2条第3项规定：动工开发日期按照国有建设用地使用权出让合同约定或者划拨决定书规定认定；没有约定、规定或者约定、规定不明确的，国有建设用地使用权出让合同签订或者划拨决定书核发之日后一年视为动工开发日期。因此，在处理闲置土地认定和处置的纠纷时，尤其要注意各地规定。

实务中还存在一种极端情况，是既未约定或规定动工开发日期，又未签订交地确认书，实际交付土地日期无法确定，那么在这种情况下又该如何确定动工开发日期？

《闲置土地处置办法》对此没有明确规定，但地方性文件有相关规定。例如，《海南省闲置土地认定和处置规定》第6条规定，实际交付土地日期不明确的，以核发土地使用权证之日起1年为动工开发日期；河源市也有类似规定，《河源市区闲置土地处置办法(试行)》第4条规定，未核发交地确认书或者交地确认书约定不明确的,按照建设用地批准书、不动产权证书颁发日期确定实际交付土地日期。

司法实践中的处理方式亦值得借鉴。在北京鸿宝方达工贸有限公司(原告)要求北京市规划和国土资源管理委员会(被告)履行闲置土地认定及处置法定职责案[案号:(2017)京0113行初221号]一审中,土地出让合同中未约定动工开发日期,且双方未签订交地确认书。在该案中,被告主张以签订三宗土地出让合同的时间为准,原告主张实际交付时间为2000年3月22日。最终法院认定签订出让合同的日期与实际交付土地的日期不能等同,被告未提交反驳证据,应承担举证不能的法律后果,最终认定三宗土地的交付时间为2000年3月22日。在本案中,法官从证据的角度解决了动工开发时间的确定问题。

2.4.3 合理确定司法拍卖取得的土地的动工开发日期

若建设用地使用权人通过司法拍卖方式取得建设用地,如何确定该宗土地的动工开发时间,实务中有不同意见。甚至有观点认为,既然受让人选择竞买该宗土地,则意味着其认可土地现状,包括按照原土地利用条件确定的规划指标以及开、竣工日期继续完成项目开发建设。笔者认为,这对受让人显失公平,亦不利于维护土地司法拍卖的市场秩序。虽然原土地使用权人与自然资源主管部门签署了土地出让合同并约定了动工开发时间,但是新的土地使用权人(受让人)实际取得土地使用权的时间是法院作出裁定之日。在这种情况下,应当考虑新的土地使用权人(受让人)重新办理土地证、进行规划设计和办理施工手续以及为做复工准备等必要时间,从而确定一个合理的动工开发时间,而不应按原土地使用权人签署的土地出让合同规定的时间计算。

司法拍卖的建设用地成交后,若新的土地使用权人(受让人)与自然资源主管部门签订了书面的土地出让合同或者补充协议,并重新约定了开、竣工时间,那么动工开发日期以重新约定的期限为准;而若新的土地使用权人(受让人)在取得土地使用权后,未与自然资源主管签订土地出让合同或未另行约定开、竣工时间,则此时在无其他相反规定的情形下,可以理解为属于《闲置土地处置办法》第22条规定的"因特殊情况,未约定、规定动工开发日期"的情形,从而以实际交付土地之日起一年为动工开发日期。然而,各地对此有着不同的规定和处理方式。

《中山市闲置土地处置实施细则》第11条规定:"对司法裁定拍卖的土地,

在办理不动产登记手续时由市自然资源局与买受人签订出让合同补充协议，买受人须在协助执行通知书签发之日起一年内完成不动产登记手续，并在完成不动产登记手续之日起一年内动工开发。买受人未能按时办理不动产登记手续或动工开发的，以原国有建设用地使用权出让合同或者划拨决定书约定、规定的动工开发日期为应动工日期，按照闲置土地处置有关规定处理。”《河源市区闲置土地处置办法（试行）》第4条第2项规定：“相关指标的界定：……（二）动工开发日期……司法裁定拍卖土地，以协助执行通知书签发之日为实际交付土地日期。”

2.5 “动工开发”的认定标准

土地投资建设达到何种程度或者标准才算是动工开发呢？根据《闲置土地处置办法》第30条规定，动工开发是指依法取得施工许可证后，需挖深基坑的项目，基坑开挖完毕；使用桩基的项目，打入所有基础桩；其他项目，地基施工完成1/3。

2.5.1 “动工开发”以取得施工证为前提

动工开发的前提之一为依法取得建筑工程施工许可证，如未取得施工许可证，即使工程进度满足条件，也不会被认定为已动工开发。其实这点很好理解，在未取得施工许可证的情况下即开工建设，实质上是违法行为，应给予否定性法律评价。

一些地区的相关文件也有明确规定，如海南省人民政府《关于进一步做好闲置土地处置工作的通知》（琼府〔2015〕24号）指出，在依法取得施工许可证后动工开发的，方可认定为已动工开发，未依法取得施工许可证即动工开发的，不视为已动工开发。

司法实践中，在调查建设用地是否已动工开发时，通常会先查明建设用地使用权人是否已取得施工许可证，若未依法取得，则不予认定已动工开发。例如，在可供参考的例案一中，最高人民法院在再审行政判决书中指出：虽然绿丰公司在涉案土地上建设一栋二层楼房、种植林木，将土地出租给农民养殖等，但是该建设行为没有取得施工许可，依法不能认定涉案土地已经动工开发建设。且种植林木、出租给农民养殖等系绿丰公司按农用地性质对涉案土地进行经营管理，不属于建设开发行为，不能据此认定涉案土地没有闲置。

2.5.2 未按规定用途开发可不认定为“动工开发”

建设用地使用权人未按约定、规定的用途对土地进行开发建设是否属于动工开发,尚未有相关规定予以明确。虽然司法实践中有相关案例认为这种情况属于违法用地,并不涉及闲置土地认定的问题,但结合闲置土地处置政策的立法宗旨,笔者更倾向于认为,未按约定、规定的用途开发利用土地属于未动工开发。

在中山市精英物业管理有限公司与中山市自然资源局、中山市阜沙镇工业开发有限公司、中山市阜沙镇人民政府土地闲置认定决定案[案号:(2020)粤20行终717号]二审中,广东省中山市中级人民法院认为,精英物业公司完全没有按照涉案土地的商业住宅地的用途开发利用土地,用涉案土地建设工业厂房完全不符合出让合同约定的土地使用目的和建设要求,精英物业公司使用涉案土地的行为构成违法使用土地的行为。涉案土地处于被违法使用的状态,原市国土资源局将涉案土地按照《闲置土地处置办法》第2条的规定认定为闲置土地,适用法律错误,对精英物业公司使用土地的行为定性错误,由此作出的涉案《闲置土地认定书》应予撤销。

我国实行严格的土地用途管制制度,国家为保证土地资源的合理利用,确保经济、社会的发展与环境的协调做出了一系列努力,如编制土地利用总体规划,划定土地用途区域,确定土地使用限制条件,要求土地的所有者、使用者严格按照国家确定的用途利用土地。土地用途管制的核心是通过国家科学的土地利用总体规划提高土地的利用率,最终保护耕地,这也正是闲置土地政策的立法宗旨。

因此,笔者认为,如果建设用地使用权人未按约定、规定使用土地,那么即使该宗土地上进行了开发建设,也属于未依法依规利用土地。而未依法依规利用土地造成了土地浪费,如上文所述,闲置土地是指依法依规应当利用而未利用或未有效利用的状态的土地,故未依法依规利用土地进行开发建设的,应当属于未动工开发。

这种情况下,若该宗土地构成闲置土地的,自然资源主管部门可以将其认定为闲置土地并进行处置利用,亦可以选择依据《土地管理法》第81条“依法收回国有土地使用权当事人拒不交出土地的,临时使用土地期满拒不归还的,或者不按照批准的用途使用国有土地的,由县级以上人民政府自然资源主管部门责令交还土地，处以罚款”的规定，以建设单位违法用地为由，责令其交还土地并处以罚款。

2.6　超过“动工开发日期”满一年的认定

超过“动工开发日期”满一年中的“一年”的起算时间点是动工开发之日。但是，该一年期限内是否存在可以导致该期限暂停计算或重新计算的情形呢？如果一年内出现因政府、政府部门原因或不可抗力因素导致项目停滞的情况，那么因此耽误的时间是否要在计算土地闲置期限中予以扣除，待原因消失后继续计算或者重新计算呢？

2.6.1　“一年”是客观上“满一年”未动工开发

笔者认为，“超过动工开发日期满一年”中的“一年”应是客观上满一年未动工开发，不存在中止后暂停计算或者中断后重新计算的问题，即如果建设用地使用权人超过动工开发日期满一年还未动工开发，该宗土地可能就会被认定为构成闲置土地。

这类似于民事法律关系中“除斥期间”的概念，如《民法典》第664条第2款规定，赠与人的继承人或法定代理人的撤销权，自知道或者应当知道撤销事由之日起6个月内行使，该6个月的固定期限不因任何客观情况而中止计算与重新计算。除斥期间不同于民事诉讼时效，在符合法定条件的情况下，诉讼时效可以中止或中断。

2.6.2　因政府原因未动工开发不影响土地闲置事实的认定

在实践中，常会出现因规划调整等政府原因、自然灾害等不可抗力因素或考法院对土地采取司法保全措施等非建设用地使用权人自身原因导致土地超期未能动工开发的情况，那么因此耽误的动工时间是否会计入土地闲置期间呢？

笔者认为，这些时间应当计入土地闲置期间，如果因土地利用总体规划、城乡规划依法或依国家出台相关政策修改，以及因处置土地上相关群众信访事项等原因或不可抗力因素导致无法动工开发的，并不影响该宗土地是否构成闲置土地的事实，其影响的是土地闲置原因的认定，土地闲置原因不同，则处置方式不同。

值得注意的是，海南省人民政府《关于进一步做好闲置土地处置工作的通知》明确指出:“……因政府原因或者不可抗力导致土地使用权人未能按照动工开发日期进行动工开发建设的,政府原因或者不可抗力原因消除后,以政府原因或者不可抗力原因消除之日起满1年为新的动工开发日期,签订补充协议或者重新签订土地使用权有偿使用合同约定新的动工开发日期的除外……”这是否与笔者上述意见不一致呢?笔者认为,并非如此。该通知内容的本意并不是说因政府原因或者不可抗力耽误的时间不计入土地闲置期间,而是明确在这种土地闲置的情况下,闲置土地的处置方式为延长动工开发期限,并且明确了如何确定新的动工开发日期。

另外,因土地被司法查封导致无法动工开发的,土地查封的时间是否应当计入土地闲置期间呢?根据2008年《闲置土地处置工作的意见》的规定,土地被查封后,未动工的时间可以不累计,查封后满一年以上未动工的,可不认定为闲置土地。但是,根据原国土资源部2016年5月27日发布的《关于公布已废止或失效的规范性文件目录的公告》,2008年《闲置土地处置工作的意见》已经失效。因此,笔者更倾向于认为,查封时间也应计入闲置期间计算,但究竟是政府原因还是建设用地使用权人自身原因导致土地闲置,实务中还存在争议。

专题二 已动工开发但开发建设用地面积(占应动工开发建设用地总面积)不足1/3或者已投资额(占总投资额)不足25%,中止开发建设满一年的国有建设用地,构成闲置土地

要点描述

《闲置土地处置办法》第2条第2款规定:“已动工开发但开发建设用地面积占应动工开发建设用地总面积不足三分之一或者已投资额占总投资额不足百分之二十五,中止开发建设满一年的国有建设用地,也可以认定为闲置土地。”也就是说,即使建设用地使用权人已经按照土地出让合同约定或划拨决定书规定的动工开发时间开发土地并达到动工开发的条件,但是如若开发建设用地面积不足1/3或者已投资额不足25%,并且中止开发建设满1年,那么该宗建设用地也会构成闲置土地。

一、可供参考的例案

例案一 吉林世纪兴金玉米科技开发有限公司与永吉县自然资源局土地使用权行政决定案

【法院】

吉林省高级人民法院

【案号】

(2019)吉行申429号

【当事人】

再审申请人(一审原告、二审上诉人):吉林世纪兴金玉米科技开发有限

公司

被申请人（一审被告、二审被上诉人）：永吉县自然资源局

【基本案情】

2001年6月6日，吉林世纪兴金玉米科技开发有限公司（以下简称世纪兴公司）与吉林省永吉经济开发区签订《投资协议书》，协议内容：(1)乙方世纪兴公司决定在吉桦路城东开发区购置土地123,000平方米作为新厂区用地；(2)乙方将在该地建设年产3万吨的变性淀粉项目，项目总投资26,000,000元。2003年1月，世纪兴公司新厂区建成投产，占地18,000余平方米。2004年1月6日，世纪兴公司与永吉县国土资源局签订《国有土地使用权出让合同》，将上述123,000平方米出让给世纪兴公司。2004年末至一审时，世纪兴公司一直停产，也没有建设新的项目，所闲置的土地被公司职工种植玉米。

被告永吉县国土资源局向一审法院提交了以下证据：《国有土地使用权出让合同》、国有土地使用证、原告提交的《异议书》、闲置土地调查单及现场照片、闲置土地调查单及委托测绘的闲置土地宗地图。上述证据证明：原告取得本案涉123,000平方米国有土地使用权，2004年因"非典"事件，原告生产经营及销售受重大影响，项目建设被迫停止，至今已达12年之久；经委托测绘公司现场勘测，该宗地总面积123,000平方米，已建成面积即已开发建设用地面积18,455平方米，剩余104,545平方米至今未开发建设，用于种植玉米等农作物。

2016年7月8日，永吉县国土资源局作出《闲置土地调查通知书》，并于同月14日向世纪兴公司送达。2017年5月23日，永吉县国土资源局作出永国土资闲认字〔2017〕1号《闲置土地认定书》，并于当日送达世纪兴公司。2017年8月30日，永吉县国土资源局向永吉县人民政府作出《关于闲置土地处置方案的请示》。同年9月13日，永吉县人民政府批复，同意永吉县国土资源局收回世纪兴公司104,545平方米土地面积的处置方式。2017年9月15日，永吉县国土资源局作出永国土收字〔2017〕2号《收回国有建设用地使用权决定书》，并于同月19日送达世纪兴公司。

【案件争点】

《国有土地使用权出让合同》中出让宗地的面积是否可以作为"应动工开发建设用地面积"。

【裁判要旨】

二审法院认为:《闲置土地处置办法》第2条第1款规定:"本办法所称闲置土地,是指国有建设用地使用权人超过国有建设用地使用权有偿使用合同或者划拨决定书约定、规定的动工开发日期满一年未动工开发的国有建设用地。"第2款规定:"已动工开发但开发建设用地面积占应动工开发建设用地总面积不足三分之一或者已投资额占总投资额不足百分之二十五,中止开发建设满一年的国有建设用地,也可以认定为闲置土地。"

上诉人世纪兴公司于2003年建设投产,占地18,455平方米,于2004年1月6日与永吉县国土资源局签订《国有土地使用权出让合同》,取得了123,000平方米国有建设用地使用权,但当年年末即停产,至今一直处于停产状态,除2003年建设新厂区占地18,455平方米外,没有建设新的项目,其余的104,545平方米国有建设用地客观上处于闲置状态。

世纪兴公司与永吉县国土资源局签订的《国有土地使用权出让合同》未约定"应动工开发建设用地面积"。从土地管理方面的法律法规来看,一般土地使用权出让合同都对土地用途、动工开发期限进行约定,但并未强制要求《国有土地使用权出让合同》必须对"应动工开发建设用地面积"进行约定。那么按照通常的理解,既然未作约定,"应动工开发建设用地面积"应该是指《国有土地使用权出让合同》中约定出让给使用权人使用的全部面积,当然,这不限于建筑物本身的占地面积,建筑物之间的空地、道路等综合使用的土地也属于开发建设的面积。使用权人如何根据自己的生产经营需要在土地使用权范围内规划建设,是使用权人的自主管理问题,但应当符合基本的法律规定,并具有基本的合理性。

从上诉人的上诉主张看,其主要以签订的《国有土地使用权出让合同》未对"应动工开发建设用地面积"进行约定为由,认为原审法院及被上诉人将123,000平方米认定为应动工开发建设面积属于认定错误。虽然上诉人与被上诉人签订的土地出让合同未约定应动工开发建设面积,但上诉人不能以此为由长期浪费、闲置土地资源,逃避应处理的问题,这也不符合土地管理法律法规规章的立法本意。

上诉人取得123,000平方米国有建设用地使用权,但实际建设占地仅18,455平方米,并且包括了建筑之间的空地、道路等。而其余104,545平方米土地,上诉人在自2004年至今十余年的时间中未进行开发建设、使用,其也一直处于停产状态,客观上未基于公司经营需要使用该部分土地,该部分土地符合闲置土地的认定条件。永吉县国土资源局依照《闲置土地处置办法》第 14 条第 2 项的规定,报经永吉县人民政府批准后,向世纪兴公司下达《收回国有建设用地使用权决定书》,并无不当。

再审法院认为:关于如何确定"应动工开发建设用地面积"的问题。《合同法》第 61 条[①]规定,"合同生效后,当事人就质量、价款或者报酬、履行地点等内容没有约定或者约定不明确的,可以协议补充;不能达成补充协议的,按照合同有关条款或者交易习惯确定"。《土地管理法》第 1 条规定,"为了加强土地管理,维护土地的社会主义公有制,保护、开发土地资源,合理利用土地,切实保护耕地,促进社会经济的可持续发展,根据宪法,制定本法"。《闲置土地处置办法》第 22 条规定,"国有建设用地使用权有偿使用合同或者划拨决定书应当就项目动工开发、竣工时间和违约责任等作出明确约定、规定。约定、规定动工开发时间应当综合考虑办理动工开发所需相关手续的时限规定和实际情况,为动工开发预留合理时间。因特殊情况,未约定、规定动工开发日期,或者约定、规定不明确的,以实际交付土地之日起一年为动工开发日期。实际交付土地日期以交地确认书确定的时间为准"。

本案中,世纪兴公司新厂区于2003 年建设投产,占地 18, 455 平方米。2004 年 1 月 6 日,其与永吉县自然资源局签订《国有土地使用权出让合同》,取得了 123, 000 平方米国有建设用地使用权,但当年年末即停产,至今一直处于停产状态,除 2003 年建设新厂区占地 18, 455 平方米外,没有建设新的项目,其余的 104, 545 平方米国有建设用地客观上处于闲置状态。

世纪兴公司与永吉县自然资源局签订的《国有土地使用权出让合同》未约定"应动工开发建设用地面积"。鉴于案涉土地出让在合同签订之后长达十多年内一直没有进行开发建设,长期闲置,已造成土地资源浪费的事实,原审法院将"应动工开发建设用地面积"确定为合同中约定出让的全部面积符合上述法律及规章的立法本意,并无不当。世纪兴公司已开发建设用地面积占应动工开发建设用地总面积不足 1/3,故永吉县自然资源局作出收回国有建设用地使用权的决定并无不当。

---

① 该条已被《民法典》第 510 条吸收。

例案二 青岛市南华置业有限公司与胶州市国土资源局行政处罚案

【法院】

山东省高级人民法院

【案号】

(2012)鲁行终字第125号

【当事人】

上诉人(原审原告):青岛市南华置业有限公司

被上诉人(原审被告):胶州市国土资源局

【基本案情】

本案所涉及的土地位于胶州市胶高路北、朱诸路西,面积100,059平方米(约150亩),系南方家园装饰城二期项目用地。2006年3月7日,青岛市胶州湾南方家园置业有限公司(以下简称南方家园公司)与胶州市国土资源局(以下简称市国土局)签订胶土合字(2006)009号《国有土地使用权出让合同》(以下简称《9号出让合同》),取得了本案所涉土地的使用权。双方约定:被告将涉案10万平方米国有土地使用权出让给南方家园公司,受让人需要在2006年4月7日之前动工建设。后南方家园公司为涉案土地办理了面积为19,228.5平方米、30,829.9平方米和50,001平方米的三个国有土地使用权证。

2006年12月28日,南方家园公司与原告青岛市南华置业有限公司(以下简称南华公司)分别签订了胶国土转合字(2006)129号、(2006)130号、(2006)131号国有土地使用权转让合同(以下简称《129~131号转让合同》),将上述三块土地使用权转让给原告。双方约定:南方家园公司同意将该宗土地转让给原告,原告同意受让该土地使用权,并履行《9号出让合同》和胶州市人民政府《关于胶州市国土资源局征用土地并将土地使用权出让给青岛市胶州湾南方家园置业有限公司使用的批复》等文件所载明的权利、义务,遵守其他的约(规)定。2006年12月,胶州市政府为原告颁发了胶国用(2006)字第2-213号、第2-214号、第2-215号国有土地使用证。

根据2005年5月14日胶州市规划管理办公室批准的南方家园建材五金装饰城规划方案,该宗土地上规划建筑面积约116,000平方米。南方家园公司在涉案土地上实际共申请规划建设8栋网点房,均位于2-215地块。这8栋楼房于2006年5月开工，2006年年底停工，至今未再建设，但都已办理了预售许可证。其中2栋已建成并出售，建筑面积为5893.7平方米，其余6栋为框架。2007年8月14日，南方家园公司申请将涉案土地《建设工程规划许可证》的工程建设单位变更为原告。同年8月27日，胶州市规划局为原告颁发了459576号、459577号、459578号、459579号《建设工程规划许可证》，规划建设面积共计22,321.4平方米。自2008年10月起，胶州市金胶州钢材市场（以下简称金胶州钢材市场）陆续占用约60亩原告土地建设厂房、堆放钢材。

2010年6月1日，被告作出《关于青岛南华置业有限公司国有闲置土地处置意见的函》，告知原告其拟收回未开工建设的约115亩国有土地使用权。

南华公司二审时向法院提交了四份证据：证据一，青岛市发展计划委员会于2003年4月下发的青计财贸〔2003〕112号青岛市发展计划委员会《关于青岛市胶州湾南方家园建材五金装饰商城一期工程项目建议书的批复》，以证明涉案南方家园项目规划占地460亩，建设单位是南方家园公司；证据二，胶州市房产管理局颁发的南方家园公司项目一期房屋预售许可证，以证明项目一期已竣工33栋，竣工面积109,393平方米，已完成该项目开发投资总额的25%以上；证据三，《资产置换协议》和《补充协议》，以证明上诉人通过置换转让方式，取得南方家园二期150亩土地和一期未销售房屋3.34万平方米；证据四，胶州市房产管理局颁发项目二期《房屋预售许可证》，证明项目二期已竣工房屋8栋，竣工面积22,486平方米。

经庭审质证，被上诉人对该宗证据的真实性均无异议，但对证明目的有异议，该宗证据于2007年9月前产生，恰恰证明上诉人至此未再对相关审批手续进行申请，证明上诉人中止了开发进程。上诉人实际取得土地面积100,059平方米，已建设8栋面积约22,300平方米，已建项目面积占总面积19.2%，不足1/3。

经二审法院审查，上述证据均不属于《关于行政诉讼证据若干问题的规定》第52条规定的“新的证据”，且上诉人无正当理由而未在一审提供。所以，二审法院未对该四份证据予以采信。

【案件争点】

涉案土地是否构成闲置土地。

【裁判要旨】

一审法院认为:按照 2005 年 5 月 14 日胶州市规划管理办公室批准的南方家园建材五金装饰城规划方案,涉案土地上规划的建筑面积约 116,000 平方米。而根据青岛立新建筑设计有限公司于 2011 年 3 月 28 日出具的《关于青岛胶州湾南方家园建材五金商城规划建设的有关情况》,原告实际建设 8 栋楼房,面积约 22,300 平方米,已建项目面积仅占总规划面积的 19.2%,不足 1/3。且原告自 2006 年年底停工以来,至今未恢复施工建设。被告将涉案土地认定闲置土地且认为其中止开发建设连续满 2 年,事实清楚,证据充分。

虽然原告认为南方家园二期项目是整个南方家园项目的一部分,整体来看开发建设面积超过了 1/3,且投资额超过 25%,但是原告系依法登记设立的企业,具有独立的法人资格,应独自承担相应的义务。南方家园一期的开发建设发生于原告设立之前,并非原告所为,与原告没有关联。另外,涉案约 10 万平方米土地是南方家园公司通过与被告签订《9 号出让合同》,单独取得的土地使用权,与南方家园一期根本不是同一块土地。因此,南方家园二期的开发建设应当由原告独自承担法律责任,不应与一期的开发建设混为一谈。

二审法院认为:本案中,涉案土地原系南方家园公司通过与市国土局签订《9 号出让合同》受让而来。后上诉人南华公司通过与南方家园公司签订《129 ~ 131 号转让合同》受让该土地,并由胶州市政府登记发证。故被上诉人市国土局根据《9 号出让合同》的内容认定涉案土地为同一宗地并无不当。

上诉人南华公司取得涉案土地使用权后,虽然已动工开发,但已开发建设的面积未达到应动工开发建设总面积的 1/3,且未经批准即于 2006 年年底停工至今,符合《闲置土地处置办法》(原国土资源部令第 53 号)第 2 条第 2 款,已动工开发建设但开发建设的面积占应动工开发建设总面积不足 1/3 或者已投资额占总投资额不足 25% 且未经批准中止开发建设连续满 1 年的,也可以认定为闲置土地的规定,且不符合"因政府、政府有关部门的行为造成动工开发迟延"的情形。因此,涉案土地依法属于闲置土地。

例案三　西充县自然资源和规划局、四川省宇恒房地产开发有限公司行政确认案

【法院】

四川省南充市中级人民法院

【案号】

(2020)川13行终63号

【当事人】

上诉人(原审被告):西充县自然资源和规划局

被上诉人(原审原告):四川省宇恒房地产开发有限公司

【基本案情】

2010年11月至2012年2月,四川省宇恒房地产开发有限公司(以下简称宇恒房产公司)通过公开竞价方式相继购买了原西充县国土资源局拍卖的三宗商业用地,宗地编号及面积分别为:御景华庭A区5××7号宗地、面积8104.3平方米,御景华庭B区5××5号宗地、面积27,243.06平方米,御景华庭C区6××8号宗地、面积24,986.69平方米。2011年6月10日,原西充县国土资源局(出让方)与原告宇恒房产公司(受让方)签订《国有土地使用权出让合同》和《补充协议》,合同约定出让人出让给受让人的宗地位于西充县冯家湾,宗地编号为6××8号,宗地总面积24,986.69平方米,宗地用途为商业住宅类;出让人同意在2011年8月30日前将出让宗地交付给受让人,受让人同意在2011年12月30日前动工建设,2013年6月30日前完成项目施工建设,并申请竣工验收,不能按期开工建设的,应提前30日向出让人提出延期申请,但延建时间最多不得超过1年。

签订协议后,原告宇恒房产公司依约向原西充县国土资源局按时足额支付土地出让金,因案涉土地在出让前由西充县人民政府融资贷款设定了抵押担保,原西充县国土资源局迟迟不能为原告宇恒房产公司办理案涉土地的权属变更登记,原告于2012年11月7日才取得原西充县国土资源局为其办理的西国用(2012)第2278号《国有土地使用证》,双方至今未就该宗土地重新确定动工建设和竣工验收两个时间节点进行协商并签订补充协议。2012年5月,原告委托厦门设计院有限公司进行方案设计,按照多扶镇城镇建设总体规划,将原告位于西充县的三宗土地统一设计成“御景华庭”项目A、B、C区,以明清风貌为

切入点,着力打造集购物、休闲、旅游、游乐为一体的城市商业综合体,并通过了西充县片区开发建设项目规划方案审查,原西充县住房和城乡规划建设局于 2012 年 6 月 5 日为原告核发了西住建(2012)D－014 号《建设用地规划许可证》,核定用地项目名称御景华庭 A、B、C 区,用地面积为 A 区 8104.2 平方米、B 区 27,243.06 平方米、C 区 24,986.69 平方米,用地位置西充县冯家湾。

原告宇恒房产公司投资建设的御景华庭项目总规划建筑面积为 133,545.34 平方米,在通过建设方案规划审查后,按照整体规划、逐步分期开发的建设方式,相继于 2012 年 7 月 20 日、2013 年 4 月 8 日对该房产项目 B 区、A 区动工修建,并于 2017 年 4 月 6 日报请原西充县住房和城乡规划建设局办理工程项目竣工验收备案登记。据《竣工验收备案书》显示,御景华庭 A 区 1－6 号楼规划许可建筑面积 18,632.97 平方米,竣工验收规划核实实建面积 18,676.07 平方米;御景华庭 B 区 1－9 号、14－18 号楼规划许可建筑面积 46,480.48 平方米,竣工验收规划核实实建面积 46,703.94 平方米;无违规建设行为,规划核实合格,工程质量、安全保证体系等资料齐全。原告在取得御景华庭 C 区土地使用权后,只做了部分宗地场平工程,至今未按项目规划设计开工建设。

原西充县国土资源局认为原告没有根据建设用地使用权出让合同约定申请延长开发建设期限,长期不对该宗土地进行开发建设,符合《闲置土地处置办法》第 2 条规定,该土地应当被认定为闲置土地,并于 2018 年 8 月 27 日向原告发出《闲置土地认定告知书》。2019 年 6 月 3 日,西充县自然资源和规划局(以下简称西充县自规局)作出《闲置土地认定通知书》,认定如下:(1)认定该宗土地为闲置土地,闲置时间自 2018 年 7 月 31 日起算;(2)土地闲置原因为企业自身原因。

【案件争点】

原告投资开发的御景华庭 C 区在被告作出闲置土地认定时已开发建设土地面积或已投资金额是否达到法定比例。

【裁判要旨】

一审法院认为:关于原告投资开发的御景华庭 C 区在被告作出闲置土地认定时已开发建设土地面积或已投资金额是否达到法定比例的问题。根据《闲置土地处置办法》第 2 条第 2 款“已动工开发但开发建设用地面积占应动工开发建设用地面积不足三分之一或者已投资额占总投资额不足百分之二十五,中止开发建设满一年的国有建设用地,也可以认定为闲置土地”之规定,原告宇恒房产公司通过公开竞价购买的由原西充县国土资源局拍卖的西充县的三宗土地,经西充县住房和城乡规划建设局统一规划形成了御景华庭 A、B、C 区,并核发了《建设用地规划许可证》,西充县工业园区规委会也审议通过了御景华庭设计方案,因此原告投资开发的御景华庭楼盘是一个完整规划建设项目。

据原、被告提交的相关证据,御景华庭项目总规划面积为 133, 545. 34 平方米,截至 2017 年 4 月 6 日,御景华庭 A 区、B 区按规划相继建成房屋总面积 65, 380. 06 平方米,其中 A 区 18, 676. 07 平方米、B 区 46, 703. 94 平方米,占该项目应开发建设面积约 50% 。原告宇恒房产公司在开发建设御景华庭中已开发建设土地面积或者投资金额均超过法律规定比例,不符合闲置土地认定条件,该项目 C 区土地不属于闲置土地。

二审法院认为,根据《闲置土地处置办法》第 2 条第 2 款“已动工开发但开发建设用地面积占应动工开发建设用地面积不足三分之一或者已投资额占总投资额不足百分之二十五,中止开发建设满一年的国有建设用地,也可以认定为闲置土地”之规定,被上诉人宇恒房产公司通过公开竞价购买的由原西充县国土资源局拍卖的位于西充县 × ×镇 × ×相邻的三宗土地,其竞拍方式虽然为分别竞拍,但经西充县住房和城乡规划建设局统一规划为御景华庭 A、B、C 区,并核发了《建设用地规划许可证》,对该三宗地颁发的是统一的一个规划许可证,同时西充县工业园区规委会审议通过了御景华庭设计方案,可以认定政府相关部门对该三宗地做了进一步的统一规划行为,该行为对行政行为相对人具有信赖利益。故应认定被上诉人宇恒房产公司投资开发的御景华庭楼盘是一个完整规划建设项目。

而据被上诉人一审提交的相关证据显示,御景华庭项目总规划面积为 133, 545. 34 平方米,截至 2017 年 4 月 6 日,御景华庭 A 区、B 区按规划相继建成房屋总面积 65, 380. 06 平方米,其中 A 区 18, 676. 07 平方米、B 区 46, 703. 94 平方米,占该项目应开发建设面积约 50% ,被上诉人宇恒房产公司在开发建设御景华庭中已开发建设土地面积或者投资金额均超过法律规定比例,不符合闲置土地认定条件,该项目 C 区土地不属于闲置土地。上诉人西充自规局于 2019 年 6 月 3 日作出西自规闲通字〔2019〕第 001 号《闲置土地认定通知书》,属认定事实不清,适用法律错误,处理结果不当,应当予以撤销。

二、要点分析

闲置土地是我国为提高建设用地利用率而提出的法律概念,是指依法应当利用而未利用或未有效利用的土地状态。

《闲置土地处置办法》第2条规定了两种情形的闲置土地,第2条第1款规定:“本办法所称闲置土地,是指国有建设用地使用权人超过国有建设用地使用权有偿使用合同或者划拨决定书约定、规定的动工开发日期满一年未动工开发的国有建设用地”;第2条第2款规定:“已动工开发但开发建设用地面积占应动工开发建设用地总面积不足三分之一或者已投资额占总投资额不足百分之二十五,中止开发建设满一年的国有建设用地,也可以认定为闲置土地。”

从土地利用程度的角度对闲置土地进行分类可分为两种,一种是上述第1款规定的情形——未利用,另一种是上述第2款规定的情形——未有效利用。

无论是哪种情形的闲置土地,在实务中均存在认定难的问题。例如,对于未有效利用这一情形的闲置土地的认定就存在应动工开发建设用地总面积和已开发建设用地面积是指建筑面积还是土地面积的问题,除此,如何确定应动工开发建设用地总面积、已开发建设用地面积、总投资额、已投资额,亦是实务中的难点。

本篇专题作者将通过分析类案观点及各地的相关规定,阐释未有效利用这一情形的闲置土地的两种类型,明晰应动工开发建设用地总面积、已开发建设用地面积的概念,以及如何确定应动工开发建设用地总面积、已开发建设用地面积、总投资额以及已投资额的问题,以期为读者在处理类似问题时提供参考。

2.1　未有效利用的闲置土地的类型

已开发建设用地面积未达到应动工开发建设用地总面积的法定比例,或者已投资额未达到应投资总额的法定比例,均可能构成未有效利用的闲置土地。

2.1.1　未有效利用的闲置土地有两种类型

已动工开发建设用地面积以及已投入资金数额是衡量项目投资进度的两

个重要因素。有些项目的已动工开发建设用地面积占比可能较大,但实际已投入资金占比较少;有些项目虽然已投入资金占比较大,但实际已动工开发建设用地面积占比较少。

考虑到这种情况,《闲置土地处置办法》从开发用地面积以及投资额两个方面对未有效利用的闲置土地加以分类。

在已动工开发的情况下,若开发建设用地面积占应动工开发建设用地总面积不足1/3,或者已投资额占应投资总额不足25%,中止开发建设满1年的国有建设用地,也构成闲置土地。

2.1.2 准确理解两种类型的未有效利用的闲置土地

从文义解释角度出发,《闲置土地处置办法》第2条第2款的条款内容有两种不同的解释。

第一种解释,未有效利用的闲置土地的两种类型为:(1)已动工开发但开发建设用地面积占应动工开发建设用地总面积不足1/3的国有建设用地;(2)已投资额占总投资额不足25%,中止开发建设满1年的国有建设用地。

第二种解释,未有效利用的闲置土地的两种类型为:(1)已动工开发但开发建设用地面积占应动工开发建设用地总面积不足1/3,且中止开发建设满一年的国有建设用地;(2)已动工开发但已投资额占总投资额不足25%,且中止开发建设满1年的国有建设用地。

上述两种解释的不同在于,中止开发建设满1年是否均应作为两种类型闲置土地的认定条件,笔者更倾向于采用第二种解释。

《闲置土地处置办法》(1999年)第2条第2款规定:"具有下列情形之一的,也可以认定为闲置土地:……(二)已动工开发建设但开发建设的面积占应动工开发建设总面积不足三分之一或者已投资额占总投资额不足25%且未经批准中止开发建设连续满1年的。"

从文义解释的角度该规定的表述更倾向于上述第一种解释,"或者"二字将该规定分为两部分,即"已动工开发建设但开发建设的面积占应动工开发建设总面积不足三分之一"和"已投资额占总投资额不足25%且未经批准中止开发建设连续满1年的"。

2003 年《广州市闲置土地处理办法》[①]也采用了第一种解释,该办法第 5 条第 1 款规定:“本办法所称闲置土地是指具有下列情形之一的土地:……(三)已动工开发建设但开发建设的面积占应当动工开发建设总面积不足三分之一,或者已投资额占总投资额不足百分之二十五且未经批准中止开发建设连续满一年的……”

但是,部分地方对此有着不同的理解,例如 2009 年《合肥市闲置土地处置办法》第 8 条[②]明确规定两类未有效利用的闲置土地均应满足“中止开发建设连续满 1 年”这一条件,即采用第二种解释。

2012 年修改后的《闲置土地处置办法》第 2 条第 2 款将原规定中的“且”字换成了逗号,最终修订为“已动工开发但开发建设用地面积占应动工开发建设用地总面积不足三分之一或者已投资额占总投资额不足百分之二十五,中止开发建设满一年的国有建设用地,也可以认定为闲置土地。”这一细微变化使得有关部门对该规定的理解从倾向第一种解释变化为倾向第二种解释。

自此,各地在出台闲置土地认定处置有关规定或者文件时,大多是采用相同逻辑的表述,例如,2015 年《宝山区闲置土地处置实施意见(试行)》第 2 条第 1 款规定:“本实施意见所称‘闲置土地’,是指具有下列情形之一的国有建设用地:……(二)已动工开发但开发建设用地面积占应动工开发建设用地总面积不足 1/3 或者已投资额占总投资额不足 25%,中止开发建设满 1 年的……”2016 年《沈阳市闲置土地处置办法》第 4 条第 2 款规定:“已动工开发但开发建设用地面积占应动工开发建设用地总面积不足 1/3 或者已投资额占总投资额不足 25%,同时中止开发建设满 1 年的国有建设用地,可认定为闲置土地。”

司法实践中也是按照第二种解释进行法律适用,不但要查明已动工开发建设用地面积占应动工开发建设用地总面积是否不足 1/3,还要查明中止开发建设是否满 1 年,从而判断该宗土地是否构成闲置土地。

---

① 该文件已失效,现行有效的规定为《广州市闲置土地处理办法》(2020 年修正)。

② 参见《合肥市闲置土地处置办法》第 8 条规定:“符合下列情形之一的建设用地,认定为闲置土地:……(三)已动工开发建设但开发建设的面积占应动工开发建设总面积不足三分之一且未经批准中止开发建设连续满 1 年的;(四)已动工开发建设但已投资额占总投资额不足 25% 且未经批准中止开发建设连续满 1 年的……”

如可供参考的例案一中,案件审理法院认定闲置土地的方式为:上诉人取得 123,000 平方米国有建设用地使用权,但实际建设占地仅 18,455 平方米,并且包括建筑之间的空地、道路等。而其余 104,545 平方米土地,上诉人在自 2004 年至今 10 余年的时间中未进行开发建设、使用,其也一直处于停产状态,客观上未基于公司经营需要使用该部分土地,该部分土地符合闲置土地的认定条件。

如可供参考的例案二中,案件审理法院认定闲置土地的方式为:原告实际建设 8 栋楼房,面积约 22,300 平方米,已建项目面积仅占总规划面积的 19.2%,不足 1/3。且原告自 2006 年年底停工以来,至今未恢复施工建设。被告将涉案土地认定闲置土地且认为其中止开发建设连续满 2 年,事实清楚,证据充分。

2.2 开发建设用地面积的认定

在适用《闲置土地处置办法》第 2 条第 2 款认定闲置土地时,如何确定"应动工开发建设用地总面积"和"已开发建设用地面积",是实务中的一个难点。从各地规定和司法实践来看,既有将开发建设用地面积解释为"建筑面积"的,也有将其解释为"土地面积"的。

2.2.1 以土地面积而非建筑面积认定闲置土地

《闲置土地处置办法》(1999 年)第 2 条第 2 款所使用的规范用语是"应动工开发建设总面积"和"开发建设的面积"。从字面上很难理解,此处面积是指土地面积还是建筑面积。

2002 年,针对原河南省国土资源厅有关问题的请示,国土资源部办公厅《关于闲置土地处置有关问题的复函》(国土资厅函〔2002〕101 号)[①]指出,"应动工开发建设总面积"是指土地使用权人依照土地出让合同的约定和规划设计条件,应当在规定时间内完成开发建设的土地面积;"开发建设的总面积"是指"应动工开发建设总面积"中土地使用权人已经进行实际投资开发建设的土地面积。但是各地相关规定有所不同。

上海市金山区、长沙市两地的地方性规定指明"应动工开发建设总面积"和

---

① 该文件于 2016 年 5 月 27 日废止。

“开发建设的面积”是指“土地面积”,与上述复函的意见一致。

2006年《金山区闲置土地处置暂行办法》第4条第1款规定:“认定和处置闲置土地以宗地为单位。闲置土地的认定标准应当符合下列情形之一:……(五)已动工开发建设,但开发建设的土地面积占应动工开发建设土地总面积不足三分之一或者已投资额占总投资额不足25%,且未经批准中止开发建设连续满1年的……”2011年《长沙市闲置土地处理办法》(已废止)第6条规定:“具有下列情形之一的,认定为闲置土地:……(三)已动工开发建设但开发建设的土地面积占应动工开发建设土地面积不足1/3或者已投资额占总投资额不足25%,且未经批准中止开发建设连续满12个月的……”

然而,合肥市、清远市两地的地方性规定明确指明“应动工开发建设总面积”和“开发建设的面积”是指“建筑面积”。

2009年《合肥市闲置土地处置办法(试行)》第23条规定:“本办法中有关用语的含义:……‘应动工开发建设总面积’是指土地使用权人依照土地使用权出让合同(或者划拨决定书规定)约定和规划设计条件,应当在规定时间内完成开发建设的建筑面积;‘开发建设的总面积’是指‘应动工开发建设总面积’中土地使用权人已经进行实际投资开发建设的建筑面积……”2012年《清远市区闲置土地处置办法》(已废止)第37条规定:“本办法中有关用语的含义:……应动工开发建设总面积:是指土地使用者依照土地有偿使用合同或者划拨决定书的约定和规划设计条件,应当在规定时间内完成开发建设的建筑面积,不包括绿地面积。……”

其他地区大多沿用《闲置土地处置办法》(1999年)第2条第2款规定中所使用的“应动工开发建设总面积”和“开发建设的面积”,未明确指定是“土地面积”还是“建筑面积”。例如,2006年《武汉市闲置土地处置办法》第4条第2款规定:“具有下列情形之一的,也可以认定为闲置土地:……(二)已动工开发建设,但开发建设的面积占应动工开发建设总面积不足1/3或者已投资额占总投资额不足25%且未经批准中止开发建设连续时间满1年的……”

2011年,原国土资源部发布《关于〈闲置土地处置办法(修订草案)〉公开征求意见的通知》,修订草案的第2条还是沿用了1999年《闲置土地处置办法》中“开发建设的面积”的表述,并无改动。

但是2012年最终修订发布的《闲置土地处置办法》将“开发建设的面积”修

改为“开发建设用地面积”。虽然仅在规范表述中多加了“用地”二字,但是多少凸显出立法的相应用意,旨在说明“应动工开发建设用地总面积”和“已开发建设用地面积”的认定标准是指“土地面积”。

随后,内蒙古自治区、上海市宝山区等地都采用了“土地面积”的认定标准,并在各自地方性规定中进行了明确的界定。

《内蒙古自治区闲置国有土地处置实施办法》第30条规定:“应动工开发建设用地面积:指土地使用者依照土地有偿使用合同或者划拨决定书的约定和规划设计条件,应当在规定时间内完成开发建设的建筑物和构筑物基底占地面积之和……”《宝山区闲置土地处置实施意见(试行)》第2条第4款规定:“应动工开发建设用地总面积按照国有建设用地使用权人取得国有建设用地使用权后依法报建的建筑物或者构筑物所占的土地面积进行认定。已动工开发建设用地面积按照应动工开发建设用地总面积中国有建设用地使用权人已经进行实际动工开发建设的土地面积进行认定。”

除此之外,有些地方甚至还明确指出,“应动工开发建设用地总面积”和“已开发建设用地面积”是土地面积,而非建筑面积。例如,湖南省株洲市《株洲市闲置土地处置、低效工业用地再开发利用实施方案》(株政办发〔2018〕23号)第3条(实施范围及认定标准)第1款第3项规定:“已动工开发但开发建设用地面积占应动工开发建设用地总面积不足1/3或者已投资额占总投资额不足25%,中止开发建设满一年的国有建设用地。其中,动工面积为用地面积,并非建筑面积……”

综上,2012年修订后的《闲置土地处置办法》实际上已经非常明确地指出,应动工开发建设用地总面积及已开发建设用地面积均应指土地面积,结束了长期以来的争议。但是需要注意的是,相关地方规定并未进行同步修改。

2.2.2 闲置土地认定的土地面积不应是出让宗地的面积

上文提到了闲置土地的认定应以“土地面积”为标准。但是应动工开发建设用地总面积如何确定呢?除出让净地面积外,宗地面积可能还包括代征面积,而出让净地面积中除建筑物或构筑物占用土地面积外,还有用地红线内的道路、绿化等占用土地面积,若在确定应动工开发建设用地总面积时,直接以出让宗地的总面积计算,则对建设用地使用权人明显不公平,以建筑物占用土地面积作为应动工开发建设用地总面积可能更为合理。

那么建筑物占用土地面积如何计算呢?其实在建筑密度确定的情况下,建筑物占用土地面积 = 宗地面积 × 建筑密度。

海南省人民政府《关于进一步做好闲置土地处置工作的通知》(琼府〔2015〕24 号)第 1 部分第 4 款就有相关规定:"……应动工开发建设用地总面积,按照依法报建的建(构)筑物所占的基底土地面积进行认定,或者按照以下公式计算认定:应动工面积 = 建筑密度 × 出让土地总面积。已动工开发建设用地的面积,对已经形成地上建(构)筑物的,按照建(构)筑物的基底土地面积认定;未形成地上建(构)筑物的,按地基施工部分的土地面积进行认定……"

对已动工开发土地面积的确定,通常是由专业机构进行评估。例如,《鄂尔多斯市闲置土地处置实施办法》第 9 条第 2 款规定:"已开发建设用地面积、已投资额由土地使用权人提供建设工程设计方案和图纸、资金凭证及其他合法有效的材料证明。国土部门认为有必要的,可以委托具备相应资质的社会中介机构评估或审计,或向规划、建设、发改等部门调查核实";《茂名市城市规划区闲置土地处置办法实施细则》第 4 条第 4 款规定:"已开发建设用地面积、已投资额由土地使用权人提供建设工程设计方案和图纸、资金凭证及其他合法有效的材料证明。自然资源主管部门应当对用地现状进行现场勘查,可以委托具备相应资质的社会中介机构进行评估或审计,或者向建设、发展改革等相关部门调查核实";海南省人民政府《关于进一步做好闲置土地处置工作的通知》(琼府〔2015〕24 号)也明确,已动工开发建设用地面积可由市县土地行政主管部门委托具有相应资质的单位测量确定。

当然,在司法实践中,也有法院直接以出让宗地的土地面积来确定"应动工开发建设用地总面积"。如果涉案土地长时间明显闲置,其认定方法也具有一定的合理性,就像在上述可参考的例案一中,案件审理法院认为:鉴于案涉土地在出让合同签订之后长达 10 多年时间内一直没有进行开发建设,长期闲置,已造成土地资源浪费的事实,原审法院将"应动工开发建设用地面积"确定为合同中约定出让的全部面积符合上述法律及规章的立法本意,并无不当。

另外,对于应动工开发建设用地总面积及已动工开发建设用地面积的认定,有关部门应当根据项目的不同性质,具体问题具体分析。

举例而言,如果建设用地使用权人利用土地开发的是公园项目,那么判断公园项目的建设进度就不能单纯以其配套建筑的动工面积为标准。《公园设计规范》(GB 51192—2016)第3.3.1条示明:“公园用地面积包括陆地面积和水体面积,其中陆地面积应分别计算绿化用地、建筑占地、园路及铺装场地用地的面积及比例……”也就是说,若开发的是公园项目,配套建筑仅是公园建设中的一小部分,公园的主要建设内容除了有配套建筑,还有绿地、园路等陆地面积以及水体面积。如果仅以配套建筑的动工面积作为“闲置土地”的判断标准,实为有失公平,在应用规定时显得不够灵活。所以,在认定公园项目用地是否构成闲置土地时,应根据《公园设计规范》中规定的公园建设内容来综合评价,而不能单纯以公园项目中的配套建筑的施工情况作为判断开发进度的唯一参考因素。

2.3 投资额的认定

《闲置土地处置办法》第30条仅对总投资额以及已投资额的范围进行了明确,即“……已投资额、总投资额:均不含国有建设用地使用权出让价款、划拨价款和向国家缴纳的相关税费”。实务中,则需要解决如何确定总投资额和已投资额的问题。

2.3.1 总投资额以土地出让合同约定为准

对于总投资额的确定,首先应以土地出让合同的约定为准。各地文件有相关规定,例如,《宝山区闲置土地处置实施意见(试行)》第2条第6款规定:“总投资额以国有建设用地使用权出让合同的约定认定;合同未约定的,按照区相关部门确定的方式予以认定……”《茂名市城市规划区闲置土地处置办法实施细则》第4条规定:“总投资额,以国有建设用地使用权有偿使用合同、划拨决定书的约定、规定为准……”

当然,在土地出让实践中,土地出让合同往往没有约定总投资额,尤其是住宅、商业等房地产项目开发用地的土地出让合同,这就需要根据立项、规划建设报建等相关文件确定,若该项目为政府招商引资项目,招商引资协议可能也会对总投资额予以约定。例如,《茂名市城市规划区闲置土地处置办法实施细则》第4条第3款规定:“……没有约定或规定的,按照建设工程规划许可、建设工程报建批准、有关规划要求文件或立项文件、招商引资合同等材料认定。通过上述方式仍无法认定的,征求建设、发展改革等相关部门或招商引资单位意见后确定。”

根据国务院《关于投资体制改革的决定》、[①]《企业投资项目核准和备案管理条例》[②]等相关规定,企业投资房地产项目实行备案制,备案信息包括项目总投资额。因此,如土地出让合同没有约定,则可以根据发展改革部门的固定资产投资项目备案、核准或项目批复确定,例如,海南省人民政府《关于进一步做好闲置土地处置工作的通知》(琼府〔2015〕24号)第1部分第5款规定:"……项目总投资额按照土地使用权有偿使用合同或划拨用地决定书确定;没有合同约定、文件规定或者合同约定、文件规定不明确的,可以根据发展改革部门的固定资产投资项目备案、核准或项目批复确定……"甚至有的地方直接规定总投资额就是发展改革行政主管部门批准或备案的投资总额,例如《唐山市闲置土地处理办法》第4条第2款第4项规定:"具有下列情形之一的,应当认定为闲置土地……或者已投资额占总投资额(发展改革行政主管部门批准或备案的投资总额)不足25%,且未经批准终止开发建设连续满一年的。"

如发展改革部门的立项或备案文件对项目投资总额没有明确,或者对此有争议的,参考海南省人民政府《关于进一步做好闲置土地处置工作的通知》(琼府〔2015〕24号)的规定,自然资源主管部门可以依据规划许可的项目报建方案,委托具有相关资质的单位进行评估确定。

2.3.2　可以通过审计方式认定已投资额

项目已投资额是指土地使用权人在该宗土地已投入的建设资金数额。已投资额的确定,依赖于相关评估机构或者审计机构根据项目的相关资料(包括项目开发成本及费用的各项票据)进行的评估,各地就此也进行了相关规定。

例如,《鄂尔多斯市闲置土地处置实施办法》第9条第2款规定:"……已投资额由土地使用权人提供建设工程设计方案和图纸、资金凭证及其他合法有效的材料证明。国土部门认为有必要的,可以委托具备相应资质的社会中介机构评估或审计,或向规划、建设、发改等部门调查核实……"《茂名市城市规划区闲置土地处置办法实施细则》第4条第4款规定:"……已投资额由土地使用权人

---

① 国务院《关于投资体制改革的决定》第2部分第1款规定:"……对于企业不使用政府投资建设的项目,一律不再实行审批制,区别不同情况实行核准制和备案制。……"

② 《企业投资项目核准和备案管理条例》第13条第4款规定:"实行备案管理的项目,企业应当在开工建设前通过在线平台将下列信息告知备案机关:(一)企业基本情况;(二)项目名称、建设地点、建设规模、建设内容;(三)项目总投资额;(四)项目符合产业政策的声明。"

提供建设工程设计方案和图纸、资金凭证及其他合法有效的材料证明。自然资源主管部门应当对用地现状进行现场勘查,可以委托具备相应资质的社会中介机构进行评估或审计,或者向建设、发展改革等相关部门调查核实……”海南省人民政府《关于进一步做好闲置土地处置工作的通知》(琼府〔2015〕24 号)第 1 部分第 5 款明确规定:“已投资额是指土地使用权人已经投入用于土地开发建设的资金总额,市县土地行政主管部门可以依据规划许可的项目报建方案,委托具有相关资质的单位进行评估确定……”《珠海市闲置土地处置办法》第 6 条第 3 款规定:“投入资金的认定,由自然资源部门依据国有建设用地使用权人委托的有资质的房地产评估机构出具的《在建工程评估报告》或者区人民政府(横琴新区、经济功能区管委会)、市级以上经批准成立的工业园区、开发区、经济功能区出具的书面证明认定……”

2.4 中止开发建设满一年的认定

对于“中止开发建设满一年”的理解,涉及两个问题:一是中止开发建设如何认定;二是满一年如何认定。这两个问题实务中争议较大,尤其是第二个问题。

2.4.1 由建设部门对中止开发建设的事实进行认定

《闲置土地处置办法》以及地方性相关规定并没有解释和说明“中止开发建设”的认定方式和标准,即未明确在什么情况下才算是建设单位实际上已经中止对土地的开发建设?

《建筑法》第 10 条规定:“在建的建筑工程因故中止施工的,建设单位应当自中止施工之日起一个月内,向发证机关报告,并按照规定做好建筑工程的维护管理工作。建筑工程恢复施工时,应当向发证机关报告;中止施工满一年的工程恢复施工前,建设单位应当报发证机关核验施工许可证。”

因此,“中止开发建设”的认定可由建设工程施工许可证的发证单位住房和城乡建设行政主管部门根据建设单位的报告情况进行认定,正如《珠海市闲置土地处置办法》第 35 条第 3 款规定:“中止开发建设满 1 年的情形,由自然资源部门根据住房和城乡建设行政主管部门提供的相关证明材料进行认定”;武汉市人民政府《关于印发武汉市闲置土地处置办法的通知》(武政〔2006〕53 号)第 4 条第 3 款规定:“……未经批准中止开发建设连续时间满 1 年的,由建设行政主管部门依照施工许可证认定……”《合肥市闲置土地处置办法(试行)》第23条规定:“……‘中止开发建设’是指已经动工后停止建设,中止开发建设的连续时间依照施工许可证认定……”

2.4.2　实务中对中止开发建设满一年中“一年”的认定有争议

在上一篇专题中,笔者就未动工开发满一年中的“一年”的有关问题进行了分析,该“一年”是客观事实上土地闲置满一年的状态,不问原因,不存在中止后继续计算的问题,亦不存在中断后重新计算的问题。

但是中止开发建设满一年中的“一年”该如何理解和认定呢?笔者认为,这也涉及两个问题:一是“一年”是连续计算还是累加计算;二是中止开发建设的原因是否影响闲置土地的认定,即土地如果非因建设用地使用权人自身的原因而中止开发建设满一年,是否属于该条款规定的闲置土地?

《闲置土地处置办法》(1999年)原条款的表述为“且未经批准中止开发建设连续满1年的”,这有两点内涵,未经批准和连续满1年。从字面上理解,按照该认定标准,虽然连续中止建设满1年但是中止建设已经政府主管部门批准,或者是未经批准但未连续满1年的土地,均不属于该种情形的闲置土地。

但是2012年修订后的《闲置土地处置办法》规定的是,“中止开发建设满一年”,从字面理解,并不包含上述两层内涵。但是否意味着相关认定规则完全发生了变化呢?

有些地方对此似乎作出了完全不同于《闲置土地处置办法》的规定。例如,《广州市闲置土地处理办法》第5条第3款第3项规定,“已动工开发建设,但开发建设的用地面积占应当动工开发建设总用地面积不足1/3或者已建设投资额(不含土地取得成本)占总建设投资额(不含土地取得成本)不足25%,且非因不可抗力、政府及其有关部门行为中止开发建设连续满1年的”;《中山市闲置土地处置实施细则》第6条第1款第3项规定:“已动工开发但开发建设用地面积占应动工开发建设用地总面积不足三分之一,或者已投资额占总投资额不足25%,中止开发建设连续满一年的”;《大庆市闲置土地处理办法》第5条规定:“本办法所称闲置土地是指具有下列情形之一的土地……(三)已动工开发建设但开发建设的面积占应当动工开发建设总面积不足三分之一,或者已投资额占总投资额不足25%且未经批准中止开发建设连续满1年的……因不可抗力或者政府、政府有关部门的行为或者动工开发必须的前期工作造成动工开发迟延的除外。”

通过上述规定,我们不难发现,地方相关规定要求中止建设是连续满一年,非因建设用地使用权人自身原因(包括政府原因或者不可抗力)而中止开发建设的土地,不得认定为闲置土地。

但是笔者认为,结合闲置土地处置政策的宗旨——尽可能盘活存量的未利用或未得到有效利用的土地,按照修订后的《闲置土地处置办法》相关规定的表述,闲置土地的认定条件应该是更为宽松,即不要求中止开发建设时间是连续的一年,也不问中止开发建设的原因。只要符合规定情形,即构成闲置土地。这点可以从《闲置土地处置办法》第 12 条第 3 款“符合本办法第二条第二款规定情形的闲置土地,依照本条规定的方式处置”的规定看出,即无论何种原因导致的已动工开发的土地最终闲置的,都应当按照自然资源主管部门与建设用地使用权人协商的方式处置,最大限度地盘活闲置的存量建设用地。

专题三 因未按约定交付土地，致使项目不具备动工开发条件的，属政府原因造成土地闲置

要点描述

《闲置土地处置办法》第8条第1款规定："有下列情形之一，属于政府、政府有关部门的行为造成动工开发延迟的……（一）因未按照国有建设用地使用权有偿使用合同或者划拨决定书约定、规定的期限、条件将土地交付给国有建设用地使用权人，致使项目不具备动工开发条件的……"《闲置土地处置办法》第12条规定："因本办法第八条规定情形造成土地闲置的，市、县国土资源主管部门应当与国有建设用地使用权人协商，选择下列方式处理：……"《闲置土地处置办法》第21条规定："市、县国土自然资源部门供应土地应当符合下列要求，防止因政府、政府有关部门的行为造成土地闲置：（一）土地权利清晰；（二）安置补偿落实到位；（三）没有法律经济纠纷；（四）地块位置、使用性质、容积率等规划条件明确；（五）具备动工开发所必需的其他基本条件。"

按照约定期限和条件向受让人交付土地，是出让人在土地出让合同项下的主要义务。根据上述规定，如出让人未按照土地出让合同约定的期限、条件将土地交付给受让人致使项目动工开发迟延，因此使土地闲置的，属于政府原因造成土地闲置，自然资源主管部门应当与建设用地使用权人协商处置该宗闲置土地，不得无偿收回土地。

一、可供参考的例案

例案一 沈阳市规划和国土资源局辽中分局与沈阳海洋轻型软管有限公司土地行政处罚纠纷案

【法院】

辽宁省沈阳市中级人民法院

【案号】

(2018)辽01行终1595号

【当事人】

上诉人(原审被告):沈阳市规划和国土资源局辽中分局

被上诉人(原审原告):沈阳海洋轻型软管有限公司

【基本案情】

沈阳海洋轻型软管有限公司(以下简称海洋软管公司)、沈阳市规划和国土资源局辽中分局(以下简称辽中国土局)于2009年1月8日签订《国有建设用地使用权出让合同》(合同编号为GF－2009－001),合同约定辽中国土局将坐落于辽中县辽中镇西环街118号,宗地编号为51－014,面积为5845平方米的土地出让给海洋软管公司,土地用途为商住,并约定受让人在合同项下宗地范围内新建建筑物、构筑物及其附属设施的,应符合市(县)政府规划管理部门确认的出让宗地规划条件,建筑总面积18,440平方米,容积率1.7。海洋软管公司按照合同约定缴纳了全部费用,辽中县人民政府于2009年1月19日为海洋软管公司颁发辽中国用(2009)第0009号《土地权属证书》,地类(用途)一栏中写明综合用地。

在双方签订国有建设用地使用权出让合同前,2008年3月,辽中县发展和改革局、辽中县环保局分别对辽中鑫天地农副产品交易中心在本案案涉土地上建设农贸市场的申请进行批复,在辽中国土局对案涉土地进行调查时,该农贸市场一直处于经营状态。

辽中国土局于2015年7月20日就案涉土地相关问题对海洋软管公司进行询问,7月29日作出《闲置土地认定书》。因海洋软管公司申请,辽中国土局于2015年9月7日就闲置土地认定召开听证会。同年10月8日,辽中国土局就闲置土地处置方案问题向辽中县人民政府请示,同年11月10日,辽中县人民政府作出辽中政〔2015〕160号批复,同意无偿收回该宗地国有建设用地使用权。2015年12月15日,辽中国土局作出辽规国土闲收字〔2015〕001号《收回国有建设用地使用权决定书》,无偿收回案涉闲置土地使用权,并于12月18日向海洋软管公司送达。2016年5月20日,辽中国土局作出辽规国土闲收字〔2015〕001－1号《补正决定书》,并于5月24日向海洋软管公司送达。海洋软管公司不服辽中国土局作出的收地决定提起诉讼,一审法院判决撤销被告辽中国土局于2015年12月15日作出的辽规国土闲收字〔2015〕001号《收回国有建设用地使用权决定》。辽中国土局不服一审法院的判决提起上诉。

【案件争点】

辽中国土局是否按合同约定向海洋软管公司交付了符合条件的土地；关于涉案土地是否应当无偿收回。

【裁判要旨】

本院认为，根据《闲置土地处置办法》第4条的规定，辽中国土局具有作出本案被诉行政行为的法定职权。双方当事人在签订《国有建设用地使用权出让合同》时，对出让方须交付的土地条件进行了约定，即出让方须向受让方交付场地平整达到"六通一平"的土地。而涉案土地在被上诉人海洋软管公司签订《国有建设用地使用权出让合同》，取得涉案土地使用权之前已经由第三方开发建设为鑫天地农副产品交易中心，且从建成以来一直处于经营状态。辽中国土局将已经建成农贸市场的土地出让给海洋软管公司，并以海洋软管公司在该土地上建设农贸市场未实际开发为由收回国有建设用地使用权，其理由明显不当。由此可见，辽中国土局并未按合同约定向海洋软管公司交付符合条件的土地。本案涉案地块即属于《闲置土地处置办法》第8条第1款第1项所规定的情形，应依照《闲置土地处置办法》第12、13条的相关规定处理。因政府、政府有关部门的行为造成动工开发延迟的，应当按照该办法规定先行协商，而辽中国土局在作出本案被诉行政行为前，并未与海洋软管公司就案涉土地的处置进行协商，违反了《闲置土地处置办法》的规定。上诉人辽中国土局对涉案土地直接作出无偿收回处理确属不当。综上，原审法院判决结论并无不当，驳回上诉，维持原判。

➡ 例案二　儋州市人民政府与儋州江龙商贸有限公司无偿收回国有建设用地使用权案

【法院】

海南省高级人民法院

【案号】

(2018)琼行终1022号

【当事人】

上诉人(原审被告):儋州市人民政府

被上诉人(原审原告):儋州江龙商贸有限公司

【基本案情】

2007年2月12日,儋州市国土资源局(以下简称儋州市国土局)与儋州江龙商贸有限公司(以下简称江龙公司)签订《国有土地使用权出让合同》和《补充协议》,将儋州市工业大道东侧控规0102号、0104号宗地出让给江龙公司(后期进行了置换)。该合同和补充协议约定由儋州市国土局在2007年4月30日前将出让宗地交付给江龙公司,交付土地时该宗地周围基础设施达到“三通”,即通路、通电、通水;江龙公司同意在2007年9月30日之前动工建设,在2009年9月30日前完成项目施工建设并申请竣工验收。

江龙公司取得的儋国用(2007)第342号《国有土地使用证》项下地块之间原规划了一条道路,但该道路一直没有修建。2010年儋州市政府对涉案土地所在区域进行规划调整后,将该原规划修建道路的土地规划为住宅用地进行挂牌出让,由江龙公司通过竞拍于2013年取得该地块的使用权。儋州旭升土地评估有限公司于2013年9月25日出具的《土地估价报告》亦载明涉案土地尚未达到“五通”,即未通路、未通电、未通讯、未供水、未排水。2013年10月23日,江龙公司取得上述土地的《国有土地使用证》,证号为儋国用(2013)第1175号,该证登记的地类(用途)为城镇住宅用地。由于涉案土地用途变更手续一直未能完成,江龙公司于2015年5月21日再次向儋州市政府申请将涉案土地用途变更为住宅用地。儋州市政府在收到申请后,相关领导批示同意由儋州市国土局将土地用途变更方案报儋州市政府研究。

2017年4月至9月,儋州市国土局向江龙公司发出《闲置土地调查通知书》,对涉案土地开展闲置土地外业调查,作出《闲置土地认定书》和《听证权利告知书》。2017年12月21日,儋州市政府召开儋州市存量国有建设用地清理处置工作领导小组会议,审议包括涉案土地在内的53宗存量国有建设用地处置方案,同意无偿收回江龙公司涉案土地的使用权。2018年1月22日,儋州市国土局将127号决定送达江龙公司。江龙公司不服,遂提起本案行政诉讼,请求法院撤销儋州市政府作出的127号决定。一审法院裁定认为,儋州市政府作出的127号决定,认定事实的主要证据不足,适用法律法规错误,依法应当予以撤销。

【案件争点】

儋州市政府作出的127号决定是否合法。

【裁判要旨】

江龙公司取得的儋国用(2007)第342号《国有土地使用证》项下的地块之间原规划了一条道路，但该道路一直没有修建，而是在2010年儋州市政府对涉案土地所在区域进行规划调整后，由其将该原规划修建道路的土地规划为住宅用地进行挂牌出让，才让江龙公司通过竞拍于2013年取得该地块的使用权。而且，儋州旭升土地评估有限公司于2013年9月25日出具的《土地估价报告》亦载明涉案土地尚未达到"五通"，即未通路、未通电、未通信、未供水、未排水，故儋州市政府并未按照其与江龙公司签订的《国有土地使用权出让合同》约定的期限和条件履行完成交付土地义务，致使项目不具备动工开发条件，属于政府、政府有关部门的行为造成涉案土地动工开发延迟的情况。

2010年城西片区规划调整后，江龙公司于2012年申请将涉案土地由商业用地变更为住宅用地，儋州市政府于2013年3月27日向儋州市住建局作出儋府函〔2013〕80号儋州市人民政府《关于儋州江龙商贸有限公司项目用地规划性质调整的批复》并抄送江龙公司，同意调整江龙公司项目用地规划性质为住宅用地兼容商业用地，并要求用地规划指标调整后，项目建设必须符合规划要求，据此应当认定儋州市政府已同意江龙公司在规划调整后变更涉案土地用途继续进行开发建设。且儋州市住建局于2013年7月15日已向儋州市国土局发出儋建函〔2013〕243号《关于儋州江龙商贸有限公司项目用地规划指标调整告知的函》，明确其已将涉案土地确定为住宅用地兼容商业用地，并出具了相应的项目用地规划条件通知书，请儋州市国土局依照办理有关用地补充手续，补交土地差价和相关规费。儋州市国土局在收到该函后经审批同意按规定办理。在此情形下则会产生信赖利益保护问题，应当重新给予江龙公司合理的开发期限。但本案中，涉案土地用途变更手续一直未能完成。江龙公司于2015年5月21日再次向儋州市政府申请将涉案土地用途变更为住宅用地，儋州市国土局经审批同意按照规程办理。2017年10月16日，儋州市国土局向儋州市住建局发函，请儋州市住建局重新出具涉案土地用地规划设计条件通知书，以便其办理相关用地手续。显然，涉案土地用途变更手续相关部门尚在办理当中，江龙公司并不能按原合同约定动工开发涉案土地,同时根据现有证据,亦不能证明土地用途变更手续未办理完成系江龙公司原因造成。儋州市政府未查明上述事实,即作出127号决定,认定事实不清,适用法律错误,应予撤销。

综上,原审判决认定事实基本清楚,判决结果正确,应予维持。

➡ 例案三　建昌县国土资源局、建昌县丰宏房地产开发有限责任公司建设用地使用权出让合同纠纷再审审查与审判监督案

【法院】

最高人民法院

【案号】

(2018)最高法民申676号

【当事人】

再审申请人(一审被告、二审上诉人):建昌县国土资源局

被申请人(一审原告、二审上诉人):建昌县丰宏房地产开发有限责任公司

一审被告、二审被上诉人:建昌县人民政府

【基本案情】

2013年11月12日,建昌县国土资源局(以下简称建昌国土局)对位于建昌县文广大厦对面土地的国有建设用地使用权在网上挂牌出让,挂牌出让须知及公告内容载明了挂牌出让地块的基本情况及网上挂牌报价时间(2013年11月29日9时起至同年12月11日15时),同时设置了答疑和现场踏勘的程序。建昌县丰宏房地产开发有限责任公司(以下简称丰宏公司)于2014年3月4日通过网上挂牌竞标报价,以每亩2,111,968元地块单价成交,并与建昌国土局签订了《成交确认书》,成交价款为135,468,000元。后双方于2014年3月10日签订《国有建设用地使用权出让合同》,约定建昌国土局将编号为(2013)52号宗地出让给丰宏公司,宗地面积为42,762平方米,用途为其他普通商品住房用地,出让年限为70年,出让价款为134,568,000元。该合同第6条约定出让人建昌国土局同意在2014年4月1日前将出让宗地交付给受让人丰宏公司,出让人同意在交付土地时该宗地应达到本条第2项规定的土地条件:……(2)现状土地条件。

合同签订后,丰宏公司依约缴纳全部出让价款完成了付款义务。2014年4

月1日,丰宏公司与建昌国土局签订建政地(交)字(2014)01号《国有建设用地交地确认书》,建昌国土局将出让宗地实际交付给丰宏公司。丰宏公司在竞买成功后,于2014年1月开始进行建设工程设计,与朝阳市建筑设计院有限责任公司签订《建设工程设计合同(一)》。

丰宏公司于2014年12月15日向建昌县人民政府提出申请,内容为:"我公司于2014年3月4日竞买建昌县文广大厦对面面积42,762平方米净地,我公司预计2015年初启动该项目,但是该地块仍有未解决问题,致使勘探设计等前期工作无法进行,特向政府申请予以解决。(1)该地块内有一处村民房屋及土地的补偿问题尚未解决;(2)该地块有一处土地种植400余棵核桃苗,村民称未补偿;(3)该地块的临客运站南面,预留了一条规划路,该道路基础已经修好,但该道路出口有一处民房仍未拆除,影响小区住户正常出行,临街网点影响施工,应尽早拆除;(4)该地块有四趟供电高压线路尚未进行处理。以上问题盼望县政府尽早予以解决,以便此项目尽早顺利进行。"2015年1月9日,建昌县人民政府领导在此申请书上作出批示:"请乔某、于某洲同志予以落实,不能耽误企业施工。"

丰宏公司因进场施工时受到马某家人等激烈阻挠,无法进行任何开发建设工作,故诉至法院,请求解除合同,返还出让金及赔偿损失等。

建昌国土局提交了《国有建设用地使用权网上挂牌出让须知》,其中第11条注意事项第1、2款中规定,竞买人申请时可向该局咨询答疑也可到现场踏勘出让地块,竞买申请一经受理确认后即视为对挂牌出让文件及地块现状无异议并全部接受。可以证明丰宏公司作为建昌本地开发商,在竞买之前对出让宗地的情况应完全知悉,丰宏公司自身应承担相应的法律责任。

一审法院经现场勘查,涉案地块上有房屋所有权人为马某的民房,另有高压线路及其他村民的数棵核桃树苗,上述情形客观上导致丰宏公司不能实现合同目的,符合法律规定的合同解除条件。因此,一审法院作出解除丰宏公司与建昌国土局于2014年3月10日签订的《国有建设用地使用权出让合同》;建昌国土局于本判决发生法律效力后15日内向丰宏公司返还土地出让金及利息并赔偿丰宏公司损失6,821,694元的判决,建昌国土局不服一审判决提起上诉,二审法院驳回了建昌国土局的上诉,维持了一审法院的判决。

【案件争点】

建昌国土局是否完全履行了出让土地的交付义务。

【裁判要旨】

本案中，丰宏公司与建昌国土局签订的《国有建设用地使用权出让合同》系双方真实意思表示，不违反法律、行政法规的强制性规定，二审法院认定该合同合法有效并无不当，本院予以维持。案涉合同第6条对于出让土地的场地平整、周围基础设施达到的条件及现状土地条件等，均以“/”表示，表明双方对出让土地交付条件没有约定，在此情况下，建昌国土局应交付符合《闲置土地处置办法》第21条规定要求的土地。关于该合同应否解除问题，本案中，建昌国土局虽然履行了书面的、程序上的交地手续，但是自签订案涉合同时，直至本案一审判决作出前，案涉土地之上仍有一户的拆迁补偿工作尚未完成，以及存在高压线路未拆移等情形，阻碍了丰宏公司进行整体开发，二审法院认定上述情形客观上导致丰宏公司不能实现合同目的，符合法律规定的合同解除条件，该认定并无不当，本院予以维持。驳回建昌国土局的再审申请。

二、要点分析

自然资源主管部门向建设用地使用权人交付土地包含两方面的要求，一是及时交付，二是交付的土地符合条件。及时交付要求出让人须在约定期限内将土地实际交付给受让人占有和使用；交付的土地符合条件要求出让人须将符合动工开发条件的土地交付受让人，若交付的土地未能“通平”，或者土地上安置补偿未落实到位，或者存在土地权属、法律纠纷等，都会导致项目无法如期动工开发。在土地出让实践中，因历史原因，政府将“毛地”（一般指城市旧区范围内尚未经过征收安置补偿程序，未进行土地开发，不具备基本建设条件的土地）或者“生地”（一般指完成土地征收，未经土地开发，不具备可动工开发条件的土地）供应给土地使用权人，导致项目无法开工建设的情况较为常见，这也是造成土地闲置的主要政府原因之一。

根据《城市房地产开发经营管理条例》第15条、《闲置土地处置办法》第8条第1款的规定，在土地出让过程中，因市、县自然资源主管部门未按照土地出让合同约定的期限、条件将土地交付给受让方造成土地闲置的，属于政府原因，即使土地闲置“满两年”，政府也不得无偿收回闲置土地使用权。

司法实践中，法院在适用上述规定时往往会遇到以下问题：如何判断土地是否已经完成实际交付？土地出让合同中缺乏土地交付标准的约定，如何认定交付土地是否符合动工开发条件？或者是合同约定的交付标准不符合有关规定，即受让人自认以不符合动工开发条件的现状土地接受交付，该约定能否排除出让人的法定交付责任？

本篇专题笔者将分析国家相关规定以及司法实务案例，就上述问题进行探讨。

2.1　土地实际交付的判断标准

为完善国有土地使用权出让制度，规范国有土地使用权出让程序，《招标拍卖挂牌出让国有土地使用权规范（试行）》第4.4.5条（招标拍卖挂牌出让程序）明确土地出让的基本流程为：在签订土地出让合同、公布出让结果后，核发《建设用地批准书》[①]、交付土地，再办理土地登记。

从土地出让的流程来看，交付土地是在签订土地出让合同后，办理土地登记之前的一个环节，实务中出让人和受让人往往是通过签署交地确认书等相关书面文件以确认完成交付土地。

上述的“交付土地”仅是从转移占有的角度进行交付，即出让人将土地进行移交，由受让人实际管领和控制，且该事实状态处于相对持续的状态。

土地交付最终目的是让土地使用权人得以占有土地并按规划条件进行开发建设。基于此，土地交付不仅要做到事实上的转移占有，还应从权利转移视角进行产权登记，使受让人成为公示的土地使用权人，对宗地享有占有、使用、收益及处分等物权，进而办理项目开发建设手续，对土地实施动工开发。

所以，土地实际交付的标准包含两个要素，一是受让人已实际占有土地，实务中可以签署土地交接文件以证明完成了转移占有；二是已经办理土地登记，

---

① 自然资源部《关于以“多规合一”为基础推进规划用地“多审合一、多证合一”改革的通知》（自然资规〔2019〕2号）规定，将建设用地规划许可证、建设用地批准书合并，自然资源主管部门统一核发新的建设用地规划许可证，不再单独核发建设用地批准书。

受让人是公示的土地使用权人。

2.1.1 土地交付以事实上的转移占有为前提

实践中往往有人认为办理了建设用地使用权不动产登记手续即是完成了土地交付，但是不然。从物权设立的角度来说，办理土地登记确实是意味着设立了建设用地使用权这一用益物权，受让人据此是合法权利人，从法律权利的角度控制了该宗土地；但是如不进行转移占有，受让人无法实际控制土地，则会导致土地无法动工开发，不能算作是完成了土地交付。

笔者认为，如果仅以完成登记公示作为土地已交付的认定条件，显然对土地受让人是不公平的，政府有关部门可能变相地将土地征收过程中的矛盾、风险转嫁给土地受让人。从保护受让人权益的角度出发，出让人只有实际交付了土地，受让人才能对土地进行开发建设。

2020 年《商品房买卖司法解释》第 8 条第 1 款规定，"对房屋的转移占有，视为房屋的交付使用，但当事人另有约定的除外"。据此规定可知，法院认定房屋的交付使用是以转移占有为依据，因此也可以将土地使用权转移占有作为实际交付使用的标准。

司法实践中，法官也是持此观点，例如，在上诉人灌阳县弘兴实业有限公司与被上诉人灌阳县自然资源局建设用地使用权出让合同纠纷案[案号：(2020)桂 03 民终 996 号]二审中，桂林市中级人民法院认为：如果办理国有土地使用权证就等于土地交付，那么上诉人的权利就会落空。这是与建设用地使用权出让合同的订约宗旨相违背。

2.1.2 土地权属登记也是土地交付的重要内容

《闲置土地处置办法》规定的"动工开发"的前提为建设用地使用权人依法取得施工许可证，虽然根据《城乡规划法》第 40 条第 2 款的规定，申请办理建设工程规划许可证，应当提交使用土地的有关证明文件、建设工程设计方案等资料，并不以取得土地证为前提，因为《建设用地规划许可证》以及土地出让合同等均可以作为建设单位使用土地的证明文件。另外，根据《建筑法》第 8 条第 1 款的规定，申请领取施工许可证应具备的条件也不包含取得土地证，但是实践中有很多地方的城乡规划以及建设主管部门却以取得土地证作为某个项目办理相关报批报建手续的前置条件。

如果自然资源主管部门仅是交付了土地，完成了土地事实上的转移占有，但是因政府或政府相关部门原因迟迟未办理土地权属登记及核发《不动产权证书》，导致建设用地使用权人无法正常办理开发建设手续，项目无法动工开发建设的，亦应属于政府原因，该宗土地闲置“满两年”的，政府不得无偿收回。

2.2　土地的交付使用条件

如前所述，土地交付的第二个要求是，出让人交付给受让人的土地应符合动工开发条件，否则项目无法实施开发建设。国家以及部分地方就土地交付条件提出了明确要求，当然，土地出让人和受让人可以在土地出让合同中就土地交付条件进行具体约定，这涉及两个问题：一是土地出让合同未约定土地交付条件的，那么应该按照什么条件交付土地；二是双方约定交付的土地并不符合动工开发条件，该约定是否有效。

2.2.1　国家有关规定要求土地出让应满足“净地”交付

目前我国法律、行政法规对出让土地应满足的交付条件未有明确规定，相关部门规章以及政策文件对土地交付条件提出了要求。

2007 年 9 月，原国土资源部《关于加大闲置土地处置力度的通知》明确提出建设用地使用权实行“净地”出让：出让前，应处理好土地的产权、补偿安置等经济法律关系，完成必要的通水、通电、通路、土地平整等前期开发，防止土地闲置浪费。

2008 年 1 月，国务院《节约集约用地通知》指出完善建设用地储备制度：储备土地出让前，应当处理好土地的产权、安置补偿等法律经济关系，完成必要的前期开发，缩短开发周期，防止形成新的闲置土地。

2010 年 9 月，原国土资源部、住房和城乡建设部《关于进一步加强房地产用地和建设管理调控的通知》（国土资发〔2010〕151 号）亦指出土地不得“毛地”出让：拟出让地块要依法进行土地调查和确权登记，确保地类清楚、面积准确、权属合法，没有纠纷。

2010 年 12 月，原国土资源部还出台了《关于严格落实房地产用地调控政策促进土地市场健康发展有关问题的通知》（国土资发〔2010〕204 号）从规范房地产用地出让行为的角度规定：对发现存在超面积出让、捆绑出让、“毛地”出让……等违反政策规定的出让公告，及时责令市、县国土资源主管部门撤销公告，重新拟定出让方案。违反规定出让的，应责令立即终止出让行为，并依法追究责任。

2018 年 12 月,自然资源部办公厅针对海南省自然资源和规划厅的请示进行的函复《政府原因闲置土地协议有偿收回政策的函》指出:……一是要严格执行“净地”供应的有关规定。供地前要处理好土地的产权、补偿安置等经济法律关系,完成必要的通水、通电、通路、土地平整等前期开发。二是对于“净地”供应政策出台前已供应的“毛地”,应当按照合同或划拨决定书约定、规定的条款,由具体责任方实施拆迁安置和前期开发,确保履约到位。

上述国家层面的政策文件均指出土地出让应执行“净地”出让,并且《闲置土地处置办法》第 21 条也明确规定供应土地应当符合土地权利清晰,安置补偿落实到位,没有法律经济纠纷,地块位置、使用性质、容积率等规划条件明确,具备动工开发所必需的其他基本条件等要求。

此外,我国部分省市还专门出台地方性文件,明确辖区内土地出让应满足“净地交付”的条件。

《贵阳市人民政府印发〈贵阳市国有建设用地使用权“净地”出让工作实施意见(试行)〉的通知》(筑府发〔2008〕127 号)规定:全面推行国有建设用地使用权“净地”出让,其还指明了“净地”是指已完成地块内征地、拆迁等工作,处理好土地的产权、安置补偿等法律经济关系,完成必要的前期开发的地块。

四川省人民政府印发《关于进一步加强土地出让管理规定的通知》(川府发〔2014〕58 号)规定:坚持“净地”出让。拟出让地块必须是征收(拆迁)安置补偿落实到位、没有法律经济纠纷、土地权利清晰并已注销原土地使用证、规划条件明确、具备动工开发基本条件的“净地”。不具备“净地”条件的宗地,一律不得出让。

浙江省人民政府办公厅《关于加强土地出让管理工作的通知》(浙政办发〔2015〕130 号)规定:严格执行“净地”出让规定。各地拟出让的土地必须是农用地转用征收拆迁补偿安置落实到位,没有涉及法律纠纷,土地权属清晰(原有土地证或他项权利已注销或消除),地块位置、使用性质、容积率等规划条件明确,具备动工开发所必需的其他基本条件(水、电、路等到达拟出让宗地红线外围)的“净地”;不具备“净地”条件的,一律不得出让。

河南省自然资源厅《关于进一步规范土地出让管理工作的通知》(豫自然资法〔2019〕79 号)规定:严格执行“净地”出让规定,还规定了拟出让的土地应是土地及地上附着物、建(构)筑物权属清晰,补偿安置落实到位,没有法律经济纠纷,规划条件明确,具备动工开发所必须的基本条件的“净地”。

综合上述规定,各地在土地出让时均大力推行“净地”出让制度,不支持“毛地”或者“生地”出让。

“净地”的内涵实际上包含两方面的内容。一方面从物理状况来说,“净地”是指完成地面、地上、地下建筑物、构筑物拆除事项,并对土地进行必要的前期开发使土地达到平整、通水通电等动工开发所必需的基本条件的宗地;另一方面从法律关系来说,“净地”是指权属清楚、界址明确,已完成农用地转用、集体土地征收、国有土地收回等手续,安置补偿落实到位,且不存在抵押、查封等权利受限的宗地。

2.2.2 在未约定或约定不清的情况下应按国家规定交付净地

土地的交付条件通常以土地出让合同、划拨决定书中的约定、规定为准,而实务中土地出让合同往往缺乏关于土地交付条件的相关约定,那么此时该如何确定土地的交付条件呢?

司法实践中,法院通常会认定应以国家层面规定的“净地”交付为土地交付条件。例如,在可供参考的例案三中,一审法院认为:在合同没有约定、双方又各持己见的情况下,应依法律或相关政策规定来认定出让土地交付条件;二审法院认为:一审法院通过对涉案合同的形式、内容及现有证据进行分析,认定双方对出让土地交付条件没有约定,并无不当。在此情况下,依据原国土资源部《闲置土地处置办法》第21条“市、县国土资源主管部门供应土地应当符合下列要求,防止因政府、政府有关部门的行为造成土地闲置:(一)土地权利清晰;(二)安置补偿落实到位;(三)没有法律经济纠纷;(四)地块位置、使用性质、容积率等规划条件明确;(五)具备动工开发所必需的其他基本条件”的规定,国土局应交付符合上述要求的土地;在本案的再审审查中,最高人民法院认为,二审法院认定建昌国土局应交付符合原国土资源部《闲置土地处置办法》第21条规定要求的土地,该认定并无不当,法院予以维持。

最高人民法院在琪楠陵水贸易公司与海南省国际旅游岛先行试验区管理委员会土地行政处罚及行政赔偿纠纷再审案[案号:(2019)最高法行再2号]中,也持有相同的观点,最高人民法院认为:本案中,虽然案涉《国有土地使用权出让合同》签订时的法律、法规及政策性规定未就出让土地“三通一平”等基础设施问题进行规定,案涉《国有土地使用权出让合同》也未就此作出约定,但陵水县政府出让案涉土地的目的是将其作为房地产开发和旅游项目用地,应当对出让的地块提供基本的开发利用条件。……因此,琪楠陵水贸易公司未动工开发建设,存在政府原因。陵水县政府认为当时整个海南省出让土地的清理工作均由土地受让人完成,其不具有对案涉土地进行清理和进行配套工作的义务,案涉土地的"三通一平"系琪楠陵水贸易公司的单方义务的理由,法院不予支持。

笔者认为,现有政策文件中关于"净地"出让的要求,更多的是相关部门从行政管理的角度对作为土地管理部门的出让人提出的要求,其在法律性质上应属于行政机关的行政职责。作为对土地具有统筹管理职责的行政机关,理应在其职权范围内为土地受让人完成开工前的前期准备工作提供必要的帮助,做好促成开工建设的协调沟通和配套工作。因此,如果土地出让合同未约定土地交付标准,应当执行"净地"交付标准。

2.2.3 合同约定按非净地现状交付土地并非一定无效

正如上文所述,根据有关部门规章以及政策要求,实行建设用地使用权"净地"出让制度,处理好土地的产权、补偿安置等经济法律关系,完成必要的通水、通电、通路、土地平整等前期开发工作,使土地具备动工开发所必需的基本条件,是市、县人民政府及自然资源主管部门在土地出让前应尽的义务。

但是土地出让实践中,土地出让合同中可能会约定土地按现状交付或者受让人对土地现状无任何异议的条款,实际上受让人接收的土地并未达到"净地"交付条件,交付土地不具备动工开发的条件,实务中的原因多是安置补偿未落实到位或者土地未能完成"通平"。这种情况下,受让人与出让人之间就此产生土地出让合同纠纷,建设用地使用权人以自然资源主管部门交付土地不符合条件为由,要求赔偿损失或者解除土地出让合同;或在闲置土地认定处置案件中发生争议或纠纷,建设用地使用权人认为土地闲置原因在于政府未交付符合动工开发条件的土地,虽然土地已闲置满两年,但政府不得无偿收回该宗土地。

该问题的关键在于厘清"净地交付"是否为土地出让人的法定义务,出让人是否可以通过约定排除的方式免除自身"净地交付"的义务。通过检索相关司法案例,笔者发现司法实践中就此问题尚未形成统一的裁判标准。

例如,在厦门福康经济发展有限公司(以下简称福康公司)与龙海市国土资源局（以下简称龙海国土局）建设用地使用权出让合同纠纷案中，一审法院福建省高级人民法院认为：《出让须知》第4条约定出让条件为：（1）本次挂牌的两宗地以现状出让，地上、地下附着物（包括管线）由竞得者自行拆除、迁移，周边各种配套以现状为主……从该约定内容看，两地块系现状出让，竞得者福康公司负有自行拆除、迁移地上物义务，并应按规划要求完成市政公共配套设施。福康公司请求龙海国土局拆除出让地上电线杆及供电线路、迁移坟墓后交付净地，缺乏事实依据，不予支持。本案二审中，最高人民法院在终审判决书［案号：（2017）最高法民终888号］最终认定：根据龙海国土局公布的相应文件内容、福康公司对此确认以及同意现状交付的事实，原审法院直接判决龙海国土局按现状交付案涉土地，符合双方约定，亦为节约司法资源之所需，法院予以确认。

在华宁福华汽贸服务有限公司（以下简称福华公司）和华宁县自然资源局建设用地使用权出让合同纠纷一案中，福华公司在再审申请中提出并主张，其与华宁县自然资源局在《国有土地使用权出让合同》中约定以土地现状交付土地，华宁县自然资源局向其交付的土地并不具备动工开发条件，未达到“净地”标准，华宁县自然资源局应按出让土地相关管理规定中动工开发基本条件“净地”标准交付土地。最高人民法院并未支持其该主张，在再审裁定书［案号：（2020）最高法民申4269号］中指出：双方约定土地为现状出让，福华公司应当清楚土地使用权出让时相关土地的状况，其签约同意现状受让、签订确认书同意现状接收，现又主张华宁县自然资源局交付土地未达到标准构成违约，没有合同依据。

除了最高人民法院案例外，部分地方法院也认为出让人按照合同约定现状交付并无不妥。

例如，在陕西汇州实业集团有限公司（以下简称汇州公司）与汉中市自然资源局建设用地使用权出让合同纠纷案中，汇州公司上诉称：一审法院认为移除电线杆并非合同约定被告之义务，被告依据合同约定的现状土地条件已经履行了交付土地的合同义务，不存在违约行为，这与国家相关法律规定和政策相违背。“净地”交付是法定义务。案涉土地在2016年12月9日的“现状”不符合净地出让的法定标准。汉中市自然资源局就此辩称《闲置土地处置办法》《国土资源部关于加大闲置土地处置力度的通知》……没有“非净地”禁止出让的规定，更没有强制性规定。而且，这些规定既不属法律、法规，也不是地方性法规，从行政法角度讲,只属于部门政策。最终陕西省高级人民法院在判决书[案号:(2020)陕民终506号]从合同约定的角度认定:汇州公司在对案涉宗地现状了解的情况下,向汉中市国土资源局出具了申请及竞买承诺书,承诺完全接受并愿意遵守国有建设用地使用权挂牌出让文件中的规定和要求,对所有文件和要求均无异议,表明其接受案涉宗地现状交付的约定,最终未支持汇州公司提出的汉中市自然资源局交付的土地不符合法定出让条件的主张。

当然,也有法院认为净地交付是土地出让人的法定义务,不能通过约定予以排除。例如,海南省高级人民法院在儋州市人民政府与儋州昆诚土石方工程有限公司行政处罚二审行政判决书[案号:(2018)琼行终1229号]中指出:……可见,实行"净地"出让,完成动工开发必需的前期工作,使土地具备动工开发所必需的基本条件,是人民政府及其土地主管部门进行土地出让前应尽的法定义务。儋州市政府以涉案土地约定为按照现状交付为由以规避其应尽的上述法定义务,于法无据,本院不予采纳。

浙江省金华市中级人民法院在永康市国土资源局与胡某、应某等土地行政管理案的二审行政判决书[案号:(2017)浙07行终74号]中指出:《国有建设用地使用权出让合同》中的"现状土地条件"交付土地的约定不能当然视为被上诉人在非"净地"的情况下也必须无条件接受涉案土地,上诉人仍负有在合理期限内交付"净地"的义务。否则,上诉人非"净地"出让的行为既有违相关政策和法律的规定,最终也会导致合同相对方无法实现合同目的。

综合以上案例,我们不难发现,对于"净地"交付是否为土地出让人的法定义务这一问题,各地法院意见不同。虽然法律、行政法规层面并未明确要求出让土地必须"净地"交付,相关规定只是出现在部门规章或者政策性文件中,最高人民法院也有相关案例支持按现状交付的约定可以排除"净地"交付的政策要求,但是笔者认为,若市、县自然资源主管部门按现状交付土地,应在出让合同或出让文件中向受让人完整地披露土地现状情况和各项不利因素,以便投资人自行判断交付后土地开发存在的障碍和闲置风险。另外,土地按现状交付的约定并不能免除政府相关主管部门在自身职责范围内为土地达到"净地"条件而办理相关事宜的责任。笔者倾向于认为,若土地出让合同约定现状交付且出让人对土地现状情况进行了完全披露,还导致土地无法动工开发的,可不认定为政府原因造成土地闲置。

2.3　未按约定交付土地的法律后果

自然资源主管部门未按约定期限或条件将土地交付给建设用地使用权人的，属于出让人违反土地出让合同的约定义务，出让人须承担违约责任；若合同目的无法实现的，受让人有权解除土地出让合同。另外，自然资源主管部门作为负责土地开发建设与管理的政府职能部门，向受让人交付土地是其法定职责，若其未按约定交付土地，致使项目无法动工开发，土地闲置满两年，不得征缴土地闲置费或无偿收回土地。

2.3.1　出让人须向受让人承担违约责任

《民法典》第 577 条规定："当事人一方不履行合同义务或者履行合同义务不符合约定的，应当承担继续履行、采取补救措施或者赔偿损失等违约责任。"出让人不交付土地属于不履行合同义务，交付土地不符合条件属于履行合同义务不符合约定，在这两种情况下，受让人均有权要求出让人承担违约责任，包括由出让人继续交付符合条件的土地，赔偿受让人损失。

对此，《闲置土地处置办法》第 28 条有明确规定："市、县国土资源主管部门未按照国有建设用地使用权有偿使用合同或者划拨决定书约定、规定的期限、条件将土地交付给国有建设用地使用权人，致使项目不具备动工开发条件的，应当依法承担违约责任。"

司法实践中相关案例比比皆是，例如，在贵州省仁怀市三道口房地产开发有限公司与仁怀市自然资源局资源行政管理纠纷上诉案[案号：(2019)黔 03 行终 285 号]中，遵义市中级人民法院认为，虽然出让人与受让人双方于 2018 年 8 月 15 日制作了《国有建设用地使用权土地交付记录》，但因交付时存在未按照法律规定和合同约定条件对拍卖宗地完整全面交付的情况，即林某珊户被征土地(1.869 亩)未能交付，构成部分违约，应当承担违约责任，就违约部分应向上诉人支付违约金。

在诸暨市勍田置业有限公司与诸暨市国土资源局国有土地使用权出让合同纠纷上诉案[案号：(2017)浙 06 行终 337 号]中，绍兴市中级人民法院认为，诸暨市规划局出具的涉案地块建设项目规划设计条件作为双方国有土地使用权出让合同的组成部分，理当成为确定该地块规划条件、土地交付要求等内容的重要标准。诸暨市规划局 2013 年 10 月 9 日向被上诉人颁发地字第

330681201300105 号《建设用地规划许可证》,该证所附 13G－201 现状图规划图载明:规划地块已于 2013 年 5 月 14 日至 5 月 24 日在诸暨市公共资源交易中心举行的国有建设用地使用权拍卖出让活动中被诸暨市勍田置业有限公司竞得国有建设用地使用权。本图根据该地块的土地出让合同和成交确认书仅对原规划图(编号:12－034)建设单位做更名规划。同时载明:规划实施前需处理好地块与高压线之间的关系,规划范围内高压线移位后方可实施,表明高压线移位是该地块动工开发、实施规划的前提条件,也是上诉人按约交付出让土地的基本要求。现因涉案出让地块上的高压线直至 2016 年 4 月才迁移完毕,晚于双方在出让合同中约定的 2013 年 10 月 21 日,一审法院据此认定:上诉人未在合同约定的期限内对涉案地块上的高压线予以迁移,其延期交付土地,显属违约,应依照《合同法》相关规定判令上诉人承担相应违约责任,其认定事实及适用法律并无不当。

2.3.2　受让人有权解除土地出让合同并要求出让人赔偿损失

在土地出让合同法律关系中,受让人的合同目的为:通过支付土地出让金获取建设用地使用权,进行项目开发建设,实现经济利益;出让人的主要合同义务为:按照合同约定的时间及条件提供可用于开发的土地,由受让人按照城乡规划主管部门出具的规划条件进行项目报建并在取得施工许可证后无障碍地开工建设。若出让人不能交付土地或交付土地不满足约定条件,则受让人的合同目的无法实现。

《民法典》第 563 条第 1 款规定,当事人一方迟延履行债务或者有其他违约行为致使不能实现合同目的的,另一方当事人可以解除合同,即此种情况下,受让方享有法定解除权。《城市房地产管理法》第 17 条规定,“土地使用者按照出让合同约定支付土地使用权出让金的,市、县人民政府土地管理部门必须按照出让合同约定,提供出让的土地;未按照出让合同约定提供出让的土地的,土地使用者有权解除合同,由土地管理部门返还土地使用权出让金,土地使用者并可以请求违约赔偿”。《城镇国有土地使用权出让和转让暂行条例》第 15 条规定:“出让方应按照合同规定,提供出让的土地使用权。未按合同规定土地使用权的,土地使用权人有权解除合同,并可请求违约赔偿。”实务中法院持有相同观点,以下举两例予以说明。

在可供参考的例案三中,最高人民法院认为:建昌国土局虽然履行了书面的、程序上的交地手续，但是自签订案涉合同时，直至一审判决作出前，案涉土地之上仍有一户的拆迁补偿工作尚未完成，以及存在高压线路未拆移等情形，阻碍了建昌丰宏公司进行整体开发，二审法院认定上述情形客观上导致丰宏公司不能实现合同目的，符合法律规定的合同解除条件，该认定并无不当，本院予以维持。

在怀宁县兴安房地产开发有限公司（以下简称兴安公司）与潜山县国土资源局（以下简称潜山县国土局）建设用地使用权出让合同纠纷上诉案［案号：(2015)民一终字第345号］中，最高人民法院认为：兴安公司有权解除合同，并有权要求潜山县国土局承担合同解除的相应法律后果。主要理由如下：首先，本案符合约定解除的条件。潜山县国土局未在合同约定的时间内向兴安公司提供符合合同约定的土地，从而导致兴安公司有权依据双方签订的《国有建设使用权出让合同》行使约定解除权。其次，兴安公司享有法定解除权。法定解除是指合同在有效成立之后尚未履行或者未完全履行完毕前，因法律规定的事由行使解除权而使合同归于消灭的行为。《城镇国有土地使用权出让和转让暂行条例》第15条亦明确规定："出让方应按照合同规定，提供出让的土地使用权，未按合同规定提供土地使用权的，土地使用者有权解除合同，并可请求违约赔偿。"本案中，潜山县国土局在交付土地时就已经明知垃圾中转站占用了出让宗地的面积，没有使该宗地做到净地出让。双方签订的《交付土地确认书》也约定"本确认书一式二份，甲乙方各执一份；自双方签章后生效，并视为土地已交付"。《交付土地确认书》只有单方面的签章，也说明潜山县国土局未完成交付。根据上述理由，最高人民法院判决撤销安徽省高级人民法院(2014)皖民四初字第00031号民事判决；解除潜山县国土资源局与怀宁县兴安房地产开发有限公司签订的《国有建设用地使用权出让合同》，并要求潜山县国土局应在判决生效之日起10日内退还兴安公司土地出让金10,220万元，并支付违约金。

2.3.3　政府不得以土地闲置满两年为由无偿收回土地

《闲置土地处置办法》第8条第1款规定，未按照土地出让合同或划拨决定书约定、规定的期限、条件将土地交付给国有建设用地使用权人，致使项目不具备动工开发条件而造成土地闲置的，属于政府原因造成的土地闲置。

《城市房地产开发经营管理条例》第15条亦明确规定，因政府、政府有关部门的行为造成动工迟延导致土地闲置的，在处置该闲置土地时不得收取土地闲置费,也不得进行无偿收回土地使用权。

在文昌市人民政府与广州皇苑贸易有限公司行政处罚纠纷上诉案[案号:(2019)琼行终363号]中,海南省高级人民法院认为,文昌市政府变更了涉案土地的用地性质,交付的土地的条件未按照合同约定,系造成涉案土地不能进行开发的原因之一。……《闲置土地处置办法》第4条、《海南省闲置土地认定和处置规定》第29条的规定适用于非因政府原因和不可抗力造成土地闲置而政府无偿收回土地使用权的情形,但本案涉案土地闲置系政府造成。故文昌市政府依据以上规定,作出48号决定书无偿收回涉案土地,属于认定事实不清且适用法律错误,应予以撤销。

政府无偿收回闲置土地使用权,是对建设用地使用权人违法用地行为作出的最严厉的处罚,建设用地使用权人在投资目的无法实现的同时,还会损失全部前期投资,这对任何投资人而言,都是巨大的损失。因此,政府在采取该处置方式时就应当格外注意,应严格限制适用条件,对于非建设用地使用权人自身原因造成的闲置土地,政府不得无偿收回建设用地使用权。

专题四 因规划修改造成国有建设用地不能按照原用途、规划开发的，属政府原因造成土地闲置

要点描述　在城镇化快速发展的阶段，各级城乡规划进行必要的修编和调整在所难免，实务中因政府修改规划造成国有建设用地无法动工开发的情形较为常见，为此，《闲置土地处置办法》第 8 条第 1 款规定，因规划修改造成国有建设用地使用权人不能按照国有建设用地使用权有偿使用合同或划拨书决定书约定、规定的用途、规划和建设条件开发的，属于政府、政府有关部门的行为造成动工开发延迟，国有建设用地使用权人应当向自然资源主管部门提供土地闲置原因说明材料，经审核属实的，由市、县自然资源主管部门与建设用地使用权人协商处置，政府不得无偿收回闲置土地使用权。

一、可供参考的例案

例案一　琼海市人民政府与琼海金晟房地产开发有限责任公司行政处罚二审案

【法院】

海南省高级人民法院

【案号】

（2018）琼行终 1028 号

【当事人】

上诉人（原审被告）：琼海市人民政府

被上诉人（原审原告）：琼海金晟房地产开发有限责任公司

【基本案情】

琼海市人民政府(以下简称琼海市政府)于2017年12月27日作出海府〔2017〕164号《关于无偿收回琼海金晟房地产开发有限责任公司名下25宗土地使用权决定》(以下简称164号收地决定),决定无偿收回琼海金晟房地产开发有限责任公司(以下简称金晟公司)名下位于琼海市博鳌镇朝阳墟的25宗国有建设用地使用权。金晟公司不服,遂提起本案行政诉讼,请求依法撤销琼海市政府作出的164号收地决定。

原审查明,金晟公司名下25宗土地位于琼海市博鳌镇朝阳墟,土地总面积折合18.13亩,土地用途为城镇住宅用地。其中,4宗土地使用权原为琼海市供销合作联社享有。2009年10月,琼海市土地储备整理交易中心将该4宗土地挂牌出让,金晟公司竞得。2009年12月22日,琼海市国土局与金晟公司签订《国有土地使用权出让合同》,约定金晟公司在2010年6月30日之前对上述土地动工建设。另外21宗土地使用权为原朝阳乡人民政府(现为博鳌镇人民政府)享有。2008年12月13日,博鳌镇人民政府(以下简称博鳌镇政府)与金晟公司签订《琼海市国有土地使用权转让合同》,将21宗土地的土地使用权转让给金晟公司。2009年9月8日,琼海市政府给金晟公司颁发了上述21宗土地的国有土地使用证。2011年6月23日,金晟公司向琼海市规划建设局(以下简称琼海规建局)申请涉案25宗土地的规划设计条件,琼海规建局未向金晟公司作出回复。

2017年2月23日,琼海市国土局经外业调查,发现涉案土地并未被开发建设,涉嫌构成闲置土地。2017年3月,琼海市国土局向金晟公司送达涉案25宗土地的《闲置土地调查通知书》,金晟公司向琼海市国土局回复情况说明。清理工作小组办公室于2017年3月24日向琼海规建局发送海国土资函〔2017〕319号《关于协助调查琼海金晟房地产开发有限公司名下土地闲置原因的函》,要求琼海规建局调查核实:(1)涉案土地是否申请过规划许可和施工许可;(2)涉案土地从2009年至今的规划情况;(3)金晟公司陈述的涉案土地因没有控规覆盖导致无法动工开发的理由是否成立。

2017年4月28日,琼海规建局向琼海市国土局作出海规建函〔2017〕379号《关于协助调查琼海金晟房地产开发有限公司名下土地闲置原因的复函》,答复:(1)琼海规建局目前未受理过金晟公司申报的规划许可和施工许可;(2)2006

年2月13日，琼海规建局批复博鳌镇政府申报的朝阳富阳街规划地块图，金晟公司名下21宗土地在该平面图范围内；(3)根据市政府批示，我局正在编制博鳌乐城国际医疗旅游先行区控制区规划，金晟公司名下25宗土地在规划范围线内。

2017年7月25日，清理工作小组办公室向琼海规建局发送海国土资函〔2017〕1074号《关于协助补充调查琼海金晟房地产开发有限公司25宗地闲置原因的函》，要求琼海规建局调查核实，金晟公司能否依据《朝阳富阳街规划地块图》、《博鳌镇村庄规划》和正在编制的《博鳌乐城国际医疗旅游先行区控制区规划》报建住宅项目。2017年7月28日，经清理工作小组研究决定以无偿收回方式处置涉案土地；由琼海规建局再次核实涉案25宗土地的规划报建情况。2017年8月15日，琼海规建局向琼海市国土局作出海规建函〔2017〕774号《关于协助补充调查琼海金晟房地产开发有限公司25宗地闲置原因的复函》，答复：金晟公司的25宗土地在正在编制的博鳌乐城国际医疗旅游先行控制区规划范围内；金晟公司名下的25宗土地在《琼海市"多规合一"规划》和《琼海市博鳌镇村庄规划》范围内，其规划性质符合乡村建设用地的可报建住宅项目。

2017年8月14日，琼海市国土局作出闲置认字〔2017〕11号《闲置土地认定书》，认定涉案25宗土地为闲置土地，闲置原因属于企业原因，决定采取无偿收回方式进行处置。2017年8月14日，琼海市国土局向金晟公司送达了《闲置土地认定书》，同时送达了《闲置土地处置听证权利告知书》。2017年9月7日，琼海市国土局召开听证会，金晟公司参加并进行申辩。2017年9月19日，清理工作小组办公室向琼海规建局发送海国土资函〔2017〕1446号《关于协助补充调查琼海金晟房地产开发有限公司25宗地闲置原因的函》，要求琼海规建局调查核实，金晟公司是否于2011年6月23日向琼海规建局窗口报送了规划设计方案。琼海规建局对该问题未作出书面答复。2017年7月25日，清理工作小组办公室向博鳌镇政府发送海国土资函〔2017〕1075号《关于协助调查琼海金晟房地产开发有限公司25宗地闲置原因的函》，要求其调查核实，金晟公司是否能依照《关于朝阳富阳街规划地块图的批复》向博鳌镇政府申报城镇住宅项目建设。博鳌镇政府未作出书面答复。2017年12月19日，琼海国土局向琼海市政府报送无偿收回闲置土地的请示。2017年12月18日，琼海市政府作出批复，同意包括涉案25宗土地在内的闲置土地的处置方案。2017年12月27

日，琼海市政府作出164号收地决定。

另查明，涉案25宗土地的控制性详细规划尚未编制完成。

【案件争点】

琼海市政府作出164号收地决定的认定事实是否清楚，证据是否确凿，适用法律、法规是否正确。

【裁判要旨】

1. 关于琼海市政府作出164号收地决定的认定事实是否清楚、证据是否确凿的问题。《城乡规划法》第3条规定："城市和镇应当依照本法制定城市规划和镇规划。城市、镇规划区内的建设活动应当符合规划要求。县级以上地方人民政府根据本地农村经济社会发展水平，按照因地制宜、切实可行的原则，确定应当制定乡规划、村庄规划的区域。在确定区域内的乡、村庄，应当依照本法制定规划，规划区内的乡、村庄建设应当符合规划要求。县级以上地方人民政府鼓励、指导前款规定以外的区域的乡、村庄制定和实施乡规划、村庄规划。"第9条第1款规定："任何单位和个人都应当遵守经依法批准并公布的城乡规划，服从规划管理，并有权就涉及其利害关系的建设活动是否符合规划的要求向城乡规划主管部门查询。"根据上述法律以及《海南省城乡规划条例》的规定，建设单位在规划区内进行建设活动，应当符合规划要求，即应根据规划主管部门核定或提供的规划条件进行建设活动；未依法编制和批准控制性详细规划地段的建设用地，规划主管部门不得核定或者提供规划条件。本案中，涉案25宗土地处于正在编制的控制区规划范围内，所在地区的控制性详细规划尚未编制完成。金晟公司向琼海规建局申请涉案25宗土地的规划设计条件，但琼海规建局未向金晟公司作出回复。在此情形下，金晟公司无法对涉案25宗土地进行开发建设。同时，《闲置土地处置办法》第8条第1款规定："有下列情形之一，属于政府、政府有关部门的行为造成动工开发延迟的，国有建设用地使用权人应当向市、县国土资源主管部门提供土地闲置原因说明材料，经审核属实的，依照本办法第十二条和第十三条规定处置：（一）因未按照国有建设用地使用权有偿使用合同或者划拨决定书约定、规定的期限、条件将土地交付给国有建设用地使用权人，致使项目不具备动工开发条件的；（二）因土地利用总体规划、城乡规划依法修改，造成国有建设用地使用权人不能按照国有建设用地使用权有偿使用合同或者划拨决定书约定、规定的用途、规划和建设条件开发的；（三）因国家出台相关政策，需要对约定、规定的规划和建设条件进行修改的；(四)因处置土地上相关群众信访事项等无法动工开发的；(五)因军事管制、文物保护等无法动工开发的；(六)政府、政府有关部门的其他行为。”海南省人民政府办公厅《关于明确存量国有建设用地清理处置工作有关问题的通知》(琼府办〔2017〕153号)第1条规定：“因政府原因造成土地闲置的，必须由政府或政府部门出具书面意见……因城乡规划未覆盖、规划调整等原因造成土地使用权人不能按照国有建设用地使用权有偿使用合同或者划拨决定书约定、规定的用途、规划和建设条件开发的，由规划部门出具意见……”由此可见，因城乡规划未覆盖、规划调整等原因造成出让土地未能按原定建设规划条件等开发的，应由政府规划部门出具意见，为政府原因造成闲置。根据已查明的事实，政府、政府有关部门尚在编制涉案土地所在地区的规划，未能提供涉案土地的规划条件，造成涉案土地未能开发建设，土地闲置存在政府原因。据此，琼海市政府作出164号收地决定，其认定事实不清，主要证据不足。

2.关于琼海市政府作出164号收地决定适用的法律、法规是否正确的问题。《闲置土地处置办法》第12条第1款规定：“因本办法第八条规定情形造成土地闲置的，市、县国土资源主管部门应当与国有建设用地使用权人协商，选择下列方式处置：(一)延长动工开发期限。签订补充协议，重新约定动工开发、竣工期限和违约责任。从补充协议约定的动工开发日期起，延长动工开发期限最长不得超过一年。(二)调整土地用途、规划条件。按照新用途或者新规划条件重新办理相关用地手续，并按照新用途或者新规划条件核算、收缴或者退还土地价款。改变用途后的土地利用必须符合土地利用总体规划和城乡规划。(三)由政府安排临时使用。待原项目具备开发建设条件，国有建设用地使用权人重新开发建设。从安排临时使用之日起，临时使用期限最长不得超过两年。(四)协议有偿收回国有建设用地使用权。(五)置换土地。对已缴清土地价款、落实项目资金，且因规划依法修改造成闲置的，可以为国有建设用地使用权人置换其他价值相当、用途相同的国有建设用地进行开发建设。涉及出让土地的，应当重新签订土地出让合同，并在合同中注明为置换土地。(六)市、县国土资源主管部门还可以根据实际情况规定其他处置方式。”本案中，涉案土地闲置由政府原因造成，故琼海市政府依据《闲置土地处置办法》第14条和《海南省闲置土地认定和处置规定》第29条的规定作出164号收地决定，其适用法律、法规错误,依法应予撤销。

➡ 例案二　文昌市人民政府与广州皇苑贸易有限公司行政处罚案

【法院】

海南省高级人民法院

【案号】

(2019)琼行终363号

【当事人】

上诉人(一审被告):文昌市人民政府

被上诉人(一审原告):广州皇苑贸易有限公司

【基本案情】

上诉人文昌市人民政府(以下简称文昌市政府)因与广州皇苑贸易有限公司(以下简称皇苑公司)土地行政处罚一案,不服海南省第一中级人民法院(2018)琼96行初180号行政判决,向本院提起上诉。

1993年8月28日,原文昌县土地管理局与文昌清澜港光明实业有限公司(以下简称光明公司)签订《国有土地使用权出让合同》,约定文昌县土地管理局出让位于文昌县东侧,面积为6653.7平方米土地的使用权。2000年7月4日,文昌市政府就上述土地给光明公司颁发了文国用(2000)字第W0300848号《国有土地使用权证》。2007年10月31日,光明公司与皇苑公司签订土地使用权转让合同,约定将上述土地转让给皇苑公司。2007年12月6日,文昌市政府给皇苑公司颁发了文国有(2007)第W0300848号《国有土地使用权证》,地类用途是旅游用地,面积是5142.05平方米,即涉案土地。2012年1月20日,皇苑公司取得涉案土地的建设工程规划临时许可证。2013年10月,文昌市政府制作新的文昌市清澜片区控制性详细规划,改变了涉案土地的用地性质,从旅游用地变更为商业金融用地。文昌市政府没有通知皇苑公司涉案土地的控制性详细规划及用地性质变更的情况。2017年6月23日,文昌市国土资源局(以下简称文昌国土局)向皇苑公司作出闲置土地调查通知书,要求皇苑公司提供资料说明涉案土地未动工开发的原因。2017年8月21日,文昌市住房和城乡规划建设局回复文昌国土局,涉案土地的用地性质分别为防护绿地、商业金融用地,皇苑公司申报的“海景嘉福酒店”项目在2012年取得建设工程规划临时许可证，现该许可证已经失效。2017 年 9 月 7 日，文昌国土局作出闲置土地认定书并送达给皇苑公司。2018 年 1 月 15 日，文昌市政府作出文府〔2018〕48 号《文昌市人民政府无偿收回国有建设用地使用权决定书》（以下简称 48 号决定书），认定涉案土地为闲置土地，且闲置时间已经超过两年，决定无偿收回涉案土地使用权。一审法院判决认为，文昌市政府作出 48 号收地决定书的认定事实不清，主要证据不足，应予撤销。

【案件争点】

1. 涉案土地闲置原因。

2. 48 号决定书是否应予撤销。

【裁判要旨】

经审查，2012 年 1 月 20 日，文昌市政府向皇苑公司颁发了《建设工程规划临时许可证》，后又经原文昌市规划局同意将该证延期一年。因此，在 2014 年 1 月 20 日之前，该许可证尚未失效。而且，文昌市政府亦同意皇苑公司按照该许可证的要求继续对涉案土地进行开发。由此足以证明，皇苑公司对涉案土地具备开发的意愿。但是，文昌市政府于 2013 年 10 月制作了新的文昌市清澜片区控制性详细规划，改变了涉案土地的用地性质，从旅游用地变更为商业金融用地。据此，在《建设工程规划临时许可证》失效之前，涉案土地的控制性详细规划已经变更。根据《城乡规划法》第 48 条的规定，文昌市政府未提交证据证明其修改涉案土地的控制性详细规划时征求了皇苑公司意见。皇苑公司无法按照《国有土地使用权出让合同》约定的用途、规划和建设条件对涉案土地进行开发，亦存在一定的政府原因。因此，文昌市政府未完成涉案土地上的清表义务，且变更了涉案土地的用地性质，系涉案土地不能进行开发的原因。故文昌市政府上诉称涉案土地闲置并非政府造成，与事实不符，法院不予支持。

关于 48 号决定书是否应予撤销的问题。《闲置土地处置办法》第 4 条、《海南省闲置土地认定和处置规定》第 29 条的规定适用于非政府原因和不可抗力造成土地闲置而政府无偿收回土地使用权的情形，但本案涉案土地闲置系政府造成。故文昌市政府依据以上规定，作出 48 号决定书无偿收回涉案土地，属于认定事实不清且适用法律错误，应予以撤销。一审法院判决撤销该决定，认定事实清楚，适用法律正确，应予以维持。

➡ 例案三　慈溪市国土资源局与慈溪市明月湖酒店管理有限公司土地行政管理案

【法院】

浙江省宁波市中级人民法院

【案号】

(2017)浙02行终77号

【当事人】

上诉人(原审被告):慈溪市国土资源局

被上诉人(原审原告):慈溪市明月湖酒店管理有限公司

【基本案情】

上诉人慈溪市国土资源局(以下简称慈溪国土局)不服宁波市鄞州区人民法院于2016年12月8日针对被上诉人慈溪市明月湖酒店管理有限公司(以下简称明月湖公司)诉上诉人慈溪国土局土地行政确认案作出的(2015)甬鄞行初字第167号行政判决,向法院提起上诉。

2010年9月30日,慈溪国土局决定对文化商务区16# – A地块以挂牌的方式进行出让,该地块位于白沙路街道,东至规划滨河南路、南至规划南四街、西至规划东一街、北至规划明月湖路;出让面积18,732平方米(约28.098亩),要求建筑密度≤50%,容积率为6.5～7,绿地率≥10%,规划性质为旅馆业主导混合用地,土地用途为住宿餐饮用地,出让年限40年。

2010年11月19日,慈溪市飞龙房地产开发有限公司通过挂牌方式取得涉案土地使用权,并于同日与被告签订《国有建设用地使用权出让合同》一份,双方就出让土地的交付与出让价款的缴纳、土地开发建设与利用、违约责任等事项进行了约定。合同约定,出让人同意在2010年12月27日之前将出让地块交付给受让人,土地交付条件为现状交付;受让人造成土地闲置,闲置满一年不满两年的,应依法缴纳土地闲置费;土地闲置满两年且未开工建设的,出让人有权无偿收回国有建设用地使用权。但该合同未对涉案地块的周边地块规划条件进行约定。

2010年12月15日,被告、慈溪市飞龙房地产开发有限公司、慈溪市慈商商务有限公司签订变更协议一份,三方约定将涉案土地的受让人变更为慈溪市慈商商务有限公司,由其承担土地使用权出让合同的权利、义务。2010年12月

27 日，被告、慈溪市文化商务区开发建设指挥部、慈溪市慈商商务有限公司签订《国有建设用地使用权交付备忘录》一份，明确受让人已在 2010 年 12 月 20 日付清土地出让价款，而出让人已在 2010 年 12 月 27 日交付土地，交付的土地已达到出让合同约定的土地条件，界址清楚，权属无异议。

2011 年 4 月，慈溪市规划局对《慈溪市文化商务区城市设计导则》进行调整，将位于涉案地块北面原来的 10 号地块的组成部分由 A、B 两部分调整为 A、B、C 三部分，10# – A 地块的规划条件调整为容积率 1.3，绿地率 15%，建筑密度 45%（原规划条件容积率 0.5，建筑限高 24 米，绿地率为 30%，建筑密度为 30%）。

2012 年 3 月 29 日，原告从慈溪市慈商商务有限公司派生分立，涉案地块的土地使用权人由慈溪市慈商商务有限公司变更至原告名下。2012 年 5 月 7 日，原告向被告提交《关于要求退还慈溪文化商务区 16# – A 地块的请示》，明确提出终止履行合同，退还土地及出让款的请求，同时将延期开发建设的原因描述为：主要是由于国家政策层面连续出台对房地产市场的宏观调压政策，且调压持续加强，公司开发的慈溪市重点项目——慈溪财富中心项目销售停滞，资金回笼困难，公司现有资金只能也必须保证财富中心的建设，无法调剂到本地块项目中。本地块项目的银行融资困难重重，其他因素的出现使项目启动和开发更加困难。2012 年 11 月 12 日，原告向被告邮寄《关于再次要求退还文化商务区 16# – A 地块的请示》，被告未进行回复。2013 年 10 月 15 日，原告向被告提交《关于要求推迟文化商务区 16# – A 地块项目开工建设期限的请示》，请求将涉案地块的开工建设时间推迟。2013 年 10 月 25 日，原、被告签订《国有建设用地使用权出让合同补充协议（一）》一份，该协议第 2、3、4 条明确，受让人因建筑设计方案需重大调整等原因导致建设项目未能按照出让合同约定日期开工、竣工。经出让人对受让人申报的相关材料审核，根据慈溪市文化商务区开发建设指挥部相关意见，同意调整建设项目开竣工日期。重新约定的开竣工时间为在 2014 年 10 月 15 日之前开工，在 2018 年 10 月 15 日之前竣工。开工日期以建设工程规划许可证的日期为准，竣工日期以规划部门的建设工程规划核实确认书的日期为准。

2014 年 7 月 31 日，审计署对浙江省开展 2008—2013 年土地出让收支和建设用地审批、征收、供应、使用以及耕地保护等情况专项审计，并对涉案地块的未按规定处置进行审计取证。2014年11月4日,原告向被告再次邮寄《关于再次要求退还文化商务区16# - A地块的报告》,被告未进行回复。

2015年7月23日,经被告现场查勘,涉案地块仍未动工建设。2015年8月6日,被告向原告作出慈土闲调〔2015〕112号《闲置土地调查通知书》,对涉案地块开展闲置土地调查工作。2015年10月26日,被告作出慈土闲认〔2015〕112号《闲置土地认定书》,认定原告批准取得的项目用地18,732平方米构成闲置土地,应该按照《闲置土地处置办法》的有关规定进行处置。2015年11月16日,被告将上述认定情况告知原告。原告不服,故向宁波市鄞州区人民法院提起诉讼。一审法院认为闲置土地的确认将作为后续征收土地闲置费、无偿收回土地使用权等行政处罚的基础和条件,该行政确认行为将对行政相对人的权利义务产生直接影响,属于可诉行政行为的范畴,故对被告认为的闲置土地认定是处于中间环节的阶段性行政行为,没有对原告创设、变更、消灭其权利、义务,不产生法律效力,没有诉的利益的主张,不予采信。法院认定,被告将涉案土地闲置的原因全部归咎于原告自身缺乏充分的证据支持,原告据此要求撤销被诉闲置土地认定的理由正当、于法有据,法院予以支持。撤销被告慈溪国土局于2015年10月26日作出慈土闲认〔2015〕112号《闲置土地认定书》的行政行为。

【案件争点】

涉案土地闲置原因为何。

【裁判要旨】

上诉人认定被上诉人的土地闲置原因为自身原因的依据是被上诉人于2012年5月7日出具的《关于要求退还慈溪文化商务区16# - A地块的请示》,但该请示中除了提及被上诉人自身原因外,还明确有“其他因素出现使项目启动和开发更加困难”的表述。且被上诉人于2011年8月16日出具的《关于要求对慈溪市文化商务区16# - A地标酒店周边规划恢复到土地出让规划条件的报告》、2012年11月12日出具的《关于再次要求退还文化商务区16# - A地块的请示》以及2014年11月4日出具的《关于再次要求退还文化商务区16# - A地块的报告》中,均有周边规划条件变动因素导致其项目受阻或无法继续建设的表述。同时,上诉人与被上诉人签订的《国有建设用地使用权出让合同补充协议(一)》中对未能按期开工原因表述为,建筑设计方案需要重大调整等,而且,审计署的审计意见也未对被上诉人未按期开工的原因进行认定。加之,在宁波市人民政府于2015年对包括涉案地块在内的31宗闲置土地实施限期挂牌的督办清单中，涉案地块的闲置原因记载为“原因待定”。因此，根据本案中双方当事人提供的证据，被诉闲置土地认定书将涉案土地闲置的原因仅认定为被上诉人的自身原因依据不足。综上，一审判决认定事实清楚，适用法律、法规正确，审判程序合法，上诉人提出的上诉理由不能成立，依法不予采信。判决驳回上诉，维持原判。

二、要点分析

建设用地使用权人在进行土地开发报建之时，因规划调整、政策调整致使土地无法报建或政府暂时停止受理报建手续的情况较为常见。如政府为实施生态环境保护战略调整生态控制线，因城市道路、公共设施的建设占用已出让土地，或者因政府修改片区控制性详细规划致使土地原规划设计条件发生变化等，均会影响建设用地使用权人按照原用途和规划条件正常报建开发土地。《闲置土地处置办法》第8条第1款明确规定，因规划修改造成土地不能按约定、规定的用途、规划和建设条件开发的，属于政府行为造成动工开发迟延，该宗土地因此构成闲置土地的，由市、县自然资源主管部门与建设用地使用权人协商处置，政府不得无偿收回闲置土地使用权。

实务中，与规划修改有关的闲置土地认定和处置的纠纷案件较多，涉及问题也较为复杂。比如，在取得建设用地使用权之时未有地块规划条件是否一定构成建设用地使用权人正常报建开发的阻却条件；在部分土地被占用的情况下能否以规划修改影响整宗土地开发为由对无偿收回土地使用权的决定进行抗辩；如何解决政府规划修改与企业自身原因共同造成土地闲置的责任分担与时间认定问题；在规划条件确定的情况下，建设用地使用权人申请变更规划指标但是未能获得批准导致土地闲置如何处理等问题。笔者结合相关实务案例以及法院观点，就上述相关问题提出分析意见。

2.1　我国国土空间规划体系简述

改革开放以来，我国空间规划领域形成了经济社会发展规划、土地利用规划、城乡规划、生态环境保护规划等规划体系,各级各类空间规划在支撑城镇化快速发展、促进国土空间合理利用和有效保护方面发挥了积极作用。但是,我国空间规划领域也存在规划类型过多、内容重叠冲突,审批流程复杂、周期过长,地方规划朝令夕改等问题。

为此,有必要建立全国统一、责权清晰、科学高效的国土空间规划体系。2019 年 5 月 23 日,中共中央、国务院《关于建立国土空间规划体系并监督实施的若干意见》明确提出,将主体功能区规划、土地利用规划、城乡规划等空间规划融合为统一的国土空间规划,实现“多规合一”。

目前,我国“多规合一”的国土空间体系规划基本形成,各级国土空间规划和乡村规划正在抓紧编制。

2.1.1 土地利用总体规划是国家实行土地用途管制的基础

到 20 世纪 80 年代,我国经济建设取得重大成就,与之同时,因国土开发整治缺乏总体规划指导,存在一定盲目性,建设占用的土地面积急剧增加,大量的耕地被破坏。这是我国社会主义经济建设的一条重要经验教训。随着党中央对社会主义建设客观规律认识的不断深化,国土规划的重要性也越来越被人们所认识,并被提到国家的重要议事日程上。1981 年,国家作出关于搞好我国国土开发、利用、治理和保护的决定,提出要搞立法、搞规划。1985 年 3 月,国务院批转了原国家计委《关于编制〈全国国土总体规划纲要〉的报告》。这标志着我国的国土工作开始进入了一个新的阶段。

1986 年 2 月,国家土地管理局经国务院批准设立。国家土地管理局的主要职责之一,就是组织有关部门编制土地利用总体规划。

1986 年颁布的《土地管理法》第 15 条明确规定:“各级人民政府编制土地利用总体规划,地方人民政府的土地利用总体规划经上级人民政府批准执行。”这就为国土规划的编制提供了明确的法律依据。

土地利用总体规划是在一定区域内,根据国家社会经济可持续发展的要求和当地自然、经济、社会条件,对今后一段时期内(通常为 15 年)土地利用的总安排,是国家实行土地用途管制的基础。

自 1986 年《土地管理法》颁布至今,我国已经进行了三轮土地利用总体规划编制:

第一轮土地利用总体规划(1986—2000 年):这是我国第一部土地利用总

体规划，实现了我国土地利用总体规划从无到有的重大转变。在国土资源的开发利用方面，要求调整土地利用结构，保护耕地，使耕地急剧减少的趋势得到控制。

第二轮土地利用总体规划(1997—2010年)：1998年修订的《土地管理法》将"土地利用总体规划"列为专章，赋予土地利用规划前所未有的地位。1999年4月国务院批准实施《全国土地利用总体规划纲要》(1997—2010年)，本轮规划编制的原则是，严格保护基本农田，控制非农业建设占用农用地，提高土地利用率，统筹安排各类、各区域用地，保障土地的可持续利用，占用耕地与开发复垦耕地相平衡。

第三轮土地利用总体规划(2006—2020年)：2008年10月国务院批准实施《全国土地利用总体规划纲要》(2006—2020年)，明确以下主要任务：以严格保护耕地为前提，统筹安排农用地；以推进节约集约用地为重点，提高建设用地保障能力；以加强国土综合整治为手段，协调土地利用与生态建设；以优化结构布局为途径，统筹区域土地利用；以落实共同责任为基础，完善规划实施保障措施。

我国土地利用总体规划按行政区建制自上而下分为国家、省、市、县、乡(镇)五级，各级土地利用总体规划的关系为，下级土地利用总体规划应当依据上一级土地利用总体规划编制；地方各级政府编制的土地利用总体规划中的建设用地总量不得超过上一级土地利用总体规划确定的控制指标，耕地保有量不得低于上一级土地利用总体规划确定的控制指标。

土地利用总体规划一经批准要严格执行，不得擅自改变土地利用总体规划确定的土地用途；城市总体规划、村庄规划和集镇规划，应当与土地利用总体规划相衔接。

2.1.2 城乡规划规范了规划区内的建设活动

为了加强城乡规划管理，协调城乡空间布局，国家制定了《城乡规划法》。《城乡规划法》的出台意味着城乡二元的体系被打破，城乡规划进入一体化的新时代，标志着城市与乡村的关系不再停留在政府政策上，从法律意义上给予了城乡统筹发展思想相应地位。

(1)城乡规划体系

城乡规划是城乡建设和规划管理的依据，城市、镇规划区内的建设活动应当符合规划要求。城乡规划包括城镇体系规划、城市规划、镇规划、乡规划和村庄规划。其中,城市规划、镇规划分为总体规划和详细规划。详细规划分为控制性详细规划和修建性详细规划。

(2)总体规划与详细规划

城市总体规划是相关部门依据城市社会经济发展的战略对一定时期的城市性质、发展规模、土地利用、空间布局以及各项城市基础设施所做的综合部署和空间安排,是城市建设和发展的总体部署和总纲,具有综合性、战略性、政策性、长期性和指导性,具有抽象性和实施中的不确定性,不是对具体的建设进行的直接约束。

因此,总体规划的内容需要通过控制性详细规划和修建性详细规划加以落实和具体化,并通过对建设项目办理"一书两证"(建设项目选址意见书、建设用地规划许可证和建设工程规划许可证)等行政许可决定才能具体化。

控制性详细规划是规划管理的最直接依据,是城市总体规划在城市局部地区的解释与深化,它确定局部地区建设用地中可开发地块的土地使用性质、开发强度等控制指标以及道路和市政规划控制要求的空间安排。以控制性详细规划确定的规划条件是国有土地使用权出让、开发和建设管理的法定前置条件,城乡规划部门必须严格按规划实施管理,建设单位必须严格按规划实施建设。

原则上,未编制控制性详细规划的地块,因为无法出具规划条件,不得出让。如果没有编制,可以一起编。很多地方是规划条件确定后,再补控规或地块图则,有违规之嫌。

根据《控详规编制审批办法》,控制性详细规划组织编制机关应当制订控制性详细规划编制工作计划,分期、分批地编制控制性详细规划。中心区、旧城改造地区、近期建设地区,以及拟进行土地储备或者土地出让的地区,应当优先编制控制性详细规划。

2.1.3 国土空间规划实现"多规合一"

新中国成立以来,各级各类空间规划在支撑城镇化快速发展、促进国土空间合理利用和有效保护方面发挥了积极作用,但是长期以来,"规划打架""马拉松式审批""政府一换届、规划就换届"等问题制约着我国空间利用质量和效率。为此,党中央、国务院作出重大部署,要求建立全国统一、权责清晰、科学高效的国土空间规划体系。2019 年 5 月 23 日,中共中央、国务院发布《关于建立国土空间规划体系并监督实施的若干意见》。

国土空间规划是相关部门对一定区域国土空间开发保护在空间和时间上作出的安排,是各类开发保护建设活动的基本依据。将主体功能区、土地利用规划、城乡规划等空间规划融合为统一的国土空间规划,实现“多规合一”。国土空间规划的编制分级分类进行,即包括“五级三类”。

“五级”指与我国行政管理层级相对应的国家、省、市、县、乡(镇),不同层级的规划体现不同空间尺度和管理深度要求。五级规划自上而下编制,下层级规划要符合上层级规划要求,不得违反上层级规划确定的约束性内容。

“三类”指总体规划、详细规划和相关专项规划。在国家、省、市、县编制国土空间总体规划,各地结合实际编制乡(镇)国土空间规划。相关专项规划可在国家、省、市、县层级编制,强调专业性,是对特定区域、特定领域空间保护利用的安排。详细规划在市、县及以下编制,强调可操作性,是对具体地块用途和强度等作出的实施性安排,是开展国土空间开发保护活动、实施国土空间用途管制、核发城乡建设项目规划许可、进行各项建设等的法定依据。

总体规划与详细规划、相关专项规划之间体现“总—分关系”。国土空间总体规划是详细规划的依据、相关专项规划的基础,详细规划要依据批准的国土空间总体规划进行编制和修改,相关专项规划要遵循国土空间总体规划,不得违背总体规划强制性内容,其主要内容要纳入详细规划。

按照自然资源部《关于全面开展国土空间规划工作的通知》(自然资发〔2019〕87 号),各地要主动履职尽责,建立“多规合一”的国土空间规划体系并监督实施,各地不再新编和报批主体功能区规划、土地利用总体规划、城镇体系规划、城市(镇)总体规划、海洋功能区划等。

2.2 建设项目规划条件修改

若建设单位拟申请变更地块规划条件,如增加容积率或降低建筑密度等,应向城乡规划主管部门提出申请,由城乡规划主管部门根据申请变更的规划条件是否符合地块所在区域或用地单元的控制性详细规划,决定是否批准同意该申请。

2.2.1 建设项目规划条件的修改应当符合控制性详细规划

控制性详细规划的基本内容包括:①土地使用性质;②容积率、建筑高度、建筑密度、绿地率等用地指标;③基础设施、公共服务设施、公共安全设施的用地规模、范围及具体控制要求,地下管线控制要求;④基础设施用地的控制界线(黄线)、各类绿地范围的控制线(绿线)、历史文化街区和历史建筑的保护范围界线(紫线)、地表水体保护和控制的地域界限(蓝线)等"四线"及控制要求。

就具体建设项目而言,在城市、镇规划区内以出让方式提供国有土地使用权的,在国有土地使用权出让前,城市、县人民政府城乡规划主管部门应当依据控制性详细规划,提出出让地块的位置、使用性质、开发强度等规划条件,作为国有土地使用权出让合同的组成部分。建设单位在取得建设项目的批准、核准、备案文件和签订国有土地使用权出让合同后,向城市、县人民政府城乡规划主管部门领取建设用地规划许可证。对符合控制性详细规划和规划条件的建设项目,由城市、县人民政府城乡规划主管部门或者省、自治区、直辖市人民政府确定的镇人民政府核发建设工程规划许可证。

因此,建设单位应按照规划条件进行建设,确需变更的,必须向城乡规划主管部门提出申请。变更内容不符合控制性详细规划的,城乡规划主管部门不得批准。

2.2.2 控制性详细规划的修改应当依照法定程序进行

原则上,建设项目规划条件变更内容不符合控制性详细规划的,不得批准,但是规划条件修改内容确需突破控制性详细规划的,则需要修改控制性详细规划。

根据《城乡规划法》第48条第1款的规定,修改控制性详细规划的,组织编制机关应当对修改的必要性进行论证,征求规划地段内利害关系人的意见,并向原审批机关提出专题报告,经原审批机关同意后,方可编制修改方案。修改后的控制性详细规划,应当依照规划编制程序报批。

城市的控制性详细规划由城市人民政府城乡规划主管部门根据城市总规的要求组织编制,经本级人民政府批准后,报本级人民代表大会常务委员会和上一级人民政府备案。镇的控制性详细规划,由镇人民政府根据镇总体规划的要求组织编制,报上一级人民政府审批。但是县人民政府所在地镇的控制性详细规划,由县人民政府城乡规划主管部门根据镇总体规划的要求组织编制,经县人民政府批准后，报本级人民代表大会常务委员会和上一级人民政府备案。

需要注意的是，若控制性详细规划修改涉及城市总体规划、镇总体规划的强制性内容的，应当先按照法定程序修改总体规划。

2.3　实务中因规划问题引发的闲置土地收回的常见纠纷

实务中，因规划问题引发的闲置土地收回的纠纷较为常见，例如，没有规划设计条件，导致土地无法开发报建；因政府规划修改，导致土地无法按原规划条件开发建设；因规划修改程序问题，导致土地无法开发建设；已构成闲置土地的情形下，政府规划修改是否为无偿收回土地的阻却事由；在规划条件确定的情况下，建设用地使用权人申请变更规划未获得批准导致土地闲置；政府规划调整与建设用地使用权人自身原因共同造成土地闲置的责任分担与时间认定等等。笔者将结合实务案例裁判观点，针对该等问题进行逐一分析。

2.3.1　因未出具地块规划设计条件导致土地无法开发报建

如前所述，城乡规划主管部门出具的规划设计条件是土地开发报建的依据，建设单位应委托设计单位按照规划设计条件通知书或规划设计条件函件的内容完成规划设计方案，而控制性详细规划又是具体地块规划设计条件确定的依据。实务中，建设用地使用权人在取得建设用地时，因政府未能组织编制完成土地所在区域的控制性详细规划，城乡规划主管部门无法出具规划设计条件，建设用地使用权人无法完成报建等一系列前期准备工作导致土地闲置的，应认定土地闲置原因在于政府，并非建设单位主观上没有动工开发的意愿。这种情况下，如土地闲置满两年的，政府不得无偿收回闲置土地。是否具有动工开发的意愿和能力，是处理国有土地使用权收回案件时应予以考虑的重要因素。

如在可供参考的例案一中，审理法院认为，因涉案 25 宗土地所在地区控制性详细规划尚未编制完成，建设单位无法对涉案土地开发项目进行开发建设，土地闲置由政府造成，不属于无偿收回土地使用权的情形，琼海市政府作出收地决定，适用法律、法规错误，依法应予撤销。

上述问题主要出现在土地规划不健全、规划管理混乱的时期，这也是国家后来要求各级政府编制城市总规、控规的原因。需要注意的是，有些土地出让之时确实没有专门的规划条件，但按照当时当地之政策建设用地使用权人其实可以向规划部门申请项目建设，城乡规划主管部门会组织专家评审会，通过单独申请获得规划条件。

如在海南儋州生茂房地产开发有限公司与儋州市人民政府、海南省人民政府无偿收回国有土地使用权案[案号：(2019)琼行终253号]二审中，建设单位主张因为其一直未能获得涉案土地的规划条件，无法进行报建，土地闲置原因在于政府，但海南省高级人民法院认为：本案中，双方当事人就涉案土地在1992年就签订了土地使用权出让合同书，从1992年出让至2018年无偿收回，时间跨度26年。在处理此类案件和问题的时候，既要依照相关法律法规，同时也要看到26年前海南关于土地使用的省情以及当时通行的做法和特殊年代的情况。涉案土地出让于20世纪90年代，规划相对落后、滞后，通常是边建设、边规划……对于出让时间久远，或者土地位置偏远的土地，则单独立项、单独申请。本案中，涉案土地位于××县，当时虽无整体规划，并不影响用地企业开工建设。

因此，取得建设用地使用权之时未能获得明确的规划条件，并不能完全阻却政府无偿收回闲置土地，建设用地使用权人不能因为未获得地块规划设计条件，而怠于申请规划和办理报建手续。建设用地使用权人应持续积极地向城乡规划主管部门申请规划条件，以自己的行为表现出开发建设的意愿。

2.3.2 因政府对规划进行修编导致土地无法开发建设

实务中，因政府修改规划，导致土地无法开发建设的情形较为常见。比如，在城市规划实施过程中，因区域功能定位、发展方向发生变化或因重大政策调整等原因，政府拟调整片区规划，在这种情况下，政府会暂停片区内全部建设项目的审批，在建设单位申请项目建设时，城乡规划主管部门要求待规划调整确定后再报批报建。亦有可能，在建设单位报建之时，土地所在区域的控制性详细规划已完成修改，尤其是发生土地用途的变化，如商业开发地块调整为绿地或者市政道路，建设单位无法再按原规划条件进行开发建设。

因政府修改规划，造成土地闲置的，政府不得无偿收回土地。实务中，需要注意的是，政府修改规划可能影响宗地中部分土地继续按照原用途使用，如部分土地因政府修路被占用，在剩余开发土地闲置达到两年并被政府决定无偿收回的情况下，建设单位能否以政府规划修改影响项目开发报建为由阻却政府无偿收地的决定呢？

这个问题，需要具体情况具体分析。笔者倾向于认为，如占用土地面积较大或者占用核心位置影响项目整体规划设计和建设，严重减损土地使用价值，则政府修改规划构成土地闲置无法开发报建的原因；如占用土地面积不大、不影响项目整体报建，建设单位以此为由主张土地闲置系政府规划修改所致，并不合理。这种情况下，建设单位可以与政府协商通过规划变更、提高容积率、增加开发利益等方式进行补偿。

如在三亚环海置业投资有限公司（以下简称环海公司）与三亚市人民政府、海南省人民政府土地行政处罚及行政复议案［案号：（2020）最高法行申 1160 号］再审中，最高人民法院认为，本案确实存在因政府修春光路占用环海公司宗地 156.8 平方米和因治导线变更影响 171 平方米土地利用的情形。但本案宗地总面积 7313.1 平方米，政府因修路占用的 156.8 平方米占整体比例很小；占用部分位于地块边缘中心，对项目动工开发并不构成实质影响……而无论是立法还是房地产开发实践中，政府因规划调整占用或影响土地使用权人小宗土地的，均不影响土地使用权人依法开展报建。

2.3.3　因规划修改程序存在问题导致土地无法开发建设

《城乡规划法》第 48 条第 1 款规定："修改控制性详细规划的，组织编制机关应当对修改的必要性进行论证，征求规划地段内利害关系人的意见，并向原审批机关提出专题报告，经原审批机关同意后，方可编制修改方案……"

修改规划所涉地块的建设用地使用权人当然属于前述规定中的"地段内利害关系人"，然而实务中存在政府修改规划未征求建设用地使用权人意见而被法院认定土地未能开发建设存在政府原因的情形。

如在可供参考的例案二中，审理法院认为，文昌市政府也未提交证据证明其修改涉案土地的控制性详细规划征求了皇苑公司的意见。因此，皇苑公司无法按照《国有土地使用权出让合同》约定的用途、规划和建设条件进行开发，亦存在一定的政府原因。

实务中还存在的一种情况是，建设单位按照规划条件进行项目报建，城乡规划主管部门以地块所在片区正在编制规划为由，暂不办理用地及报建手续，要求待规划批准后，建设项目再依据批准规划办理相关手续。但是规划获得批准后，政府部门未对规划内容予以公示或者告知建设用地使用权人，造成土地闲置，政府以土地闲置两年为由决定无偿收回土地。但法院认为，建设用地使用权人未动工开发土地在主观上不存在过错，未按期开发不是由其自身造成。

因此判决自然资源主管部门作出的无偿收回闲置土地的决定书缺乏事实依据,依法应予以撤销。

2.3.4 已构成闲置土地的情形下,政府修改规划不能阻却无偿收回土地的决定

实务中,建设用地使用权人在取得土地后,主观上没有动工开发的意愿并长期闲置土地,闲置满两年后,政府修改该地块所在片区的控制性详细规划,建设用地使用权人决定对土地进行开发后发现已无法按照原规划条件报建,尔后自然资源主管部门对该宗闲置土地调查并认定闲置系建设用地使用权人自身原因,但建设用地使用权人认为土地闲置系政府修改规划所致,在自然资源主管部门作出无偿收地决定后,建设用地使用权人诉至法院,要求撤销收地决定。

笔者认为,如果国有建设用地使用权人超过国有建设用地使用权有偿使用合同或者划拨决定书约定、规定的动工开发日期未动工开发已满两年且无任何正当理由,则已经符合无偿收回闲置土地使用权的条件,其后的未动工开发则属于该闲置状态的持续。在已经构成闲置土地的情形下,即使再出现政府调整土地用途规划或者不可抗力等情形,也不构成对无偿收回土地决定的阻却。

如在海南儋州生茂房地产开发有限公司与儋州市人民政府、海南省人民政府无偿收回国有土地使用权案[案号:(2019)琼行终 253 号]二审中,审理法院认为:在已构成闲置土地的情形下,即使再出现政府调整土地用途规划或者出台相关政策使建设用地使用权人不能按原有规划和建设条件进行建设等情形,也不构成对无偿收回土地的阻却事由。

如在海南圣安实业有限公司(以下简称圣安公司)与定安县人民政府收回国有土地使用权案[案号:(2017)最高法行申 5480 号]再审中,审理法院认为:圣安公司的土地闲置行为从 2000 年一直持续到 2007 年,且圣安公司至今未提供证据证明其拥有申请报建或开发的相关材料,其土地闲置行为一直处于持续状态,在定安县人民政府 2007 年对涉案土地进行规划调整之前,案涉土地已经符合无偿收回的条件。定安县政府作出的土地规划调整行为,并不构成对无偿收回涉案闲置土地的阻却。定安县政府作出收回土地的决定符合法律规定。

需要注意的情况是,在土地闲置已达两年且系建设用地使用权人自身原因的情况下,自然资源主管部门已启动对该宗土地的闲置调查程序,建设用地使用权人即向城乡规划主管部门报建并被受理,但自然资源主管部门并未停止认

定及处置程序，依法作出无偿收回土地的决定，建设用地使用权人诉至法院，请求撤销该收地决定。

这种情况涉及行政信赖保护利益的问题。我国《行政许可法》第 8 条第 1 款规定，“公民、法人或者其他组织依法取得的行政许可受法律保护，行政机关不得擅自改变已经生效的行政许可”。

就该争议，笔者倾向于认为，建设用地使用权人的诉求不应得到支持，主要因为：(1) 自然资源主管部门进行闲置土地认定和调查，行使法定职权，不受其他行政机关影响；(2) 建设用地使用权人是在启动调查后为逃避处罚才报建，存在主观恶意；(3) 建设用地使用权人并未实际动工开发，并没有需要保障的信赖利益。

如在三亚环海置业投资有限公司（以下简称环海公司）与三亚市人民政府、海南省人民政府土地行政处罚及行政复议案[案号：(2020) 最高法行申 1160 号]再审中：环海公司还主张，其于 2017 年申请报建后，已经取得规划部门出具的新的规划设计条件，同年还在相关行政主管机关就建设项目进行了备案登记，应当成为阻却无偿收地的事由。但此时涉案宗地因环海公司自身的企业原因已经闲置“满两年”，相关行政机关已经启动闲置土地认定和收回程序。三亚市人民政府作出无偿收回土地决定前，环海公司尚未办理完毕相关建设批准手续，更未实际动工开发，并未形成足够的需要存续保障的信赖利益。

2.3.5　土地使用权人申请规划调整未获批准导致土地闲置的不利后果由其自行承担

实务中也有这样的情况：在开发地块的规划条件已经确定的情况下，建设用地使用权人多次向城乡规划主管部门申请变更土地用途、容积率等规划设计条件，或者申报的项目设计方案始终不符合控制性详细规划强制性指标和设计条件，未获得城乡规划主管部门批准，造成土地闲置一直未能开发，在土地闲置达两年后，政府作出无偿收回土地的决定，建设用地使用权人以政府未同意规划调整为由进行抗辩。

笔者认为，在规划条件已经确定的情况下，建设用地使用权人有义务进行相应报建，除非有合理理由，否则城乡规划主管部门有权不予审批。因此造成土地闲置的，属于建设用地使用权人自身原因导致闲置。

如在海南鑫合实业有限公司（以下简称鑫合公司）与海口市人民政府无偿

收回国有土地决定案［案号：（2019）琼行终136号］二审中，审理法院认为：在涉案土地合同约定即规划条件已明确的情况下，鑫合公司未向规划部门申请报建，反而多次提出调整建设用地指标，致使涉案土地闲置，应当认定为企业自身原因。

2.3.6 应当准确认定政府与企业共同原因造成土地闲置的责任分担问题

实务中，土地长期闲置既有政府修编控规停止办理土地的规划报建手续等原因造成的土地未动工开发，也有企业主观上没有开发意愿导致的土地闲置，在这种情况下，政府与企业共同原因造成的土地闲置的责任分担与时间认定问题，是实务处理的难点。

《海南省闲置土地认定和处置规定》第14条规定，“因政府原因造成土地闲置，有确定的起讫时间的，可以扣除政府原因造成的土地闲置时间，扣除后仍符合闲置土地条件的，可以认定为非政府原因造成土地闲置”。

参考上述规定，要判断是否构成无偿收回闲置土地使用权的情形，应先确定土地闲置的起讫时间，再扣除政府原因造成的土地闲置时间，若扣除后仍符合因企业原因致使土地闲置满两年，则可以无偿收回闲置土地使用权。

那么，如何确定土地闲置的起讫时间呢？土地应动工开发之日为开始日期，闲置土地调查之日（一般为《闲置土地调查通知书》发出之日）为终止日期。确定起讫时间后，再从期间里扣除因政府规划修改原因导致无法报建的时间，若存在两次或以上的阶段性原因，则分段计算扣除，剩余闲置时间累加若仍超过两年的，则符合土地无偿收回的条件。

专题五 因政府原因造成土地闲置的，自然资源主管部门应当与建设用地使用权人协商处置

要点描述

因政府、政府有关部门的行为造成土地闲置的，市、县自然资源主管部门应当根据《闲置土地处置办法》第12条第1款的规定，与建设用地使用权人协商该宗闲置土地的处置方式，未经协商单方作出处置决定，属于程序违法，该处置决定存在被法院判决撤销的法律风险。另外，特别需要注意的是，针对《闲置土地处置办法》第2条第2款规定的已动工开发土地构成的闲置土地，即使土地闲置原因在于建设用地使用权人自身，市、县自然资源主管部门也应当按照《闲置土地处置办法》第12条第1款的规定与建设用地使用权人协商处理。

一、可供参考的例案

例案一 海口博泰隆房地产开发有限公司与海口市人民政府土地行政管理(土地)二审案

【法院】

海南省高级人民法院

【案号】

(2019)琼行终326号

【当事人】

上诉人(一审原告)：海口博泰隆房地产开发有限公司

被上诉人(一审被告)：海口市人民政府

【基本案情】

2007年3月，海口博泰隆房地产开发有限公司(以下简称博泰隆公司)通

过出让方式取得位于海口市桂林洋旅游区西侧的642,351.28平方米土地的使用权。2007年3月9日其与海口市国土资源局(以下简称市国土局)签订《国有土地使用权出让合同》和《国有土地使用权出让合同补充协议》,约定涉案土地在2008年9月30日前动工建设,2010年9月30日完成项目建设;土地用途为住宅、商服、公用设施及公共建筑用地。博泰隆公司于2007年7月24日取得土地证,证载的土地性质为城镇单一住宅用地。

2008年1月7日,海口市规划局(以下简称市规划局)核发建设用地规划许可证,其中S1地块(北侧地块)规划性质为旅游度假用地;S2、S3(南侧地块)地块规划性质为旅游度假和居住混合用地。市国土局于2008年1月11日向博泰隆公司发出《关于交付土地的函》。2012年2月13日,市国土局作出市土资处字〔2012〕3号复函,认为涉案土地存在权属纠纷和征地遗留问题。2012年6月18日,市规划局向市国土局发出市规函〔2012〕1050号复函称,涉案土地被规划路分割成3个地块,其中S1地块(北侧地块)规划用地性质为旅游度假、居住混合用地,S2地块(南侧地块)规划用地性质为旅游度假用地,S3地块为市政绿化带。2015年12月22日,市国土局作出海土资用字〔2015〕555号函,提出对涉案土地的界线重新进行调整。

2016年,市国土局因建设江东大道二期而分别收回9866.67平方米、12,330.79平方米的土地。2016年11月25日,市规划局以《关于海口博泰隆房地产开发有限公司规划报建情况的复函》(海规函〔2016〕2848号)函告市国土局,将涉案宗地的有关用地规划报批情况进行说明。

2017年4月19日,市国土局向博泰隆公司发出《关于提供土地取得成本和前期合理投入相关材料的通知》(海土资执字〔2017〕123号)。2017年10月16日,市国土局以《关于海口博泰隆房地产开发有限公司用地闲置认定意见的请示》(海土资存处字〔2017〕781号)报请海口市人民政府(以下简称市政府),市政府同意市国土局的涉案宗地构成闲置土地的认定意见。2017年10月27日,市国土局向博泰隆公司下发《闲置土地认定书》(海土资存处字〔2017〕834号),告知闲置土地的认定情况。2017年11月7日,市国土局向博泰隆公司发出《关于提供土地取得成本和前期合理投入相关材料的通知》(海土资存处字〔2017〕909号),博泰隆公司在2017年11月17日对有关意见进行复函说明。2017年12月19日,市国土局向博泰隆公司发出《关于召开有偿收回国有土地使用权会议的通知》(海土资执字〔2017〕800号)。2017年12月27日，市国土局就拟有偿收回博泰隆公司国有土地使用权事宜进行协商会议，博泰隆公司派员参加协商，但双方未达成一致意见。2017年12月29日，市国土局以《关于有偿收回32宗土地使用权的请示》(海土资存处字〔2017〕1101号)报请市政府，市政府同意市国土局有偿收回涉案宗地的处置意见。

2018年1月3日，市政府向博泰隆公司作出了海府罚字〔2018〕1号《海口市人民政府收回国有建设用地使用权决定书》(以下简称1号决定书)，以适应国民经济和社会发展等公共利益需要。按照《土地管理法》第58条第1款的规定，决定收回涉案土地的国有建设用地使用权，并给予适当补偿，补偿标准按海南省人民政府《关于进一步做好闲置土地处置工作的通知》(琼府〔2015〕24号，以下简称24号文)的规定执行。并告知了博泰隆公司救济途径及期限。因博泰隆公司拒绝签收1号决定书，市政府于2018年2月1日在博泰隆公司的办公地点采取留置送达的方式送达了该文书。该案在一审审理过程中，市政府于2018年7月27日作出《关于有偿收回土地使用权价格的通知》(海府〔2018〕76号)，该通知根据24号文的规定，委托会计师事务所对涉案土地的建设用地使用权的收回价格进行审计，确认数额为153,072,126.43元，故决定以该价格收回涉案土地。另查，涉案宗地中有11.6053公顷土地规划用途为Ⅳ级保护林地、41.8682公顷土地规划用途为工业园区用地、10.7664公顷土地规划用途为一般耕地，涉案宗地未能按期开发建设存在政府原因。

【案件争点】

1. 市国土局未与博泰隆公司协商一致作出的有偿收地决定是否合法。

2. 市政府有偿收回涉案土地以及收回土地的补偿标准是否合法。

【裁判要旨】

1. 关于收地程序是否合法的问题。根据规定，在政府原因造成土地闲置的情况下，即使土地行政主管部门与土地使用权人无法就有偿收回土地使用权协商一致，国土资源主管部门还可以根据实际情况规定以其他处置方式收回土地。故博泰隆公司在双方无法就有偿收回土地协商一致的情况下，主张市政府有偿收回土地属于程序违法，与以上法律规定不符，理由不能成立，本院不予支持。市国土局在收回涉案土地过程中履行了调查、认定、告知、协商、请示等程序，符合《闲置土地处置办法》关于收回闲置土地的规定，证据确凿，程序合法。

2. 关于补偿标准是否合法的问题。《土地管理法》第 58 条第 2 款规定,为公共利益需要使用土地而收回国有土地使用权的,对土地使用权人应当给予适当补偿。该款规定的"适当补偿"应当是公平合理的补偿,即综合考虑土地的性质、用途、区位、评估方法、闲置原因等因素,参考市场价格予以补偿。《政府原因闲置土地协议有偿收回政策的函》以及海南省政府 12 号文均规定,县级以上政府有偿收回存量商品住宅用地的补偿金额不低于土地使用权人取得土地的成本,并应综合考虑其合理的直接损失,参考市场价格确定。本案的 1 号决定书不加分析地简单以土地使用权人已缴交的土地出让价款、前期合理投入以及相应的利息总额进行补偿欠妥,一审判决撤销 1 号决定书关于补偿标准的内容,并无不当。

➡ 例案二　龙海市国土资源局、龙海市小百合双语幼儿园土地行政管理(土地)二审案

【法院】

福建省漳州市中级人民法院

【案号】

(2017)闽 06 行终 42 号

【当事人】

上诉人(原审被告):龙海市国土资源局

被上诉人(原审原告):龙海市小百合双语幼儿园

【基本案情】

2011 年 6 月 28 日,龙海市小百合双语幼儿园与龙海市国土资源局就 2010G58 宗地签订《国有建设用地使用权出让合同》,约定出让人同意在 2011 年 8 月 28 日前将出让宗地交付受让人。2012 年 3 月 23 日,龙海市小百合双语幼儿园就上述土地办理了《国有土地使用证》。但该土地至今还未完成征迁,未全部交付龙海市小百合双语幼儿园使用,龙海市小百合双语幼儿园一直未动工建设。

2014 年 12 月 8 日,龙海市国土资源局就龙海市小百合双语幼儿园未动工建设进行闲置土地调查。其间,龙海市九湖镇人民政府出具情况说明,证明龙海市小百合双语幼儿园项目用地范围内尚有 95 座坟墓及 6 户群众用地(面积

为5.7亩）未完成征迁。

2015年1月10日，龙海市国土资源局作出龙国土资认〔2015〕7号《闲置土地认定书》，认定涉案宗地为闲置土地，闲置原因为征迁补偿未完成，应按照《闲置土地处置办法》的有关规定进行处置，其于2015年1月15日将《闲置土地认定书》送达龙海市小百合双语幼儿园。

2015年11月13日，漳州市城乡规划局就龙海市小百合双语幼儿园申请报建的小百合双语幼儿园项目作出漳规审〔2015〕3051号《规划设计审核决定书》，审查认为2009年9月3日作出的该项目的规划与现有上位规划不相符，需重新研究确定，暂不予以许可。

2015年12月3日，龙海市国土资源局作出龙国土资〔2015〕303号《关于解除〈国有建设用地使用权出让合同〉的通知》，通知主要内容为：因规划原因，《国有建设用地使用权出让合同》在法律上或者事实上不能履行，因多次协商土地置换及协议收回事宜未果，决定解除与龙海市小百合双语幼儿园签订的《国有建设用地使用权出让合同》并收回土地使用权。龙海市小百合双语幼儿园不服，于2015年12月18日向龙海市人民政府申请行政复议，龙海市人民政府于2016年8月17日作出龙政行复驳〔2015〕2号《驳回行政复议申请决定书》，驳回龙海市小百合双语幼儿园的行政复议申请。龙海市小百合双语幼儿园不服，提起行政诉讼。

一审法院认为，龙海市国土资源局在认定龙海市小百合双语幼儿园土地闲置时，已经查明闲置原因为征迁补偿未完成。该土地闲置的原因符合《闲置土地处置办法》第8条第1款规定的情形。法律赋予了国有土地使用权人因自身以外的原因造成土地闲置，与国土管理部门协商解决的权利，且非依法定程序不得提前收回土地使用权。龙海市国土资源局在作出的《关于解除〈国有建设用地使用权出让合同〉的通知》中，只认为因规划原因，《国有建设用地使用权出让合同》在法律上或者事实上不能履行，经多次协商土地置换及协议收回事宜未果，已经无法实现合同目的，却未提到因征迁未完成导致土地无法全部交付的事实，完全忽视了其自身行为造成的龙海市小百合双语幼儿园迟延动工的因素。此外，关于国有土地使用权的收回，应依照法定程序进行，不应简单以通知的形式作出，故判决：撤销龙海市国土资源局于2015年12月3日作出的龙国土资〔2015〕303号《关于解除〈国有建设用地使用权出让合同〉的通知》。

【案件争点】

龙海市国土资源局未按时交付土地,且未与龙海市小百合双语幼儿园协商,单方作出《关于解除〈国有建设用地使用权出让合同〉的通知》是否合法。

【裁判要旨】

上述《国有建设用地使用权出让合同》第 6 条约定:“出让人同意在 2011 年 8 月 28 日前将出让宗地交付给受让人……”第 13 条约定:“受让人在本合同项下宗地范围内新建建筑物、构筑物及其附属设施的,应符合市(县)政府规划管理部门确定的出让宗地规划条件(见附件三)……”第 16 条约定:“受让人同意本合同项下宗地建设项目在 2011 年 12 月 28 日之前开工,在 2013 年 12 月 28 日之前竣工……”合同签订后,龙海市小百合双语幼儿园已就涉案土地取得《国有土地使用证》,但因涉案土地征迁补偿未完成,龙海市国土资源局一直无法将涉案土地全部交付给龙海市小百合双语幼儿园使用和进行建设,导致土地长期闲置。根据《闲置土地处置办法》第 8、12、13 条及《城镇国有土地使用权出让和转让暂行条例》第 42 条的规定,政府、政府有关部门的行为造成动工开发迟延的,市、县国土资源主管部门应当与国有建设用地使用权人协商解决,且非依法定程序不得提前收回土地使用权。本案上诉人没有就涉案土地闲置问题与被上诉人协商达成处置意见,即以单方通知形式决定收回国有土地使用权,明显违反法律规定,故判决撤销龙海市国土资源局单方作出的《关于解除〈国有建设用地使用权出让合同〉的通知》。

➡ 例案三　三亚市自然资源和规划局与海南仙南投资开发有限公司、海南星昊投资开发有限公司行政补偿二审案

【法院】

海南省三亚市中级人民法院

【案号】

(2019)琼 02 行终 125 号

【当事人】

上诉人(原审被告):三亚市自然资源和规划局

被上诉人(原审原告):海南仙南投资开发有限公司

被上诉人(原审原告):海南星昊投资开发有限公司

【基本案情】

2008年因建设三亚市凤凰岛国际邮轮港工程，海南仙南投资开发有限公司（以下简称仙南公司）所属的编号为河西国用（1997）字第0005号、第0019号、第0023号土地使用权证项下土地被占用，经三亚市自然资源和规划局（以下简称自规局）与仙南公司协商，双方同意以位于南边海的储075号地块18,926.73平方米土地置换仙南公司位于光明路口两侧的18,475.21平方米土地，双方于2008年7月21日签订置换土地合同。因此，案涉的南边海储075号地块18,926.73平方米土地系仙南公司用其原有的位于原出让地的土地置换而来，而该地块位于南边海环河口区域约546亩用地首期成片改造区域范围内，三亚市城市规划委员会2008年6月17日下午及6月23日下午召开的2008年第五次会议已明确规定，该区域要按照统一规划、整合开发的改造原则进行整体改造开发建设，不再为单个项目办理报建审批手续。在此情形下，被告将案涉土地置换给仙南公司作为单个项目的建设用地，仙南公司已不能再继续开发建设。但被告在2008年7月21日仍依照三府函〔2008〕60号三亚市人民政府《关于同意海南仙南投资开发有限公司置换土地问题的批复》，将案涉地块置换给仙南公司，并签订了置换土地合同，导致新的闲置土地形成。

另查明，2013年仙南公司向三亚市规划局递交《关于出具规划意见的申请》，市规划局2013年12月11日作出三规函〔2013〕1132号《关于海南仙南投资开发有限公司申请出具三土房〔2008〕字第6276号宗地规划意见的复函》，明确规定对仙南公司的三土房〔2008〕字第6276号宗地，不予单独报建。

再查明，南边海路（即鹿回头景观大道，2005年5月至2010年春节）改造工程从该地块跨过，经2012年11月6日三土环资用〔2012〕252号三亚市国土环境资源局《关于仙南公司南边海地块被占土地补偿的意见》确认，所占仙南公司土地面积达3780.42平方米（约5.67亩），但该5.67亩的被占土地补偿问题一直未能解决，因此仙南公司申请自规局置换的土地面积为18,926.73平方米。

【案件争点】

自规局的置换行为是否合法，应否为仙南公司置换其他价值相当的国有建设用地。

【裁判要旨】

关于自规局作出与仙南公司签订《置换土地合同》的行政行为是否合法的

问题。自规局于2008年7月21日与仙南公司签订《置换土地合同》，将无法规划报建开发的土地置换给仙南公司的行为是其作出的行政行为。自规局在2008年进行土地置换时，原三亚市规划局（现已合并至被告）在2008年第五次会议中，已经明确被告拟置换给仙南公司的涉案土地区域，“要按照统一规划、整合开发的改造原则进行整体改造开发建设，不再为单个项目办理报建审批手续”。自规局在2008年7月21日与仙南公司签订《置换土地合同》，仍将该无法进行单独规划报建的土地置换给仙南公司，违反了《城乡规划法》第38条第1款的规定。

关于自规局是否应当为仙南公司置换其他价值相当的国有建设用地的问题。原告、被告之间于2008年7月21日签订《置换土地合同》，自规局将无法规划报建开发的南边海储075号用地置换给仙南公司，造成仙南公司土地长期闲置，现该置换土地的行政行为被确认违法，自规局应依《闲置土地处置办法》第12条第1款第5项的规定采取补救措施，充分尊重仙南公司的意愿，重新选择价值相当的国有建设用地进行置换，以体现依法行政的原则。且海南省人民政府颁布的《关于鼓励存量商品住宅用地转型利用和解决有关历史遗留问题的实施意见》第3条第2款规定：“有序开展土地置换。在符合市县总体规划的前提下，经市县政府与土地使用权人协商一致，允许将存量商品住宅用地在本行政区域内置换为同等价值的其他用途的建设用地……”双方也可依照该条规定充分协商置换土地问题，重新予以土地置换。

二、要点分析

据统计，政府、政府有关部门原因造成的闲置土地的比例较大，几乎占到了闲置土地总量的54%。[①] 对于政府、政府有关部门原因造成的闲置土地，按照《闲置土地处置办法》第12条、第13条第1款的规定，市、县自然资源主管部门应当与建设用地使用权人协商处理，针对不同情形的闲置土地选择合理的处置

① 参见陈鸽、黄运湘、李祖胜、文炯：《我国闲置土地问题对国民经济的影响及对策》，载《农业网络信息》2015年第8期。

方式,并在协商一致后拟订闲置土地处置方案,报本级人民政府批准后实施。

实务中,有很多问题需要注意。比如,经协商但未达成一致意见进行处置的,处置程序是否合法;如何选择适当的处置方式,不同的处置方式具体涉及哪些问题,等等。笔者将在本篇专题内容中就有关问题进行分析和探讨。

2.1　未经协商作出的处置决定的效力

对政府、政府有关部门原因造成的闲置土地,市、县自然资源主管部门应当与建设用地使用权人进行协商处置,并选择合适的处置方式。那么,未履行协商程序,单方作出的处置决定是否有效呢?

2.1.1　未经协商作出的处置决定因程序违法存在被法院判决撤销的风险

不同于建设用地使用权人自身原因造成的闲置土地,政府可以征缴土地闲置费或无偿收回土地使用权,政府、政府部门原因造成土地闲置的,因过错不在于建设用地使用权人,政府当然不得未经协商即直接作出处置决定。另外,建设用地使用权人充分了解土地闲置的事实及理由,能够提出更优解决方案,积极参与协商过程有助于实现闲置土地的高效利用,达到盘活土地的目的。

未经协商程序,自然资源主管部门单方作出处置决定,客观上剥夺了建设用地使用权人参与共同确定闲置土地处置方式及处置方案的权利,对建设用地使用权人的权益产生了实际侵害,存在被法院认定程序违法并判决撤销处置决定的法律风险。

在万宁市人民政府与海南海韵酒店开发有限公司行政确认案[案号:(2017)琼行终44号]二审中,海南省高级人民法院认为:因政府原因造成土地闲置的,市、县自然资源主管部门应当与国有建设用地使用权人协商。但万宁市人民政府并未提供证据证明其在作出涉案有偿收地决定前,按该条款的规定曾与海南海韵酒店开发有限公司有过协商的程序。最终法院以市、县自然资源主管部门未履行协商程序、属于程序违法为由,判决撤销收地决定。

处置政府原因造成的闲置土地,市、县自然资源主管部门与国有建设用地使用权人协商是必要的环节。针对不同情形的闲置土地,其应与建设用地使用权人协商选择适当的处置方式,在此基础上拟订闲置土地处置方案,未经协商,单方作出的处置决定缺乏法律依据。

2.1.2 不同的处置方式涉及不同的协商内容

除协商确定闲置土地的具体处置方式外,市、县自然资源主管部门与建设用地使用权人还应就与该处置方式紧密相关的内容进行更加有针对性的磋商。笔者以协议有偿收回土地和置换土地为例,分析两种处置方式所涉相关内容。

(1)关于协议有偿收回土地的协商内容

《政府原因闲置土地协议有偿收回政策的函》指出:需要协议收回闲置土地使用权的,应当遵循协商一致和合理补偿的原则。市、县自然资源主管部门应当按照《闲置土地处置办法》的规定……与当事人就收回范围、补偿标准、收回方式等进行协商。

因此,需要以协议收回闲置土地使用权的方式处置闲置土地的,相关部门还应当就收回范围、补偿标准、收回方式等与该处置方式所涉相关内容与建设用地使用权人进行协商。并非在协商确定处置方式后,由自然资源主管部门单方决定其他事宜。

(2)关于置换土地的协商内容

《闲置土地处置办法》第 12 条第 1 款第 5 项规定,采取置换土地方式对闲置土地进行处置的,建设用地使用权人可以置换其他价值相当、用途相同的国有建设用地进行开发建设。土地的价值由用途和区位决定,采取置换土地方式处置闲置土地的,应充分考虑原土地与拟置换土地的用途及区位,协商两宗土地的价值。若拟置换土地价值超过闲置土地价值的,则建设用地使用权人需要补缴土地差价款,若拟置换土地价值低于闲置土地价值的,则自然资源主管部门需要退还差价款。因此,若采取置换土地的方式处置闲置土地的,双方还应对拟置换的具体宗地、土地出让金的补缴或退还等事宜进行协商。

2.1.3 自然资源主管部门对协商的事实承担举证责任

《行政诉讼法》第 34 条规定:"被告对作出的行政行为负有举证责任,应当提供作出该行政行为的证据和所依据的规范性文件。被告不提供或者无正当理由逾期提供证据,视为没有相应证据。但是,被诉行政行为涉及第三人合法权益,第三人提供证据的除外。"因此,在闲置土地处置行政诉讼中,作为被告的市、县自然资源主管部门应当对行政行为的合法性承担举证责任。

被告负担举证责任,是被告行政机关在行政程序中遵守"先取证,后裁决"这一规则的必然要求。在行政程序中,行政机关行使职权,作出具体行政行为必须坚持“先取证,后裁决”,它要求行政机关在作出具体行政行为前,应当认真调查、充分收集证据,在证据充分,事实清楚的基础上正确适用法律,作出正确的行政行为。因此,一旦行政机关作出的行政行为被诉,由其证明其行为的合法性,实属必然。①

司法裁判中也严格遵循法定的举证责任分配原则。在万宁市人民政府(以下简称万宁市政府)与南山(海南万宁)置业有限公司(以下简称南山置业公司)行政确认上诉案[案号:(2017)琼行终 32 号]中,海南省高级人民法院认为:万宁市政府土地自认因政府原因导致闲置,但并未提供证据证明其在作出涉案有偿收地决定前曾与南山置业公司协商过土地处置的方式,更未达成补偿协议。万宁市政府主张其适用法律正确、程序合法的理由也不能成立,南山置业公司的有关抗辩理由并无不当。最终法院认定,万宁市政府未举证证明其履行了协商程序,单方作出处置决定程序违法。

综上,市、县自然资源主管部门应就已与建设用地使用权人进行协商的事实承担举证责任,如组织建设用地使用权人召开协商会议,形成视频资料或会议纪要等证据,用于证明已经履行协商程序。如市、县自然资源主管部门怠于举证,则视为没有证据,应当承担举证不能的不利法律后果。

2.2　针对是否必须协商一致的两种观点

《闲置土地处置办法》第 13 条第 1 款规定:“市、县自然资源主管部门与国有建设用地使用权人协商一致后,应当拟订闲置土地处置方案,报本级人民政府批准后实施。”

按照前述条文的字面意思理解,拟订闲置土地处置方案的前提为双方协商一致,市、县自然资源主管部门不得未经协商即单方拟订方案,但是在实践中存在两种不同的观点,一种观点认为必须协商一致才能拟订方案,另一种观点则认为应当履行协商程序,但不要求必须协商一致,已协商但未达成一致的情况下,市、县自然资源主管部门也可以单方作出处置决定。司法裁判及各地规定大多持第二种观点,认为履行协商程序即可,不严苛要求必须协商一致。

---

① 参见雷玉鹏:《行政诉讼举证责任分配之分析》,载中国法院网,http://www.chinacourt.org/artide/detail/2005/06/id/165036.shtml。

2.2.1 部分地方规定未要求双方必须协商一致

经过查看地方性相关文件,笔者发现大部分地区明确要求,因政府原因造成的闲置土地,市、县自然资源主管部门应当与国有建设用地使用权人协商,但并未明确要求必须协商一致。事实上,在实践过程中,双方均站在各自的角度将自身利益放在首位,往往很难达到协商一致,过于严苛的要求,势必导致处置程序停滞不前,不利于闲置土地盘活和再利用。以下列举了部分地方性规定及规范性文件。

《珠海市闲置土地处置办法》第 18 条第 1 款规定:"自然资源部门应当在收到国有建设用地使用权人的闲置土地处置申请之日起 30 个工作日内,与国有建设用地使用权人协商确定闲置土地的具体处置方案,闲置土地依法设有抵押权或者被司法机关采取查封等限制土地权利措施的,还应当通知抵押权人参与拟订处置方案并征求司法机关意见。"

《海南省闲置土地认定和处置规定》第 27 条规定:"因政府原因和不可抗力造成土地闲置的,市、县、自治县土地行政主管部门应当与国有建设用地使用权人协商后拟订闲置土地处置方案,报同级人民政府批准后实施。"

2.2.2 司法裁判对于是否必须协商一致的意见不统一

司法实践中有两种裁判观点:一种观点认为市、县自然资源主管部门应当与建设用地使用权人协商一致后方可处置闲置土地;另一种观点认为,双方经过协商程序即可,并不要求必须协商一致。

对于第一种观点,法院认为市、县自然资源主管部门在未与建设用地使用权人协商达成一致的情况下,单方拟订闲置土地处置方案并作出处置决定违法。

如在可供参考的例案二中,案件审理法院认为:本案上诉人没有就涉案土地闲置问题与被上诉人协商达成处置意见,即以单方通知形式决定收回国有土地使用权,明显违反法律规定。最终,法院以在双方协商未果的情况下被上诉人单方决定收回土地违反规定为由,撤销其单方作出的解除土地出让合同通知。

在海南澄迈金鑫鸟语林有限公司与澄迈县人民政府行政命令案[案号:(2018)琼96 行初 119 号]一审中,海南省第一中级人民法院认为:国土资源主管部门与国有建设用地使用权人就闲置土地的处置方式达成一致并拟定处置方案是有偿收回国有建设用地使用权的前置程序。在澄迈县国土局与原告未就案涉土地的处置方式协商一致的情况下，被告作出有偿收回土地使用权的决定，属于违反法定程序。最终法院判决撤销有偿收地决定。

对于第二种观点，法院认为履行协商程序即可，但并不严格要求必须协商一致。在可供参考的例案一中，海南省高级人民法院认为：故博泰隆公司主张在双方无法就有偿收回土地协商一致的情况下，市政府有偿收回土地属于程序违法，与以上法律规定不符，理由不能成立，本院不予支持。市国土局在收回涉案土地过程中履行了调查、认定、告知、协商、请示等程序，符合《闲置土地处置办法》关于收回闲置土地的规定，证据确凿，程序合法。最终法院认定市国土局作出的收地决定合法。

在海口市人民政府与海南鑫合实业有限公司其他行政行为案［案号：(2019)琼行终135号］二审中，审理法院认为：履行了调查、核查、认定、召开专题会议、出具《闲置土地认定书》、召开协商会等程序，符合相关法律规定，程序合法。……双方就闲置土地处置方式进行协商，在双方未达成一致意见的情况下，选择有偿收回国有建设用地使用权，事实清楚，程序合法，适用法律、法规正确。

虽然从字面理解《闲置土地处置办法》第13条的规定内容，市、县自然资源主管部门与建设用地使用权人协商一致是拟订闲置土地处置方案的前提，但是笔者更倾向于前述第二种观点，这是因为，土地使用权涉及重大经济利益，土地闲置的责任在于政府或政府有关部门的情况下，政府与建设用地使用权人往往很难协商达成一致。为更加有效的盘活土地，防止建设用地使用权人滥用权利，肆意抬价，导致土地继续闲置，不能发挥其最大使用价值，不宜严苛要求必须协商一致，双方本着诚实信用、公平公正的原则进行了协商，即符合立法本意。

2.3　闲置土地协商处置的六种方式

因政府原因造成的土地闲置，市、县自然资源主管部门与建设用地使用权人可以协商选择的处置方式包括：延长动工开发期限；调整土地用途、规划条件；由政府安排临时使用；协议有偿收回国有建设用地使用权；置换土地等，需要根据闲置土地的不同情况合理确定处置方式。

2.3.1 延长动工开发期限

(1)适用情形

延长动工开发期限的目的是,在政府、政府有关部门原因消除后,建设用地使用权人可以继续对土地进行开发建设,有效利用土地,最大限度减少投资损失,这是最常见的处置方式之一。但是《闲置土地处置办法》并未明确该处置方式的具体适用条件,可以参考有关地方规定。

《海南省闲置土地认定和处置规定》第19条第1款规定:“因政府原因造成土地闲置的,市、县、自治县土地行政主管部门可以对已具备动工开发条件且项目符合产业政策、已落实项目资金的闲置土地,延长动工开发期限,并签订补充协议,重新约定动工开发、竣工期限和违约责任。”

《广州市闲置土地处理办法》第16条规定:“按照本办法第十五条第(一)、(二)项规定,以延长开发建设时间或者改变用途继续开发建设的方式处置闲置土地的,应当符合下列条件:(一)符合土地利用总体规划和城乡规划;(二)符合产业用地政策;(三)具备占总建设投资额30%以上的资金实力。”

(2)延长动工开发期限应当签署补充协议

经协商选择延长动工开发期限的处置方式的,市、县自然资源主管部门应当与建设用地使用权人签订补充协议,重新约定动工开发、竣工期限和违约责任。

(3)延长动工开发期限最长不得超过一年

《闲置土地处置办法》第12条第1款第1项规定:“……从补充协议约定的动工开发日期起,延长动工开发期限最长不得超过一年”;第12条第2款规定:“除前款第四项规定外,动工开发时间按照新约定、规定的时间重新起算。”

延长动工开发期限应当从补充协议约定的动工开发日期起算一年,不应从原土地出让合同约定的动工开发日期起算。这是因为,适用该处置方式的前提是土地为闲置土地,构成闲置土地即说明已经闲置满一年时间,且闲置系政府原因,如从原土地出让合同约定的动工开发日期起算,不符合立法本意,对建设用地使用权人显失公平。若从重新约定的动工开发日期起超过一年未动工开发或未达到动工开发条件,闲置时间重新计算。

(4)原则上延长动工开发的次数不受限制

实践中,虽然重新约定了动工开发日期,但仍存在延长期内政府原因未消除的可能，是否可以继续采取延长动工开发期限的处置方式，《闲置土地处置办法》并未明确规定。在笔者团队曾经参与的天津市某房地产开发项目的并购法律尽职调查中，政府在延长一次动工开发期限后，因延长期内政府原因始终未能消除，双方未再签署协议延长动工开发期限，而是协商一致同意延长竣工期限。

在儋州市人民政府与洋浦浦龙物业发展有限公司（以下简称浦龙公司）其他行政行为案［案号：(2018)琼行终774号］二审中，海南省高级人民法院认为：儋州市国土局在《出让合同》签订后又先后与浦龙公司签订了三份补充协议……儋州市国土局与浦龙公司签订补充协议，同意延期动工开发建设，有事实和法律依据。儋州市人民政府作出的104号收地决定，仍以原《出让合同》约定的动工时间2013年11月20日作为动工开发日期，认定涉案宗地"未按出让合同约定时间动工开发满两年"，且属用地单位自身原因造成土地闲置，不符合事实和法规、规章的规定，认定事实不清，主要证据不足。本案中，海南高院对三份延长动工期限的补充协议均予以认可。

笔者认为，虽然《闲置土地处置办法》未限制延长动工开发期限的次数，但是为了通过闲置土地处置的方式盘活土地，高效发挥土地的利用价值，可以根据实际情况采用更为合理的处置方式，而不宜多次采用延长动工开发期限的处置方式。

2.3.2　调整土地用途、规划条件

(1)适用情形

若原审批的土地用途或者规划条件不符合修编后的城市规划而使土地闲置的，相关部门可以通过调整土地用途或者规划条件的方式予以处置，由建设用地使用权人继续使用该宗土地。改变用途后的土地利用必须符合土地利用总体规划和城乡规划。

采用该方式处置闲置土地，应满足一定条件。以广州市为例，《广州市闲置土地处理办法》第16条规定，以改变土地用途的方式处置闲置土地的，应当符合下列条件：符合土地利用总体规划和城乡规划；符合产业用地政策；具备占总建设投资额30%以上的资金实力。

(2)实施程序

采用调整土地用途、规划条件的方式处置闲置土地的，应按照新用途或者新规划条件重新办理相关手续，包括核发新的规划设计条件、建设用地规划许可证、土地证等手续，并按照调整后的土地用途、规划条件核算、收缴或者退还土地价款。

土地价值主要由两方面因素决定：一是土地区位；二是地块的规划设计条件。相邻的两块土地，规划条件不同，土地价值也会千差万别，土地用途及规划条件是土地出让的核心要素。

如土地用途、规划条件调整的，则调整前后该宗土地的价值会发生变化，应当进行地价评估，并按照评估结果补缴或退还地价款。根据《国有建设用地使用权出让地价评估技术规范》第6.4条的规定，如涉及出让土地补缴地价款的，则按照下述方式进行评估：

1）改变用途或土地使用条件的，在评估需补缴地价款时，估价期日应以自然资源主管部门受理补缴地价申请时点为准；

2）调整容积率的，需补缴地价款等于楼面地价乘以新增建筑面积，楼面地价按新容积率条件下估价期日的楼面地价确定；

3）调整用途的，需补缴地价款等于新、旧用途楼面地价之差乘以建筑面积，新、旧用途楼面地价均为估价期日的正常市场价格；

4）多项用地条件同时调整的，应分别核算各项条件调整带来的地价增减额，合并计算应补缴地价款，用途与容积率同时调整的，需补缴地价款等于新用途楼面地价乘以新增建筑面积加上新、旧用途楼面地价之差乘以原建筑总面积。

2.3.3 由政府安排临时使用

《闲置土地处置办法》并未对政府安排临时使用的适用情形进行明确规定。经过查询地方性文件，各地为更大限度利用土地，防止土地资源过度浪费，一般对临时使用的使用用途、使用期限予以明确规定。

（1）临时使用用途限制

政府安排临时使用的，待原项目具备开发建设条件，建设用地使用权人可以重新开发建设。临时使用一般仅用于对土地开发建设以及地质结构不会产生破坏性影响的临时项目，如临时绿地或临时停车场等，广州市、福州市等地均对此进行明确规定。

《广州市闲置土地处理办法》第17条第1款规定：“已领取国有土地使用证

的闲置土地，用地单位提出申请的，可以按照下列方式安排临时使用：（一）由用地单位负责建设、养护临时绿地、广场等；（二）临时用作停车场。”

《福州市闲置土地处置办法》第6条第4项规定：“……（四）市人民政府安排临时使用（如公共停车场、临时绿地等），待原项目开发建设条件具备后，重新批准开发……”

（2）临时使用期限最长“不得超过两年”

闲置土地临时使用期限一般不得超过两年。临时使用期限届满，用地单位应当清理场地，完善开工相关手续并动工开发建设。期满后仍不具备开发建设条件的，市、县自然资源主管部门与建设用地使用权人可以选择其他处置方式，达到土地高效利用的目的。

2.3.4　协议有偿收回国有建设用地使用权

（1）适用情形

对于政府原因造成的土地闲置，市、县自然资源主管部门可以与建设用地使用权人协商有偿收回土地使用权。

实践中，往往存在协议有偿收回闲置土地与因公共利益需要收回土地使用权竞合的情形。当前我国法律对于公共利益并没有进行明确的界定。《物权法》颁布前，梁慧星教授在其负责起草的《物权法草案建议稿》[①]中对公共利益进行了很详细的界定说明，强调公共利益应包括公共卫生、公共道路交通、科学及文化教育事业、灾难防治等等，但是《物权法》《民法典》并未对公共利益内涵作出较为明确的规定。在公共利益概念较为模糊的情况下，部分市、县自然资源主管部门在处理因政府原因造成的闲置土地时，常以公共利益的需要为由有偿收回。

因此，当政府基于公共利益决定收回国有建设用地使用权，同时也构成闲置土地的情形下，市、县自然资源主管部门可选择适用闲置土地处置规则项下的协议有偿收回土地使用权方式收回土地使用权，抑或选择以维护公共利益为由收回土地使用权。

需要明确的是，依据《土地管理法》第58条第1款的规定有偿收回土地，并

① 参见梁慧星：《中国物权法草案建议稿：条文、说明、理由与参考立法例》，社会科学文献出版社2000年版；《中国民法典草案建议稿附理由：物权编》，法律出版社2004年版。

不仅仅限于闲置土地,对于尚未构成闲置土地的,市、县自然资源主管部门仍然可以公共利益需要为由有偿收回土地使用权。

(2)整体或者分割有偿收回土地

实践中,常会出现因政府调整国土空间规划而影响宗地中一部分土地按照原规划条件、用途使用,或政府实施公共建设项目占用部分土地等情形,导致部分土地无法动工开发。可否考虑仅收回已无法开工建设的部分土地,目前尚存争议。

虽然目前尚无法律、行政法规对此进行明确规定,可以参考海南省人民政府办公厅《关于印发海南省存量国有建设用地处置若干问题意见的通知》(琼府办〔2016〕241 号)第 2 部分第 7 款的规定:"因政府原因造成土地闲置的,市县政府可以与土地使用权人协商,双方协商达成一致的,可依法整体或者分割有偿收回国有建设用地使用权。双方协商不能达成一致的,市县政府可以按照《中华人民共和国土地管理法》第五十八条规定,作出收回土地使用权的决定,给予土地使用权人适当补偿,适当补偿标准按照海南省人民政府《关于进一步做好闲置土地处置工作的通知》(琼府〔2015〕24 号)的规定计算。收回土地使用权价款可采取一次性补偿、分期兑现、约定支付时限和利息等方式进行支付。"

笔者认为,若宗地存在部分土地因政府原因导致无法动工开发的情形时,可以考虑对土地进行分宗处理,依法收回已无法动工开发的闲置土地,避免因部分土地无法开发而导致整宗土地被收回,损害建设用地使用权人的权益。

(3)有偿收回的补偿标准

闲置土地有两种情形,一种是未动工开发的闲置土地,另一种是已动工开发的闲置土地,若采用协议有偿收回处置方式的,原则上前者仅涉及对土地使用权的补偿,而后者的补偿范围,市、县自然资源主管部门不仅应考虑对土地使用权进行合理补偿,还需根据不同情况确定是否对已有建筑进行补偿,以及需要确定补偿的标准。

1)未动工开发的闲置土地补偿问题

对于未动工开发的闲置土地,有关部门通常只需要根据土地使用权的价值进行合理补偿。补偿标准应结合我国城市房地产管理相关法律法规规定以及国家依法保护产权政策,给予适当补偿。《政府原因闲置土地协议有偿收回政策的函》对于补偿标准明确规定：有偿收回的补偿金额应不低于土地使用权人取得土地的成本，综合考虑其合理的直接损失，参考市场价格，由双方共同协商确定。因此，协商有偿收回土地使用权，不能静止、孤立、机械地理解为以出让价格为基础给予相应补偿。

如在可供参考的例案一中，审理法院认为：自然资源部发布的自然资源部办公厅《关于政府原因闲置土地协议有偿收回相关政策的函》（自然资办函〔2018〕1903 号）以及海南省政府 12 号文均规定，县级以上政府有偿收回存量商品住宅用地的补偿金额不低于土地使用权人取得土地的成本，并应综合考虑其合理的直接损失，参考市场价格确定。本案的 1 号决定书不加分析地简单以土地使用权人已缴交的土地出让价款、前期合理投入以及相应的利息总额进行补偿欠妥，一审判决撤销 1 号决定书关于补偿标准的内容，并无不当。在本案中，法院认为仅以已缴纳的土地出让金、前期投入以及利息确定补偿标准显然显失公平。

在广州市规划和自然资源局与广州工农服装有限公司、广州市海房建筑装饰有限公司土地行政管理（土地）案［案号：（2019）粤 71 行终 3646 号］二审中，审理法院认为：现行法律规定未对因政府或者政府有关部门的行政行为造成的收回闲置土地补偿的具体补偿标准及计算方式作出具体规定，被告亦应遵循及时补偿原则和公平补偿原则，被告可由专业的房地产价格评估机构在实地查勘的基础上，综合选择市场法、成本法等评估方法对涉案土地进行评估，合理确定评估结果，并在此基础上对原告的投入费用等进行补偿。

除补偿标准外，确定补偿标准的基准日同样至关重要，直接影响补偿金额。原则上应当以市、县自然资源主管部门作出收回决定的日期或者以收回土地使用权事宜向社会公告的日期为准。

2）已动工开发的闲置土地补偿问题

已动工开发但开发面积和投资额尚未达到规定标准的闲置土地，其补偿范围应当包括土地使用权以及地上建筑物。

建设用地使用权人取得土地后进行投资所形成的相关权益合法、有效，如收回土地使用权要求恢复到取得用地前的权益状态，对合法形成的相关权益不予以补偿，实际上是对建设用地使用权人的合法权益的剥夺，缺乏正当性基础。

建设用地使用权人的权益恢复到原有状态，应对国有建设用地使用权人的权益给予完全的补偿,补偿范围应当包括土地使用权以及地上已建建筑物。笔者认为,已有建筑的补偿标准可参照征收房屋收回国有土地使用权补偿的规范,并结合"完全补偿说",对国有建设用地使用权人的权益给予完全补偿的标准不应低于收回决定之日被收回国有土地使用权及已有建筑的市场价格。如双方就补偿标准无法协商一致的,可由具有相应资质的房地产价格评估机构评估确定。

2.3.5 置换土地

(1)适用情形

为优化土地利用结构和布局,有效处置闲置土地,提高利用效率,妥善解决历史遗留问题,《闲置土地处置办法》以及部分地方性规定对闲置土地置换的适用条件进行了明确规定。

《闲置土地处置办法》第12条第1款第5项规定:"置换土地。对已缴清土地价款、落实项目资金,且因规划依法修改造成闲置的,可以为国有建设用地使用权人置换其他价值相当、用途相同的国有建设用地进行开发建设。涉及出让土地的,应当重新签订土地出让合同,并在合同中注明为置换土地。"

海南省人民政府办公厅《关于印发海南省存量国有建设用地处置若干问题意见的通知》(琼府办〔2016〕241号)第2部分第9款规定:"土地置换。对采取置换方式处置的闲置土地,应限于依法通过招标、拍卖、挂牌方式出让取得且已缴清土地价款、落实项目资金的闲置土地,对通过其他方式供应的闲置土地,不得采取置换方式进行处置。"

东莞市人民政府办公室《关于印发规范闲置土地置换程序的通知》(东府办〔2012〕115号)第1部分第2款规定:"可适用等值置换处置的条件。符合下列条件的闲置土地,国有建设用地使用权人应当向市国土资源部门提供土地闲置原因说明材料,经审核属实的,根据使用权人的申请,可以为其置换其他与原闲置土地价值相当、用途相同的国有建设用地进行开发建设:1.因土地利用总体规划、城乡规划依法修改,造成土地闲置的;2.对已缴清土地价款、落实项目资金。"

玉龙纳西族自治县人民政府《关于印发玉龙纳西族自治县闲置土地置换办法(试行)的通知》(玉政规〔2018〕3号)第3条规定:"进行土地置换的原地块应当符合下列条件:1.已经依法取得土地权属证明或者建设用地批准文件;2.缴清土地出让价款并有完税证明;3.已落实项目资金;4.因规划依法修改造成闲置。"

结合上述规定，采用置换方式处置闲置土地的，一般应当满足两个条件：其一，是建设用地使用权人已缴清土地出让价款且项目资金已落实到位；其二，为土地是因规划修改而造成的闲置土地。

(2)置换流程

经过梳理各地闲置土地相关规定，置换流程大致相同，主要包括以下几个方面：

1)对闲置土地进行调查认定

在土地构成闲置的情况下，才能通过置换方式进行处置。因此，认定闲置土地应为置换土地程序的前提条件。

2)国有建设用地使用权人应提出置换土地申请

在闲置土地认定基础上，建设用地使用权人应向市、县自然资源主管部门申请土地置换，并提交相关证明材料，用以证明系因规划调整造成土地闲置、已缴清土地出让金、项目资金已落实到位。

3)对置换前后的地块进行土地价值评估

为确定置换前后土地价值相当，应当依据规划部门出具的规划意见对置换前的原地块和拟置换的新地块分别进行土地价值评估。

4)拟定处置方案

建设用地使用权人提出土地置换申请后，市、县自然资源主管部门经审查属实的，应与建设用地使用权人协商拟定处置方案，处置方案应明确置换后的地块性质与规划相符，具体包括如下内容：

第一，向同级人民政府提交以置换方式处置闲置土地的请示（内容包括：认定闲置土地的事实、依据、闲置原因以及认定结论；置换前后地块的基本情况；收回原闲置土地使用权的事项；置换后的建设用地使用权以协议方式出让等事项）。第二，规划原因、缴纳地价、落实资金等证明材料。第三，市、县自然资源主管部门对等值置换的有关说明。第四，置换后国有建设用地以协议方式出让的用地材料。第五，其他需要说明的事项。

如置换的新地块价值高于原地块，国有建设用地使用权人应补交土地差价。

5)处置方案报批

市、县自然资源主管部门应将闲置土地处置方案报同级人民政府审批，经批准后组织实施。

6)具体实施

具体实施程序应当包括两部分,一是收回原地块,二是出让新地块。

第一,收回原地块。就置换前闲置土地,双方签订《解除〈国有建设用地使用权出让合同〉协议书》,在分别办理土地注销抵押登记和注销土地登记手续后,将地块纳入政府土地储备。

第二,出让新地块。有关部门就置换后的建设土地,与建设用地使用权人签订《国有建设用地使用权出让合同》,核发建设用地批准书,注明为置换土地,以协议方式出让国有建设用地使用权。一般情况,取得置换后的国有建设用地使用权无须通过“招拍挂”的出让方式。

(3)重新置换其他土地

置换土地的目的在于,在建设用地使用权人项目资金已落实到位的情况下,能够顺利、快速地依法依约利用土地,保障其依法享有的土地使用权益得以实现。因此,市、县自然资源主管部门应当与建设用地使用权人协商选择拟置换土地,确保其开发建设符合土地利用总体规划以及约定的使用条件。市、县自然资源主管部门未按置换协议约定条件交付符合使用条件的土地,致使建设用地使用权人签订置换协议的目的落空,应当重新与建设用地使用权人协商置换其他符合使用条件的土地。

在可供参考的例案三中,审理法院认为:自规局将无法规划报建开发的南边海储075号用地置换给仙南公司,造成仙南公司土地长期闲置,现该置换土地的行政行为被确认违法,自规局应依《闲置土地处置办法》第12条第1款第5项的规定采取补救措施,充分尊重原告的意愿,重新选择价值相当的国有建设用地置换给原告,以体现依法行政的原则。最终法院判令自规局重新为仙南公司置换具备开发条件的土地。

2.3.6 自然资源主管部门可以规定其他处置方式

以上处置方式并不能涵盖实践中所有合理的处置方式,因此,《闲置土地处置办法》第12条赋予市、县自然资源主管部门根据实际情况规定其他处置方式的空间。

以上介绍的是非因建设用地使用权人自身原因造成的未动工开发的闲置土地的处置方式,但是已动工开发地块也会构成闲置土地,即《闲置土地处置办法》第2条第2款规定的情形："已动工开工但开发建设用地面积占应动工开发建设用地总面积不足三分之一或者已投资额占总投资额不足百分之二十五，中止开发建设满一年的国有建设用地，也可以认定为闲置土地。"

根据《闲置土地处置办法》第12条第3款的规定，已动工开发土地构成闲置土地的，自然资源主管部门应当与建设用地使用人协商处置。

笔者认为，建设用地使用权人因前期合法建设行为所进行的投资，不应因后续的闲置行为而被全面否定。《闲置土地处置办法》第14条规定的处罚方式应当满足两个前提条件：一是因建设用地使用权人自身原因造成的土地闲置，二是属于"未动工开发"的闲置土地。只有同时满足上述两个条件才能征缴土地闲置费或无偿收回国有建设用地使用权。很显然，因建设用地使用权人自身原因造成已动工开发的土地闲置的，不应当适用《闲置土地处置办法》第14条规定进行处置。

在专题六可供参考例案二中，湖北省孝感市中级人民法院认为：合同约定福达公司应动工开发建设面积为160,438平方米(200,547.5×0.8容积率)，福达公司自2009年11月奠基建设至2011年5月后停止建设，其已动工开发建设面积为25,730.9平方米，福达公司开发建设用地面积占应动工开发建设用地总面积不足1/3，中止开发建设已满一年，构成闲置土地……在涉案土地因企业原因造成闲置的情况下，原孝感市国土资源局根据《闲置土地处置办法》第12条第3款规定，经与福达公司协商，经孝感市人民政府批准，选择协议有偿收回国有建设用地使用权的处置方式，符合法律的规定。本案中，虽然因企业自身原因造成土地闲置，但原孝感市国土资源局依法履行协商程序，有偿收回已开发建设的闲置土地符合法律规定。

在中霸电子科技(南宁)有限公司与南宁市国土资源局资源行政管理案[案号：(2016)桂01行终字32号]二审中，广西壮族自治区南宁市中级人民法院认为：参照国土资源部《闲置土地处置办法》第12条第3款之规定，如因开工建设比例或者投资比例不足而造成土地闲置的，应适用国土资源部《闲置土地处置办法》第12条之规定对闲置土地进行处理。

综上，无论何种原因造成已动工开发的土地闲置的，双方均应依法进行协商解决，避免错误适用《闲置土地处置办法》第14条的规定，采取无偿收回建设用地使用权的错误行政行为。

专题六 因建设用地使用权人原因造成土地闲置的，自然资源主管部门可以征缴土地闲置费或无偿收回土地使用权

要点描述 为防止建设用地使用权人通过恶意囤地、炒地方式牟利，促进闲置土地的盘活利用，提高土地利用效能，我国法律、法规和政策对因建设用地使用权人自身原因造成土地闲置的行为予以否定性法律评价。如果经市、县自然资源主管部门调查认定，土地闲置且闲置原因在于建设用地使用权人，主管部门可以根据该宗土地的闲置时间作出征缴土地闲置费或无偿收回土地使用权的决定。

一、可供参考的例案

例案一 三亚环海置业投资有限公司、海南省三亚市人民政府、海南省人民政府土地行政管理再审案

【法院】

最高人民法院

【案号】

(2020)最高法行申1160号

【当事人】

再审申请人(一审原告、二审被上诉人)：三亚环海置业投资有限公司

被申请人(一审被告、二审上诉人)：海南省三亚市人民政府

被申请人(一审被告、二审被上诉人)：海南省人民政府

【基本案情】

2009年12月10日，三亚环海置业投资有限公司(以下简称环海公司)取得

涉案土地并取得10259号土地使用证。2010年，环海公司根据土地区域规划指标完成初步设计方案，同时进行场地平整等前期准备工作。

2010年11月30日，三亚市发展和改革委员会作出三发改投〔2010〕477号《关于三亚市春光路（临春河—凤凰路段）改造工程项目的批复》（以下简称477号批复），同意建设春光路（临春河—凤凰路段）改造工程项目，致使涉案土地被市政道路红线占用156.8平方米。

2011年1月4日，三亚市城乡规划委员会以会议纪要方式，要求规划部门在此次城市总体规划重编的基础上，推进各片区控规修编工作，三亚市规划部门停止办理涉案地块的规划报建手续。2012年4月11日，环海公司提出规划报建申请，规划部门受理后，于2012年4月19日作出三亚建字〔2012〕46号《建筑设计条件》（以下简称46号文），出具该项目建筑设计条件，但并未据此制作项目建筑设计方案进行报规报建。

2014年7月28日，海南省三亚市人民政府（以下简称三亚市政府）下发《关于三亚市三亚河中下游河道治导线的批复》，变更河岸治导线，治导线占用环海公司项目用地红线面积为171平方米，同时确定河道治导线外20米区域为堤防外脚线，涉案土地南侧建筑红线退东河左岸治导线40米，导致宗地用地红线范围内南侧的面积1504.8平方米土地不能使用。

2017年6月19日，三亚市规划局根据《三亚市丰兴隆片区控制性详细规划》及《三亚河中下游河道治理规划》，作出三规建设〔2017〕112号《关于三亚环海置业投资有限公司三亚"紫园"项目的建筑设计条件》（以下简称112号文），重新为该项目出具建筑设计条件。2017年8月24日，环海公司在海南省投资项目在线审批监管平台进行企业投资项目备案，项目名称为紫园，拟开工时间2017年，拟建成时间2018年，项目占地约11亩，拟建设一栋3层会所，总建筑面积约5000平方米，总投资额10,000万元。

2017年9月27日，原三亚市国土资源局（以下简称三亚市国土局）作出三土资察〔2017〕733号《闲置土地认定书》，认定涉案土地闲置"已满两年"，闲置原因为非政府原因，并将按照相关法律法规的规定对涉案土地进行处置。2017年12月22日，三亚市政府作出三府征补决〔2017〕20号《无偿收回国有建设用地使用权决定书》（以下简称20号《收地决定》），认定涉案土地闲置已满两年，闲置原因为非政府原因，按照《城市房地产管理法》第26条、《闲置土地处置办法》第 14 条第 2 项、《海南省闲置土地认定和处置规定》第 29 条等相关规定,决定无偿收回环海公司 10259 号证项下 7313.1 平方米国有建设用地使用权。环海公司不服,向海南省人民政府(以下简称海南省政府)申请复议。海南省政府于 2018 年 9 月 3 日作出琼府复决(2018)127 号《行政复议决定书》,维持了三亚市政府作出的 20 号《收地决定》。

【案件争点】

1. 关于闲置原因的认定问题。

2. 关于启动闲置土地调查后申请报建是否构成无偿收地的阻却事由的问题。

【裁判要旨】

最高人民法院认为,首先,关于闲置原因的认定,环海公司于 2010 年完成提供初步设计方案、进行场地平整等前期准备工作,但因三亚市规划部门 2011 年控规修编停止办理涉案地块的规划报建手续等原因,涉案土地未动工开发。环海公司于 2012 年 4 月 11 日提出规划报建申请,规划部门于 2012 年 4 月 19 日即出具该项目建筑设计条件,至 2012 年 4 月 19 日,因控规修编的政府原因造成的闲置情形已经结束,即政府原因造成的闲置期间只能从 2010 年 12 月 10 日计算至 2012 年 4 月 19 日。

环海公司称 2012—2015 年 2 月春光路改造期间土地闲置属于政府原因,但其未能提供证据证明有行政机关要求其在道路施工期间停止报建,也未能提供证据证明道路施工已经给其所在地块报建或者动工造成难以克服的影响。尤其重要的是,即使市政道路建设可能给该宗土地的动工开发造成一定不利影响,也并不影响其依法办理报建手续。因此,春光路改造工程的建设不应被认定为是造成土地闲置的政府原因。

环海公司主张《关于三亚市三亚河中下游河道治导线的批复》变更河岸治导线,造成建筑红线退东河左岸治导线 40 米,部分土地不能使用,进而认为该批复系土地闲置的政府原因。但该批复中河岸治导线变更与 2012 年 4 月 19 日建筑设计条件相比,仅要求多退线 10 米,虽对报建和动工开发有一定影响,但并不会严重影响报建与动工开发;环海公司也曾自认其直至 2017 年才知晓此文件,其以此文件作为未报建的理由明显不能成立,且其也未能举证证明在此期间有任何行政主体依据此文件要求其停止报建。环海公司 2017 年报建并获得批准的事实，更是印证有关河岸治导线变更构成因政府原因闲置的主张，既无事实依据，也无法律依据。

环海公司还主张涉案部分土地在 2011 年 10 月至 2016 年 9 月期间被他人侵占并经营“定安骨头汤店”，政府及职能部门未及时制止和对其进行拆除，也系涉案宗地因政府原因闲置的一个因素。此主张显然不能成立。民事主体间的土地使用权侵权纠纷应当依法解决。环海公司在近 5 年时间内，对“定安骨头汤店”业主非法占地既未提起民事诉讼，也未积极申请相关行政机关处理，进一步反映出其对涉案宗地报建和动工开发的意愿。

环海公司在 2012 年 4 月 19 日取得建筑设计条件，2017 年 2 月 7 日相关行政机关启动了闲置土地调查，即使在 5 年左右时间内，政府、政府相关部门的行为可能对环海公司动工开发意愿有一定影响，但此均不影响其申请报建，也不能作为其长期未动工开发的法定理由。

其次，关于启动闲置土地调查后申请报建是否构成无偿收地的阻却事由的问题。环海公司主张，其于 2017 年申请报建后，已经取得规划部门出具的新的规划设计条件，同年还在相关行政主管机关就建设项目进行了备案登记，应当成为无偿收地阻却的事由。但此时涉案宗地因环海公司自身的企业原因已经闲置满两年，相关行政机关已经启动闲置土地认定和收回程序。三亚市政府作出无偿收回土地决定前，环海公司尚未办理完毕相关建设批准手续，更未实际动工开发，并未形成足够的需要存续保障的信赖利益。

因此，最高人民法院认为三亚市政府据此作出的无偿收地决定合法，驳回环海公司的再审申请。

➡ 例案二　武汉福达曲轴有限公司与孝感市自然资源和规划局、孝感市人民政府土地行政管理二审案

【法院】

湖北省孝感市中级人民法院

【案号】

（2019）鄂 09 行终 92 号

【当事人】

上诉人（原审原告）：武汉福达曲轴有限公司

被上诉人(原审被告):孝感市自然资源和规划局

被上诉人(原审被告):孝感市人民政府

【基本案情】

2009年12月9日武汉福达曲轴有限公司(以下简称福达公司)通过挂牌出让方式取得孝国土开G(2009)05地块国有建设用地使用权。2009年12月11日签订《国有建设用地使用权出让合同》,地块面积为200,547.5平方米,出让价为34,293,480元。土地用途为工业用地,出让年限为50年。上述宗地应于2010年2月28日之前开工,在2012年2月28日前竣工。2010年3月福达公司取得《国有土地建设用地使用权证》。福达公司于2009年11月奠基建设,2011年5月建成1#机加工厂房等部分配套设施后停止建设。2014年9月2日国土管理部门下达了《低效用地整改通知书》,并多次约谈福达公司负责人,要求尽快推进项目建设或协商收回土地。2015年3月9日国土管理部门向其下达了《低效用地清理处置告知书》,再次要求尽快开工建设,否则将根据《闲置土地处置办法》的规定依法处置。2016年5月福达公司停产后,市高新区管委会决定依法收回土地。2017年6月6日,原孝感市国土资源局高新区分局作出孝土高(闲土认字)〔2017〕8号《闲置土地认定书》。2017年8月4日原孝感市国土资源局主持召开福达公司闲置土地处置听证会,听取了福达公司的申辩意见。2017年9月26日、2017年11月20日分别向福达公司送达了《关于协商收回土地使用权补偿方案的函》。2018年8月30日原孝感市国土资源局作出孝土资利用〔2018〕82号《收回国有土地使用权决定书》(以下简称"82号收回决定书"),决定协议有偿收回上述国有建设用地使用权。另查明,孝感市政府实施机构改革,将原孝感市国土资源局的职能整合到孝感市自然资源和规划局,原孝感市国土资源局不再保留。原孝感市国土资源局实施的行政行为,由孝感市自然资源和规划局继续履行。

【案件争点】

原孝感市国土资源局作出的82号收回决定书是否合法,对该宗涉案土地制定的处置方案是否合理合法。

【裁判要旨】

孝感市中级人民法院认为,福达公司开发的建设用地面积占应动工开发的建设用地总面积不足1/3,中止开发建设"已满一年",依法构成闲置土地。福达公司提出“原鞭炮厂仓库”未拆迁，影响其后期投资建设的主张，因原鞭炮厂仓库不在案涉案宗地之内，对其建设不产生实际影响，所以福达公司认为是政府原因导致土地闲置，与客观事实不符。且福达公司在《关于〈闲置土地调查通知书〉的复函》中说明由于公司资金不足，后期投资难以为继，故涉案土地闲置属福达公司自身原因。在涉案土地因企业原因造成闲置的情况下，原孝感市国土资源局根据《闲置土地处置办法》第 12 条第 3 款的规定，经与福达公司协商，经孝感市人民政府批准，选择协议有偿收回国有建设用地使用权的处置方式，符合法律的规定。

鉴于本案属企业的原因造成土地闲置，原孝感市国土资源局根据《闲置土地处置办法》第 12 条的规定，作出协议有偿收回土地使用权决定，并在多次与福达公司协议未果的情况下，制定闲置土地处置方案。该方案中，原孝感市国土资源局按福达公司取得土地权实际支付成本价加同期银行存款利率有偿收回涉案土地使用权，并根据福达公司 2017 年 6 月委托资产评估公司作出的《评估报告》确定的评估价值进行补偿，并无不当。福达公司取得土地使用权时，享受了孝感市招商引资优惠政策，并未按当时的市场价格（11.4 万元/亩）支付土地出让金，福达公司实际取得土地使用权成本价为 3.5 万元/亩，故法院对福达公司要求参照当前的市场价进行补偿的理由难以支持。

➡ 例案三　颉瑞科技产业发展有限公司、南乐县自然资源局资源行政管理：其他（资源）二审案

【法院】

河南省濮阳市中级人民法院

【案号】

（2019）豫 09 行终 65 号

【当事人】

上诉人（一审原告）：颉瑞科技产业发展有限公司

被上诉人（一审被告）：南乐县自然资源局

被上诉人（一审被告）：南乐县人民政府

【基本案情】

原告颉瑞科技产业发展有限公司（以下简称南乐公司）与南乐县国土资源

局于2015年7月3日签订了国有建设用地使用权出让合同,该合同规定出让宗地编号为乐地2015-9号,宗地总面积为102,325平方米,出让宗地坐落于南乐县城区育才路南侧、一行路西侧,出让宗地的用途为商务金融用地。出让合同约定交地日期为2015年9月3日前,交地条件为宗地内土地平整,宗地外"四通"(道路、供电、通讯、排水),并约定该宗地建设项目在2015年9月3日之前开工,在2017年9月3日之前竣工。原告于2015年9月3日取得了南乐县人民政府颁发的国有土地使用证。原告于2017年5月向南乐县城乡规划部门提交了《颉瑞科技园规划方案设计》规划方案,但未在南乐县城乡规划部门和南乐县住房和城乡建设局办理建设工程规划许可证及施工许可证,在约定的开工日期两年内未动工开发建设。

南乐县国土资源局于2018年7月13日向原告公司的监事傅某送达了《闲置土地调查通知书》。该局于2018年8月31日作出乐国土资闲认字〔2018〕1号《闲置土地认定书》,并于2018年9月3日向原告法定代表人余某林送达了《闲置土地认定书》、《闲置土地情况告知书》及《闲置土地处置听证权利告知书》。原告向南乐县国土资源局提交听证申请书,该局决定于2018年9月21日9时举行听证,并于2018年9月14日将听证通知书邮寄给傅某,该邮件于次日代签收。南乐县国土资源局于2018年9月21日组织听证,原告委托代理人郭某参加了听证。听证后南乐县国土资源局拟无偿收回涉案宗地的国有建设用地使用权,于当日报请南乐县人民政府批示,南乐县人民政府于2018年9月21日作出乐政土〔2018〕47号文件,决定无偿收回原告拥有的该闲置土地的使用权,南乐县国土资源局根据该文件于2018年9月21日作出乐国土资决〔2018〕1号《收回国有建设用地使用权决定书》。原告不服,于2018年11月21日向被告南乐县人民政府申请行政复议,南乐县人民政府受理后依法向南乐县国土资源局送达了《行政复议答复通知书》,其间决定延期30日,于2019年2月15日作出乐政复决〔2019〕2号《行政复议决定书》,维持了南乐县国土资源局作出的《收回国有建设用地使用权决定书》。原告不服,诉至法院。

【案件争点】

南乐县国土资源局作出的《收回国有建设用地使用权决定书》是否合法。

【裁判要旨】

《闲置土地处置办法》第2条规定:"本办法所称闲置土地,是指国有建设用地使用权人超过国有建设用地使用权有偿使用合同或者划拨决定书约定、规定的动工开发日期满一年未动工开发的国有建设用地。已动工开发但开发建设用地面积占应动工开发建设用地面积不足三分之一或者已投资额占总投资额不足百分之二十五，中止开发建设满一年的国有建设用地，也可以认定为闲置土地。”第 14 条第 2 项规定：“未动工开发满两年的，由市、县国土资源主管部门按照《中华人民共和国土地管理法》第三十七条和《中华人民共和国城市房地产管理法》第二十六条的规定，报经有批准权的人民政府批准后，向国有建设用地使用权人下达《收回国有建设用地使用权决定书》，无偿收回国有建设用地使用权。闲置土地有抵押权的，同时抄送相关土地抵押权人。”第 30 条规定：“动工开发：依法取得施工许可证后，需挖深基坑的项目，基坑开挖完毕；使用桩基的项目，打入所有基础桩；其他项目，地基施工完成三分之一……”本案中，涉案《国有土地使用权出让合同书》确定建设周期为 2015 年 9 月 3 日之前开工，2017 年 9 月 3 日之前竣工。上诉人于 2015 年 9 月 3 日办理了《国有建设用地使用权证》，但至今未办理《建设工程规划许可证》和《建筑工程施工许可证》，上诉人超过《国有土地使用权出让合同书》约定的建设周期未开工。上诉人未向南乐县人民政府有关部门书面提交不能动工开发建设原因的情况说明，其提交的证据亦不足以证明是非自身原因导致土地不能动工开发。南乐县国土资源局于 2018 年 9 月 21 日作出乐国土资决〔2018〕1 号《收回国有建设用地使用权决定书》，根据《闲置土地处置办法》第 2 条的规定认定涉案宗地为闲置土地，闲置原因为上诉人自身原因，且闲置两年以上的事实清楚。

南乐县国土资源局在作出闲置土地认定书前依法启动了闲置土地调查程序，向上诉人送达《闲置土地调查通知书》，并对上诉人管理人员进行了调查；在作出《闲置土地认定书》后依法向上诉人进行了送达、告知，并按上诉人的请求举行了相应的听证，听取了上诉人的陈述、申辩，后经南乐县人民政府批准作出了收回国有建设用地使用权决定。本案国土资源主管部门收回上诉人土地使用权的程序合法。

对上诉人主张的《闲置土地认定书》认定错误的问题。《闲置土地处置办法》第 2 条第 2 款规定：“已动工开发但开发建设用地面积占应动工开发建设用地面积不足三分之一或者已投资额占总投资额不足百分之二十五，中止开发建设满一年的国有建设用地，也可以认定为闲置土地。”《闲置土地认定书》虽未明确指出未动工开发“已满两年”，但其引用的上述法律条款也已经包含了对未动工开发的规定，也可以认定为闲置土地。南乐县国土资源局作出闲置土地认定书进行听证，依照《闲置土地处置办法》第14条第2项的规定报经南乐县人民政府批准后作出收回国有建设用地使用权决定是正确的。

对上诉人主张的土地构成闲置不是自身原因造成的问题。本案庭审调查中显示，上诉人自取得国有建设用地使用权证后未书面申请办理建设工程规划许可证、建筑工程施工许可证，且未动工开发，土地构成闲置。上诉人认为南乐县人民政府规划的变动及地上附着物未清空是其未动工开发的理由，但没有提供相应证据支持。

对上诉人主张的涉案闲置土地在未被征收土地闲置费的情况下就直接被无偿收回属违法的问题。根据《闲置土地处置办法》的相关规定，未动工开发满一年的，征缴土地闲置费；未动工开发满两年的，经批准应当无偿收回国有建设用地使用权。征缴土地闲置费不是无偿收回土地的必经前置程序，南乐县国土资源局在认定涉案土地为闲置土地且闲置时间为“两年以上”的情况下，作出无偿收回决定并不违反相应法律规定。

二、要点分析

市、县自然资源主管部门在认定土地构成闲置且土地闲置原因系建设用地使用权人自身造成的情况下，可以根据土地闲置的具体时间采取不同的处置方式。土地闲置满一年的，可以征缴土地闲置费；土地闲置满两年的，可以无偿收回闲置土地使用权。

但是，实务中适用这两种处置方式，有很多问题需要注意。比如，该处置方式针对的是哪一类型的闲置土地，达到动工开发标准的闲置土地能否适用该处置方式？两种处置决定的批准主体是否有所不同？征缴土地闲置费的标准如何确定？土地闲置费如何进行财税处理？征缴土地闲置费是否为无偿收回闲置土地使用权的前置程序？等等。本篇专题主要围绕上述问题进行探讨、分析。

2.1　闲置土地的调查认定

市、县自然资源主管部门适用《闲置土地处置办法》第14条的规定，作出征缴土地闲置费或者无偿收回建设用地使用权的行政决定前，应当先进行闲置土地的调查，并根据调查结果对是否构成闲置土地以及土地闲置的原因进行认定。

2.1.1　由市、县自然资源主管部门对闲置土地依法进行调查和认定

依法对闲置土地进行调查是政府有关职能部门的法定职责，本行政区域内闲置土地的调查认定和处置工作由市、县自然资源主管部门负责。

若市、县自然资源主管部门发现有土地涉嫌构成闲置，应当在30日内进行调查核实，向建设用地使用权人发出《闲置土地调查通知书》；建设用地使用权人应当在接到《闲置土地调查通知书》后30日内，按照要求提供土地利用情况、闲置原因以及相关说明等资料。

《闲置土地调查通知书》的内容应该包括：建设用地使用权人的姓名或者名称、地址；涉嫌闲置土地的基本情况；涉嫌闲置土地的事实和依据；调查的主要内容及提交材料的期限；国有建设用地使用权人的权利和义务；其他需要调查的事项。

市、县自然资源主管部门履行闲置土地调查职责过程中可以采取的措施包括：询问当事人及其他证人；现场勘测、拍照、摄像；查阅、复制与被调查人有关的土地资料；要求被调查人就有关土地权利及使用问题作出说明。

经调查核实，符合《闲置土地处置办法》第2条规定的条件，构成闲置土地的，市、县自然资源主管部门应当向建设用地使用权人下达《闲置土地认定书》。

《闲置土地认定书》应当载明的内容除了土地闲置的事实之外，还包括闲置原因及认定结论。市、县自然资源主管部门根据闲置土地调查事实情况对土地闲置原因进行认定，为闲置土地的处置提供依据，土地闲置原因不同，则处置方式不同。土地闲置原因包括三种情形，分别为政府以及政府有关部门原因、不可抗力因素影响、建设用地使用权人自身原因。前两者的处置方式相同。

2.1.2　具有动工开发的主观意愿是认定土地闲置原因的关键

按照土地出让合同规定的动工开发时间以及规划条件实施项目开发建设，是建设用地使用权人的义务，向城乡规划、建设等主管部门申请项目报规报建，

是其积极履行义务的重要体现，司法实践中，法院多是从建设用地使用权人是否具备开发建设的主观意愿角度分析案涉土地的闲置成因。

在可供参考的例案一中，最高人民法院认为：环海公司在近 5 年时间内，对“定安骨头汤店”业主非法占地既未提起民事诉讼，也未积极申请相关行政机关处理，进一步反映出其对涉案宗地报建和动工开发的意愿。……环海公司在 2012 年 4 月 19 日取得建筑设计条件，2017 年 2 月 7 日相关行政机关启动了闲置土地调查，即使在这 5 年左右的时间内，政府、政府相关部门的行为可能对环海公司动工开发意愿有一定影响，但此均不影响其申请报建，也不能作为其长期未动工开发的法定理由。法院据此认定环海公司没有动工开发意愿，土地闲置系其自身原因所致。

在三亚三余房地产开发有限公司（以下简称三余公司）与海南省三亚市人民政府、海南省人民政府无偿收回国有建设用地使用权及行政复议再审案［案号：（2020）最高法行再 304 号］中，最高人民法院认为：三余公司自取得 6654 号土地证之后，积极履行开发建设职责，主动向三亚市规划局及相关政府职能部门报规报建，取得了 722 号审查意见、人防和消防等部门的项目审核意见，办理了项目投资备案，之后又完成地基工程、交纳相关税费等，并两次向规划主管部门申请规划报建。综上可以认定，三余公司自取得涉案土地使用权后始终主动报规报建，并积极投入资金准备开发建设，不存在怠于履行开发建设职责的情形。本案中，最高人民法院是从开发意愿角度分析，发现土地闲置不是建设用地使用权人自身原因所致，最终撤销三亚市人民政府作出的无偿收地决定。

综上，人民法院在审查土地闲置原因时，将建设用地使用权人是否依法依规申请报规报建、是否具有积极履行开发建设职责的主观意愿作为一项重要的考量因素。

2.1.3 由土地使用权人对主张因政府原因造成土地闲置的事实举证

若建设用地使用权人主张土地闲置系政府、政府有关部门原因或不可抗力因素造成的，其应当向市、县自然资源主管部门提供土地闲置原因说明材料，由市、县自然资源主管部门审核闲置原因。在行政复议或者行政诉讼阶段，建设用地使用权人要对此主张负责举证证明。

如在可供参考的例案一中，环海公司认为土地系因政府原因而无法动工开发，但最高院认为：其未能提供证据证明有行政机关要求其在道路施工期间停止报建，也未能提供证据证明道路施工已经给其所在地块报建或者动工造成难以克服的影响。法院据此不予采信其主张。

在开封国龙置业有限公司诉开封市自然资源和规划局、开封市人民政府土地行政管理行政强制纠纷案[案号：(2019)豫02行终355号]中，河南省开封市中级人民法院认为：原告认为其名下土地闲置原因系政府及其相关部门导致，但其未提交相关证据予以证明，无法确认其所提及的理由成立……即便有各种原因导致其无法开工建设，或是发现其拥有使用权的土地存在瑕疵，其完全可通过合法途径如通过诉讼等方式维护自身权益，但原告却未采取过任何形式的维权。直至被告市国土局2017年3月30日作出《闲置土地调查通知书》，原告均未提供证据证明其有过维权行为。

因此，若土地无法动工开发由政府或政府有关部门原因、不可抗力事件导致，建设用地使用权人应当充分搜集证据，防止后续因无法举证承担不利后果。

2.2　征缴土地闲置费

因建设用地使用权人原因造成的闲置土地，若土地闲置满一年的，市、县自然资源主管部门可作出征缴土地闲置费的决定，向建设用地使用权人下达《征缴土地闲置费决定书》。

2.2.1　针对的是未动工开发土地

闲置土地的情形有两种：一种是国有建设用地使用权人超过建设用地使用权有偿使用合同或者划拨决定书约定、规定的动工开发日期满1年未动工开发的国有建设用地；另一种是已动工开发但开发建设用地面积占应动工开发建设用地总面积不足1/3或者已投资额占总投资额不足25%，中止开发建设满1年的国有建设用地。

《闲置土地处置办法》第14条规定："除本办法第八条规定情形外，闲置土地按照下列方式处理：(一)未动工开发满一年的……向国有建设用地使用权人下达《征缴土地闲置费决定书》……(二)未动工开发满两年的……向国有建设用地使用权人下达《收回国有建设用地使用权决定书》……"

我们不难发现，两种处理方式针对的是"未动工开发满一年的闲置土地""未动工开发满两年的闲置土地"。因此，只有未动工开发的闲置土地，有关部门才能适用《闲置土地处置办法》第14条的规定，以征缴土地闲置费或无偿收回土地使用权的方式对闲置土地进行处置。若为已动工开发后的闲置土地,则不得适用该条规定方式处置。

2.2.2 处置决定作出前须经人民政府批准

对于未动工开发的闲置土地,市、县自然资源主管部门在作出处置决定前,应事先报人民政府批准,这是法定程序。不难理解,市、县自然资源部门是政府授权的进行土地行政管理的职能部门,无论是征缴土地闲置费还是无偿收回土地,均涉及建设用地使用权人的巨大经济利益,性质属于行政处罚,政府并未授权市、县自然资源主管部门直接作出相关决定的权力。

实务中的处置决定有两种方式,一种如前所述,市、县自然资源部门在报请政府批准后下达决定,另一种是由政府直接下达决定。

但是需要注意的是,根据《闲置土地处置办法》第14条的规定,若作出的是征缴土地闲置费的决定,则报经本级人民政府批准;若作出的是无偿收回国有建设用地使用权的决定,则报经有批准权人民政府批准。我们不难发现,处置方式不同,则批准的主体不同。二者为何存在差别呢?

笔者认为,虽然征缴土地闲置费以及无偿收回土地均属于带有行政处罚性质的具体行政行为,但是处置的法律效果是不同的。土地闲置费只是金钱性质的处罚,不影响建设用地用权人享有的用益物权,不涉土地权益本身,由作出决定的自然资源主管部门同级的人民政府批准即可;而无偿收回土地则属于土地使用权的灭失,建设用地使用权人丧失对土地的开发利用权益,应当由批准用地手续的政府审批。

2.2.3 土地闲置费的征缴标准应当符合规定

(1)土地闲置费的征缴标准

国家以及地方对未动工开发的闲置土地的土地闲置费征缴标准的规定有所不同。

《城市房地产管理法》第26条规定:土地闲置费征收标准相当于土地使用权出让金20%以下,并未明确具体的土地闲置费标准,只是明确了上限;《闲置土地处置办法》第14条第1项规定:按照土地出让或者划拨价款的20%征缴土地闲置费,明确了具体的征缴标准,即按照该宗闲置土地的土地出让价款或者划拨价款的20%征缴。

根据《土地管理法》第38条第1款"……一年以上未动工建设的,应当按照省、自治区、直辖市的规定缴纳闲置费……”之规定，各地可以自行确定土地闲置费征缴标准。但是笔者认为，在国家法律《城市房地产管理法》明确规定土地闲置费征收标准相当于土地使用权出让金 20% 以下的情况下，各地规定的土地闲置费征缴上限不应超过该标准。笔者看到的各地相关规定也都以土地款的 20% 为上限。

如《海南省闲置土地认定和处置规定》第 28 条规定，以出让方式取得国有建设用地使用权的，按照土地出让金的 5% 至 20% 征缴；以划拨方式取得土地使用权的，按照划拨价款的 5% 至 20% 征缴；没有划拨价款的，按照政府支付的划拨土地取得成本的 5% 至 20% 征缴。

《广州市闲置土地处理办法》第 14 条规定，用地单位以出让方式取得土地使用权的，按出让土地价款的 20% 计收土地闲置费；用地单位以划拨方式取得土地使用权，有划拨土地价款的，按划拨土地价款的 20% 计收土地闲置费，无划拨土地价款的，按划拨土地时土地使用权价格的 20% 计收土地闲置费。

《黑龙江省土地管理条例》第 17 条规定，满一年未动工建设的，由县以上人民政府土地行政主管部门向用地单位征收相当于征地费用总额 10% 以上、20% 以下的土地闲置费。

司法裁判中，土地闲置费征缴标准是否符合规定也是重要审查内容。在龙岩市凯裕渣土处置有限公司、龙岩市自然资源局资源行政管理案[案号：(2020)闽 08 行终 34 号]二审中，龙岩市自然资源局报龙岩市人民政府批准后，以土地划拨价款 170.6959 万元的 20% 征缴土地闲置费 34.1392 万元，一审法院认为龙岩市自然资源局按照划拨价款的 20% 征缴土地闲置费符合规定，驳回龙岩市凯裕渣土处置有限公司的诉讼请求。

在海口市自然资源和规划局与海南保发房地产开发有限公司、海南省人民政府行政复议上诉案[案号：(2019)琼行终 334 号]中，原海口市国土资源局按照土地面积和用途评估土地价格，并据此征缴闲置费，但是海南省高级人民法院审理认为：原市国土局以 2015 年 1 月 3 日颁发 000431 号土地证时的土地评估价格作为计费基数计算土地闲置费，没有法律依据。并责令原市国土局对涉案土地征缴闲置费重新作出决定。

值得注意的是，2020 年 8 月自然资源部印发的《关于支持粤港澳大湾区和深圳市深化自然资源领域改革探索意见的函》提出，鼓励支持广东开展各类试点，其中包括“探索通过出让合同约定土地闲置费的收取标准，以及违约条件下收回建设用地使用权的可操作方法”。该文件为通过出让合同约定土地闲置费创造空间，但具体实施有待广东省自然资源厅、深圳市规划和自然资源局根据上述要求和实际情况，制定明确具体、可操作的实施方案，报自然资源部审定后确定。

（2）土地闲置费的财税处理

《闲置土地处置办法》第 14 条规定，土地闲置费不得列入生产成本。该规定符合《企业会计准则》精神，土地闲置费不是形成开发产品的必要支出，国有建设用地使用权人不能因为缴纳土地闲置费，所建的商品房就应当比其他商品房售价更高。因此，土地闲置费不能给国有建设用地使用权人带来经济利益的流入，属于“沉没成本”，不符合《企业会计准则》“资产”的定义与确认条件，因此，不能在资产负债表上确认其为资产，即不能列入“生产成本”。

根据国家税务总局《关于土地增值税清算有关问题的通知》（国税函〔2010〕220 号）第 4 条的规定：“房地产企业逾期开发缴纳的土地闲置费不得扣除。”因此，建设用地使用权人缴纳的土地闲置费在土地增值税清算时不得扣除。

根据《房地产开发经营业务企业所得税处理办法》（国税发〔2009〕31 号）第 27 条第 1 项的规定：“开发产品计税成本支出的内容如下：（1）土地征用费及拆迁补偿费。指为取得土地开发使用权（或开发权）而发生的各项费用，主要包括土地买价或出让金、大市政配套费、契税、耕地占用税、土地使用费、土地闲置费、土地变更用途和超面积补交的地价及相关税费、拆迁补偿支出、安置及动迁支出、回迁房建造支出、农作物补偿费、危房补偿费等。”因此，在企业所得税方面，土地闲置费可以计入开发产品计税成本支出，在所得税税前扣除。

需要注意的是，根据财政部《关于土地闲置费、城镇垃圾处理费划转税务部门征收的通知》（财税〔2021〕8 号）第 1 条的规定，自 2021 年 7 月 1 日起，将自然资源部门负责征收的土地闲置费划转至税务部门征收，即因土地闲置被征缴土地闲置费的建设用地使用权人应向税务部门申报和缴纳土地闲置费，缴纳时间为自《征缴土地闲置费决定书》送达之日起 30 日内。

2.3　无偿收回闲置土地使用权

因建设用地使用权人原因造成的闲置土地，若土地闲置满两年的，市、县自然资源主管部门可作出征缴土地闲置费的决定，向建设用地使用权人下达《收回国有建设用地使用权决定书》。

2.3.1　征缴土地闲置费不是无偿收回闲置土地的前置程序

在实务中，有建设用地使用权人提出，自然资源主管部门若在未动工开发满一年的情况下未征缴闲置费，则在未动工开发“满两年”的情况下不得直接无偿收回土地，即征缴土地闲置费应当是无偿收回土地的前置条件或程序。建设用地使用权人认为，自然资源主管部门有职责在“土地闲置满一年”的时候征缴土地闲置费，给建设用地使用权人实施违法行为以警示，避免建设用地使用权人直接承担严厉的法律后果。

笔者认为，该主张无任何法律依据。法律、行政法规并未规定征缴土地闲置费是收回闲置土地使用权的前置程序。法律法规并没有规定，在土地闲置满一年的情况下应当征缴土地闲置费、在土地闲置满两年的情况下应当无偿收回土地，《闲置土地处置办法》第14条的用词为“可以”，而非“应当”，相关裁量权显然归属于行政机关。比如，在土地闲置满两年的情况下，若国有建设用地使用权人依法报建并有可能及时动工开发，土地将不再被闲置，市、县自然资源主管部门因而不作出无偿收地决定，而是采取其他合法、有效措施对闲置行为予以制裁，亦无不可。

在司法实践中，法院不支持建设用地使用权人的该主张。在专题七可供参考案例一中，新疆维吾尔自治区喀什地区中级人民法院认为：《闲置土地处置办法》第14条虽然有两项规定，但第1项征缴土地闲置费并不是第2项收回涉案土地决定的前置程序。故东威公司主张塔县自然资源局未征缴土地闲置费而直接下达《收回国有建设用地使用权决定书》的行为违法，于法无据，法院不予支持。

2.3.2　无偿收回闲置土地的决定应同时抄送土地抵押权人

若闲置土地设有抵押权的，在抵押土地将会被作为闲置土地予以无偿收回的情况下，抵押权人所享有的抵押权事实上已无法实现，但抵押权人有权根据《民法典》第408条“抵押人的行为足以使抵押财产价值减少的，抵押权人有权请求抵押人停止其行为；抵押财产价值减少的，抵押权人有权请求恢复抵押财产的价值，或者提供与减少的价值相应的担保。抵押人不恢复抵押财产的价值，也不提供担保的，抵押权人有权请求债务人提前清偿债务”的规定或者抵押合同之约定，要求抵押权人或债务人提供其他增信担保措施，或者宣布债权提前到期，由债务人清偿债务。根据《闲置土地处置办法》第 14 条第 2 项的规定，市、县自然资源主管部门应在作出收地决定之同时将该决定内容抄送土地抵押权人，由抵押权人及时行使相关权利。

实务中存在这样的争议或纠纷，市、县自然资源主管部门往往忽视这一义务，并没有将无偿收回闲置土地使用权的决定同时抄送土地抵押权人，那么该决定是否合法呢？

笔者认为，无偿收回闲置土地使用权的决定作出前，若经有批准权的人民政府批准并在批准后由市、县自然资源主管部门依法向建设用地使用权人送达，则决定自作出之日或送达之日发生法律效力，是合法有效的，因土地抵押权人并非行政处罚的相对人，决定只是需要抄送土地抵押权人，并非需要其同意或者再确认后才发生效力。市、县自然资源主管部门未将决定抄送土地抵押权人，只是程序瑕疵，不构成程序违法，抵押权人以此诉请法院要求撤销收地决定，不会得到支持，现举如下两例：

在贵州千山旅游发展有限公司、息烽县自然资源局资源行政管理：土地行政管理（土地）案［案号：（2020）黔 01 行终 107 号］二审中，法院认为该决定书依法应抄送案涉土地的抵押权人富昌公司，但被告息烽县自然资源局未予抄送，对此，原审法院予以指正，但并未因此撤销无偿收地决定，可见该程序瑕疵并不影响无偿收回国有建设用地使用权决定的合法性。

在海南儋州生茂房地产开发有限公司与儋州市人民政府、海南省人民政府行政命令案［案号：（2019）琼行终 253 号］二审中，海南省高级人民法院认为第 14 条第 2 项规定：无偿收回国有建设用地使用权，闲置土地设有抵押权的，同时抄送相关土地抵押权人。本案中，儋州市人民政府在作出 16 号无偿收地决定之前，函告民生银行郑州分行涉案土地已经被认定为闲置土地，未书面告知闲置土地处置方案，告知其听证的权利，在 16 号无偿收地决定作出之后，也没有同时抄送相关土地抵押权人，事实清楚；但抵押权人并不是处罚的相对人，该程序瑕疵不影响 16 号无偿收地决定结果的正确性。海南省高级人民法院认定无偿收回国有建设用地使用权决定合法。

另外，需要注意的是，《闲置土地处置办法》第 13 条第 2 款“闲置土地设有抵押权的，市、县国土资源主管部门在拟订闲置土地处置方案时，应当书面通知相关抵押权人”与《闲置土地处置办法》第 14 条第 2 项“……闲置土地设有抵押权的，同时抄送相关土地抵押权人”的适用情形不同，应当注意区分，避免混淆。

前者适用的情形为，土地闲置系政府原因造成，在市、县自然资源主管部门与建设用地使用权人协商拟订闲置土地处置方案之时，应当书面通知相关抵押权人。这不同于后者的适用情形。

因适用情形不同，通知的时间也就不同。在无偿收回土地决定作出之同时抄送土地抵押权人，类似于事后告知；在拟定闲置土地处置方案之时书面通知，则是闲置土地处置过程中的必要程序，同意建设用地使用权人参与到闲置土地处置方案拟订的过程中，听取其合理意见，也方便抵押权人针对补偿款等进行优先受偿，维护自身合法权益。

之所以有此差别，主要是因为，在土地闲置系政府、政府部门造成的情况下，闲置土地的处置方式需要协商确定，而土地抵押权人作为最重要的利害关系人，处置方案与其自身利益密切相关，尤其是若拟选择的处置方式为协议有偿收回土地使用权，抵押物将会灭失，有必要给予土地抵押权人参与的权利。遗憾的是，《闲置土地处置办法》并未进一步赋予抵押权人其他的具体权利。

笔者发现，在司法实践中，存在法院判决当事人没有注意区分两种不同情形所对应的通知或者抄送义务的情形。

在中国农业银行股份有限公司五指山市支行（以下简称五指山农行）与五指山市国土环境资源局（以下简称五指山国土局）、五指山市人民政府行政命令、行政确认案［案号：（2014）琼环行终字第 1 号］二审中，海南省高级人民法院在未否认闲置原因系国有建设用地使用权人自身原因的情况下，参考了《闲置土地处置办法》第 13 条第 2 款的规定，闲置土地设有抵押权的，市、县国土资源主管部门在拟订闲置土地处置方案时，应当书面通知相关抵押权人。五指山市国土局未通知涉案土地抵押权人五指山农行，即以自己的名义作出收地公告，有违法定程序。

专题七　建设用地使用权人对闲置土地处置决定不服的，可以依法申请行政复议

要点描述

在闲置土地认定处置过程中，若闲置土地认定处置行为违法或不适当，可能对行政相对人的合法权益产生难以挽回的损害。而针对行政机关违法或不适当的行政行为，除为当事人提供司法救济途径外，为了确保相关行政行为得到及时纠正，还需要在行政系统内部设置一种对行政行为进行有效监督和纠错的制度，这便是行政复议制度产生的根源。

行政复议是行政机关内部上下级之间的监督，通过上级机关对下级机关不适当的决定的撤销或者改变，可以增强行政机关工作人员的法制观念，促进行政机关依法办事，减少侵害行政相对人的违法的或者不当的行政行为。自然资源主管部门作出的征缴土地闲置费、无偿收回土地使用权的决定属于具体行政行为，建设用地使用权人认为该处置决定侵犯其合法权益的，可以申请行政复议。相较于行政诉讼，用行政复议方法解决闲置土地处置案件的行政争议，更加简便迅速、节约成本。

一、可供参考的例案

例案一　新疆东威生物科技有限公司、塔什库尔干塔吉克自治县自然资源局等行政处罚二审案

【法院】

新疆维吾尔自治区喀什地区中级人民法院

【案号】

（2020）新31行终8号

【当事人】

上诉人(原审原告)：新疆东威生物科技有限公司

被上诉人(原审被告)：塔什库尔干塔吉克自治县自然资源局

被上诉人(原审被告)：新疆维吾尔自治区喀什地区自然资源局

【基本案情】

2013年5月4日新疆东威生物科技有限公司(以下简称东威公司)与塔什库尔干塔吉克自治县人民政府(以下简称塔县人民政府)签订开发项目合作合同，约定塔县人民政府向东威公司提供30亩土地用于建设生物科技园和酒店。

2014年6月17日，东威公司与塔什库尔干塔吉克自治县自然资源局(以下简称塔县自然资源局)签订两份《国有建设用地使用权出让合同》。2014年7月1日，东威公司通过转让的方式取得塔县图号为J－2－G054052的29,405.46平方米商业用地。合同内容第16条规定项目在2015年6月15日之前开工，2017年6月1日之前竣工，受让人不能按期开工的应提前30日向出让人提出延建申请。

2018年5月2日，塔县自然资源局到该宗地现场调查，发现土地存在闲置，于2018年5月5日通过塔国土字函〔2018〕100号函向塔县住房和城乡建设局发出塔国土字函〔2018〕100号函，了解到东威公司未办理该宗地的施工许可证，未开工建设。

2018年5月30日塔县自然资源局作出《闲置土地调查通知书》并送达东威公司。2018年6月6日，东威公司向塔县自然资源局提交延期修建酒店的申请。2018年6月14日东威公司向塔县自然资源局提交未修建酒店的情况说明，并在说明中列明其计划在2018年下半年动工，2019年竣工。2018年10月30日，塔县自然资源局作出塔国土闲认〔2018〕1号闲置土地认定书，认定该宗地为闲置土地，并于2018年10月30日向东威公司进行了送达。2018年11月6日，塔县自然资源局在喀什日报上公告了该宗地的闲置土地信息，并于2018年11月7日向东威公司送达塔国土闲告〔2018〕01号《闲置土地情况告知书》。

2018年11月7日及2018年11月8日，东威公司再次给塔县自然资源局递交延期修建酒店的申请。2018年11月10日，塔县自然资源局给东威公司送达《闲置土地听证权利告知书》，告知书里写清了东威公司有申请回避、进行质证、进行申辩、提出维护合法权益的事实理由和依据、提供证据、进行陈述的权利。2018 年 11 月 10 日,东威公司向塔县自然资源局递交听证申请,并要求于 2018 年 11 月 15 日之前进行听证。2018 年 11 月 11 日,塔县自然资源局给东威公司送达了《闲置土地处置听证通知书》,于 2018 年 11 月 14 日召开听证会并制作笔录。东威公司方参加了听证会并进行了申辩、陈述。

2018 年 11 月 14 日,塔县自然资源局向塔县人民政府递交报告,请求无偿收回东威公司东威帕米尔温泉酒店项目国有建设用地使用权。2018 年 11 月 16 日,塔县人民政府作出批复,同意塔县自然资源局无偿收回闲置土地的请示。2018 年 11 月 24 日,塔县自然资源局作出塔国土资发〔2018〕95 号《收回国有建设用地使用权决定书》,并于 2018 年 12 月 12 日送达东威公司,但该《收回国有建设用地使用权决定书》未写清楚东威公司不服决定而申请行政复议或者提起行政诉讼的途径和期限。

2019 年 1 月 3 日,东威公司向新疆维吾尔自治区喀什地区自然资源局(以下简称喀什地区自然资源局)申请行政复议,喀什地区自然资源局没有出具受理通知书,没有要求被申请人塔县自然资源局提出答辩。东威公司提出听证请求,喀什地区自然资源局没有答复。2019 年 1 月 29 日,喀什地区自然资源局作出〔2019〕喀地国土行复第 4 号《行政复议决定书》,维持塔县自然资源局作出的塔国土资发〔2018〕95 号《收回国有建设用地使用权决定书》,并于 2019 年 4 月 2 日送达东威公司,但未在 60 日内向东威公司送达复议决定书。

【案件争点】

喀什地区自然资源局作出〔2019〕喀地国土行复第 4 号《行政复议决定书》的程序是否合法。

【裁判要旨】

关于复议被申请人和复议机关的确定问题。法院认为,依据《行政复议法实施条例》第 13 条的规定,下级行政机关依照法律、法规、规章规定,经上级行政机关批准作出具体行政行为的,批准机关为被申请人。另依据第 28 条第 6 项的规定,行政复议申请应当属于收到行政复议申请的行政复议机构的职责范围,复议机构才能受理。东威公司不服塔县自然资源局作出的塔国土资函〔2018〕95 号《收回国有建设用地使用权决定书》,应当以批准该决定的塔县人民政府为被申请人,向喀什地区行政公署提出复议申请,其向喀什地区自然资源局申请行政复议,属于复议主体错误,该局并不具有本案的复议职权。根据

《行政诉讼法》第49条第4项、2018年《行政诉讼法司法解释》第1条第2款第4项的规定，驳回当事人对行政行为提起申诉的重复处理行为，不属于人民法院行政诉讼的受案范围。

关于复议决定的定性问题。《行政复议法实施条例》第27、28条规定，公民、法人或者其他组织认为行政机关的行政行为侵犯其合法权益提出行政复议申请，必须符合《行政复议法》和《行政复议法实施条例》规定的申请条件。行政机关受理当事人的复议申请不能采取意思自治原则，其应当受到法律规定的申请条件的约束，遵守法定的审查顺序，其效力也应当接受司法的审查。复议机关受理不符合申请条件的复议申请，并作出维持原行政行为的复议决定，实质上属于对原行政行为申诉的重复处理行为，对申请人的权利义务不会产生实际影响。申请人对复议决定提起行政诉讼，人民法院应当裁定不予立案或者驳回起诉。喀什地区自然资源局在不具备复议职责的情况下，于2019年1月29日作出〔2019〕喀地国土行复第4号《行政复议决定书》，维持了塔县自然资源局的处罚行为；该复议决定属于对东威公司申诉的重复处理行为，对东威公司的权利义务未产生实际影响，一审法院判决撤销喀什地区自然资源局作出的〔2019〕喀地国土行复第4号《行政复议决定书》属适用法律错误，本院予以纠正，故依法应当驳回东威公司的起诉。综上所述，上诉人东威公司的上诉请求不成立，应予驳回。

➡ 例案二 南京市溧水金马实业有限公司与南京市人民政府行政复议二审案

【法院】

江苏省高级人民法院

【案号】

(2014)苏行终字第00147号

【当事人】

上诉人（原审原告）：南京市溧水金马实业有限公司

被上诉人（原审被告）：南京市人民政府

【基本案情】

南京市溧水金马实业有限公司（以下简称金马公司）于2003年2月24日通过转让取得原溧水县永阳镇金蛙路南地块的土地使用权，领取了用途为住宅用地的宁溧国用〔2003〕字第150号《国有土地使用证》(以下简称150号《国有土地使用证》)。

2008年11月18日,南京市国土资源局溧水分局(以下简称溧水国土分局)作出溧国土资闲置告〔2008〕1号《闲置土地处置告知书》,告知金马公司,因涉案土地自国有土地使用权转让合同生效之日起,满两年以上未开工建设,形成闲置土地,故拟作出无偿收回土地使用权的决定。

2008年11月21日,溧水国土分局作出溧国土资闲置罚〔2008〕1号《闲置土地处置决定书》(以下简称1号《闲置土地处置决定书》),决定无偿收回金马公司的涉案土地使用权。2008年11月30日,原溧水县人民政府(现南京市溧水区人民政府,以下简称溧水区政府)作出溧政函〔2008〕48号《关于注销宁溧国用〔2003〕字第150号国有土地使用证的决定》(以下简称48号《注销决定》),决定注销150号《国有土地使用证》,并告知金马公司150号《国有土地使用证》同时作废。金马公司不服,以溧水国土分局为被申请人向南京市国土资源局(以下简称南京市国土局)申请行政复议。

南京市国土局于2009年3月17日作出宁国土行复〔2009〕第1号《行政复议决定书》,认为1号《闲置土地处置决定书》系经溧水区政府批准后作出,应以批准机关溧水区政府为被申请人,故以被申请人不适格为由驳回了金马公司的行政复议申请。金马公司遂以溧水区政府为被申请人向南京市人民政府(以下简称南京市政府)提出行政复议申请,南京市政府于2009年3月27日收到金马公司的申请,于2009年6月18日以"需对案件的事实进一步进行调查,并就案件涉及的法律适用问题向有关机关请示"为由,作出《中止行政复议通知书》。

2011年11月28日,南京市政府向溧水区政府发出宁政行复(意)〔2011〕1号《行政复议意见书》,向溧水区政府提出如下意见:"一、依法自行纠正批准作出的违法具体行政行为;二、妥善做好当事人的工作,避免新的行政争议发生。"

2013年12月10日,南京市政府作出〔2009〕宁行复第31号《行政复议恢复审理通知书》,决定恢复对该行政复议案件的审理。2013年12月12日,南京市政府作出〔2009〕宁行复第31号《行政复议决定书》(以下简称31号《行政复议决定书》),确认溧水区政府批准的溧水国土分局作出的1号《闲置土地处置决定书》违法。

【案件争点】

关于31号《行政复议决定书》是否合法的问题。

【裁判要旨】

根据《行政复议法》第31条第1款的规定，行政复议机关应当自受理申请之日起60日内作出行政复议决定；情况复杂，不能在规定期限内作出行政复议决定的，经行政机关负责人批准，可以适当延长，但延长的期限最多不超过30日。本案中，南京市政府于2009年3月27日收到金马公司的行政复议申请，在60日内未作出行政复议决定，理应在60日内办理延长行政复议期限的审批手续，但南京市政府未办理。南京市政府于2009年6月18日作出《中止行政复议通知书》时，已超过法定复议期限，且中止行政复议无法律依据。南京市政府于2009年3月受理行政复议申请，直至2013年12月12日才作出31号《行政复议决定书》，严重违反法定程序。原审法院将此认定为行政程序上的瑕疵是错误的。另外，1号《闲置土地处置决定书》和48号《注销决定》是两个不同的具体行政行为，金马公司在申请行政复议时，已明确其复议请求是撤销1号《闲置土地处置决定书》，故金马公司请求法院判决南京市政府应对48号注销决定重新进行行政复议无事实根据和法律依据。综上，南京市政府作出31号《行政复议决定书》，属认定事实不清，严重违反法定程序，其确认1号《闲置土地处置决定书》违法的结果错误。

➡ 例案三 海南洋浦永昌实业开发有限公司与儋州市自然资源和规划局、儋州市人民政府等行政复议二审案

【法院】

海南省高级人民法院

【案号】

(2019)琼行终681号

【当事人】

上诉人(一审原告)：海南洋浦永昌实业开发有限公司

被上诉人(一审被告)：儋州市自然资源和规划局

被上诉人(一审被告)：儋州市人民政府

被上诉人(一审被告)：海南省人民政府

一审第三人：儋州市住房和城乡建设局

【基本案情】

2013年12月2日，经儋州市人民政府（以下简称儋州市政府）批准，儋州市自然资源和规划局（以下简称儋州市自规局）与海南洋浦永昌实业开发有限公司（以下简称永昌公司）签订《国有建设用地使用权出让合同》（以下简称《土地出让合同》），将涉案土地出让给永昌公司，永昌公司同意在涉案土地范围内同步修建地上地下供排水设施、通信设施、供电设施，并在建成后无偿移交给政府；永昌公司土地建设项目在2014年5月28日之前动工，在2016年5月28日之前竣工；永昌公司造成土地闲置，闲置满一年不满两年，应依法缴纳土地闲置费。

2014年2月28日，儋州市政府为永昌公司核发儋国用〔2014〕第243号《国有土地使用证》。2016年2月23日，海南省人民政府（以下简称海南省政府）出台琼府〔2016〕22号海南省人民政府《关于加强房地产市场调控的通知》，暂停办理新增商品住宅（含酒店式公寓）及产权式酒店用地审批，暂停新建商品住宅项目规划报建审批（以下简称“两个暂停”政策）。

2016年9月21日，永昌公司向儋州市住房和城乡建设局（以下简称儋州市住建局）申请报建永昌住宅小区（一期）。2016年11月2日，永昌公司取得涉案土地《建设工程规划临时许可证》，批准建设项目名称为永昌住宅小区（一期），建设4栋4层楼，总建筑面积4831.88平方米。2017年4月5日，儋州市自规局向永昌公司作出《闲置土地调查通知书》。同月19日，永昌公司签收该通知书。同年5月23日，儋州市自规局对涉案土地进行外业调查，土地处于进行场地平整、修建围墙阶段，未动工开发建设。同年8月17日，儋州市自规局向儋州市住建局去函了解涉案土地闲置原因。同年11月17日，儋州市自规局向永昌公司作出儋国土资用字〔2017〕353号《闲置土地认定书》，认定永昌公司名下的涉案土地存在未动工开发满一年不满两年的情况，认定涉案土地为闲置土地，闲置原因为企业原因。同日，儋州市自规局向永昌公司作出《听证权利告知书》。同年11月22日，永昌公司收到前述《闲置土地认定书》及《听证权利告知书》。

2017年11月23日，永昌公司向儋州市自规局申请听证。同年12月5日，儋州市自规局举行听证，永昌公司参加了听证。2017年12月31日，经儋州市存量国有建设用地清理处置工作领导小组会议研究，同意对涉案土地征缴永昌公司土地闲置费427，755.72元，由儋州市自规局按程序依法依规办理。2018年3月30日，儋州市政府形成了《儋州市人民政府审议24宗存量国有建设用地处置方案专题会议纪要》。2018年4月4日，儋州市住建局为永昌公司核发《建筑工程施工许可证》，批准建设永昌住宅小区（二期），建设规模为18，210.05平方米，开工日期为2017年12月31日，合同工期为450日历天。2018年6月5日，儋州市自规局向永昌公司作出儋国土资闲缴字〔2018〕2号《征缴土地闲置费决定书》（以下简称2号《缴费决定》），认定永昌公司名下的涉案土地为因企业原因造成的闲置土地，且闲置时间满一年未满两年，根据《闲置土地处置办法》的规定，按照涉案土地出让价款的20%缴纳闲置费；经儋州市政府批准，对上述闲置土地征缴土地闲置费427，755.72元；请永昌公司自决定书送达之日起30日内，足额缴纳上述土地闲置费，并告知了永昌公司向海南省国土资源厅或儋州市政府申请行政复议或者提起行政诉讼的权利。

永昌公司不服，于2018年8月3日向海南省政府申请行政复议。海南省政府于2018年8月7日受理了永昌公司的复议申请，并通知儋州市政府作出答复。海南省政府于2019年1月15日举行了听证，听取了永昌公司和儋州市政府的陈述、申辩意见。2019年4月10日，海南省政府作出琼府复决〔2018〕242号《行政复议决定书》（以下简称242号《复议决定》），并于同年4月15日送达儋州市政府，于同年4月16日送达给永昌公司。永昌公司不服，遂向一审法院提起本案诉讼。

【案件争点】

海南省政府于2019年4月10日作出的242号《复议决定》适用法律是否正确，程序是否合法。

【裁判要旨】

关于超出复议期限作出复议决定的问题。法院认为，经永昌公司申请行政复议，海南省政府作出242号《复议决定》，虽维持了儋州市自规局作出的2号《缴费决定》，处理结果正确，但该行政复议行为超过了法律规定的行政复议期限。2018年《行政诉讼法司法解释》第96条第1项规定："有下列情形之一，且对原告依法享有的听证、陈述、申辩等重要程序性权利不产生实质损害的，属于行政诉讼法第七十四条第一款第二项规定的'程序轻微违法'：（一）处理期限轻微违法。"因此,上述行政复议行为存在程序轻微违法的情形,根据《行政诉讼法》第74条第1款第2项的规定,应确认242号《复议决定》违法,保留其法律效力。一审判决认定事实清楚,适用法律正确,判决结果并无不当。永昌公司的上诉请求缺乏事实根据和法律依据,本院不予支持。

二、要点分析

通过检索,笔者发现在闲置土地处置案件的实务案例中,行政复议程序性问题往往是行政机关与行政相对人产生争议的一个焦点。笔者认为,出现这种现象的原因,除了法律的僵硬性与复议程序本身的复杂性外,当事人甚至是政府、政府有关部门对法律规定理解的偏差也加重了这一现象,具体表现在以下几个方面:

从申请参与行政复议的主体问题看,当事人常疑惑的是,在闲置土地处置案件中,除了建设用地使用权人之外,土地抵押权人等第三人是否有权以不服闲置土地处置决定为由申请行政复议?

从确定被申请人与复议机关的问题看,行政相对人最关注的是,若闲置土地被自然资源主管部门收回,该如何确定复议机关?是向作出收回闲置土地处置决定的自然资源主管部门的上一级部门申请复议,还是向作出批准收回闲置土地决定的人民政府申请复议,又或是向作出批准收回闲置土地决定的人民政府的上一级人民政府申请复议?

从行政复议受理范围的问题看,行政机关常关注的是,自然资源主管部门在土地闲置调查过程中送达的《闲置土地调查书》与《闲置土地认定书》等行政文书,是否属于闲置土地处置案件的复议受理范围?

从复议决定是否合法的问题看,当事人常有争议的是,行政机关超出复议期限作出复议决定,究竟是属于程序违法还是属于程序瑕疵?

笔者将在本篇专题中通过实务案例分析上述问题的争议焦点,并进行相应解读,以期为读者在处理类似复议案件时提供一定的参考。

2.1　闲置土地处置行政复议的复议申请人

市、县自然资源主管部门作出的征缴土地闲置费或无偿收回土地使用权决定，建设用地使用权人是该处置行为的行政相对人，若建设用地使用权人认为该具体行政行为侵害其合法权益的，可以申请行政复议。但是该宗土地的抵押权人是否有权申请行政复议呢？

2.1.1　土地抵押权人有权对政府收回闲置土地的决定申请行政复议

根据《行政复议法》第 9 条第 1 款的规定，公民、法人或者其他组织认为具体行政行为侵犯其合法权益的，可以提出行政复议申请。从法律关系和依法保护合法权益的角度看，行政机关收回闲置土地使用权作为剥夺当事人财产权利的行政行为，不仅导致土地使用权本身的消灭，事实上也必将导致依附于土地使用权的抵押权处于不稳定的权利状态，对抵押权人实现担保物权产生重大不利影响。根据《闲置土地处置办法》第 14 条第 2 项的规定，若闲置土地设有抵押权，自然资源主管部门在向国有建设用地使用权人下达《收回国有建设用地使用权决定书》时，应同时抄送相关土地抵押权人，这表明抵押权人是利害关系人，应有权就行政机关收回闲置土地的行政行为申请行政复议。

在实务中，绝大多数行政机关认可土地抵押权人有权作为收回闲置土地案件的行政复议申请人。以中国农业银行股份有限公司娄底分行与益阳市赫山区人民政府、益阳市赫山区自然资源局资源行政管理纠纷案［案号：(2019)湘0922 行初 151 号］为例，在行政机关对案涉闲置土地作出无偿收回土地使用权决定后，中国农业银行股份有限公司娄底分行作为案涉闲置土地的抵押权人向益阳市人民政府提出复议申请，要求撤销案涉闲置土地收回决定书，益阳市人民政府受理复议申请并作出了相关复议决定。以此观之，在实务中，闲置土地被行政机关决定收回时，法院认为土地抵押权人具备申请行政复议的主体资格。

2.1.2　与闲置土地处置行为有利害关系的第三人可以参加行政复议

根据《行政复议法实施条例》第 9 条的规定，行政复议期间，若行政复议机关认为申请人以外的公民、法人或者其他组织与被审查的具体行政行为或者审查结果有利害关系的，可以通知其参加行政复议，同时该等利害关系人也可以向复议机关申请作为第三人参加行政复议。据此，在闲置土地处置行政复议程序中,与闲置土地处置行为有利害关系的第三人可以参加行政复议,但若第三人不参加行政复议,复议案件仍可正常审理。

需要说明的是,实务及学术界就复议机关未通知第三人参加复议是否构成程序违法这一问题存在两种观点:

第一种观点认为,《行政复议法实施条例》第 9 条是任意性规范,“可以通知”不是“必须通知”,即第三人可以参加行政复议,而不是应当或者必须参与行政复议。因此是否通知第三人参与行政复议属于行政机关的自由裁量权,而且复议机关并非当然知道是否存在第三人,若将通知第三人参与行政复议作为复议机关的必要义务,则会加重行政机关的执法负担,严重影响执法效率。故即便复议机关没有通知第三人参加复议,也不必然构成程序违法。

第二种观点认为,《行政复议法实施条例》第 9 条是权利性规范,权利性规范即授权性规范,是权利主体可以为或不为一定的行为,或是要求其他主体为或不为一定行为的规范。即第三人有参加复议的权利,复议机关必须通知第三人参加复议,但最终是否参加复议取决于第三人的自由选择,因此若复议机关未通知第三人参加复议,则属于程序违法。

笔者认为,虽然闲置土地处置案件中上述问题的争议较少,但就此问题,可以参考借鉴最高人民法院在其他非闲置土地行政案件中对于上述争议的倾向性意见与态度。以高某清、夏某新与辽宁省抚顺市人民政府再审案[案号:(2017)最高法行申 24 号]为例,最高人民法院认为:根据国务院发布的《全面推进依法行政实施纲要》,行政行为应当遵守程序正当原则,作出对当事人不利行政行为的,应当听取其意见。尽管《行政复议法》第 10 条第 3 款规定利害关系人“可以”作为第三人参加行政复议,但是,根据程序正当原则,复议机关应当听取利害关系人的意见。未将利害关系人列为行政复议第三人听取其意见的,违反正当程序原则,属于违反法定程序的情形……综上,抚顺市政府、高某清的再审申请不符合《行政诉讼法》第 91 条第 4 项规定的情形……驳回抚顺市政府、高某清的再审申请。

无论是从解决纠纷、纠正错误角度出发,还是从程序正当的基本原则出发,笔者建议复议机关在进行行政复议时,若已经明知存在有利害关系的第三人,则应尽可能通知有利害关系的第三人参加行政复议,尽量避免被人民法院以违反程序正当原则为由认定为复议程序违法。

2.2 闲置土地处置行政复议的被申请人与复议机关

行政复议的被申请人的确定非常关键，这直接决定由哪一级人民政府或政府部门作为复议机关。通常作出行政行为的行政机关为复议被申请人，那么闲置土地处置行政复议的被申请人是否即为作出闲置土地处置决定的市、县自然资源主管部门呢？

2.2.1 复议被申请人是批准处置行为的政府、复议机关是上一级人民政府

根据《行政复议法实施条例》第13条的规定，下级行政机关依照法律、法规、规章规定，经上级行政机关批准作出具体行政行为的，批准机关为被申请人；又依据《闲置土地处置办法》的规定，自然资源主管部门应经本级人民政府或有批准权的人民政府批准后方可作出闲置土地处置行为，故该处置行为的复议被申请人应当是批准土地处置行为的人民政府，复议机关是作出批准行为的人民政府的上一级人民政府。

需要说明的是，尽管在实践中大量存在行政相对人将作出闲置土地处置行为的自然资源主管部门作为复议被申请人并向上一级自然资源主管部门或作出批准处置行为的人民政府提出复议申请，收到该复议申请的行政机关未依据《行政复议法实施条例》第13条的规定驳回复议申请，并作出复议决定的情况，但各地人民法院在该等复议案件中多严格依据《行政复议法实施条例》认定被申请人和复议机关。以长沙新世纪房地产开发有限公司与宁乡县国土资源局（以下简称宁乡县国土局）、宁乡县人民政府土地行政处罚案［案号：（2016）湘01行终866号］为例，案件审理法院认为：根据《行政复议法实施条例》第13条的规定，宁乡县国土局无偿收回土地使用权的决定已报经宁乡县人民政府批准……宁乡县人民政府受理行政相对人的行政复议申请并作出行政复议决定属于程序违法，适用法律错误……撤销宁乡县人民政府作出的宁政复决字〔2016〕第3号行政复议决定。

笔者建议行政机关应当严格依据《行政复议法实施条例》的规定，对于不属于自身职权范围的复议申请予以驳回，否则即便受理并作出复议决定，也可能被人民法院以程序违法为由撤销复议决定。

2.2.2 由政府直接作出处置决定的，复议被申请人为该人民政府、复议机关是上一级人民政府

在闲置土地处置案件的司法实践中，部分地区的人民法院尤其是海南省各级人民法院认为，只有市、县级人民政府才有权收回土地使用权，包括下发《收回国有建设用地使用权决定书》、发布与收地相关的公告等，即便自然资源主管部门经过人民政府的批准，也不得超越职权。以中国农业银行股份有限公司五指山市支行与五指山市国土环境资源局（以下简称五指山市国土局）、五指山市人民政府行政命令、行政确认案［案号：(2014)琼环行终字第1号］为例，审理法院认为：依据《土地管理法》第37条第1款的规定，只有县级以上人民政府才能收回土地使用权，五指山市国土局作为五指山市人民政府的职能部门仅是负责具体实施，其以自己的名义作出收地公告属超越职权……综上，五指山市国土局作出收地公告超越职权，且有违法定程序，依法应予撤销。原审判决撤销五指山市国土局作出的收地公告正确。

而在实践中，另一种观点则认为，根据《闲置土地处置办法》第14条第2项“除本办法第八条规定情形外，闲置土地按照下列方式处理：……（二）未动工开发满两年的，由市、县国土资源主管部门按照《中华人民共和国土地管理法》第三十七条和《中华人民共和国城市房地产管理法》第二十六条的规定，报经有批准权的人民政府批准后，向国有建设用地使用权人下达《收回国有建设用地使用权决定书》，无偿收回国有建设用地使用权……”的规定，自然资源主管部门依法具有向国有建设用地使用权人下达《收回国有建设用地使用权决定书》的法定职权。笔者通过检索案例发现，实务中持该观点的人民法院占较大比重，如在恩平市永安电器厂与恩平市国土资源局、江门市人民政府土地行政管理纠纷案［案号：(2016)粤07行终27号］和荆州市蓉欣商贸有限公司、湖北省国土资源厅土地行政管理案［案号：(2016)鄂01行终715号］中，法院均认为在经人民政府批准的前提下，自然资源主管部门有权下达《收回国有建设用地使用权决定书》。

即便持上述第一种观点，只有市、县级人民政府才有权收回土地使用权，也不影响在实务中确定闲置土地收地决定的复议被申请人及复议机关。这是因为依据《行政复议法》第13条第1款的规定，若对地方各级人民政府的具体行政行为不服的，应向上一级地方人民政府申请行政复议，在市、县级人民政府决

定收回闲置土地并直接下达《收回国有建设用地使用权决定书》的情况下，作出该具体行政行为的市、县级人民政府为行政复议被申请人，复议机关是上一级人民政府。

2.3 闲置土地处置行政复议的申请期限

行政复议申请期限是一个十分重要的问题，它不仅涉及行政机关能否正确地行使其权力，而且还关系到公民、法人和其他组织能否充分行使其行政复议申请权，保护自己的合法权益。

2.3.1 建设用地使用权人应当自知道闲置土地处置行为之日起60日内申请复议

《行政复议法》第9条第1款规定："公民、法人或者其他组织认为具体行政行为侵犯其合法权益的，可以自知道该具体行政行为之日起六十日内提出行政复议申请；但是法律规定的申请期限超过六十日的除外。"因此，若建设用地使用权人对市、县自然资源主管部门作出的闲置土地处置决定不服的，应当在知道该处置行为之日起60日内申请行政复议。但是因不可抗力或者其他正当理由耽误法定申请期限的，申请期限自障碍消除之日起继续计算。

根据《行政复议法实施条例》第15条的规定，复议期限的起算时间根据行政相对人"知道"闲置土地处置行为方式的不同而有所区别。若闲置土地处置行为是当场作出的，自处置行为作出之日起计算；若是通过法律文书直接送达的，自受送达人签收之日起算；若是通过邮寄送达的，自受送达人在邮件签收单上签收之日起算；若是通过公告形式告知的，自公告规定的期限届满之日起算；作出处置行为时未告知相对人，事后补充告知的，自收到行政机关补充告知通知之日起计算申请期限。

2.3.2 复议机关不予受理建设用地使用权人逾期申请的行政复议

行政相对人只有在法律规定的复议期限内提出复议申请，才有可能获得行政复议救济，若行政相对人逾期申请行政复议，复议机关不予受理，行政相对人将丧失通过行政复议途径救济自己的权利、监督行政行为的权利。

2.4 闲置土地处置行政复议申请的其他问题

闲置土地处置行政复议的申请还会涉及的典型问题主要包括：《闲置土地

认定书》是否属于行政复议范围，即在调查结束后建设用地使用权人对市、县自然资源主管部门在《闲置土地认定书》中认定的土地闲置原因不服，能否申请复议；申请行政复议是否为提起行政诉讼的前置程序，等等。

2.4.1 《闲置土地认定书》不属于行政复议范围

经市、县自然资源主管部门调查核实后，土地若符合《闲置土地处置办法》第 2 条规定的条件，构成闲置，则会向建设用地使用权人下达《闲置土地认定书》。笔者认为，虽然《闲置土地认定书》载明的事项包括土地闲置的事实以及闲置原因，对建设用地使用权人的权益产生一定影响，但是《闲置土地认定书》的下达只是程序性行为、过程性行为，对建设用地使用权人享有的土地使用权益尚未产生最终的影响，不应属于行政复议范围。司法实践中，虽然有部分法院裁判认定建设用地使用权人可以就闲置土地认定书提起行政复议，但是多数法院并不支持该主张。

以内蒙古鸿峰房地产开发有限责任公司与内蒙古自治区鄂尔多斯市人民政府行政复议纠纷案件[案号：(2017)内行终 190 号]为例，案件审理法院认为，根据《闲置土地处置办法》的规定，自然资源主管部门在作出征缴土地闲置费和收回闲置土地使用权的行政行为之前，要按照法定程序作出一系列调查、核实等过程性行为，如自然资源主管部门向国有建设用地使用权人作出闲置土地调查通知书、闲置土地认定书等；闲置土地认定书会对行政相对人实体权益产生一定影响，但该行为只是自然资源主管部门在作出涉案的征缴土地闲置费决定书之前的一种过程性行为，不属于复议范围。

法院同时也从另一个角度对此进行论证，根据《闲置土地处置办法》第 10 条的规定，闲置土地认定书应当载明下列事项：(1)国有建设用地使用权人的姓名或者名称地址；(2)闲置土地的基本情况；(3)认定土地闲置的事实、依据；(4)闲置原因及认定结论；(5)其他需要说明的事项。以上规定并没有赋予当事人对《闲置土地认定书》复议和诉讼的权利，而《闲置土地处置办法》第 16 条即征缴土地闲置费决定书和收回国有建设用地使用权决定书应当包括的内容亦明确载明"申请行政复议或者提起行政诉讼的途径和期限"，可见针对后者是可以复议或诉讼的，而闲置土地认定书并未被赋予救济途径，不属于复议范围。

2.4.2 就闲置土地处置行为申请行政复议不是提起行政诉讼的前置程序

《收地行政决定法律性质的意见》第 5 条规定："依照《城市房地产管理法》

第二十五条的规定，超过出让合同约定的动工开发日期满二年未动工开发的，人民政府或者土地管理部门依法无偿收回出让的国有土地使用权，属于行政处罚决定。”由此可见，收回国有土地使用权决定书属于行政处罚决定，而依据《适用行政复议法第 30 条第 1 款的批复》：“根据《行政复议法》第三十条第一款的规定，公民、法人或者其他组织认为行政机关确认土地、矿藏、水流、森林、山岭、草原、荒地、滩涂、海域等自然资源的所有权或者使用权的具体行政行为，侵犯其已经依法取得的自然资源所有权或者使用权的，经行政复议后，才可以向人民法院提起行政诉讼，但法律另有规定的除外；对涉及自然资源所有权或者使用权的行政处罚、行政强制措施等其他具体行政行为提起行政诉讼的，不适用《行政复议法》第三十条第一款的规定。”

因此，建设用地使用权人对闲置土地处置决定不服的，无须先申请行政复议，可以选择申请行政复议、直接提起行政诉讼或者在行政复议后再提起行政诉讼。对此问题的更多论述，详见本书下一篇专题关于闲置土地处置行政诉讼案件部分的内容。

2.4.3　行政机关未告知救济途径或告知内容错误并不必然导致处置决定被撤销

自然资源主管部门未就闲置土地处置行为告知相对人其救济途径或告知内容错误，并不必然导致闲置土地处置决定被法院判决撤销。这是因为未告知救济途径并不影响相对人陈述、申辩的实体权利，没有影响相对人依法提起行政复议或行政诉讼进行救济。通过检索案例，我们发现在司法实践中多数法院对此持相同观点。

以广州华银通信技术有限公司与广州市规划和自然资源局、土地行政管理案件[案号：(2019)粤 71 行终 2719 号]为例，案件审理法院认为：被上诉人作出穗国土规划闲处〔2017〕5 号《收回国有建设用地使用权决定书》，已明确告知上诉人，若其不服该决定，可以申请行政复议或依照《行政诉讼法》第 46 条的规定向法院提起行政诉讼，虽然其中告知复议机构不当，但该复议告知错误是瑕疵行为，并不影响原告直接向人民法院起诉该行政行为。且被上诉人随后亦补正了瑕疵。上诉人于 2017 年 4 月 17 日收到该决定书后，并没有在法律规定的起诉期限内直接提起行政诉讼，而是在提起行政复议被复议机关以不符合受理条件为由驳回后，再于 2018 年 11 月 27 日针对原行政行为直接提起行政诉讼，其起诉已经远远超过了前述法律规定的起诉期限,且不存在不可抗力或非自身原因耽误起诉期限的情形。原审法院裁定驳回其起诉,并无不当……驳回上诉,维持原裁定。

另外,在可供参考的例案一中,案件审理法院认为:根据《行政诉讼法》第74条第1款第2项的规定:“行政行为有下列情形之一的,人民法院判决确认违法,但不撤销行政行为:……(二)行政行为程序轻微违法,但对原告权利不产生实际影响的……”本案中,塔县自然资源局在《收回国有建设用地使用权决定书》中未明确救济途径及期限,属程序违法,但是对东威公司的权利未产生实际影响,一审法院确认其违法性,保留其有效性,对该《收回国有建设用地使用权决定书》不予撤销,并无不当。

因此,若自然资源主管部门在作出处置决定时未告知相对人救济途径或告知救济途径错误的,则存在瑕疵,但是该瑕疵不必然导致处置决定因违法而被撤销。尽管如此,基于依法行政与程序正当的基本原则,笔者建议行政机关严格履行法定的告知义务,向相对人说明行政行为的根据、理由、救济途径,保障相对人的合法权益。

2.5 闲置土地处置行政复议的受理

闲置土地处置行政复议的受理涉及的主要问题包括受理条件、材料补正以及复议期间闲置土地处置行为是否停止执行等。

2.5.1 复议机关应受理建设用地使用权人符合条件的复议申请

如闲置土地处置案件的复议申请符合以下全部条件时,行政机关应当于5个工作日内受理复议申请,不符合条件的不予受理:

第一,有明确的申请人和适格的被申请人,若被申请人错误,则复议机关可以不符合法律规定为由不予受理复议申请;

第二,申请人与闲置土地处置行为存在利害关系;

第三,申请中写明复议请求及理由;

第四,申请须符合行政复议申请期限规定(自知道闲置土地处置行为之日起60日内提出复议申请);

第五,必须属于规定的行政复议范围。行政机关上下级之间就闲置土地处置行为作出的请示、批准和闲置土地调查过程中行政机关下发《闲置土地调查

书》《闲置土地认定书》等程序性行为均不属于行政复议范围;

第六,必须属于受理机关的职权范围。若如选择了错误的复议机关,复议机关有权不受理复议申请,但若其他受理条件均符合,应当告知申请人向有关行政复议机关提出申请;

第七,不属于行政复议中"一事不再理"的范畴。其他行政复议机关尚未受理同一行政复议申请,人民法院尚未受理同一主体就同一事实提起的行政诉讼。

同一个当事人针对行政机关作出的同一行政行为只能提起一个行政复议申请,而不能提起2个以上的行政复议申请。按照该规则,"一事不再理"的情形应当符合下列条件:当事人针对行政机关的具体行政行为已经提起一个行政复议申请;行政复议机关已经受理当事人提起的行政复议申请;当事人又针对同一行政行为,向另一个行政复议机关提起另一个行政复议申请。符合上述3个条件,即可认定当事人提起的另一个行政复议申请违反了行政复议"一事不再理"规定,不符合上述行政复议受理条件。

需要注意的是,"行政复议机关已经受理当事人提起的行政复议申请"应当理解为:只要行政复议机关已经受理当事人提起的行政复议申请即可,而不必要求行政复议机关已经对该行政复议申请进行了审理或作出了行政复议决定。

当事人重复提起行政复议申请的,收到后一个行政复议申请的行政复议机关应当按照《行政复议法实施条例》第28条的规定,认定当事人提起行政复议申请违反了"一事不再理"相关规定,并认定其提起的行政复议申请不符合行政复议受理条件、不予受理;如行政复议机关对当事人提起的行政复议申请已经受理的,则应参照《行政复议法实施条例》第48条第1款第2项的规定,受理行政复议申请后,发现该行政复议申请不符合行政复议法和本条例规定的受理条件的,行政复议机关应当依法作出驳回行政复议申请决定书。

2.5.2 行政机关应书面通知申请人补正申请材料

实践中,经常会出现申请人在提起复议申请时提供的相关材料不齐全或者表述不清楚的情况,对于此类行政复议申请,如果行政复议机关直接决定不予受理或者视为未提出复议申请,则既没有充分的依据,也不利于保护申请人的行政复议权利,因此有必要对材料补正的期限、内容、次数、效力等作出规定。

行政复议机构对收到的行政复议申请应当在5个工作日内进行形式审查,

对不符合条件的行政复议申请应当在5个工作日内作出不予受理的决定,否则可推定已自动受理行政复议申请。

另外,补正通知在形式上应当是书面的,在内容上应当包括需要补正的事项和合理的补正期限。一般来说,补正的事项应当属于《行政复议法》及《行政复议法实施条例》规定的应当由申请人提供的内容,行政复议机构不能滥用补正权力,不能违反法律规定要求申请人提供与行政复议无关的材料,或者对符合条件的行政复议申请也要求申请人进行补正。

同时,行政复议机构在发出补正通知时,应当明确补正的合理期限。行政复议机构应当一次性告知需要补正的事项,这也是从便民原则出发,考虑申请人对行政复议程序不够了解的情况。因此,行政复议机构应当尽可能详细、全面地告知申请人需要补正的材料。

值得注意的是,补正通知由行政复议机构发出即可,不是必须由行政复议机关发出。因为行政复议申请的补正是行政复议受理之前的程序性事项,由行政复议机构直接判断并发出补正通知,可以缩短内部审批的时间,对当事人的行政复议申请作出及时处理,提高行政复议的效率。

2.5.3 复议期间闲置土地处置行为不停止执行

根据《行政复议法》第21条的规定,行政复议期间具体行政行为不停止执行;但是,有下列情形之一的,可以停止执行:(1)被申请人认为需要停止执行的;(2)行政复议机关认为需要停止执行的;(3)申请人申请停止执行,行政复议机关认为其要求合理,决定停止执行的;(4)法律规定停止执行的。

依据前述规定,除特殊情况外,行政机关不因当事人申请行政复议而暂时停止执行闲置土地处置行为。复议期间不停止具体行政行为的执行是行政复议制度的一项原则,它基于行政机关依其职权所作出的具体行政行为具有的强制力和执行力。闲置土地处置行为是行政机关代表国家作出的,是否执行处置行为属于行政机关的权限范围和职责范围,在违法或不当的具体行政行为被撤销或变更以前,其并不因相对人申请行政复议而停止执行。因此,尽管相对人申请了行政复议,但还要继续执行行政机关所作出的闲置土地处置行为,这是维持一定的社会秩序、保障行政管理的效能、维护国家行政权应有的尊严所必需的。

2.6 闲置土地处置行政复议的决定

闲置土地行政复议案件由行政复议机构进行审理,行政复议机构应当在法律规定期限内根据审查情况作出相应的复议决定。

2.6.1 闲置土地处置复议案件应由复议机构审理

首先需说明复议机构与复议机关的差别。行政复议机关的权力来自《行政复议法》的规定,是独立履行行政复议职责的行政机关,不受其他机关、社会团体和个人的非法干涉;而行政复议机构是非独立性的机构,按照《行政复议法》的规定,行政复议机构应是行政复议机关的法制工作机构。

在闲置土地处置案件中,我们通常认为作出批准闲置土地处置行为决定的人民政府的上一级人民政府为行政复议机关,在此情况下行政复议机构即为上一级人民政府的法制工作机构。法制工作机构是政府的办事机构,负责办理内部的专门事项,不具备对外进行行政管理的职能,完全从属于行政复议机关;而且,行政复议是一项法律性、技术性很强的工作,具备一定的专业性,必须由具有高度专业素养的人员从事相关工作,相关人员需具有一定法律知识和行政管理知识。

就行政复议机构参加审理行政复议的工作人员人数限制问题。按照《行政复议法实施条例》的规定,行政复议机构审理行政复议案件,应当有 2 名以上行政复议人员参加。必须注意的是,"两人以上"是对行政复议机构人数上的要求,而不是对行政复议机关的要求,虽然履行行政复议职责的主体是行政复议机关,但是办理行政复议案件是由行政复议机构具体完成的,"两人"是对行政复议审理人员的数量上的基本要求。

行政复议机构审理案件,应当有 2 名以上行政复议人员参加,这是基于行政复议办案规律的要求。虽然目前我国行政复议办案不同于法院审理案件,并没有实行合议制,但是行政复议作为一种活动,应当借鉴司法程序的合理之处;由 2 名以上行政复议人员负责办案,既可以相互讨论、相互配合、共同调查取证,还可以相互监督,该规定是基于调查取证的需要、公正审理的需要,有利于保证行政复议办案的公正性,提高办案质量与效率。另外,两人是人数上的最低要求,在实际的复议工作中,还可能需要增加行政复议人员的数量。

2.6.2 复议机关应当根据审查情况作出相应的行政复议决定

行政复议机构应当对被申请人作出的具体行政行为进行审查,提出意见,经行政复议机关的负责人同意或者集体讨论通过后,按照下列规定作出行政复议决定:

(1)具体行政行为认定事实清楚,证据确凿,适用依据正确,程序合法,内容适当的,应决定维持原行政行为。

(2)被申请人不履行法定职责的,要求其在一定期限内履行。

(3)具体行政行为有下列情形之一的,应决定撤销、变更或者确认该具体行政行为违法;决定撤销或者确认该具体行政行为违法的,可以责令被申请人在一定期限内重新作出具体行政行为:①主要事实不清、证据不足的;②适用依据错误的;③违反法定程序的;④超越或者滥用职权的;⑤具体行政行为明显不当的。

(4)被申请人不按照规定提出书面答复,提交当初作出具体行政行为的证据、依据和其他有关材料的,视为该具体行政行为没有证据、依据,应决定撤销该具体行政行为。

需要注意的是,受理复议申请后若发现受理错误,复议机关应作出"驳回复议申请"决定。《行政复议法实施条例》第 48 条规定,有下列情形之一的,行政复议机关应当决定驳回行政复议申请:第一,相对人以被申请人不履行法定职责申请行政复议,复议机关受理后发现被申请人无相应法定职责或在受理前已经履行职责的;第二,受理后发现该申请不符合受理条件的。

"驳回行政复议申请"是《行政复议法实施条例》规定的复议决定方式之一,应当注意的是,在此情况下复议机关只能"驳回行政复议申请",而不得以"驳回申请人的请求"这种方式作出复议决定。

在陈某诉黄冈市人民政府行政复议决定案[案号:(2014)鄂浠水行初字第00016 号]中,审理法院认为,本案中,被告在受理原告申请后进行了集体讨论,认为原告与县人民政府关于房屋征收决定的通告无法律上的利害关系,原告不是适格复议申请人,不符合受理条件,应驳回原告的申请,但被告作出的行政复议决定是"驳回申请人的请求",与黄冈市人民政府行政复议委员会案审会的集体讨论意见不相符,亦与《行政复议法实施条例》相关规定相悖,被告作出的行政复议决定程序违法,适用法律、法规错误,依法应予撤销。

2.6.3　复议机关超出复议期限作出的复议决定可能被撤销

根据《行政复议法》第31条第1款的规定，行政复议机关应当自受理申请之日起60日内作出行政复议决定；情况复杂，不能在规定期限内作出行政复议决定的，经行政机关负责人批准，可以适当延长，但延长的期限最多不超过30日。在闲置土地处置案件的复议程序中，如果复议机关受理复议申请后超过法定期限未作出复议决定，则可能构成程序违法，进而导致所作出的复议决定被撤销。

以可供参考的例案二为例，法院认为，南京市政府于2009年3月27日收到相对人的行政复议申请，在60日内未作出行政复议决定，理应在60日内办理延长行政复议期限的审批手续，但南京市政府未办理。南京市政府于2009年6月18日作出《中止行政复议通知书》时，已超过法定复议期限，且中止行政复议无法律依据。南京市政府于2009年3月受理行政复议申请，直至2013年12月12日才作出31号《行政复议决定书》，严重违反法定程序。因此，超出法定复议期限而未作出复议决定可能被人民法院认定为程序违法，进而撤销超期作出的复议决定。

需要注意的是，超出法定复议期限作出复议决定，并不必然导致复议决定被撤销。以可供参考的例案三为例，法院只是确认超出法定复议期限作出复议决定的行为违法，但并未撤销复议决定。在该案件中，法院认为，海南省政府作出242号《复议决定》，虽维持了儋州市自规局作出的2号《缴费决定》，处理结果正确，但该行政复议行为超过了法律规定的行政复议期限，2018年《行政诉讼法司法解释》第96条第1项规定："有下列情形之一，且对原告依法享有的听证、陈述、申辩等重要程序性权利不产生实质损害的，属于行政诉讼法第七十四条第一款第二项规定的'程序轻微违法'：（一）处理期限轻微违法。"因此，上述行政复议行为存在程序轻微违法的情形，根据《行政诉讼法》第74条第1款第2项的规定，应确认242号《复议决定》违法，保留其法律效力。可见，即便行政机关超出法定复议期限作出复议决定，但相关复议决定也并非必然被撤销。

上述两个案例均反映了行政机关超出复议期限作出复议决定的问题，但案件判决结果却截然不同，之所以出现这种情况，是因为两个案件中行政机关超出复议期限作出复议决定给相对人造成的后果并不相同。如果超出复议期限作出的复议决定已经实际剥夺了相对人听证、陈述、申辩的程序性权利，从保障相对人的权益角度看,应当撤销该复议决定,重新赋予相对人救济权利。但若超出复议期限并未对相对人的程序性权利产生实质影响,那么就属于程序瑕疵,因为程序瑕疵并不实质改变行政行为结果,故而没有撤销该复议决定的必要性,法院通常只确认其违法。虽然相关程序性瑕疵不必然导致复议决定被撤销,但行政机关也不能因此便放松对自身的严格要求,从合法行政的角度看,行政机关仍应严格遵守法定程序依法行使行政复议职权,在法定期限内及时作出复议决定。

专题八 建设用地使用权人对闲置土地处置决定不服的，可以依法提起行政诉讼

要点描述

闲置土地处置行为将对行政相对人的权利义务产生实质性影响，带有支配性与强制性，需要为此设定足以拘束行政权力的救济程序。随着民主政治的发展，国家越发深刻地认识到司法权在规范和指引行政权时所发挥的重要作用，通过行政诉讼制度实现司法权力对行政权力的有效监督与约束，这已经成为我国法治建设的必由之路。行政诉讼制度不仅为公民、法人和其他组织提供了保障合法权益的救济途径，还在司法实践中形成了大量的实务案例，其中蕴含的代表性裁判观点与审判思路对法律疑难问题的研究有很强的参考与借鉴价值。闲置土地处置涉及当事人巨大的经济利益，行政机关的闲置土地处置行为应受到司法权的有效监督与约束，若建设用地使用权人对闲置土地处置决定或者行政复议决议不服，可以依法提起行政诉讼。

一、可供参考的例案

例案一 湖南娄底市剑成置业有限公司、益阳市人民政府、益阳市赫山区人民政府、益阳市赫山区自然资源局土地行政管理案

【法院】

湖南省高级人民法院

【案号】

(2019)湘行终1681号

【当事人】

上诉人(原审起诉人):湖南娄底市剑成置业有限公司

【基本案情】

2018年10月,益阳市赫山区自然资源局作出被诉《闲置土地认定书》,在报经益阳市赫山区人民政府批准后,该局于同年11月作出被诉《收回国有建设用地使用权决定书》。湖南娄底市剑成置业有限公司(以下简称剑成公司)不服,申请行政复议。

2019年7月,益阳市人民政府作出复议决定,维持了益阳市赫山区人民政府的批准行为及益阳市赫山区自然资源局的收回建设用地使用权决定。

剑成公司向法院起诉益阳市人民政府、益阳市赫山区人民政府、益阳市赫山区自然资源局,一审法院裁定不予立案。剑成公司上诉称,益阳市赫山区自然资源局在《收回国有建设用地使用权决定书》中,明确告知上诉人该决定经过了益阳市赫山区人民政府批准,故益阳市赫山区人民政府的内部批准行为已经外化,对当事人的合法权益产生实际影响,应当具有可诉性。益阳市人民政府对益阳市赫山区人民政府的原批准行为进行了审查并予以维持,均为本案共同被告。本案属于益阳市中级人民法院管辖范围。上诉人请求撤销一审裁定并对本案予以立案。

【案件争点】

益阳市赫山区人民政府批准益阳市赫山区自然资源局收回建设用地使用权的批准行为是否可诉。

【裁判要旨】

本院认为,《行政诉讼法》第26条第1、2款规定,"公民、法人或者其他组织直接向人民法院提起诉讼的,作出行政行为的行政机关是被告。经复议的案件,复议机关决定维持原行政行为的,作出原行政行为的行政机关和复议机关是共同被告",2018年《行政诉讼法司法解释》第19条规定,"当事人不服经上级行政机关批准的行政行为,向人民法院提起诉讼的,以在对外发生法律效力的文书上署名的机关为被告"。本案被诉的益阳市赫山区人民政府的批准行为系行政机关内部审批行为,并不直接对当事人的权利义务产生影响。虽然复议机关针对该批准行为进行过行政复议,但行政诉讼受案范围并不等同于行政复议范围,根据前述法律规定,剑成公司如不服《收回国有建设用地使用权决定书》,只能以署名作出决定的原行政行为机关益阳市赫山区自然资源局及复议机关益阳市人民政府为共同被告提起诉讼,其就相应批准行为提起的行政诉讼，人民法院依法应不予立案。

《行政诉讼法》第14条规定，“基层人民法院管辖第一审行政案件”，2018年《行政诉讼法司法解释》第134条第3款规定，“复议机关作共同被告的案件，以作出原行政行为的行政机关确定案件的级别管辖”。根据前述规定，对于剑成公司以原行政行为机关益阳市赫山区自然资源局及复议机关益阳市人民政府为被告提起的诉讼，应由桃江县人民法院管辖。因在释明后剑成公司仍坚持在原审法院起诉，不符合《行政诉讼法》第49条第4项规定的起诉条件，原审裁定不予立案，合法正确。综上所述，驳回上诉，维持原裁定。

➡ 例案二　旭泰科技股份有限公司诉惠州市国土资源局土地行政纠纷案

【法院】

广东省高级人民法院

【案号】

(2014)粤高法行终字第931号

【当事人】

上诉人(起诉人)：旭泰科技股份有限公司

【基本案情】

2000年7月，惠阳市国土资源局向旭泰科技股份有限公司颁发了编号为：惠阳国用〔2000〕字第13210102061号、惠阳国用〔2000〕字第13210102697号、惠阳国用〔2000〕字第13210102098号、惠阳国用〔2000〕字第13210102055号四份《国有土地使用权证》。该土地一直没有开发建设。

2006年，因惠阳区需要建设火车站，惠州市国土资源局以涉案土地已经超出两年没有进行开发建设为由，于2006年5月19日分别作出惠市国土资(惠阳)(用地)字〔2006〕276号、277号、278号、279号四份《收回闲置土地使用权决定书》，收回旭泰科技股份有限公司21,000平方米土地使用权，并按120元每平方米的标准补偿起诉人。旭泰科技股份有限公司不服该决定，向广东省惠州市人民政府申请行政复议。

2006年8月30日，惠州市人民政府作出复议决定，维持了《收回闲置土地使用权决定书》的决定。旭泰科技股份有限公司不服，随后向原审法院提起行政诉讼，要求撤销四份《收回闲置土地使用权决定书》。诉讼过程中，即2006年

12 月 8 日,旭泰科技股份有限公司以“惠阳区有关政府正与我公司协商处理有关土地事宜”为理由,向人民法院申请撤诉。

2006 年 12 月 15 日,原审法院作出(2006)惠中法行初字第 35 号行政裁定书,准许旭泰科技股份有限公司撤回起诉。

2013 年 11 月 13 日,惠州市国土资源局惠阳分局发出公告,对旭泰科技股份有限公司名下的四块土地注销土地登记和证书。随后,旭泰科技股份有限公司发函给惠阳区人民政府领导、惠阳区人民政府、惠州市国土资源局领导,要求撤销公告,让其继续持有土地并尽量减少公司损失。

2013 年 12 月 25 日,惠州市国土资源局惠阳分局向旭泰科技股份有限公司复函称:“根据《惠州市惠阳区人民政府关于土地盘整的通知》,该四宗地属新桥火车站片区盘整范围,我局于 2005 年 11 月依法对该四宗土地立案调查,并依法按相关程序进行土地盘整,2006 年 5 月 30 日,对你司发出了《收回闲置土地使用权决定书》,并按每平方米人民币 120 元进行补偿,但贵司一直未领取补偿款。贵司于 2006 年 6 月 8 日向惠州市人民政府提出复议申请,经过复议,惠州市人民政府维持我局作出的决定。随后,贵司再向惠州市中级人民法院提出行政诉讼,2006 年 12 月 15 日,惠州市中级人民法院作出(2006)惠中法行初字第 35 号行政裁定,撤回了起诉。收回决定合法有效。”

旭泰科技股份有限公司不服,于 2014 年 7 月 31 日向原审法院提起行政诉讼。

【案件争点】

1. 以同一事实和理由重新起诉、无正当理由再起诉是否应当受理。

2. 案涉注销登记土地的公告是否具有可诉性。

【裁判要旨】

关于以同一事实和理由重新起诉、无正当理由再起诉。法院认为,根据 2000 年《行政诉讼法司法解释》第 36 条第 1 款规定:“人民法院裁定准许原告撤诉后,原告以同一事实和理由重新起诉的,人民法院不予受理。”第 44 条第 1 款规定:“有下列情形之一的,应当裁定不予受理……:……(九)已撤回起诉,无正当理由再行起诉的……”本案中,上诉人旭泰科技股份有限公司曾于 2006 年向原审法院提起行政诉讼,请求撤销惠州市国土资源局作出的惠市国土资(惠阳)(用地)字〔2006〕276 号、277 号、278 号、279 号四份《收回闲置土地使用权决定书》，在诉讼过程中，经旭泰科技股份有限公司主动申请撤诉后，原审法院裁定准予撤诉。现旭泰科技股份有限公司再次以相同的事实和理由请求撤销上述《收回闲置土地使用权决定书》，且没有正当理由，原审法院根据上述司法解释的规定裁定不予受理正确，本院予以支持。旭泰科技股份有限公司提出其并非以同一事实和理由重新起诉、并非无正当理由再起诉等理由不能成立，本院不予支持。

关于案涉注销登记土地公告的可诉性。法院认为，《闲置土地处置办法》第17条第1款规定："国有建设用地使用权人应当自《征缴土地闲置费决定书》送达之日起三十日内，按照规定缴纳土地闲置费；自《收回国有建设用地使用权决定书》送达之日起三十日内，到市、县国土资源局主管部门办理国有建设用地使用权注销登记，交回土地权利证书。"第18条规定："国有建设用地使用权人逾期不申请行政复议、不提起行政诉讼，也不履行相关义务的，市、县自然资源主管部门可以采取下列措施：(一)逾期不办理国有建设用地使用权注销登记，不交回土地权利证书的，直接公告注销国有建设用地使用权登记和土地权利证书……"根据上述办法规定，本案中注销登记土地的公告是根据《收回闲置土地使用权决定书》而采取的后续措施，不是独立的行为，并未对旭泰科技股份有限公司的权利义务产生实际影响，而产生实际影响的是《收回闲置土地使用权决定书》。旭泰科技股份有限公司提出的注销登记土地的公告对其权利义务产生影响，具有可诉性，判令惠州市国土资源局作出处罚并制止违法违建行为等理由不能成立，本院不予支持。

综上所述，原审裁定正确，依法应予以维持；旭泰科技股份有限公司上诉请求改判的理由不成立，二审驳回上诉，维持原裁定。

➡ 例案三　福州市长乐区国土资源局、长乐百悦达家居有限公司土地行政决定纠纷案

【法院】

福建省福州市中级人民法院

【案号】

(2018)闽01行终570号

【当事人】

上诉人(原审被告):福州市长乐区国土资源局

被上诉人(原审原告):长乐百悦达家居有限公司

【基本案情】

2011年10月29日,福建省人民政府作出福建省人民政府《关于长乐市2011年度第十九批次城市建设农用地转用和土地征收的批复》(闽政文〔2011〕383号),其中第2项同意征收包括案涉土地在内的长乐鹤上镇合计26.48公顷集体所有土地,按规划用途使用。

2012年1月,原告参与被告组织的国有土地使用权公开挂牌出让活动,竞得宗地编号2011工业挂牌-47号和2011工业挂牌-48号地块。

2012年1月13日,原告(为受让人)和被告(为出让人)签订两份《出让合同》,第16条约定,受让人同意本合同项下宗地建设项目在2013年7月13日之前开工,在2014年7月13日之前竣工。

2012年6月4日,长乐市人民政府分别作出长政地〔2012〕46号、47号长乐市人民政府《关于出让国有建设用地使用权提供给长乐百悦达家居有限公司建设长乐百悦达家居物流园项目的批复》,同意出让上述案涉地块国有建设用地使用权给原告,作为建设长乐百悦达家居物流园项目用地。

2012年6月28日,原告取得被告为上述两地块颁发的〔2012〕闽航字第030号、第031号建设用地批准书,批准书有效期自2012年6月至2013年6月。

2012年3月5日、13日,原告全部付清上述土地的土地出让金、城市基础配套费及耕地占用税。原告没有申请办理上述两地块的土地登记手续,至今尚未取得土地使用权证。

2015年10月13日,被告作出长国土资〔2015〕933号《闲置土地决定书》,认定案涉两宗地出让后,于2012年6月28日向原告颁发了《建设用地批准书》,但原告至今未动工建设。根据调查认定的事实和《闲置土地处置办法》第2条第1款的规定,认定上述两宗地为闲置土地。闲置原因为原告未按约定进行动工建设且超过一定期限。该闲置土地认定书在被告网站刊登,并在2016年5月18日的《福建法治报》上刊登送达公告。

2015年11月11日,被告作出长国土资〔2015〕1024号《收回国有土地使用权决定书》，认定被告向原告出让两块宗地后，于2012年6月28日向原告颁发了相应的建设用地批准书，但原告至今未动工建设，已超过合同约定的动工开发日期满两年。根据《闲置土地处置办法》第2条第1款的规定，被告于2015年10月13日作出长国土资〔2015〕933号《闲置土地认定书》，认定上述两宗地因原告自身原因造成闲置。经长乐市人民政府批准，被告对案涉两宗地作出如下决定：(1)无偿收回原告使用的案涉两宗地的国有土地使用权利；(2)解除与原告签订的案涉两宗地的《国有建设用地使用权出让合同》，注销建设用地批准书。

2017年7月10日，原告向福建省福州市中级人民法院提起民事诉讼，诉请判令被告履行案涉土地的交地义务及支付逾期交地违约金。该案审理中，被告提交了长国土资〔2015〕933号《闲置土地认定书》、长国土资〔2015〕1024号《收回国有土地使用权决定书》。经审理，福州中院作出(2017)闽01民初767号民事裁定书，以被告作出的相应《闲置土地认定书》及《收回国有土地使用权决定书》属于具体行政行为，该院无权在民事诉讼中对该行为的合法性进行审查为由，对于原告的起诉先行予以驳回。

2018年1月3日，原告遂向原审法院提起(2018)闽0111行初3号一案行政诉讼(本案)，诉请撤销长国土资〔2015〕1024号《收回国有土地使用权决定书》。在本案审理过程中，被告于2018年4月4日作出《关于撤销长国土资〔2015〕1024号〈收回国有土地使用权决定书〉的决定》，以案涉决定书未在规定期限内送达为由予以撤销。因此，原告变更本案诉讼请求为确认被告作出的长国土资〔2015〕1024号《收回国有土地使用权决定书》的行政行为违法。

【案件争点】

1. 案涉闲置土地处置案件是否属于复议前置案件。

2. 案涉闲置土地处置过程中的程序性、调查性行为(《闲置土地认定书》)是否具有可诉性。

【裁判要旨】

关于案涉闲置土地处置案件是否属于复议前置案件。一审法院认为，根据《收地行政决定法律性质的意见》第5条的规定："依照《城市房地产管理法》第二十五条的规定，超过出让合同约定的动工开发日期满二年未动工开发的，人民政府或者土地管理部门依法无偿收回出让的国有土地使用权，属于行政处罚决定。”本案被告作出的长国土资〔2015〕1024号《收回国有土地使用权决定书》属于行政处罚决定。《适用行政复议法第30条第1款的批复》规定如下：“根据《行政复议法》第三十条第一款的规定，公民、法人或者其他组织认为行政机关确认土地、矿藏、水流、森林、山岭、草原、荒地、滩涂、海域等自然资源的所有权或者使用权的具体行政行为，侵犯其已经依法取得的自然资源所有权或者使用权的，经行政复议后，才可以向人民法院提起行政诉讼，但法律另有规定的除外；对涉及自然资源所有权或者使用权的行政处罚、行政强制措施等其他具体行政行为提起行政诉讼的，不适用《行政复议法》第三十条第一款的规定。”因此，原告提起本案行政诉讼无须适用复议前置程序。

关于案涉闲置土地处置过程中的程序性、调查性行为（《闲置土地认定书》）是否具有可诉性。二审法院认为，公民、法人或者其他组织对行政机关及其工作人员的行政行为不服，依法提起诉讼的，属于人民法院行政诉讼的受案范围。可诉行政行为具有外部性特征，即产生外部法律效力。所谓外部法律效力，是指行为针对的或者作用的对象是行政机关以外的公民、法人或者其他组织，而不是在行政机关内部或者行政机关之间产生内部效力。本案被诉《收回国有土地使用权决定书》系针对被上诉人长乐百悦达家居有限公司作出的，对被上诉人行使其国有土地使用权产生了直接影响，属于人民法院的受案范围。至于上诉人主张该决定书并未向被上诉人送达的问题，属于审查该决定书行政程序合法性的范畴，并不影响该决定书的可诉性。

行政机关在作出最终的处理决定前，一般都会经过立案、调查、研究、审批等多个环节，这些环节产生的法律效果往往被最终的行政行为所吸收和覆盖，当事人可通过对最终行政行为的起诉获得救济，人民法院亦会在审查最终行政行为时对作出该行政行为的各个环节一并进行审查。本案中，《闲置土地认定书》所认定的事实已经被《收回国有土地使用权决定书》所吸收，作为该决定书的事实依据，人民法院可以在审查《收回国有土地使用权决定书》时对《闲置土地认定书》中所认定的事实一并予以审查，无须再让行政相对人对《闲置土地认定书》另行起诉以增加行政相对人的讼累。因此，上诉人的上诉理由不能成立，法院对其上诉请求不予支持。原审判决认定事实基本清楚，审判程序合法，裁判结论正确，应予维持，判决驳回上诉，维持原判。

二、要点分析

闲置土地处置案件的诉讼程序具备司法救济途径特有的专业性和复杂性，在实务中，广泛存在对受案范围、管辖、诉讼参加人、证据、起诉、审理、判决和行政赔偿等专业问题的疑惑与争议，也因此，诉讼参加人难以对闲置土地处置诉讼案件的诸多实体性、程序性问题进行判断与预测，这些问题主要包括：

在收回闲置土地使用权的纠纷案件中，政府对自然资源主管部门的内部批复是否属于行政诉讼受案范围？《闲置土地认定书》、注销土地的公告是否具备可诉性？在经过行政复议的闲置土地处置案件中，起诉原行政行为机关与起诉复议机关的区别在哪？分别该向哪一级法院提起行政诉讼？闲置土地被收回时，建设用地使用权人的债权人等第三人觉得实现债权的难度因此增大，其是否有权就行政机关收回闲置土地的行为提起行政诉讼？行政机关在作出收回闲置土地决定时，未告知行政相对人救济途径、救济时限，是否属于严重程序违法，会不会导致行政行为被撤销？行政机关在诉讼程序中举证，是否需要向法院提交自己执法的法律法规依据？等等。

除法律程序的专业性、复杂性催生了上述问题外，立法空白与法官自由裁量权导致的"同案不同判"也使这一问题尤为突出，不同地域的法院可能对同一问题持有完全相反的裁判观点。因此，笔者认为有必要对闲置土地处置行政诉讼案件中争议较多的问题进行整理，归纳法院的主流观点，提升法律与司法救济的预测作用。

归纳分析闲置土地处置行政诉讼案件的司法实务案例，不仅能够为行政机关预测闲置土地处置行为法律后果、矫正并规避违法以及不适当的行政行为起到积极作用，也能为行政相对人提供参考，帮助其排除干扰，作出正确的抉择，减少不必要及无意义的诉讼，一定程度上促进司法资源的节约与高效利用。

2.1　闲置土地处置行政诉讼的受案范围

我国行政诉讼制度的立法史实际上是行政诉讼受案范围的扩张史，随着行政诉讼的发展与法治的不断进步，行政诉讼受案范围也在逐步拓宽。行政诉讼受案范围是我国立法和司法解释的重点和难点,是司法实践中的疑难问题,统一界定受案范围,是保证受案范围规定具有合理性和确保法律统一性的基本要求。因为法律本身具有僵硬性,《行政诉讼法》第12、13条对受案范围肯定性与否定性列举并不够清晰完整,使人无法找到内在的统一性标准,故笔者将通过案例,归纳分析闲置土地处置案件中关于行政诉讼受案范围的争议及相关观点,以期为读者提供相应参考。

2.1.1 针对闲置土地处置作出的政府批复不属于行政诉讼受案范围

本级人民政府或者有批准权的人民政府根据《闲置土地处置办法》第14条的规定对市、县自然资源主管部门报请批准的征缴土地闲置费或无偿收回闲置土地使用权的请求作出的批复,通常不具有可诉性。

可诉的行政行为必须具有法效性,即该行政行为直接对外发生法律效果。所谓"直接",是指法律效果必须直接对相对人发生,导致法律关系的发生、变更或消灭。所谓"对外",是指行政行为对于行政主体之外的人发生法律效果,行政机关之间或行政机关内部的请示报告等内部行为因欠缺对外性而不具有可诉性。换言之,如果行政行为的效力仅停留在行政内部领域,并未对公民、法人或者其他组织的权利义务产生直接影响,则不具有可诉性。

最高人民法院在相关的案例中持有该观点。在孙某生诉河南省开封市人民政府、河南省开封市国土资源局土地行政批复再审案[案号:(2016)最高法行申469号]中,最高人民法院指出:"地方人民政府对其所属土地行政管理部门作出的同意收回国有土地使用权批复,一般属于过程性行为,不可对此提起诉讼。只有在土地行政管理部门直接将该批复付诸实施并对行政相对人的权利义务产生了实际影响的情况下,行政相对人对该批复不服提起诉讼的,人民法院才依法予以受理。"

司法实践中,多数法院都与上述观点保持一致,以可供参考的例案一为例,行政相对人湖南娄底市剑成置业有限公司不服益阳市赫山区人民政府对闲置土地处置行为的批复,认为益阳市赫山区自然资源局在《收回国有建设用地使用权决定书》中明确告知该决定经过了益阳市赫山区人民政府批准,故益阳市赫山区人民政府的内部批准行为已经外化,对当事人的合法权益产生实际影响,应当具有可诉性,但是湖南省高级人民法院认为:"本案被诉的益阳市赫山区人民政府的批准行为系行政机关内部审批行为,并不直接对当事人的权利义务产生影响。虽然复议机关针对该批准行为进行过行政复议，但行政诉讼受案范围并不等同于行政复议范围……剑成公司如不服《收回国有建设用地使用权决定书》，只能以署名作出决定的原行政行为机关益阳市赫山区自然资源局及复议机关益阳市人民政府为共同被告提起诉讼，其就相应批准行为提起的行政诉讼，人民法院依法应不予立案。”

需要说明的是，虽然政府内部批复通常属于内部程序，不直接对行政相对人发生效力，但是也存在例外情况，如果政府在作出收回国有土地使用权批复后，自然资源主管部门未直接作出收回决定，仅以告知书告知土地使用权人收回国有土地使用权的决定并令其限期注销，此时若行政相对人对该批复不服提起诉讼，也可能被人民法院受理。

在邹平城东液化气站诉邹平市人民政府收回闲置土地使用权行政批复上诉案[案号：(2020)鲁行终261号]中，行政相对人邹平城东液化气站认为政府的批复行为已经对其权利义务产生了实质影响，土地职能部门已经依据该批复作出变动土地使用权权属的行政行为，批复直接对其相关国有土地使用权的存亡产生了实质性影响，故批复具备可诉性。山东省高级人民法院认为：“本案中，被上诉人市政府在作出被诉批复之后，自然局已经依据该批复决定收回上诉人的国有土地使用权，且未直接作出收回决定，仅以告知书形式，告知收回上诉人国有土地使用权的决定并限期注销。因此，土地行政管理部门事实上已经直接将21号批复付诸实施，对行政相对人的权利义务产生了实际影响。行政相对人对该批复不服提起诉讼，应当属于人民法院行政诉讼的受案范围。综上，原审法院裁定认定事实不清，适用法律错误，依法应予撤销。”

2.1.2 《闲置土地认定书》是否属于行政诉讼受案范围存在争议

在司法实践中，《闲置土地认定书》是否属于行政诉讼受案范围存在较大争议。

(1)部分法院认为《闲置土地认定书》不属于行政诉讼受案范围。

《闲置土地认定书》是否具有可诉性的问题，司法实践中部分法院认为，依据《闲置土地处置办法》的规定，市、县自然资源主管部门负责本行政区域内闲置土地的调查认定和处置工作，闲置土地认定程序是先由自然资源主管部门对土地进行调查核实，构成闲置土地的，向国有建设用地使用权人下达《闲置土地认定书》，并载明相关事项，认定为闲置土地后，按照《闲置土地处置办法》第8、

14 条的情形,作出相应处理,而影响行政相对人权利义务的是行政机关后续作出的处理决定,该闲置土地处理决定才具有终局性。如后续作出收回土地决定的,《闲置土地认定书》将被收回土地使用权的决定所吸收,后续作出的收回土地决定才具有终局性,才能成为司法审查的对象。因此,《闲置土地认定书》是作出收回国有土地使用权决定前所实施的过程性行为,不对相对人的权利义务产生实际影响,不属于行政诉讼的受案范围。

在中国农业银行股份有限公司娄底分行与益阳市赫山区自然资源局、湖南娄底市剑成置业有限公司闲置土地认定上诉案[案号:(2020)湘09行终46号]中,中国农业银行股份有限公司娄底分行不服益阳市赫山区自然资源局作出的案涉《闲置土地认定书》并提起诉讼,被一审法院驳回起诉后提起上诉,二审湖南省益阳市中级人民法院认为:"根据《闲置土地处置办法》第十四条第(一)、(二)项规定,对未开发满一年或者满二年的闲置土地,由市、县自然资源主管部门报经本级或者有批准权的人民政府批准后,向国有建设用地使用权人下达《征缴土地闲置费决定书》或者《收回国有建设用地使用权决定书》。本案中,赫山区资源局作出案涉《闲置土地认定书》后,还需要依照《闲置土地处置办法》的上述规定作出相应的处理决定,并且赫山区资源局在案涉《闲置土地认定书》上亦明确载明:'应按照《闲置土地处理办法》的有关规定对该宗地进行处理。'因此,案涉《闲置土地认定书》是对土地闲置状态确认的一个载体,属于最终作出闲置土地处理决定前的阶段性、过程性行为,尚未产生最终影响,并非成熟的行政行为,依法不属于人民法院行政诉讼的受案范围,一审法院裁定驳回娄底农行的起诉并无不当……故驳回上诉,维持原裁定。"

同样地,在可供参考的例案三中,福州市中级人民法院持相同观点,并指出收回土地决定吸收了闲置土地认定,法院认为:"可诉行政行为具有外部性特征,即产生外部法律效力。所谓外部法律效力,是指行为针对或者作用的对象是行政机关以外的公民、法人或者其他组织,而不是在行政机关内部或者行政机关之间产生内部效力……行政机关在作出最终的处理决定前,一般都会经过立案、调查、研究、审批等多个环节,这些环节产生的法律效果往往被最终的行政行为所吸收和覆盖,当事人可通过对最终行政行为的起诉获得救济,人民法院亦会在审查最终行政行为时对作出该行政行为的各个环节一并进行审查。本案中,《闲置土地认定书》所认定的事实已经被《收回国有土地使用权决定书》所吸收，作为该决定书的事实依据，人民法院可以在审查《收回国有土地使用权决定书》时对《闲置土地认定书》中所认定的事实一并予以审查，无须再让行政相对人对《闲置土地认定书》另行起诉以增加行政相对人的讼累。”

（2）实务中，部分法院认为《闲置土地认定书》对行政相对人的权利义务产生实际影响，应属于行政诉讼受案范围。

关于《闲置土地认定书》是否属于行政诉讼受案范围，部分法院持完全相反观点，认为其具备可诉性。持这一观点的法院认为，根据《行政诉讼法》第 2 条的规定，行政相对人认为行政机关和行政机关工作人员的行政行为侵犯其合法权益，则有权提起诉讼，而作出《闲置土地认定书》这一行为通常是行政机关行使行政职权并依照《闲置土地处置办法》的规定对土地是否构成闲置及闲置的原因进行确认，属于行政机关行使行政职权的行政行为，且闲置土地认定后需向社会公开相关信息，并将作为后续征收土地闲置费、无偿收回土地使用权等行政行为的基础和条件，故该行为显然将对行政相对人的权利义务产生直接影响，显然具备可诉性。

在厦门市国土资源与房产管理局与厦门田地建设有限公司闲置土地认定纠纷一案二审[案号：(2018)闽 02 行终 118 号]中，上诉人厦门市国土资源与房产管理局认为案涉《闲置土地认定书》不会对相对人的权利义务产生实际影响，《闲置土地认定书》只是对是否存在闲置土地的事实进行认定，仅是闲置土地处置程序中的过程性文件，其中关于闲置原因的表述并非是确定的。但是，福建省厦门市中级人民法院指出：“根据《中华人民共和国行政诉讼法》第十二条第一款第（十二）项的规定：公民、法人或者其他组织认为行政机关侵犯其人身权、财产权等合法权益的，属于人民法院受理的行政诉讼案件。参照国土资源部《闲置土地处置办法》第十条的规定：认定土地闲置的事实、依据、闲置原因及认定结论等均是《闲置土地认定书》应当载明的事项。本案被诉的《闲置土地认定书》是厦门市国土房产局依照上述部委规章作出的行政行为，该行政行为有明确的行政相对人，有具体的事实认定，有明确的认定结论，其内容明显对行政相对人田地公司的权利义务产生实际影响，属于人民法院行政案件受案范围。原审判决认定案涉《闲置土地认定书》为可诉的行政行为，是正确的……上诉人的上诉理由，本院不予支持……驳回上诉，维持原判决。”

同样地，在南宁市自然资源局与广西桂企投资集团有限公司闲置土地认定纠纷一案二审[案号：(2019)桂 71 行终 257 号]中，南宁铁路运输中级法院认为："《闲置土地认定书》是土地行政管理部门对闲置土地进行处置的前提条件，涉案《闲置土地认定书》不仅是对土地闲置情况的客观描述，而且认定了土地闲置的原因为桂企公司自身原因，该原因的认定决定了后续处置的后果由桂企公司承担。该认定书对桂企公司的权利义务已经产生了实质性的影响，属于行政诉讼的受案范围，因此是可诉的行政行为。"

笔者更倾向上述第一种观点，即《闲置土地认定书》不应属于行政诉讼的受案范围，因为《闲置土地认定书》是对土地闲置状态确认的一个载体，《闲置土地认定书》只是对涉案土地闲置的客观表述，虽与当事人的权利义务有一定的关系，但尚未产生最终的影响，其将被最终的处置决定所吸收，因此应将该认定书视为程序性行为。另外，在原国土资源部发布的《收回国有土地使用权决定书》与《闲置土地认定书》的示范文本中，《收回国有土地使用权决定书》的示范文本中列明了相对人的救济途径与方法，而《闲置土地认定书》的示范文本中则未列明救济途径，以此判断原国土资源部也认为《闲置土地认定书》对行政相对人权利义务并不产生实际影响，将《闲置土地认定书》列入行政诉讼受案范围不妥。

2.1.3 注销闲置土地登记的公告不属于行政诉讼的受案范围

根据《闲置土地处置办法》第 18 条的规定，在闲置土地处置案件中，若国有建设用地使用权人逾期不办理国有建设用地使用权注销登记，不交回土地权利证书，也不申请复议或提起行政诉讼，则市、县自然资源主管部门可以直接公告注销国有建设用地使用权登记和土地权利证书。在司法实践中，法院通常认为该注销土地使用权的公告对相对人的权利义务不产生实质影响，产生实质影响的是收回闲置土地行为而不是注销登记行为，故注销登记行为不属于行政诉讼的受案范围。

在可供参考的例案二中，行政相对人旭泰科技股份有限公司认为注销登记程序和注销土地使用证是具体行政行为，注销登记公告对旭泰科技股份有限公司的权利义务产生重大影响，惠州市国土资源局收回土地的行为与注销行为不应被割裂、孤立，合法有效的收回决定行为是注销行为的基础，注销行为是收回决定行为的延续，因此注销行为具有可诉性。但是，广东省高级人民法院认为："根据《闲置土地处置办法》的规定，本案注销登记公告是根据《收回闲置土地使用权决定书》而采取的后续措施,不是独立的行为,并未对旭泰科技股份有限公司的权利义务产生实际影响,而产生实际影响的是《收回闲置土地使用权决定书》。旭泰科技股份有限公司提出注销登记公告对其权利义务产生影响,具有可诉性,判令惠州市国土资源局作出处罚并制止违法违建行为等理由不能成立,本院不予支持。综上所述,原审裁定正确,依法应予维持;旭泰科技股份有限公司上诉请求改判的理由不成立,本院予以驳回。”

2.2 闲置土地处置行政诉讼案件的管辖

闲置土地处置行政诉讼案件涉及的级别管辖、指定管辖以及异地管辖等问题与一般行政诉讼案件并无特别之处。

2.2.1 闲置土地处置行政案件的级别管辖

根据《行政诉讼法》、2018年《行政诉讼法司法解释》的规定,闲置土地处置行政诉讼案件按照下述方式确定管辖法院:

(1)未经复议的闲置土地处置第一审行政案件,除非属于2018年《行政诉讼法司法解释》第5条规定的重大、复杂的案件,否则均由基层人民法院管辖。

(2)经复议的闲置土地处置第一审行政案件,若复议机关决定维持原处置行为的,复议机关与作出原处置行为的机关为共同被告,由作出闲置土地处置行为的行政机关确定管辖法院,即通常由基层人民法院管辖。

(3)复议机关改变原行政行为的,或起诉复议机关不作为的,则以复议机关为被告,按复议机关确定级别管辖。而根据法律规定,闲置土地处置案件的复议机关应为省、市级人民政府,即案件将由中级人民法院管辖。

需要特别说明两点,一是“改变原行政行为”指改变土地处置行为结果,若复议机关仅改变原处置行为的主要事实认定、证据、适用规范依据,但未改变原处置行为结果的,视为“维持原行政行为”,即案件将由基层人民法院管辖;二是复议机关确认原处置行为无效、违法,属于改变原行政行为,但复议机关以违反法定程序为由确认原处置行为违法的则不属于改变原行政行为,此时复议机关与作出原处置行为的机关为共同被告,案件由基层人民法院管辖。

2.2.2 闲置土地处置行政案件的指定管辖

闲置土地处置行政案件的指定管辖,是指上级法院将行政案件具体指定并交由下级法院管辖的制度,即我国《行政诉讼法》第23条规定的两种情况:

(1)由于特殊原因,致使有管辖权的法院不能行使管辖权的。

在该情况下并没有管辖权归属纠纷,只是特殊原因致使法院不能行使管辖权,例如,自然灾害、战争、意外事故等不可抗拒的客观事实,或由于某些法律规定的事实,使有管辖权的法院在法律上不能审理或继续审理本案的法律原因出现,如当事人申请回避等。

(2)法院之间对管辖权发生争议的。

该情况较为少见,在实践中,若下级法院之间就闲置土地处置案件的管辖权发生争议,应当互相协商,如果协商不成,可报请它们共同的上一级法院,由该上一级法院以指定形式解决管辖冲突或争议。

2.2.3 闲置土地处置行政案件的异地管辖

闲置土地处置行政案件异地管辖,是指所确定的案件由被告所在地之外的法院管辖,以及上级法院通过指定方式将行政案件交由被告所在地之外的法院管辖。关于行政案件异地管辖的程序,最高人民法院曾出台《关于行政案件管辖若干问题的规定》,虽然该司法文件已废止,但目前部分地方法院也就异地管辖出台了不同的规定,如河南省高级人民法院《关于行政案件异地管辖问题的规定(试行)》、黑龙江省高级人民法院《关于行政案件异地管辖若干问题的规定(试行)》、天津市高级人民法院《关于指定部分行政案件施行跨行政区域管辖的公告》等。各地规定具体各不相同,但设定的初衷是一致的,即可以增强案件审理透明度,确保案件审理结果公正。将行政案件移送给异地其他人民法院审理,减轻了审判人员的思想顾虑,且因被告不是本地政府机关,法院的案件审判环境宽松、干扰减少,审判人员能够以保护行政相对人的合法权益、维护和监督行政机关依法行使职权为出发点,依法审查具体行政行为,更好地保护原告的合法权益。

2.3 闲置土地处置行政案件的诉讼参加人

行政诉讼参加人主要包括作为行政相对人的建设用地使用权人以及作出闲置土地处置决定的自然资源主管部门。自然资源主管部门作为闲置土地处置行政案件的被告,没有任何争议,但是除了建设用地使用权人可以作为原告外,是否有其他权利人可以作为原告提起行政诉讼,比如闲置土地的抵押权人或者建设用地使用权人的普通债权人等,有必要对该问题进行探讨,实务中也存在相关争议。

2.3.1 对闲置土地享有特定权利的第三人具有原告的诉讼资格

根据《行政诉讼法》第25条的规定，除行政相对人外，与行政行为有利害关系的公民、法人或者其他组织，有权提起行政诉讼。

土地使用权有着区别于一般动产的特殊经济价值，社会经济生活中土地使用权常作为抵押物或作为债权人评估债务人是否具有清偿能力的重要参考，因此在闲置土地处置行政案件中，较容易出现闲置土地被收回后抵押权人、普通债权人等第三人主张撤销收回土地决定的行政诉讼案件，而认定第三人是否与行政行为有利害关系、是否具有原告资格，是实务中的关键问题。

在司法实践中，各地人民法院对于债权人是否具有闲置土地处置行政案件原告资格的问题，通常依据2018年《行政诉讼法司法解释》第13条的规定，即债权人以行政机关对债务人所作的行政行为损害债权实现为由提起行政诉讼的，人民法院应当告知其就民事争议提起民事诉讼，但行政机关作出行政行为时依法应予保护或者应予考虑的除外。

笔者认为，2018年《行政诉讼法司法解释》第13条规定属于有限地承认债权人原告资格的例外情形，在闲置土地处置行政案件中，在债权人已经依循法定方式对债务人的土地使用权施以限制的情况下，行政机关作出闲置土地收回行为时应当预见到该行为可能对债权实现产生不利影响，此时行政机关应当对债权人的利益予以保护，并对是否作出相应的行政行为慎重考虑。在行政机关未予以保护或考虑的情况下作出了收回闲置土地决定时，债权人有权对该收回行为提起行政诉讼。

但随之而来的问题是，什么是以法定方式对土地使用权施以限制？针对此问题，笔者通过检索案例，总结了实践中得到多数法院认同的两种方式，一是债权人是土地抵押权人并对土地使用权实施抵押登记，二是债权人已通过司法途径申请并对土地使用权进行查封。在实践中，若债权人以上述两种方式之一对土地使用权施加了限制，则在自然资源主管部门收回闲置土地时，债权人通常可以原告身份就收回土地提起行政诉讼，以相关案例为例：

在中国农业银行股份有限公司娄底分行（以下简称娄底农行）与益阳市赫山区自然资源局、湖南娄底市剑成置业有限公司（以下简称剑成公司）闲置土地认定纠纷案件［案号：（2020）湘09行终46号］中，娄底市某工贸有限公司向娄底农行借款,剑成公司与娄底农行签订了《最高额抵押合同》,以剑成公司名下的国有土地作抵押担保,并办理了土地使用权抵押登记手续。益阳市中级人民法院认为,因娄底农行对涉案土地设定了抵押权,一旦涉案土地被认定为闲置土地,则对其担保物权的实现产生了影响,故依据《行政诉讼法》第 25 条的规定,上诉人娄底农行与被诉行为具有利害关系,是本案适格的原告。

另在烟台开发区丰源海运有限公司、山东省无棣县国土资源局土地行政收回纠纷案件二审[案号:(2017)最高法行申 5127 号]中,一审法院也曾就原告资格问题进行论证,一审法院认为根据《行政诉讼法》第 25 条第 1 款的规定,烟台开发区丰源海运有限公司因与滨州中盛公司的船舶建造合同纠纷在青岛海事法院提起诉讼,为保证将来债权的顺利实现,烟台开发区丰源海运有限公司申请青岛海事法院查封了滨州中盛公司名下棣国用〔2005〕第 05171 号国有土地使用权,对山东省无棣县国土局针对上述土地作出的被诉收回决定,烟台开发区丰源海运有限公司虽非该行政行为的相对人,但被诉收回决定与其存在利害关系,可能影响其公司保全财产的顺利执行,故烟台开发区丰源海运有限公司具有提起本案行政诉讼的原告主体资格。

通过检索和分析最高人民法院引用的 2018 年《行政诉讼法司法解释》第 13 条规定的其他行政纠纷案例,笔者认为"土地使用权抵押登记"和"土地使用权司法查封"使债权人就此具备闲置土地收回案件行政诉讼原告资格的原因是,当债权人以法定方式对土地使用权采取限制措施,且行政机关的收回土地行为将减损债权人的权益或者增加其义务,则行政机关在收回土地、注销土地使用权时负有法定的注意义务。这点在《闲置土地处置办法》第 13 条第 2 款规定的内容中有所体现:"闲置土地设有抵押权的,市、县国土资源主管部门在拟订闲置土地处置方案时,应当书面通知相关抵押权人。"据此,自然资源主管部门在收回闲置土地时对抵押权人的合法权益应予保护或者应予考虑,抵押权人自然应享有作为原告提起行政诉讼的资格。

为什么不是所有债权人均具备闲置土地收回案件的行政诉讼原告资格呢?笔者认为,行政机关作出的涉及行政相对人财产的羁束性行政行为,比如没收、罚款,都可能会减少行政相对人的财产,进而影响其偿还债务的能力,但这并不意味着行政机关在作出行政行为时需要对所有的债权人承担注意义务,也不意味着赋予所有普通债权人行政诉讼原告主体资格。如果过分扩大对普通债权人的保护，不仅会为行政相对人虚构债权债务关系以此逃避执法大开方便之门，同时还会不合理地加重行政机关的调查责任，使其执法前不得不花费大量时间调查行政相对人背后的民事关系，无疑会严重降低执法效率，无端加重执法成本，使行政行为的效力长期处于不确定状态，不利于维护社会管理秩序。因此，就债权人是否具备行政诉讼原告资格的问题，笔者仍建议保持较为谨慎的态度。

2.3.2　闲置土地处置行政案件根据复议结果确定诉讼被告

与闲置土地处置案件相关的行政诉讼，按照《行政诉讼法》《行政诉讼法司法解释》规定确定被告：

（1）未经复议的闲置土地处置行为，以作出具体处置行为的行政机关为被告，即以市、县自然资源主管部门为被告；

（2）经复议的闲置土地处置第一审行政案件，若复议机关决定维持原处置行为或者驳回复议申请、复议请求的，复议机关与作出原处置行为的机关为共同被告；复议机关改变原行政行为的，或起诉复议机关不作为的，则以复议机关为被告。需要说明三点：

一是“改变原行政行为”指改变土地处置行为结果，若复议机关仅改变原处置行为的主要事实认定、证据、适用规范依据，但未改变原处置行为结果的，视为“维持原行政行为”，复议机关与作出原处置行为的机关为共同被告；

二是复议机关确认原处置行为无效、违法，属于改变原行政行为，以复议机关为被告，但是若复议机关以违反法定程序为由确认原处置行为违法的，则不属于改变原行政行为，此时复议机关与作出原处置行为的机关为共同被告；

三是复议机关以复议申请不符合受理条件为由驳回复议申请，作出不予受理复议决定的，不属于复议机关作为共同被告的情形，属于程序性驳回，若对复议机关驳回申请不服则以复议机关为被告，若对原处置行为不服则以作出原处置行为的机关为被告，且司法实践中一般认为两种救济方式仅可择一进行，要么就不予受理的复议决定单独起诉复议机关，要么就原处置行为起诉原机关，两种救济方式不可同时进行。

2.3.3　行政机关不得仅委托律师出庭参加闲置土地处置行政诉讼

根据国务院办公厅《关于加强和改进行政应诉工作的意见》（国办发〔2016〕54号），行政机关负责人和行政机关相应的工作人员均不出庭，仅委托律师出庭的或者人民法院书面建议行政机关负责人出庭应诉,行政机关负责人不出庭应诉的,人民法院应当记录在案和在裁判文书中载明,并可以建议有关机关依法作出处理。

之所以要求行政机关负责人或者工作人员必须出庭应诉、不应诉就追责,是因为我国实务中还广泛存在消极对待行政应诉、行政应诉能力不强等突出问题,这大大影响了司法公信力。要求行政机关负责人或工作人员必须出庭答辩,不仅对行政机关依法行政、慎用行政权力起到监督和警示作用,还能够帮助人民法院准确查明案情,从而有效提升司法权威,对于不遵守这一规定的责任人员,国务院在《关于加强和改进行政应诉工作的意见》(国办发〔2016〕54 号)中指出,对于无正当理由拒不到庭或者未经法庭许可中途退庭,被诉行政机关负责人不出庭应诉也不委托相应的工作人员出庭的,任免机关或者监察机关应依照《行政诉讼法》《行政机关公务员处分条例》《领导干部干预司法活动、插手具体案件处理的记录、通报和责任追究规定》等规定对相关责任人员严肃处理。

2.4 闲置土地处置案件的证据

闲置土地处置诉讼案件涉及的证据问题与一般行政诉讼案件并无特别之处,遵循举证责任倒置规则,无效证据类型相同。

2.4.1 闲置土地处置案件遵循举证责任倒置规则

被告行政机关对其作出的闲置土地处置行为负有举证责任(涉及第三人合法权益由第三人提供证据的除外),并应当提供作出该处置行为的证据和所依据的规范性文件,否则将被法院认定为被告不提供或者无正当理由逾期提供证据,被视为没有相应证据。

需要特别说明的是,在闲置土地处置案件的诉讼程序中,行政机关除提交实体调查认定证据、程序合法证据外,务必将行政行为合法性依据、所适用法律法规等规范性文件单独列为证据提交法院。这是因为司法实践中,存在行政机关未提供处置行为适用的规范性文件而被认定没有证据,导致被判决撤销闲置土地处置行为的情形。

在韶关太保置业发展有限公司与南雄市国土资源局、韶关市国土资源局土地行政确认纠纷案件二审[案号:(2016)粤 02 行终 107 号]中,二审法院就被告行政机关未按时提供证据和行政行为所依据规范性文件的问题,特别指出:“行政诉讼中要求被告提供证据，不仅是举证责任，也是一项义务，一项作为国家行政机关证明其所作行政行为的所有内容皆属‘依法行政’的‘应诉’义务……人民法院审查行政行为的合法性，不仅审查事实，还要审查行政机关作出行政行为适用法律、程序等。因此，法律规定行政机关提供的证据，不仅包括实体处理的证据，还包括了作出行政行为的规范性文件，也包括了证明行政机关作出行政行为程序合法的证据，还需提供证据证明行政机关在作出行政行为时，没有超越职权、滥用职权、明显不当等，即上列司法解释中所规定的‘全部’证据。”

2.4.2　闲置土地处置案件中的无效证据问题

闲置土地处置案件中证据的效力，应当遵守《行政诉讼法》及《行政诉讼证据规定》的相关规定。笔者通过检索相关案例，归类出以下两种闲置土地处置案件中较为常见的无效证据类型：

(1)行政机关及其代理人作出闲置土地处置行为之后或在诉讼程序中自行收集的证据无效。

(2)复议机关在复议程序中所收集和补充的证据，或原机关在复议程序中未向复议机关提交的证据均无效。

这是因为行政机关的任何行政行为必须有法可依、有据可查，其作出闲置土地处置行为后收集的证据以及复议时收集的证据，都不是作出行政行为所时依据的证据，因此法院不予采信，且人民法院也不得为证明被诉具体行政行为的合法性调取被告在作出具体行政行为时未收集的证据。

2.5　闲置土地处置行政案件的起诉

闲置土地处置纠纷案件的起诉涉及的主要问题包括，闲置土地处置案件是否为行政复议前置案件，行政相对人与第三人的重复起诉，以及起诉期限等问题。

2.5.1　闲置土地处置案件不是行政复议前置案件

根据《行政复议法》第30条第1款的规定：“公民、法人或者其他组织认为行政机关的具体行政行为侵犯其已经依法取得的土地、矿藏、水流、森林、山岭、草原、荒地、滩涂、海域等自然资源的所有权或者使用权的，应当先申请行政复议；对行政复议决定不服的，可以依法向人民法院提起行政诉讼。”实务中，当事人就收回闲置土地的案件是否适用于上述法条规定、是否属于必须先经过行政复议程序才能提起行政诉讼的案件存在一定争议，且存在部分法院错误地将其认定为复议前置案件并驳回原告起诉的情况。

需要说明的是，收回闲置土地的案件并非行政复议前置案件，行政相对人可以直接就收回闲置土地的行政行为提起行政诉讼，主要理由是：根据《适用〈行政复议法〉第三十条第一款有关问题的批复》（法释〔2003〕5 号）的规定，适用于《行政复议法》第 30 条第 1 款的复议前置案件，仅指行政确权行为侵犯行政相对人自然资源的所有权或者使用权的案件，对涉及自然资源所有权或者使用权的行政处罚、行政强制措施等其他具体行政行为提起行政诉讼的，不适用《行政复议法》第 30 条第 1 款的规定。

《收地行政决定法律性质的意见》第 5 条规定："依照《城市房地产管理法》第二十五条的规定，超过出让合同约定的动工开发日期满二年未动工开发的，人民政府或者土地管理部门依法无偿收回出让的国有土地使用权，属于行政处罚决定。"因此，根据《闲置土地处置办法》实施的收回闲置土地行为，不属于行政确权行为，属于行政处罚，可以直接提起行政诉讼。

在福州市长乐区国土资源局、长乐百悦达家居有限公司土地行政管理纠纷上诉案［案号：（2018）闽 01 行终 570 号］中，一审法院明确指出行政机关依据《闲置土地处置办法》作出收回闲置土地的决定不属于复议前置案件。

在兰州永宝公司诉木垒哈萨克自治县人民政府不服注销、收回土地使用权行政再审案件［案号：（2015）新行监字第 57 号］中，新疆维吾尔自治区高级人民法院指出："本案中，被申请人木垒县政府依据《闲置土地处置办法》将涉案土地使用权收回，无偿收回土地使用权的决定属于行政处罚行为……《最高人民法院关于适用〈行政复议法〉第三十条第一款有关问题的批复》（法释〔2003〕5 号）规定，公民、法人或者其他组织认为行政机关确认土地、矿藏、水流、森林、山岭、草原、荒地、滩涂、海域等自然资源的所有权或者使用权的具体行政行为，侵犯其已经依法取得的自然资源所有权或者使用权的，经行政复议后，才可以向人民法院提起行政诉讼，但法律另有规定的除外；对涉及自然资源所有权或者使用权的行政处罚、行政强制措施等其他具体行政行为提起行政诉讼的，不适用《行政复议法》第三十条第一款的规定。而本案不是被申请人木垒县政府在涉案土地权属发生争议的情况下做出的确权决定，而是其根据再审申请人兰州永宝公司使用土地的现状作出的收回再审申请人土地使用权的行为，属于行政处罚性质，不应包括在行政确认范畴之内。因此，本案不属于复议前置的案件。原审法院以再审申请人兰州永宝公司不能证明其诉讼主张已历尽了行政复议前置程序、不符合《中华人民共和国行政诉讼法》第四十一条关于起诉条件的规定，驳回申请人兰州永宝公司的起诉，实属认定事实错误、适用法律错误。”

2.5.2　行政相对人与第三人就同一闲置土地处置行为分别提起的行政诉讼并不当然构成重复起诉

在实务中如果行政相对人与第三人先后就同一闲置土地处置行为分别提起行政诉讼，而前后两诉所依据的事实及理由不同，则不属于行政诉讼中的重复起诉，不能将两诉认定为一诉，不能因先诉已处于诉讼阶段而驳回后诉。

在实务中，如果第三人具备提起行政诉讼的原告主体资格，其起诉基于的事实和理由通常与行政相对人并不相同。以收回闲置土地案件中的抵押权人为例，抵押权人提起诉讼出于保护其担保物权的目的，因为收回闲置土地行为对其实现担保物权、债权清偿造成一定障碍，而抵押权人的身份注定其对案涉土地是否构成闲置土地、闲置原因等实体问题了解并不深入，因此实践中抵押权人多以行政机关未通知抵押权人参加听证、未将收回闲置土地决定及时通知抵押权人等程序问题提起诉讼。但是，闲置土地的土地使用权人除关注闲置土地处置行为的程序是否合法外，更多关注行政机关认定土地闲置是否正确等实体问题，在其诉讼策略选择上，也多从实体、程序两个角度考虑，以期最大可能地挽回其损失。故而行政相对人与抵押权人两者提起诉讼的根源及所依据的事实、理由往往有显著的区别，因此不能因先后两诉标的为同一行政行为便简单地认定属于重复起诉。

在上海浦东发展银行股份有限公司开封分行与唐河县人民政府土地行政管理一审案件[案号：(2017)豫13行初39号]中，审理法院指出：“本案被诉行政行为，在原告起诉前，虽然第三人已提起行政诉讼，诉讼请求也一致，但二者起诉基于的事实和理由不同，原告为了保护自己的合法权益，有权提起诉讼，不属于重复起诉。本案中，第三人将其持有的国有土地使用权证办理抵押登记，原告作为该土地使用权的抵押权利人，应当依法享有优先受偿权利，原告与该土地处理决定存在利害关系。被告在收回该土地时，没有向原告送达告知书，听取原告的陈述、申辩，被告在举行听证时也没有通知原告参加听证，作出的该收回决定剥夺了原告对该土地优先受偿的权利，属于程序违法，且该收回决定在送达时，该土地已被人民法院裁定予以查封。2016 年 7 月，被告职能部门向原告邮寄的《关于拟对唐河县新源丰业有限公司闲置土地处置通知书》，告知的是该土地的处置措施，并未告知当事人享有的陈述、申辩的权利。因此，原告请求撤销的理由成立，本院予以支持。”

当然，上述案例和观点并不意味着所有行政相对人与第三人分别提起的诉讼均不构成重复起诉，因为立法已经对重复起诉设置了认定标准，法院应严格遵照执行。根据 2018 年《行政诉讼法司法解释》第 106 条的规定，认定行政诉讼法中的“重复起诉”必须同时符合三个条件，即后诉与前诉的当事人相同、后诉与前诉的诉讼标的相同、后诉与前诉的诉讼请求相同或者后诉的诉讼请求被前诉裁判所包含。在闲置土地处置案件中，前述规定的前两个标准很容易得到满足，因为无论是行政相对人作为原告还是第三人作为原告，其提起诉讼通常会将另一方列为诉讼第三人，而且被告基本都是同一个行政机关，诉讼标的往往也是同一个闲置土地处置行为，此时若第三人与行政相对人提出的前后两诉确实存在诉讼请求重合的情况，比如抵押权人与行政相对人均以行政机关未召开听证会为由诉请撤销收回闲置土地决定的，则符合前述的“前后两诉的诉讼请求相同”这一认定标准，进而可能导致后诉被法院驳回。

2.5.3 闲置土地处置案件的起诉期限为 6 个月

闲置土地处置案件的起诉期限，应遵守《行政诉讼法》及 2018 年《行政诉讼法司法解释》的相关规定，并根据案件是否经过复议、行政相对人对处置行为的了解程度进行区分。

未经过复议的闲置土地处置案件，行政相对人应自知道或应当知道处置行为作出之日起 6 个月内提起行政诉讼，而经过复议的闲置土地处置案件，行政相对人应在收到复议决定之日起或复议期限届满之日起 15 日内提起行政诉讼。

如果行政相对人只知道处置行为内容，但行政机关未告知其起诉期限的，行政相对人有权自知道或应当知道起诉期限之日起 6 个月内起诉，但即便一直不知道起诉期限，也应从知道或者应当知道行政行为内容之日起 1 年内提起行政诉讼。

在实务中，当闲置土地的使用权人为企业法人时，若公司的法定代表人了解或知晓了行政行为内容，则可能被法院认定为公司作为行政相对人已知晓行政行为内容并起算前述 1 年的起诉期限。以珠海市华美橱柜有限公司与珠海市自然资源局土地行政管理案件［案号：(2020)粤 04 行终 259 号］为例，法院认为，行政相对人珠海市华美橱柜有限公司的法定代表人已于 2019 年 2 月知道了案涉《闲置土地认定书》，所以珠海市华美橱柜有限公司已知悉被诉闲置土地认定行为，起诉期限应从其知道或者应当知道起诉期限之日起计算，而其却于 2020 年 3 月 30 日才向一审法院提起行政诉讼，已超过法定起诉期限。

另外，因土地属于不动产，就闲置土地处置行为提起诉讼的起诉期限自行政行为作出之日起最长不超过 20 年，但若行政相对人知道处置行为内容或起诉期限，则不适用前述 20 年最长起诉期限的规定。在卓达新材料科技集团池州有限公司、池州市国土资源局土地行政管理纠纷案件［案号：(2019)皖 17 行终 6 号］中，行政相对人主张案涉行政行为涉及闲置土地，因此属于就不动产提起的行政案件，适用 20 年的最长起诉期限规定，但法院指出案涉《收回国有建设用地使用权决定书》明确告知了相对人关于闲置土地处置行为的内容及起诉期限等，因此不适用最长起诉期限的规定。

2.6　闲置土地处置行政案件审理和判决

闲置土地处置行政案件审理和判决所涉及的主要问题包括诉讼期间是否停止执行闲置土地处置行为、判决确认行政行为违法或者撤销行政行为是否正确等。

2.6.1　法院对诉讼期间是否停止执行闲置土地处置行为具有裁量权

“诉讼不停止执行”是行政诉讼法的原则，侧重于对社会公共利益的维护，但实践中因涉诉没有停止执行而最后被判违法的具体行政行为，可能会给行政相对人造成难以弥补的重大损失，为了追求法理上的公正并使行政诉讼救济变得有意义，法律赋予了人民法院一定裁量权。以儋州市人民政府与海南儋州宝安房地产开发有限公司土地行政管理纠纷案件［案号：(2018)琼行终 296 号］为例，原审法院根据行政相对人的申请，在一审期间裁定停止执行行政机关作出的收回闲置土地决定，而二审法院最终也认定行政机关作出的收回闲置土地决定违法，对行政相对人的合法权益进行了及时且必要的保护。

2.6.2 法院可对诉讼期间改变或撤销闲置土地处置行为判决确认原行政行为违法

实务中,有些行政机关在诉讼过程中发现已作出的闲置土地处置行为存在违法情形或存在瑕疵并主动进行纠正,在海南华英国际文化教育发展有限公司与海口市人民政府行政处罚纠纷案件[案号:(2018)琼01行初353号]中,审理法院认为案涉《闲置土地调查通知书》属于可诉的行政行为,而被告作出该通知书并无法律依据故应予撤销,但由于被告已经主动撤销了该通知书,故原告请求撤销的对象已经不存在,经向原告释明后原告仍坚持诉讼请求,故法院确认该案涉通知书违法。

需要说明的是,虽然我们鼓励和提倡行政机关主动纠正其违法行政行为,但即便行政机关在诉讼过程中已经改变了原违法行为,但行政机关并不能避免承担其违法行政行为所导致的赔偿责任,因为原行政行为可能已经对行政相对人产生不利影响、损害了行政相对人的合法权益,在法院判决原行政行为违法后,若原行政行为对行政相对人造成了损失,则行政相对人可据此提起国家赔偿。

2.6.3 闲置土地处置相关程序轻微违法不必然导致处置行为被法院判决撤销

行政机关在作出闲置土地处置行为时可能未严格按照法律、法规及规章规定的程序,以收回闲置土地决定为例,根据《闲置土地处置办法》及《行政处罚法》的相关规定,《收回国有建设用地使用权决定书》应当包括违反法律、法规或者规章的事实和证据的内容,并载明申请行政复议或者提起行政诉讼的途径和期限,向抵押权人抄送收地决定书。但实务中广泛存在未载明违法具体证据、救济途径和期限的《收回国有建设用地使用权决定书》,或行政机关未将收回决定抄送抵押权人,若认定其属于轻微的程序瑕疵,则还不至于导致处置行为被撤销,其认定的关键在于程序瑕疵行为是否对行政相对人的权利产生了不利的实际影响。

在铜川市国土资源局与陕西大唐国瓷园投资有限公司收回国有建设用地使用权纠纷案件[案号:(2018)陕02行终17号]中,审理法院认为:“市国土局作出的《收回国有建设用地使用权决定书》虽未载明被上诉人违法的具体事实和相关证据,但综合其在作出被诉收回决定前,对涉案土地进行的闲置土地调查、认定,并向被上诉人依法送达了《闲置土地认定书》等相关文书,可以确定上诉人市国土局已经向被上诉人告知了违法的具体事实和相关证据,被诉收回决定虽未载明以上内容,但未对大唐公司的权利产生实际影响。针对收回决定未载明申请行政复议或者提起行政诉讼的途径和期限,因大唐公司已在法定期限内提起行政复议和行政诉讼,故对大唐公司救济权利亦未产生实际影响……因其未对被上诉人权利产生实际影响,应确认其程序违法,但对该行政行为不予撤销。"

而在泉州农村商业银行股份有限公司台商投资区支行、京山市自然资源和规划局土地行政管理纠纷上诉案[案号:(2019)鄂08行终47号]中,二审法院认为虽然京山市国土资源局在作出收地决定时未严格按照《闲置土地处置办法》规定抄送抵押权人泉州农商行,但其在作出收地决定之前已向泉州农商行邮寄了书面告知书,对于认定闲置土地的事实进行了告知,并告知其会依法对闲置土地进行处理,故一审法院认为上述行政行为程序轻微违法,不撤销行政行为,仅判决确认违法的处理正确。

虽然在实务中法院通常会结合行政机关对涉案土地进行的闲置土地调查、认定程序进行综合判断,例如审查行政机关是否通过其他途径已实际告知行政相对人处置行为所依据的具体事实和相关证据,又或者结合行政相对人实际并未被剥夺申辩、申诉、控告等权利的结果判断程序瑕疵对行政相对人的影响,但是这很大程度取决于法院的自由裁量权,行政机关有必要在作出闲置土地处置行为时严格履行法定程序。

2.6.4 法院也可以不开庭审理上诉案件

在涉及闲置土地的行政诉讼案件中,案情往往较为复杂,故二审法院多进行开庭审理,但这并不代表二审不开庭即违反法定程序。为提升司法效率,法律就是否开庭审理的问题赋予法院一定的裁量权,二审法院通过阅卷、调查和询问当事人等方式对上诉案件进行审查后,可以自主决定是否开庭审理。

2.7 闲置土地处置决定的强制执行

行政复议或者行政诉讼期间不停止具体行政行为的执行,这是我国行政法的基本原则,但是作出闲置土地处置决定的市、县自然资源主管部门并不具有强制执行权,若建设用地使用权人不履行处置决定,则其需要向人民法院申请强制执行。

2.7.1 诉讼期间行政机关不得申请强制执行闲置土地处置行为

虽然行政复议及行政诉讼都不影响具体行政行为的执行,但是根据《行政强制法》的相关规定以及“职权法定”的行政法原则,在闲置土地处置案件中,作出闲置土地处置行为的行政机关通常是土地管理职能部门,其并不具备征缴土地闲置费、收回闲置土地的强制执行权,最终对闲置土地处置行为的执行需要其向人民法院申请。

根据《行政强制法》第53条的规定,行政相对人在法定期限内不申请行政复议或者提起行政诉讼,又不履行行政决定的,没有行政强制执行权的行政机关可以自期限届满之日起3个月内申请人民法院强制执行。可见,若相关的闲置土地处置行为已被提起行政诉讼,则行政机关向法院申请强制执行被诉闲置土地处置行为时存在法律障碍。

2.7.2 法院可以裁定不准予强制执行未在法定期限内申请强制执行的闲置土地处置行为

因闲置土地处置案件中,作出闲置土地处置行为的行政机关并不具有征缴土地闲置费、收回闲置土地的强制执行权,因此,如果行政相对人对闲置土地处置行为没有申请复议或者没有提起诉讼,但行政机关未自被执行人的法定起诉期限届满之日起3个月内向法院提出强制执行申请,则会导致法院不准予强制执行的后果。

以舒城县国土资源局、安徽金信融资担保有限公司非诉执行审查案件[案号:(2018)皖1523行审2号]为例,该案中舒城县国土资源局向法院申请执行其作出的舒国土资〔2015〕第128号《收回国有建设用地使用权决定书》,无偿收回案涉国有出让土地使用权,法院指出该案系非诉行政执行案件,非诉强制执行的申请期限为法定起诉期限届满之日起3个月,舒城县国土资源局申请强制执行已经超过法定的申请期限,故不准予强制执行。

另在义县国土资源局申请强制执行义县锦农机械装备有限责任公司闲置土地非诉执行案件[案号:(2018)辽0727行审19号]中,法院同样认为行政机关应当在法定期限内向法院申请强制执行,该案的被执行人于2017年1月23日收到行政决定,未向人民法院提起诉讼,其起诉期限已于2017年7月23日届满,故义县国土资源局于2018年3月9日向本院申请强制执行已超过法律规定的申请期限,因此对申请执行人的强制执行申请不予执行。

因此，市、县自然资源主管部门应当在具备向法院申请强制执行闲置土地处置决定的条件后，及时向法院提出申请，避免因逾期申请而被法院裁定不准予强制执行。

2.8 闲置土地处置的行政赔偿案件

根据《国家赔偿法》第2条第1款“国家机关和国家机关工作人员行使职权，有本法规定的侵犯公民、法人和其他组织合法权益的情形，造成损害的，受害人有依照本法取得国家赔偿的权利”之规定，若建设用地使用权人因行政机关作出错误的闲置土地处置行为遭受损失，可以依法要求赔偿义务机关进行行政赔偿，若因行政赔偿产生争议，可依法向人民法院提起诉讼。

2.8.1 赔偿义务机关为市、县自然资源主管部门

行政相对人既可以向赔偿义务机关提出赔偿要求，也可以在起诉闲置土地处置行为时一并主张赔偿。直接向赔偿义务机关要求赔偿的，若赔偿义务机关不作为或对赔偿决定不服，赔偿请求人可以在3个月内向人民法院提起诉讼。

根据《国家赔偿法》第7、8条的规定，行政机关及其工作人员行使行政职权侵犯公民、法人和其他组织的合法权益造成损害的，该行政机关为赔偿义务机关；因复议决定加重损害的，由复议机关对加重部分承担赔偿责任。

根据上述规定，在闲置土地收回案件中，若收回闲置土地的决定确系违法，赔偿义务机关应是作出闲置土地处置决定的自然资源主管部门，而不是对收回闲置土地决定进行批准的人民政府。在自贡明基盐化科技工程有限公司与自贡市人民政府土地行政赔偿案[案号：(2017)川03行赔初2号]中，案件审理法院指出：“四川省人民政府作出的川府复决〔2014〕15号行政复议决定认定被告市政府批准被告市国土局作出的收回国有建设土地使用权决定明显不当，该违法确认虽与原告明基盐化公司的诉讼请求有事实上的关联，但被告市政府在本案中作出的行政行为系法律授权的法律审批行为，对原告明基盐化公司权利义务未直接产生影响，没有法律上因果关系。根据《最高人民法院关于适用〈中华人民共和国行政诉讼法〉的解释》第十九条之规定‘当事人不服经上级行政机关批准的行政行为，向人民法院提起诉讼的，以在对外发生法律效力的文书上署名的机关为被告’，被告市国土局作出的收回国有建设土地使用权决定才是引发本案赔偿之诉的直接原因。被告市国土局的该行政行为与原告明基盐化公

司诉请有法律上的因果关系,确认被告市国土局为本案适格被告,符合《中华人民共和国国家赔偿法》关于行政机关行使职权侵犯公民、法人、其他组织合法权益造成损害的,该行政机关为赔偿义务机关的规定。被告市国土局应为本案赔偿义务机关,即适格被告。原告明基盐化公司认为被告市国土局、市政府为共同被告的主张于法无据,不予支持。”

2.8.2 赔偿方式包括返还财产及支付赔偿金

《国家赔偿法》第36条规定的赔偿处理方式包括:返还财产;应当返还的财产灭失的,应给付相应的赔偿金;返还执行的罚款或者罚金、追缴或者没收的金钱应当支付银行同期存款利息;对财产权造成其他损害的,按照直接损失给予赔偿。因此,征缴土地闲置费决定被法院判决撤销的,涉及的行政赔偿责任为返还土地闲置费并支付银行存款利息;无偿收回闲置土地决定被法院判决撤销的,涉及的行政赔偿责任为返还土地使用权并赔偿直接损失,若土地无法返还,则应支付赔偿金。

实务中,法院在认定财产直接损失时标准较为严格,通常仅认可既有财产的必然损失。在自贡明基盐化科技工程有限公司与自贡市人民政府土地行政赔偿案[案号:(2017)川03行赔初2号]中,自贡明基盐化科技工程有限公司除诉请赔偿已投入项目资金的利息损失外,还诉请因违法收回闲置土地所导致的复工现场清理费,已建基础工程整修费,按高新区管委会要求筹集的复工建设资金的利息损失,办理复工手续和筹集复工建设资金所支出的费用,处理土地闲置争议所支付的土地闲置调查答辩、听证、复议律师费等,对此法院指出:“根据《中华人民共和国国家赔偿法》第三十六条第一款第八项,‘侵犯公民、法人和其他组织的财产权造成损害的,按照下列规定处理:……(八)对财产权造成其他损害的,按照直接损失给予赔偿’,直接损失是指因遭受不法侵害而使现有财产必然减少或消灭,是既得利益的丧失或现有财产的减少……由于本案涉诉收回国有建设用地使用权的决定导致原告明基盐化公司无法复工,故原告明基盐化公司于该决定作出前已向‘盐化设备生产线’项目投入的资金遭受的损害,原告明基盐化公司已向‘盐化设备生产线’项目投入的资金利息、未完工程造价价差损失应属于因自国土资闲(处)〔2013〕3号收回国有建设用地使用权决定而产生的直接损失,属于本案的赔偿范围……关于原告明基盐化公司诉求赔偿其复工现场清理费和已建基础工程整修费损失,按高新区管委会要求筹集的复工建设资金220余万元的利息损失，办理复工手续、筹集复工建设资金的费用，处理土地闲置争议的费用支付土地闲置调查答辩、听证、复议律师费用的主张，因上述费用并非为因国土资闲（处）〔2013〕3号收回国有建设用地使用权决定遭受的现有财产的必然损失或既得利益的丧失，故以上损失主张不属于本案的赔偿范围……"

可见，如果行政相对人主张的损失不属于遭受不法行政行为侵害而导致的既有财产或既得利益的必然减损，则相关赔偿请求很难得到法院支持，可能会被法院以"损失与违法行政行为没有因果关系"为由驳回相关诉求。

专题九 抵押土地存在闲置风险时，抵押权人可以积极参与闲置土地认定和处置程序

要点描述

根据《闲置土地处置办法》第14条的规定，因建设用地使用权人自身原因导致土地闲置满两年，市、县自然资源主管部门可以无偿收回该宗闲置土地使用权，这种收回闲置土地的行政行为一定程度上符合促进土地资源有效利用、保护公共利益的需要，但是，若决定无偿收回的闲置土地上设有抵押权，该行政行为会影响抵押权人实现抵押权。实务中，闲置土地抵押权人的地位略显尴尬，行政机关在无偿收回闲置土地时往往容易忽略抵押权人的权益诉求。按照《闲置土地处置办法》的规定，若因政府或政府部门原因导致土地闲置的，在拟订设有抵押权的闲置土地处置方案时，自然资源主管部门要书面通知抵押权人；若因建设用地使用权人自身原因导致土地闲置的，自然资源主管部门无偿收回设有抵押权的闲置土地时将收回决定抄送抵押人即可。而就闲置土地处置方案是否应当征得抵押权人的同意、抵押权人的相关权益在闲置土地被收回后如何保护等问题，当前并没有相应的法律、法规规定，且实践中行政机关也不会因为闲置土地上设定了抵押权而放弃对该宗土地的处置。因此，笔者认为有必要从理论与实践出发，深入探索抵押权人对抵押土地因闲置被处置的救济等问题，以期对读者有所启发。

一、可供参考的例案

例案一 海南省万宁市海洋产业有限公司诉万宁市人民政府土地行政管理案

【法院】

海南省第一中级人民法院

【案号】

(2014)海南一中环行初字第14号

【当事人】

原告:海南省万宁市海洋产业有限公司

被告:万宁市人民政府

第三人:中国银行股份有限公司万宁支行

【基本案情】

海南省万宁市海洋产业有限公司(以下简称万宁海洋产业公司)不服被告万宁市人民政府(以下简称万宁市政府)作出的万府〔2004〕26号万宁市人民政府《关于无偿收回万宁市房地产开发总公司等3个单位国有土地使用权的决定》(以下简称26号《无偿收地决定》)当中无偿收回原告万国用(1999)字第C39号国有土地使用证项下的9.22亩国有土地使用权的决定提起诉讼,法院通知中国银行股份有限公司万宁支行(以下简称万宁中行)作为本案第三人参加诉讼。

1999年6月24日,经原万宁市土地管理局批准,原告万宁海洋产业公司从海口市振东新春铝型材厂名下受让取得位于万宁市大茂东星工业大道北侧9.22亩国有土地使用权。

1999年6月25日,被告向原告核发了该地的《国有土地使用证》及用地红线图,土地证号为"万宁市(大茂)国用(1999)字第039号",证上载明的土地用途为工业用地。同年7月21日,原告以该地作为担保抵押物向第三人万宁中行借款人民币50万元,并在万宁市土地管理局办理了抵押登记,抵押年限为1年,即自1999年7月21日至2000年7月21日。原告至今尚未向第三人万宁中行归还该笔借款本金及利息。目前该地的抵押登记尚未解除。原告取得该地使用权后,一直未开发使用,土地闲置至今。

被告于2001年1月7日的《海南日报》上针对包括原告在内的五家单位发布万府〔2001〕2号《关于依法无偿收回国有土地使用权的预先通知书》,内容为:土地使用权人取得土地使用权后,未按规定开发使用,致使土地闲置已满两年以上,拟无法收回国有土地使用权,现予以公告,如有异议者,请自通知书登报之日起15个工作日内,提出书面申辩,逾期未提出申辩的,将依法处理。原告及第三人在交代的期限内未提出申辩。

2004年3月2日,被告针对包括原告在内的三家单位作出26号《无偿收地决定》,决定无偿收回原告上述9.22亩国有土地使用权。被告作出26号《无偿收地决定》后,没有证据证明被告已将该无偿收地决定书送达给原告及第三人。

原告于2014年7月知道被告作出的26号《无偿收地决定》后,遂提起本行政诉讼。其诉讼请求是撤销被告作出的26号《无偿收地决定》。

本案讼争的上述9.22亩土地目前仍处在闲置状态,被告至今仍未将该地另行出让。另外,第三人万宁中行已于2004年6月25日将其享有的与原告之间的债权及享有的本案讼争土地抵押权一并转让给中国信达资产管理公司,但至今仍未办理土地使用权和抵押权变更登记,在万宁市土地管理局登记的抵押权人目前仍是第三人万宁中行。

另外,原告万宁海洋产业公司自1998年12月起就已没有办理过企业年检,但工商行政管理部门至今未吊销其营业执照,公司实际已停业。

【案件争点】

1. 土地闲置一直未动工开发使用是原告自身原因还是政府原因,被告决定无偿收回原告的土地使用权是否合法。

2. 无偿收回土地使用权是否影响抵押权人债权的实现。

【裁判要旨】

关于土地闲置原因及被告无偿收回土地使用权是否合法问题,其中,土地闲置原因是本案争议的关键焦点。原告起诉提出,造成土地未能开发使用的原因是政府未能提供土地规划条件以及提供的土地没有"三通一平"、不具备开发使用条件,从而导致未能开发使用。本院认为,从本案查明的事实来看,被告并未与原告承诺被批准进行转让土地的"三通一平"基础建设由政府承担,也没有要求原告必须按照土地利用总体规划开发使用土地。原告受让土地使用权后,超过两年一直未实质性动工开发使用土地是事实,根据《土地管理法》第37条和《城市房地产管理法》第26条的规定,政府可以无偿收回。故被告认定土地闲置一直未开发使用在于原告自身原因并无不妥,被告以无偿收回方式决定收回原告的土地使用权在实体上并无不当。

无偿收回土地使用权是否影响抵押权人债权的实现问题。第三人万宁中行在提交的陈述意见及庭审中提出,其已经将与原告的债权及抵押权转让给中国信达资产管理公司,其只是名义上的抵押权人,中国信达资产管理公司是实际的抵押权人，如无偿收回原告的土地使用权，将有可能影响抵押权人债权的实现，要求保障其债权，并要求通知中国信达资产管理公司作为第三人参加诉讼。经审查，本院认为，无偿收回原告上述土地使用权，是有可能影响抵押权人享有的债权顺利实现，但债权人的债权并不会因此消灭。第三人万宁中行在借款期限届满后没有在法定期限内通过法律途径主张权利并申请有权机关对抵押的土地进行查封处置，对潜在的法律风险应当预见到而没有通过法律途径寻求保护，导致抵押的土地被政府无偿收回，其怠于行使权利的过错责任应自行承担。

综上所述，被告认定原告自取得上述 9.22 亩土地使用权后闲置超过两年未开发使用的事实清楚，决定无偿收回原告该 9.22 亩土地使用权并无不当，原告的主张及诉求无理，不予支持。驳回原告万宁海洋产业公司请求撤销被告万宁市政府作出的万府〔2004〕26 号万宁市人民政府《关于无偿收回万宁市房地产开发总公司等 3 个单位国有土地使用权的决定》的诉讼请求。

➡ 例案二　王某森诉连平县人民政府、广东恒辉实业集团有限公司收回闲置土地决定行政纠纷案

【法院】

广东省高级人民法院

【案号】

(2016)粤行终 1263 号

【当事人】

上诉人(原审原告)：王某森

被上诉人(原审被告)：连平县人民政府

原审第三人：广东恒辉实业集团有限公司

【基本案情】

上诉人王某森诉被上诉人连平县人民政府、原审第三人广东恒辉实业集团有限公司(以下简称恒辉公司)收回闲置土地决定行政纠纷一案，其不服广东省河源市中级人民法院(2015)河中法行初字第 68 号行政判决，遂提起上诉。

2011 年 9 月 30 日，第三人恒辉公司与连平县国土资源局签订一份《国有建设用地使用权出让合同》，第三人恒辉公司受让位于连平县三角镇生态工业园

24－4号，面积为42,600平方米国有土地使用权。该合同第16条规定“受让人（第三人恒辉公司）同意本合同项下宗地建设项目在2011年12月25日之前开工，在2014年12月24日之前竣工”。第32条规定“受让人造成土地闲置，闲置满一年不满二年的，应当依法缴纳土地闲置费；土地闲置满二年且未开工建设的，出让人有权无偿收回国有建设用地使用权”。第三人恒辉公司取得上述用地使用权后，办理了证号为连府国用（2011）第000×××号《国有土地使用权证》。

2012年7月12日，第三人恒辉公司因资金周转需要，向原审原告借款人民币3000万元，并以位于连平县三角镇生态工业园24－4号国有土地使用权［证号：连府国用（2011）第000×××号，土地面积42,600平方米］及地上建筑物作为抵押，双方于2012年7月16日到连平县国土资源局办理抵押登记，登记的抵押贷款额为1700万元，原告为第一顺位受偿人。

2013年7月，因第三人恒辉公司未清偿上述欠款，原审原告向东莞市第三人民法院提起诉讼，并提出财产保全申请。2013年8月23日，东莞市第三人民法院作出（2013）东三法民一初字第3963号之一民事裁定，查封了第三人恒辉公司享有的位于连平县三角镇生态工业园24－4号国有土地使用权［证号：连府国用（2011）第000×××号，土地面积42,600平方米］。同年9月30日，该院作出（2013）东三法民一初字第3963号民事判决，要求第三人恒辉公司偿还原告借款3000万元本息，同时确认原告对24－4号国有土地使用权及地上附着物的处理款享有优先受偿权。该判决生效后，原告已向东莞市第三人民法院申请强制执行，该院已对24－4号国有土地使用权及地上附着物价值进行评估并准备拍卖。

2014年11月14日东莞市第三人民法院向连平县国土资源局发出〔2014〕东三法清执字第166号函，该函称，“……案涉土地上并未建设任何建筑物，地块上长满野草，处于闲置状态，闲置期限已超过两年（2012年、2013年、2014年前8个月）。综上，为避免本次拍卖后产生不必要的纠纷，本院认为，如你局认为本次拍卖的处理结果可能涉及你局的相关权益，或对本院的本次执行有其他意见，或主张相关权利的，可自收到本函后十日内向本院书面提出，并提交相应的证据副本”。同年12月2日，连平县国土资源局向东莞市第三人民法院作出连国土资函〔2014〕80号复函，内容为“……2013年，经初步调查，我局认定恒辉公司24－4号地块构成闲置。目前，我局正依照《闲置土地处置办法》（2012年6月1日国土资源部令第53号）规定的程序开展调查，若恒辉公司24－4号地块被认定构成闲置，我局将依照《闲置土地处置办法》的相关规定对24－4号地块进行处置。综上，为避免产生不必要的纠纷，我局请求贵院中止对24－4号地块的拍卖。我局会将后续的调查认定结果和处置方案向贵院报告”。

2015年9月28日，被告连平县人民政府作出连府〔2015〕33号连平县人民政府《关于收回广东恒辉实业集团有限公司闲置土地的决定》，认定第三人恒辉公司取得的证号为连府国用字第16231600×××号、连府国用字第16231600×××号、连府国用字第16231600×××号、连府国用字第16231600×××号、连府国用字第16231600×××号五宗土地，未按国有土地使用权出让合同约定的条件进行建设及使用，土地闲置已满两年时间，属于闲置土地，经研究决定收回第三人恒辉公司上述五宗闲置土地的国有土地使用权，注销土地使用证。

原告认为被告收回第三人的土地的行政行为违法，导致原告无法通过处理第三人的土地而实现对第三人超过3000万元的债权，造成重大的经济损失，于2015年11月2日向原审法院提起行政诉讼，请求：（1）确认被告作出连府〔2015〕33号连平县人民政府《关于收回广东恒辉实业集团有限公司闲置土地的决定》的行政行为违法。（2）判令撤销被告作出的连府〔2015〕33号连平县人民政府《关于收回广东恒辉实业集团有限公司闲置土地的决定》。（3）判令被告向原告赔偿损失1700万元。（4）判令被告将收回连府国用（2011）第000×××号国有土地使用权的补偿款全部支付给原告。

在诉讼过程中，被告连平县人民政府于2015年11月25日作出连府〔2015〕42号连平县人民政府《关于撤销〔2015〕33号文的决定》，认为2015年9月28日作出的连府〔2015〕33号连平县人民政府《关于收回广东恒辉实业集团有限公司闲置土地的决定》相关程序有误，决定撤销。

【案件争点】

政府违法无偿收回土地使用权的行为是否对抵押权人造成损害。

【裁判要旨】

法院认为，《规范法院执行和国土房产部门协助执行的通知》第22条第1款规定：“国土资源、房地产管理部门对被人民法院依法查封、预查封的土地使用权、房屋，在查封、预查封期间不得办理抵押、转让等权属变更、转移登记手续。”依据上述规定，对于司法机关依法进行的查封，在查封期限内，人民政府不能收回国有土地使用权。本案被上诉人连平县人民政府在东莞市第三人民法院查封国有土地使用权期间作出上述被诉决定，收回涉案国有土地使用权，违反了上述规定，依法应予以撤销。鉴于连平县人民政府于2015年11月25日作出连府〔2015〕42号《连平县人民政府关于撤销〔2015〕33号文的决定》，认为2015年9月28日作出的连府〔2015〕33号连平县人民政府《关于收回广东恒辉实业集团有限公司闲置土地的决定》相关程序有误，撤销了被诉决定，因此，原审判决确认被上诉人连平县人民政府收回恒辉公司闲置土地的行政行为违法并无不当。各方当事人均未对原审法院该项判决提起上诉。

《国家赔偿法》第2条第1款规定：“国家机关和国家机关工作人员违法行使职权侵犯公民、法人和其他组织的合法权益造成损害的，受害人有依照本法取得国家赔偿的权利。”《行政诉讼证据规定》第5条规定：“在行政赔偿诉讼中，原告应当对被诉具体行政行为造成损害的事实提供证据。”本案中，上诉人王某森起诉请求判令连平县人民政府向其赔偿损失1700万元并判令连平县人民政府将收回连府国用〔2011〕第000×××号国有土地使用权的补偿款全部支付给王某森，但其在诉讼期间并未能向原审法院提供被上诉人连平县人民政府的违法行为给其造成经济损失的相关证据，因此，原审判决驳回王某森的该项诉讼请求正确，本院依法应予以维持。上诉人王某森上诉主张，本案被上诉人应按评估机构作出的《房地产拍卖估价报告》中土地使用权评估价格12,818,300元赔偿其损失，请求撤销原判第二判项，改判支持其诉讼请求，因缺乏事实根据与法律依据，上诉理由不成立，本院不予采纳。驳回上诉，维持原判。

➡ 例案三　张某茹与佛山市三水区国土城建和水务局土地行政管理案

【法院】

广东省佛山市中级人民法院

【案号】

（2016）粤06行终213号

【当事人】

上诉人（原审原告）：张某茹

被上诉人（原审被告）：佛山市三水区国土城建和水务局

原审第三人:广东银湖电缆材料有限公司

【基本案情】

张某茹以佛山市三水区国土城建和水务局(以下简称三水国土局)将佛山市三水区南山镇漫江大道13号的土地(以下简称13号地)认定为闲置土地的行政行为无效为由提起行政诉讼。

第三人广东银湖电缆材料有限公司(以下简称银湖公司)向原告借款并提供其位于佛山市三水区南山镇漫江大道13号(以下简称漫江大道13号)、证号为佛三国用〔2012〕第0500036号的土地进行抵押担保。

原告于2014年2月24日查询涉案土地,佛山市三水区国土资源信息中心查询结果答复书显示该土地在查询时处于正常状态。原告遂于2014年3月10日与银湖公司签订借款合同、抵押合同,并于2014年3月27日向被告提交办理抵押登记的手续。但是被告至今未为原告办理抵押登记,理由是涉案土地于2013年8月16日被认定为闲置土地,需要南山镇人民政府审核通过,才可办理。

后因银湖公司未能偿还原告的债务,原告将银湖公司诉至法院,(2014)佛南法桂民一初字第362号民事判决书判决原告对银湖公司享有合法债权。原告于2015年6月4日向被告申请公开银湖公司位于漫江大道13号土地的相关信息。被告作出三国土函〔2015〕273号《关于政府信息公开申请的答复》,拒绝向原告公开涉案土地被认定为闲置土地的相关资料和信息。

经查,三水国土局将13号地认定为闲置土地的时间是2013年8月16日,13号地的使用权人为银湖公司。张某茹在2014年3月10日才与银湖公司签订借款合同,且(2014)佛南法桂民一初字第362号《民事判决书》认定张某茹对上述土地不享有优先受偿权,即张某茹仅属于一般债权人,对13号地并不享有其他债权人所不具备的特殊权利。

【案件争点】

上诉人张某茹不是登记的抵押权人,其起诉是否符合法定的起诉条件。

【裁判要旨】

法院认为:关于上诉人张某茹的起诉是否符合法定的起诉条件。《行政诉讼法》第25条第1款规定:“行政行为的相对人以及其他与行政行为有利害关系的公民、法人或者其他组织,有权提起诉讼。”本案中,上诉人以被上诉人三水国土局将13号地认定为闲置土地的行为无效为由向法院提起诉讼，并主张被上诉人将13号地认定为闲置土地的行为影响其合法权益，与其债权、抵押权权益的损害结果具有法律上的因果关系，故其有权提起本案诉讼。经查，被上诉人将13号地认定为闲置土地的时间是2013年8月16日，且13号地的使用权人为原审第三人银湖公司，而上诉人则是在2014年3月10日才与原审第三人签订借款合同和抵押合同，即行政确认行为在先，之后上诉人因民事法律关系而介入其中。在该情形下，除非上诉人承继了原审第三人的权利义务，否则，在原审第三人对行政确认行为未提出异议的情况下，上诉人无权对之前的行政确认行为提起诉讼。而本案中，上诉人与原审第三人之间只是债权债务关系，上诉人并未承继原审第三人涉案土地上的任何权益，故上诉人无权提起本案之诉。同时，依据《物权法》第187条的规定，上述抵押合同虽成立，但由于无法办理抵押权登记，抵押权尚未设立，即上诉人对原审第三人的债权不存在区别于一般债权人的特殊权利，亦对13号地不享有区别于一般债权人的其他特殊利益。故上诉人在起诉时与本案被诉行政行为，即被上诉人认定13号地闲置的行政确认行为不具有法律上的利害关系，不具有提起本案行政诉讼的主体资格。依据2000年《行政诉讼法司法解释》第3条第1款"有下列情形之一，已经立案的，应当裁定驳回起诉：(一)不符合行政诉讼法第四十九条规定的……"的规定，其起诉应依法予以驳回。上诉人的其他上诉理由均涉及被上诉人作出认定13号地为闲置土地的行政行为实体是否合法的问题，本院对此不予审查。综上所述，原审法院裁定驳回上诉人的起诉正确，应予维持。驳回上诉，维持原裁定。

二、要点分析

实践中，因为法律、法规中缺少对闲置土地抵押权人权益进行实质性保护的具体规定，行政机关在无偿收回闲置土地时不会过多考虑行政行为对土地抵押权人造成的实质影响，一旦抵押土地被认定为闲置土地并被依法收回，建设用地使用权随之消灭，在此情况下抵押权人实际上已无法实现抵押权，呈现抵押权随着建设用地使用权被收回而消灭的现象。

但是,笔者认为抵押权并非应当与建设用地使用权一起消灭,因为在建设用地使用权上设立抵押权时,抵押权人无法预见土地是否会出现闲置,其作为他物权人,对土地闲置以及土地被政府收回不存在过错,如果认为抵押权随建设用地使用权一并消灭,显然不符合法律之公平要义。对此,笔者将在本篇专题中研究探讨抵押权可以超脱于土地使用权而存续的理论解释,并结合实践为抵押权人提出建议,希望金融机构等抵押权人在接受建设用地使用权作为抵押物、土地抵押权存续期间、抵押土地因涉嫌构成闲置土地被行政机关调查认定及处置过程中注意防范相关风险,主动地采取相关措施,尽可能保障债权安全。

2.1 闲置土地收回与抵押权的存续或消灭

在实践中,就抵押权是否应受无偿收回闲置土地影响而一并消灭的问题,存在两种截然相反的观点。以行政机关、执法人员为代表的一部分人认为,无偿收回闲置土地能连带消灭土地使用权及抵押权,主张无偿收回闲置土地是公法行为、带有强制力,能够排除抵押的效力,并认为"无偿收回土地一并消灭抵押权"客观上会起到抵押权人督促土地使用权人积极实施土地开发建设的作用。因为抵押权人可能会考虑抵押权一并消灭的风险而要求建设用地使用权人再次提供担保,或直接选择不与其开展担保交易,这体现了提高土地利用效率的公共利益的要求,相较于抵押权人的个体利益,在公共利益有需要时,个体利益应服从公共利益。

而以学者为代表的一部分人则认为无偿收回闲置土地并不能产生一并消灭抵押权的法律效果。在他们看来,虽然无偿收回闲置土地系行政机关执法行为,也符合促进土地高效利用的公共利益要求,但从法理角度看,抵押权并非全然不能脱离土地使用权而独立存续,如果行政机关是为了执法,仅惩罚土地使用权人即可,抵押权人对土地闲置并无过错,若针对土地使用权人的处罚行为却引起抵押权的一并消灭,显然不符合比例原则[①]等行政法基本原则;而且行政机关收回闲置土地后也是要再出让加以利用的,那么通过拍卖等执行措施,既能保护抵押权人就土地变价款优先受偿,又能促进土地流转、提升土地利用效

---

① 比例原则又称比例性原则、相称性原则、均衡原则,即行政权力所采取的措施与其所达到的目的之间必须合比例或相称。

率，也能够兼顾个体利益与公共利益，因此那些认为可以牺牲抵押权人个体利益的观点过于武断，并不可取。

笔者更赞同第二个观点，即抵押权不随闲置土地被无偿收回而消灭，因为无论从法理及行政法原则角度看，还是从法的效力位阶看，无偿收回闲置土地的行为不应当是抵押权的消灭事由，不应当发生一并消灭抵押权的法律效果，具体的理由和分析如下：

2.1.1　从法理角度分析——抵押权不当然随土地使用权被收回而消灭

从“财产权相对消灭”的法理角度看，土地使用权作为法律意义上的财产权，相对抵押权而言其属于基础权利，抵押权则是通过扣减基础权利的权能而衍生的他物权，由于他物权扣减了作为基础权利的财产权的部分权能，当基础权利消灭，导致基础权利消灭的事由不符合衍生的他物权的消灭事由时，对于他物权人来说这部分权能自然不能随基础权利消灭而消灭。

“财产权相对消灭”的法理已经运用于“债权人放弃出质债权”这一问题上，这对将其合理运用于“抵押权不随土地使用权被收回而消灭”问题上亦具有借鉴和参考价值。债权作为财产权，质权作为债权衍生的他物权，质权人就债权的变价款享有优先受偿权，这个优先受偿权不受债权人本身控制，相当于质权人实际扣减了债权人享有债权的部分权能，形成了质权人与债权人分享债权权能的格局。在此前提下，如果债权人有意放弃债权，其所放弃的债权中必然不包含质权人控制的部分权能，因为质权人扣减的部分权能由质权人独自享有，除了质权人以外任何人都没有处分权，否则属于无权处分，这意味着即便债权人放弃出质的债权，在未得质权人同意的前提下，不能产生质权消灭的后果。

鉴于质权、抵押权均属于担保物权，因此上述理论也可以类推适用于在闲置土地设立的抵押权。当闲置土地设置抵押权后，土地使用权与抵押权已经形成叠加关系，前者是基础权利，后者是衍生权利，抵押权也在一定程度上扣减了土地使用权的部分权能。当土地使用权因闲置而被行政机关无偿收回，无偿收回闲置土地即构成消灭土地使用权的适格事由，但这个权利消灭的适格事由仅针对土地使用权，并非针对已设立的抵押权，因为抵押权不是土地构成闲置的原因、无偿收回闲置土地不属于法定的抵押权消灭适格事由。以上种种特点符合“财产权相对消灭”的法理，抵押权的权能自然不随基础的土地使用权消灭而消灭。①

从另一个角度看,可能更容易理解其中的法理逻辑。担保物权的主债权是债权,并非担保物之物权,担保物权依附于债权存续,只有债权消灭了,担保物权才会消灭,担保物之物权消灭,不影响担保物权的存续。“担保物权应随着担保物之物权同时消灭”的观点不符合《民法典》第390条“担保期间,担保财产毁损、灭失或者被征收等,担保物权人可以就获得的保险金、赔偿金或者补偿金等优先有偿。被担保债权的履行期限未届满的,也可以提存该保险金、赔偿金或者补偿金等”规定的“担保物权及于担保物替代物的物上代位性”原则。

2.1.2　按照法的效力位阶——闲置土地上的抵押权不随闲置土地被无偿收回而消灭

在实践中,认为抵押权随闲置土地被无偿收回而消灭的学者和行政机关的主要依据是原国家土地管理局的文件。《收地行政决定法律性质的意见》第5条规定,行政机关依照《城市房地产管理法》依法对超过出让合同约定的动工开发日期满二年未动工开发的土地进行无偿收回的,属于行政处罚决定,而按照《国家土地管理局〈关于对“中华人民共和国城镇国有土地使用权出让和转让暂行条例”第十七条有关内容请求解释〉的复函》(以下简称《复函》)的意见,作为主权利的土地使用权,因行政机关作出收回土地使用权的处罚而消灭时,在该土地使用权上设定的抵押权随之消灭。对此,因《民法典》已正式颁布实施,笔者认为前述《复函》的意见已与现行的《民法典》规定相冲突,应及时予以纠正。

《民法典》第393条明确列举了三种担保物权的消灭事由,包括主债权消灭、担保物权实现、权利人放弃担保,并以“法律规定担保物权消灭的其他情形”作为兜底条款。可见除了明确列举的三个具体消灭事由外,仅有法律才能规定担保物权的消灭事由,而无偿收回闲置土地使用权并不属于《民法典》列举的担保物权消灭事由之一。前述《复函》也不属于法律,更无权规定担保物权的消灭事由,即便认为其属于行政规章,按照上位法优先于下位法的原则,效力较高的

---

①　参见常鹏翱:《财产权相对消灭论:经由民法和行政法的双重正当性检验——以无偿收回设定抵押权的闲置土地使用权为分析对象》,载《浙江社会科学》2020年第6期。

规范性法律文件与效力较低的规范性法律文件相冲突的情况下，应当适用效力较高的规范性法律文件，故而其内容也与上位法《民法典》的内容相冲突，应适用《民法典》的相关规定。因此，原国家土地管理局认为抵押权应随土地使用权被收回而消灭的观点，缺乏相应的法律依据，应及时予以摒弃。

2.1.3 根据行政法的基本原则——抵押权不随土地使用权被收回而当然消灭

根据合法行政原则，一切国家机关都必须遵守宪法和法律，都应当依照宪法和法律行使行政职权，行政机关在未被宪法和法律授权的情况下，无权剥夺行政相对人合法权利。抵押权系物权，其作为一种对世权，除法律明确规定外免受一切侵犯与干涉，在我国当前现行的所有公法规范中，均未能找到行政机关有权通过收回闲置土地进而消灭抵押权的法律依据，若行政机关仅靠收回土地使用权便可消灭抵押权，无疑是对抵押权效力的彻底否认，并不符合行政法“合法行政”的基本原则。

笔者认为，法律不强人所难，在设定抵押权时，如果作为抵押物的土地使用权还没有被认定为闲置，那么就不应当强迫抵押权人承担土地使用权被无偿收回的风险，因为彼时设立抵押权是正常的担保行为，抵押权人并无过错，即便之后出现土地闲置，也不应由抵押权人承担恶果，抵押权人不是无偿收回土地使用权的处罚对象。设立抵押权与土地闲置不具备法律上的因果关系，抵押权人无法干预或强迫土地使用权人如期开发土地，如果认为抵押权将随闲置土地收回而消灭，相当于变相要求抵押权人去督促土地使用权人如期开发，这会大大加重抵押权人的义务。

2.2 抵押权人防范抵押土地的闲置风险

虽然理论上闲置土地使用权被无偿收回后抵押权是否随之消灭存在争议，但是在实践中，土地使用权被无偿收回后，原抵押人即失去了土地使用权，此时抵押权人实际无法将土地使用权变价受偿，其抵押权的功效已实际出现减损或者灭失。因此，如何在闲置土地被收回后实现抵押权，已经成为法律实务中的一大难点，目前学界虽已提出一些观点，比如部分学者认为闲置土地使用权被无偿收回后相关人员在进行再出让时应负担原抵押权一并出让；也有学者提出类推适用债权不因刑事没收而消灭的原理[①]来确定抵押权不随行政处罚而消灭，但这都仅限于理论范畴，并没有实践经验，缺乏实务案例，且得不出一个行之有效的结论。因此笔者认为，从务实的角度看，除了加深理论与实践结合、继续探索闲置土地被收回后实现抵押权的有效方式外，抵押权人应严格遵循"事前调查、事中监管、事后积极介入"的原则，在接受建设用地使用权作为担保物前应对该宗土地的闲置风险进行充分调查和评估，在抵押期间建立监管机制，充分掌握抵押土地的动工开发进展情况，在抵押土地接受闲置土地调查、认定和处置过程中积极介入，尽量保障债权安全。

2.2.1　债权人应针对拟作为抵押物的土地进行土地闲置风险的调查

按照前文所述，若设立抵押权的建设用地使用权被政府无偿收回，在现行法律规定下，抵押权人很难实现抵押权。因此，抵押权人除了关注拟抵押土地的价值、变现率、土地上的他项权和司法查封、债务人征信状况和还款履约能力等重大事项外，还应对拟抵押的土地是否存在闲置风险进行全面和深入的了解，仔细核查土地出让合同中约定的动工开发日期、土地交付情况（包括土地是否已交付，以及交付土地是否存在无法动工开发的障碍）、动工开发建设情况（包括已动工开发面积以及已投资额等），结合现场情况判断该宗土地是否未动工开发满一年，如果发现拟抵押土地已经存在闲置风险，比如已经被自然资源主管部门征缴土地闲置费，或者发现土地闲置已经满两年但自然资源主管部门尚未对闲置土地进行调查、认定和处置，抵押权人此时应慎之又慎，除要求建设用地使用权人对闲置原因进行充分说明外，要进一步了解建设用地使用权人是否已与政府或政府有关部门协议延长土地动工开发期限，并向行政机关核实求证是否存在政府原因导致土地闲置的情况，以此评估接受该宗土地作为抵押物的风险。若确定为抵押物的，也应当在抵押合同中明确约定，若经抵押权人评估认定抵押土地存在土地闲置风险，且债务人不配合及时消除风险或新增其他抵押担保措施的，债权人有权宣布债权提前到期。

因涉及的相关法律问题较为专业，为全面查清建设用地情况、评估土地闲

---

① 最高人民法院《关于刑事裁判涉财产部分执行的若干规定》第13条第2款规定："债权人对执行标的依法享有优先受偿权，其主张优先受偿的，人民法院应当在前款第（一）项规定的医疗费用受偿后，予以支持。"

置风险,笔者建议债权人有必要委托专业房地产律师对目标地块进行法律尽职调查。

另外,若建设用地使用权人不是主债务人,而是作为第三人以土地使用权为主债务人提供抵押担保,抵押权人除了关注主债务人的征信情况、履约还款能力外,还应对建设用地使用权人的经济实力、信用情况进行全面评估,以此预估和判断后续土地开发过程中是否存在因资金短缺问题而引发土地闲置的可能性,降低因对建设用地使用权人的情况掌握不到位而导致的土地闲置风险。

在对拟抵押土地进行土地闲置风险调查过程中,亦要重点关注是否存在政府、政府部门原因或不可抗力因素导致动工开发延迟的情况。虽然非因建设用地使用权人自身原因造成的闲置土地,政府不得无偿收回闲置土地使用权,但是该宗闲置土地也要依法进行处置,即根据不同的闲置原因对闲置土地采取不同的处置方式,相关处置方式会对抵押权人的抵押权益产生重大影响,如政府修改规划导致土地闲置,双方协商同意调整土地用途、规划条件或者置换土地的,均会严重影响抵押土地的价值,或者导致闲置土地使用权被政府有偿收回,使抵押权无法实现。

2.2.2 抵押期间对土地开发情况持续关注并在发现土地闲置风险时主动采取补救措施

《民法典》第408条规定:"抵押人的行为足以使抵押财产价值减少的,抵押权人有权请求抵押人停止其行为;抵押财产价值减少的,抵押权人有权请求恢复抵押财产的价值,或者提供与减少的价值相应的担保。抵押人不恢复抵押财产的价值,也不提供担保的,抵押权人有权请求债务人提前清偿债务。"为了防止因为土地闲置导致土地被无偿收回、抵押权人无法实现抵押权,抵押权人应当在土地抵押期间保持警惕,建立必要的监管机制,在抵押权设立后时刻关注抵押土地的开发利用情况,而不是抵押后就不问不管,在行政机关发起闲置土地调查之后才意识到问题的严重性。

笔者建议,抵押权人有必要在抵押合同中约定土地抵押人有义务定期汇报土地开发建设进度,并制定全面的担保物定期调查制度,积极主动了解抵押土地的开发现状,适时督促抵押人按照土地出让合同约定履行土地开发义务。若发现抵押土地存在闲置风险,应要求债务人提供其他财产性担保等增信措施,甚至要求债务人提前清偿债务;若发现抵押土地已经被认定为闲置土地,应深人调查闲置原因及闲置状态等；若因抵押人自身原因未动工开发导致土地闲置，行政机关根据土地闲置时间可以采取征缴土地闲置费或无偿收回闲置土地使用权；若因政府、政府部门原因或不可抗力因素造成土地闲置，或已动工开发但未达到法定投资强度的抵押土地被认定为闲置，行政机关可以对闲置土地采取协商有偿收回等方式处置。

若因政府、政府部门原因或不可抗力因素导致土地未能开工建设，抵押权人应督促抵押人留存好相关证据，包括但不限于各方往来函件、政府会议纪要、照片、土地交付文件、开发建设过程中受到干扰的相关资料等。若因抵押人自身原因导致未能开工建设，且设立抵押权的土地因闲置而被行政机关征缴土地闲置费，此时抵押权人便可以认为抵押人的行为足以使抵押物价值减少，抵押权人有权要求抵押人停止闲置行为，并可督促其尽快开工建设，及时消除闲置状态；而当土地闲置达到两年，抵押土地面临被行政机关无偿收回的风险，致使抵押权人彻底无法实现抵押权时，抵押权人有权要求抵押人立即提供其他价值相当的担保。

如果抵押权人按照上述情况行使权利后，抵押土地依旧闲置的，或者未能提供其他增信担保措施，抵押权人便有权要求债务人提前清偿全部债务。如果债务人无法提前清偿债务，抵押权人应当争取在行政机关作出无偿收回决定前，根据抵押合同约定，对已经出现闲置风险的土地使用权行使抵押权，就抵押物变价款优先受偿。结合实务中的案例与经验，笔者建议抵押权人尽快提起民事诉讼，并向法院申请查封已设立抵押权的土地。根据《规范法院执行和国土房产部门协助执行的通知》，已被查封的土地是不能办理变更、转移登记手续的，其权利状态暂时不可变更，故而也不会因无偿收回而被注销土地使用权。若抵押权人向法院提起诉讼并查封了相关土地，法院对查封土地进行拍卖后，对于查封土地的变价款，抵押权人具有优先受偿权。

2.2.3　抵押权人应积极参与闲置土地处置方案的拟定

因政府、政府部门原因或者不可抗力因素造成土地闲置的，则由市、县自然资源主管部门与建设用地使用权人协商处置方式，并在协商一致后拟定闲置土地处置方案。根据《闲置土地处置办法》第 13 条第 2 款的规定，自然资源主管部门在拟订闲置土地处置方案时，应当书面通知土地抵押权人。

因此，抵押权人在接到相关通知后，应当积极参与闲置土地处置方案的拟定，虽然相关法律法规并未明确抵押权人在此过程中有何权利，但笔者认为，抵押权人可以就处置方案提出意见或建议，表达合理诉求，并通过参与处置方案的拟订，充分掌握方案内容（包括处置方式、具体实施安排等），并采取相应的方式以维护自身合法权益。

处置方式的不同，抵押权人参与拟订闲置土地处置方案时需要关注的重点则有所不同。

若采取延长动工开发期限的处置方式，则抵押权人应关注抵押人能否在延长期内及时动工开发建设，避免再次发生土地闲置，若多次闲置可能会变更处置方式，如协议有偿收回土地使用权。

若采取调整土地用途、规划条件的处置方式，则抵押权人应关注调整土地开发条件后的土地价值是否低于土地使用权原评估价值，以及在行使抵押权的时候，调整用途后的土地的变现难易程度。若调整后的土地价值低于原抵押评估价值或者土地变现困难的，抵押权人可以要求债务人或抵押人补充抵押担保物，原则上调整土地用途后需要换发新土地证，抵押权人应要求抵押人及时配合办理新土地证的抵押登记手续，建议抵押权人与政府有关部门沟通，在核发新土地证之同时办理该宗土地的抵押手续。

若采取由政府临时安排使用的处置方案，则抵押权人应关注土地临时使用的期限、用途，避免行使抵押权时存在障碍，另外就临时使用收益提出监管、提存或者提前受偿的要求。

若采取协议有偿收回国有建设用地使用权的处置方式，根据《民法典》第397条“担保期间，担保财产毁损、灭失或者被征收等，担保物权人可以就获得的保险金、赔偿金或者补偿金等优先受偿。被担保债权的履行期限未届满的，也可以提取该保险金、赔偿金或者赔偿金等”的规定，在担保债权的履行期限未届满的情况下，抵押权人可以要求提存赔偿金（政府支付的该宗闲置土地的回购价款），若提存金额低于原抵押价值的，则抵押权人可以要求债务人或抵押人补充其他抵押担保物。

若采取置换土地的处置方式，则抵押权人应关注置换后的土地价值是否低于原土地使用权的评估价值，以及置换后土地的变现难易程度。若置换后的土地价值低于原土地抵押评估价值，或者土地变现困难的，抵押权人可以要求债务人或抵押人补充其他抵押担保物。因置换土地需要注销原土地证、核发新土地证，因此应当及时办理置换后的土地抵押登记手续，建议抵押权人与政府有关部门沟通，在核发新土地证之同时办理该宗土地的抵押手续。

2.2.4 抵押权人可以针对政府收地决定申请行政复议或者提起行政诉讼

关于土地抵押权人作为闲置土地处置决定的利害关系人，有权就自然资源主管部门作出的无偿收回闲置土地使用权的决定申请行政复议或者提起行政诉讼的相关问题，笔者在本书之前的专题中进行了分析。

抵押权人介入行政复议或者行政诉讼有两个途径：在自然资源主管部门作出无偿收回闲置土地决定后，抵押权人可以在建设用地使用权人申请的行政复议或者提起的行政诉讼程序中作为第三人加入；或者在建设用地使用权人未申请行政复议或未提起行政诉讼的情况下，主动作为申请人申请行政复议或者作为原告提起行政诉讼，以维护自身合法权益。

行政复议和行政诉讼都是对公权力进行纠错的救济机制。如前文所述，在实践中，若行政机关在闲置土地的调查、认定和处置等实体问题上没有错误，且不违反法定程序，那么复议机关和人民法院不会因为闲置土地上存在他项权而轻易否定政府决定收回闲置土地这一具体行政行为的合法性和合理性。因此，即便抵押权人具有申请行政复议和提起行政诉讼的权利，抵押权人可能最终也无法改变闲置土地被政府收回的结果。从这个角度讲，抵押权人与其在行政机关作出闲置土地处置决定后采取行政救济途径，不如在发现土地闲置时便提前采取民事救济途径，例如按合同约定要求债务人追加担保，替换其他担保物，或者宣布债权全部提前到期，并在债务人不能清偿债务的情况下，向债务人提起民事诉讼并申请对抵押土地进行司法查封，最终产生的效果往往优于被动采取行政救济途径。

专题十　闲置土地被人民法院司法查封期间，自然资源主管部门不得直接无偿收回并处置利用

要点描述

对构成《闲置土地处置办法》规定的闲置土地，自然资源主管部门出于自身所具有的国家事务、社会事务管理职能，依法作出无偿收回闲置土地使用权决定，是行政机关依法行使国家权力以及法律赋予的行政权。而法院依当事人申请查封建设用地使用权，是司法机关依法行使国家权力机关以及法律赋予的司法权。两种权力同时作用于同一标的物所产生的权力冲突，笔者认为应当采取"先管优先"的原则进行处理，如果建设用地使用权被法院司法查封在先，虽然事后该宗土地经自然资源主管部门认定构成闲置土地，但是自然资源主管部门不宜直接无偿收回并处置利用该宗闲置土地。

一、可供参考的例案

例案一　宜昌固耐尔科技有限公司与枝江市国土资源局土地行政处罚案

【法院】

湖北省宜昌市中级人民法院

【案号】

(2017)鄂05行终68号

【当事人】

上诉人(原审被告)：枝江市国土资源局

被上诉人(原审原告)：宜昌固耐尔科技有限公司

【基本案情】

2010年5月6日，宜昌固耐尔科技有限公司与枝江国土资源局（以下简称枝江国土局）签订了一份《国有建设用地使用权出让合同》，合同约定：项目开工时间为2010年12月29日，竣工时间为2011年12月29日。宜昌固耐尔科技有限公司将公司名称变更为宜昌固耐尔科技有限公司（以下简称固耐尔公司）。

截至2013年10月，固耐尔公司在取得的出让土地上建设4307.71平方米后停止建设。枝江国土局发现后，于2014年10月27日制作了《闲置土地告知通知书》并送达给固耐尔公司，固耐尔公司未提出申辩和听证要求。

2015年1月27日，湖北省宜昌市中级人民法院因固耐尔公司涉及的其他案件，对上述涉案出让土地办理了期限为两年的查封手续。2015年10月10日，枝江国土局与固耐尔公司签订了《国有建设用地使用权补充协议》，在上述补充协议中，确认了固耐尔公司已投资额占总投资额不足25%，且中止开发建设满一年的事实，同时约定固耐尔公司必须在2015年10月25日前对已受让未建设的18,921平方米土地重新开工建设。逾期未开工致土地闲置满两年的，枝江国土局有权无偿收回国有建设用地使用权。补充协议签订后，固耐尔公司仍未开工建设。2015年12月31日，枝江国土局制作并向固耐尔公司送达了枝土资决〔2015〕1号《收回国有土地使用权决定书》，决定收回固耐尔公司受让却未开工建设的18,921平方米的土地使用权。

枝江市人民法院一审认为，本案争议的焦点是枝江国土局是否可以将法院已查封的土地作为闲置土地收回。本案中涉案土地虽符合闲置土地认定条件，但法院在此之前已对其办理查封手续并依法向枝江国土局送达《协助执行通知书》。宜昌市中级人民法院于2015年1月27日办理期限为两年的查封手续的法律依据为《民事诉讼法》，而枝江国土局于2015年12月31日作出的《收回国有土地使用权决定书》的法律依据为原国土资源部发布的《闲置土地处置办法》。根据《立法法》第88条第1款“法律的效力高于行政法规、地方性法规、规章”之规定，宜昌市中级人民法院对涉案土地作出的查封裁定之效力高于枝江国土局作出的收回国有土地使用权决定之效力。综上所述，根据《行政诉讼法》第70条第6项之规定，判决撤销枝江国土局作出的《收回国有土地使用权决定书》。

枝江国土局不服枝江市人民法院（2016）鄂0583行初15号行政判决，向湖北省宜昌市中级人民法院提起上诉。

【案件争点】

枝江国土局是否有权将法院已查封的已构成闲置的土地无偿收回。

【裁判要旨】

《查封、扣押、冻结财产的规定》第1条第2款规定："采取查封、扣押、冻结措施需要有关单位或者个人协助的，人民法院应当制作协助执行通知书，连同裁定书副本一并送达协助执行人。查封、扣押、冻结裁定书和协助执行通知书送达时发生法律效力。"第2条第1款规定："人民法院可以查封、扣押、冻结被执行人占有的动产、登记在被执行人名下的不动产、特定动产及其他财产权。"根据上述规定，司法查封措施是依据国家强制力进行的，任何财产一经人民法院依法查封，在查封期间未经人民法院许可，必须维持财产现状，不得转移或改变财产权属关系。

本案中，宜昌市中级人民法院于2015年1月27日向枝江国土局送达了《民事裁定书》和《协助执行通知书》，依法对涉案土地采取查封措施，查封期限为两年。2015年12月31日，枝江国土局在明知涉案土地已被人民法院查封的情形下，作出枝土资决〔2015〕1号《收回国有土地使用权决定书》，撤销土地出让合同及补充协议，无偿收回涉案土地中未开工部分的土地使用权，显然是违反了《民事诉讼法》及相关司法解释的规定，并与人民法院作出的《民事裁定书》和《协助执行通知书》相冲突，应属违法行政行为。枝江国土局提出其作出《收回国有土地使用权决定书》，符合《闲置土地处置办法》相关规定的主张。本院认为，《闲置土地处置办法》并没有规定县级以上地方人民政府可以对已采取司法查封措施的土地作出收回使用权的决定，且根据《立法法》相关规定，部门规章的法律效力低于法律。故枝江国土局关于其行政行为合法的主张缺乏法律依据，本院不予支持。

➡ 例案二　湖南宏大空调设备有限公司、湖南宏太空调设备有限公司与衡阳县国土资源局土地行政管理纠纷案

【法院】

湖南省衡阳市中级人民法院

【案号】

(2016)湘04行终102号

【当事人】

上诉人(原审被告):衡阳县国土资源局

被上诉人(原审原告):湖南宏大空调设备有限公司

被上诉人(原审原告):湖南宏太空调设备有限公司

【基本案情】

1998年6月至2002年6月,湖南宏大空调设备有限公司(以下简称宏大公司)、湖南宏太空调设备有限公司(以下简称宏太公司)先后与衡阳县国土资源局(以下简称县国土局)签订用地协议、国有土地使用权出让合同,分三期在衡阳科技工业园范围内受让国有土地使用权面积466.25亩。

1998年12月16日,宏太公司取得第一期面积63,003平方米(折合94.5亩),编号为蒸国用(1998)字第A-06980049号国有土地使用证;2000年3月13日,宏大公司取得第二期面积113,439平方米(折合170.15亩),编号为蒸国用(2000)字第A-0620000011号国有土地使用证;2002年6月6日,宏太公司取得第三期面积134,389.9平方米(折合201.6亩),编号为蒸国用(2002)字第2002011-2002015号国有土地使用证。2006年10月23日,县国土局作出国土资[2006]68号收回《国有土地使用权决定书》,被衡阳市中级人民法院(2008)衡中法行终字第2号行政判决以程序违法、适用法律法规错误予以撤销。2012年8月,宏大公司、宏太公司以第二、三期的371.7亩土地未交付为由,起诉衡阳县人民政府、县国土局,要求赔偿经济损失4.7亿元等诉讼请求,分别被衡阳市中级人民法院、湖南省高级人民法院以缺乏事实依据为由进行了驳回。

2016年3月14日,县国土局启动闲置土地调查程序。2016年4月26日,宏大、宏太公司向县国土局提交了听证申请书,陈述:根据《土地登记办法》第15条第1款第3项"土地登记簿应当载明下列内容:……(三)土地的坐落、界址、面积、宗地号和取得价格"及国土资源部《关于进一步规范土地登记工作的通知》第1条"……经过登记的土地,必须达到权属合法、界址清楚、面积准确的要求……"的有关规定,县国土局既然进行闲置土地调查,依法应将上述调查结果连同附件书面告知宏大、宏太公司;根据《闲置土地处置办法》,闲置土地认定必须"权属清楚",故县国土局应向宏大、宏太公司提供"宗地图"及土地勘测定界技术报告书；宏大、宏太公司多次请求落实征地拆迁安置补偿，但直至2015年年底，上述工作仍未全部落实，致二原告动工受阻，开发延迟。综上所述，依据《闲置土地处置办法》第14条，该宗土地不符合闲置土地认定程序和条件。

2016年5月11日，县国土局组织了听证会。听证会上，县国土局未就宏大、宏太公司的申请事项作出明确回复。2016年5月13日，县国土局向宏大、宏太公司下达了蒸国土闲资认字〔2016〕01－06号六份《闲置土地认定书》。宏大、宏太公司起诉至法院，主张县国土局作出的《闲置土地认定书》不合法，要求撤销。

【案件争点】

上诉人衡阳县国土资源局在衡阳市中级人民法院查封国有土地使用权期间是否有权收回该闲置土地。

【裁判要旨】

衡阳市中级人民法院认为，关于程序是否合法问题，在本院受理的中国农业银行股份有限公司蒸湘支行与宏大、宏太公司借款合同纠纷及华融建筑工程（集团）有限公司与宏大、宏太公司建筑工程合同纠纷两案中，2014年4月14日、5月15日，本院分别向县国土局送达了（2014）衡中法诉保执字第18号、（2014）衡中法执字第103号协助执行通知书，查封国有土地使用权期限应到2016年5月14日。然而，县国土局在人民法院查封期间，于2016年3月14日、3月18日、4月14日、4月20日，分别向宏大、宏太公司送达《闲置土地调查通知书》《闲置土地调查补充通知书》《闲置土地认定告知书》《闲置土地认定听证告知书》。之后，于2016年5月13日作出《闲置土地认定书》。该行为与人民法院的查封行为不相符，违反了《民事诉讼法》《查封、扣押、冻结财产的规定》《执行工作若干问题的规定》之规定，程序违法。因此，原审判决对县国土局作出的涉案《闲置土地认定书》予以撤销并无不当。

➡ 例案三　淅川县人民政府、中国农业银行股份有限公司西峡县支行土地行政管理案

【法院】

河南省高级人民法院

【案号】

(2018)豫行终3073号

【当事人】

上诉人(一审被告):淅川县人民政府

被上诉人(一审原告):中国农业银行股份有限公司西峡县支行

一审第三人:淅川县金宇铜业有限公司

【基本案情】

2013年2月23日,淅川县国土资源局与第三人淅川县金宇铜业有限公司(以下简称金宇公司)签订国有建设用地使用权出让合同。2013年4月淅川县人民政府为金宇公司颁发了淅国用〔2013〕字第223号、淅国用〔2013〕字第224号、淅国用〔2013〕字第225号国有土地使用证。金宇公司以上述三宗国有土地使用权为天宇公司提供抵押担保,向中国农业银行股份有限公司西峡县支行(以下简称西峡农行)借款。2014年12月24日,西峡农行以金宇公司、天宇公司等为被告提起借款合同纠纷的民事诉讼,在诉讼过程中,各方当事人达成调解协议。2015年8月6日,南阳市中级人民法院作出(2015)南执字第00046-3号民事裁定书,裁定将涉案土地使用权予以查封。

淅川县人民政府于2016年10月8日作出淅政土〔2016〕26号土地管理文件淅川县人民政府《关于依法收回淅川县金宇铜业有限公司国有建设用地使用权的决定》,将第三人金宇公司以出让方式取得的80亩土地使用权无偿收回。

2017年12月4日,淅川县人民政府作出淅政土〔2017〕26号《关于依法收回淅川县金宇铜业有限公司国有建设用地使用权的决定》,决定依法无偿收回坐落于上集镇商圣社区(县城工业园区内)的80亩国有土地使用权。西峡农行不服,于2018年5月22日提起本案行政诉讼。

南阳市中级人民法院一审认为,本案所涉土地于2015年已被人民法院依法查封,现已进入执行程序,根据《执行工作若干问题的规定》第44条"被执行人或其他人擅自处分已被查封、扣押、冻结财产的,人民法院有权责令责任人限期追回财产或承担相应的赔偿责任"和《规范法院执行和国土房产部门协助执行的通知》第22条"国土资源、房地产管理部门对被人民法院依法查封、预查封的土地使用权、房屋,在查封、预查封期间不得办理抵押、转让等权属变更、转移登记手续……"之规定精神,该土地已办理抵押登记,并已进入被人民法院依法查封、进行执行过程中,淅川县人民政府不宜收回该国有土地使用权,改变土地使用权人。该收回行政行为阻止了人民法院执行,影响了申请执行人对抵押物权合法权益的及时实现。

同时,淅川县人民政府作出的淅政土〔2016〕26号决定已被南阳市中级人民法院(2017)豫13行初1号行政判决以程序违法、明显不当为由判决撤销,现又作出处理决定,收回该土地,仍属明显不当。因此,西峡农行请求撤销被诉行政行为的理由成立,予以支持。西峡农行的其他诉讼请求,没有法律依据和证据支持,不予支持。

淅川县人民政府不服南阳市中级人民法院作出的(2018)豫13行初122号行政判决,向河南省高级人民法院提起上诉。

【案件争点】

淅川县人民政府在涉案土地使用权被人民法院查封期间是否有权收回该闲置土地。

【裁判要旨】

《规范法院执行和国土房产部门协助执行的通知》第22条规定:"国土资源、房地产管理部门对被人民法院依法查封、预查封的土地使用权、房屋,在查封、预查封期间不得办理抵押、转让等权属变更、转移登记手续……"本案所涉土地于2015年已被人民法院依法查封,现已进入执行程序,该土地已办理抵押登记。淅川县人民政府收回该国有土地使用权的行政行为阻止了人民法院的执行,影响了申请执行人对抵押物权合法权益的及时实现,且淅川县人民政府作出的淅政土〔2016〕26号决定已被人民法院的行政判决以程序违法、明显不当为由撤销,现又作出收回该土地的决定,明显不当。因此,上诉人的上诉理由不能成立,本院不予支持。

二、要点分析

本篇专题内容首先论述了自然资源主管部门收回闲置土地和法院司法查封土地使用权系国家行政机关和司法机关行使不同权力,其次归纳整理了司法实践中法院对于自然资源主管部门收回被司法查封的闲置土地的观点和态度,概括呈现了自然资源主管部门收回被查封的闲置土地时潜在的行政权和司法权运行中的权力冲突问题，最后论述了按照"先管优先"原则可有效解决两种权力运行冲突的现实困境。

2.1　依法收回闲置土地与行政权

依法查处闲置土地可以提高土地节约集约利用水平，避免土地资源浪费。市、县自然资源主管部门依法获得行政授权，有权对因建设用地使用权人自身原因导致闲置满两年的土地作出无偿收回的决定，该行政决定性质为行政处罚。收回闲置土地是自然资源主管部门行使行政权，发挥管理国家事务和社会事务职能的重要体现。

2.1.1　自然资源主管部门收回闲置土地属于依法管理国家事务和社会公共事务

自然资源主管部门执行法律、执行管理国家行政事务的权力，是在依法行使行政权，或者称为行政组织管理权。自然资源主管部门行使的行政权是国家政权的一个组成部分，是一种管理公共事务的权力，具有国家强制力，也可以称为公共权力。自然资源主管部门依法运用行政权于公共行政事务的组织管理过程中，以保证行政管理活动正常运转，实现自然资源行政管理目标。由于自然资源领域行政事项的广泛性和复杂性，需要分别由不同级别的自然资源主管部门进行组织和管理，因而在这些不同自然资源主管部门的行使中，行政权则表现为不同的行政职权。

自然资源主管部门的行政权直接源于法律规定，根据权力法定主义原则，法律没有做出明文规定的，公共权力组织则没有相应的权力。自然资源主管部门行使的行政权是以国家宪法和法律为存在的依据，没有宪法和法律的确认或设立，行政权就失去了存在和行使的合法基础。行政权是管理国家事务的权力，行政权的功能就是组织和管理国家和社会事务以实现行政职能。①

土地的大量闲置，不仅直接导致土地低效利用、资源的浪费和可耕种面积减少，还令城市规划遭到破坏、城市环境变差，影响了城市空间结构的优化和城市功能的全面提升，不利于土地市场的健康发展，给城市经济发展的后劲带来

---

① 参见陈宏光：《行政权力的行政法分析》，载《安徽法学法律评论》2005 年第 2 期。

了不利因素。

土地闲置有诸多弊病,如果不及时有效处理,会给国家、社会带来很多不利的影响。自然资源主管部门无偿收回闲置土地,是行使管理国家社会事务的行政权。

2.1.2 收回闲置土地系自然资源主管部门作出的一项行政处罚决定

收回闲置土地是自然资源主管部门依法享有的一项重要的行政管理职权,主要采取行政处理决定和行政处罚决定两种方式进行。《行政处罚法》颁布施行后,除行政处理决定仍旧按照土地管理法律、法规的规定执行外,土地管理的各项行政处罚必须依照《行政处罚法》由土地管理法律、法规或者规章规定,并由自然资源主管部门依照《行政处罚法》规定的程序实施。

《收地行政决定法律性质的意见》第5条:"依照《城市房地产管理法》第二十五条(笔者注:2019年《城市房地产管理法》修改后,原第25条变更为第26条)的规定,超过出让合同约定的动工开发日期满二年未动工开发的,人民政府依法无偿收回出让的国有土地使用权,属于行政处罚决定";第6条:"依照《城镇国有土地使用权出让和转让暂行条例》第十七条的规定,土地使用者未按出让合同规定的期限和条件开发、利用土地的,市、县人民政府无偿收回出让的国有土地使用权,属于行政处罚决定。"

《城市房地产管理法》第26条规定:"以出让方式取得土地使用权进行房地产开发的,必须按照土地使用权出让合同约定的土地用途、动工开发期限开发土地。超过出让合同约定的动工开发日期满一年未动工开发的,可以征收相当于土地使用权出让金百分之二十以下的土地闲置费;满二年未动工开发的,可以无偿收回土地使用权;但是,因不可抗力或者政府、政府有关部门的行为或者动工开发必需的前期工作造成动工开发迟延的除外。"

《闲置土地处置办法》第14条规定:"除本办法第八条规定情形外,闲置土地按照下列方式处理:……(二)未动工开发满两年的,由市、县级以上地方人民政府按照《中华人民共和国土地管理法》第三十七条和《中华人民共和国城市房地产管理法》第二十六条[①]的规定,报经有批准权的人民政府批准后,向国有建设用地使用权人下达《收回国有建设用地使用权决定书》,无偿收回国有建设用

① 《土地管理法》第37条已修改为第38条。

地使用权。闲置土地设有抵押权的，同时抄送相关土地抵押权人。”

综上所述，《城市房地产管理法》作为全国人大常委会制定的法律，明文规定政府对因建设用地使用权人自身原因造成闲置满两年的土地可以无偿收回土地使用权，市、县自然资源主管作为土地管理职能部门，从而依法获得相应法律授权，有权作出无偿收回闲置土地使用权的决定。《闲置土地处置办法》作为原国土资源部制定的部门规章，就闲置土地的调查、认定和处置作出了进一步规定。

2.2　依法查封土地使用权与司法权

土地使用权作为重要性财产权利，法院依当事人申请可以采取查封等保全措施，为诉讼执行奠定良好基础。查封土地使用权是法院依法行使民事执行权，而执行权是司法权强制性的最直接体现，未经法院同意，任何机构、组织、个人不得擅自处置被查封的土地。

2.2.1　查封土地使用权是法院依法行使民事执行权

目前，世界各国关于司法权内涵和外延的界定不尽相同，与行政权的主动性、从属性和可诉性相比，司法权具有被动性、独立性和终局性。司法权是国家基本权力，从内部结构看，司法权由一系列子权力构成，审判权居于核心地位，其他权力都是由审判权派生出来的。①

民事执行权应为民事司法权的下位权，属于司法权范畴，强制权是司法权强制性的集中体现，司法权没有执行权就不能体现其强制性，也不能称为一项完整的国家权力。如查封、扣押、冻结、扣划、拍卖、变卖等民事执行行为，亦属于司法权的范畴。

在民事诉讼和执行过程中，由法院作出保全裁定并采取措施，禁止被执行人转移或处分该财产。查封作为保全措施能够有效控制财产，并为后续的审判和执行奠定良好基础，在民事司法实践中广为使用。《民事诉讼法》第 106 条规定，财产保全采取查封、扣押、冻结或者法律规定的其他方法。人民法院保全财产后，应当立即通知被保全财产的人。财产已被查封、冻结的，不得重复查封、冻结。《规范法院执行和国土房产部门协助执行的通知》第 22 条规定：“国土资源、房地产管理部门对被人民法院依法查封、预查封的土地使用权、房屋，在查

---

① 参见童兆洪：《司法权概念解读及功能探析》，载《中共中央党校学报》2004 年第 2 期。

封、预查封期间不得办理抵押、转让等权属变更、转移登记手续……”

对土地使用权采取查封措施,既是法院对民事执行权以及司法权的主动行使,也是司法权行使的程序中的一项重要环节。

2.2.2 法院依法查封土地使用权具有天然的命令性和强制性

对土地权利进行司法查封是法院实施的一种强制行为。一般认为,强制行为对土地权利所涉的不同主体产生两方面的强制效力:

一是包括土地的所有人、占有人、使用人在内的所有当事人在查封期限内不得再行处分或转移查封的土地;查封作为强制行为,天然具有命令性和强制性,对相对人产生拘束力,禁止再行处分或转移土地;如果在查封后擅自解封,即构成对法院命令的违反,应当追究法律责任。①《民事诉讼法》第114条第1款第3项将“隐藏、转移、变卖、毁损已被查封的财产”作为妨害民事诉讼的行为,法院可以依法对擅自处分被查封土地的单位或个人处以罚款、拘留等措施。《刑法》第314条规定非法处置查封、扣押、冻结财产罪,对情节严重的擅自处置被查封土地的行为,法院可以追究相对人相应的刑事责任。

二是其他国家机关不得重复处置被查封土地,一旦法院采取了查封措施,则其他司法机关和自然资源主管部门都不应对该被查封土地予以处置。

2.3 司法实践中的两种不同观点

法院行使司法权查封土地使用权后,自然资源主管部门行使行政权对该案涉土地作出闲置土地认定,进而作出无偿收回土地使用权决定,该行政决定是否合法,司法实践中存在不同的观点。在不同观点项下,各地结合本地的具体情况,对自然资源主管部门是否有权收地给出了不同意见。

2.3.1 自然资源主管部门有权收回处于法院司法查封状态下的闲置土地

(1)司法权不能干预行政权的行使,处于法院查封状态下的闲置土地,自然资源主管部门有权收回。

在蓟县外贸畜产公司与陵水黎族自治县人民政府收回国有土地使用权纠纷一案的再审[案号:(2015)行提字第27号]中,土地使用权人蓟县外贸畜产公司认为,陵水县政府作出的收地决定违反了原国土资源部《对收回被查封土地

① 参见刘哲玮:《论民事司法查封的效力》,载《国家检察官学院学报》2019年第4期。

问题的批复》（已废止）的规定，属适用法律错误。最高人民法院认为土地使用权人的上述理由缺乏相应法律依据，理由如下：

第一，依据《行政诉讼法》第52、53条之规定，对行政行为合法性的审查应当依据法律、法规（行政法规和地方性法规），参照规章。而上述《对收回被查封土地问题的批复》仅属于部门规范性文件，并非行政行为合法性审查的依据，故原判决未以此作为审查本案行政行为合法性的依据，并无不妥。并且，《对收回被查封土地问题的批复》已于2010年12月失效，亦不能作为认定本案收地决定合法性的依据。同时，海南省人民代表大会常务委员会制定的海南省人民代表大会常务委员会《关于加快处置海南经济特区停缓建工程的决定》第13条第1项规定："查封时已满两年未动工开发的土地和已满两年未完成项目投资总额百分之二十五的停缓建工程用地，由市、县、自治县人民政府决定依法无偿收回土地使用权的，作出决定的市、县、自治县人民政府应当函请有关人民法院依法及时解除查封。"依据该规定，涉案土地被查封时已经闲置超过两年，陵水县政府可以决定无偿收回土地使用权，同时函请人民法院解除查封。

第二，查封土地系司法机关为保证案件的执行而作出的保全措施，收地决定是行政机关依据相应事实和法律作出的行政决定，两者分别是司法权与行政权运用的体现，两种权力的行使应当互相配合和互相尊重。司法权不能干预行政权的行使，具体到本案中，司法保全措施不影响收地决定本身的合法性。

（2）考虑到当地处理积压房产的需要，人民政府有权收回法院查封状态下的闲置土地，但应当函请人民法院及时解封。

在张某凤与海口市人民政府收回国有土地使用权纠纷案［案号：（2011）琼行终字第84号］二审中，自然资源主管部门依据《海口市处置闲置土地若干规定》第2条的规定，决定收回国有土地使用权，并向土地使用权人送达收地决定书。自然资源主管部门分两次向法院发函，要求解除对闲置土地采取的查封措施，法院明确表示不解除查封措施。土地使用权人因对收地决定不服，提起本案之诉，请求撤销收地决定。

法院认为，虽然土地处于被查封状态，但自然资源主管部门依然有权收回该闲置土地，法院给出了如下理由：

第一，尽管《对收回被查封土地问题的批复》（已废止）指出，"对于司法机关依法进行的查封，在查封期限内，人民政府不能收回国有土地使用权；查封期限结束后，则可以依法收回国有土地使用权”。但为加快处置海南省积压房地产，海南省人民政府、原建设部、财政部、原国土资源部、人民银行于1999年6月24日联合制定了《处置海南省积压房地产试点方案》，该方案经国务院同意，国务院办公厅于1999年7月14日印发各省、自治区、直辖市人民政府及国务院各部委、各直属机构贯彻执行。

第二，2002年10月28日，国务院办公厅又下发了《处置海南省积压房地产补充方案》（笔者注：该文件已废止），并要求各省、自治区、直辖市人民政府及国务院各部委、各直属机构贯彻执行。海南省人民代表大会常务委员会依据我国相关法律、法规和前述国务院批准的《处置海南省积压房地产试点方案》及《处置海南省积压房地产补充方案》，结合海南省实际，于2003年6月9日发布了《关于加快处置海南经济特区停缓建工程的决定》（2003年7月1日开始实施）。该文件的第13条第1项明确规定，人民法院查封时已满两年未动工开发的土地和已满两年未完成项目投资总额25%的停缓建工程用地，由市、县、自治县人民政府决定依法无偿收回土地使用权的，作出决定的市、县、自治县人民政府应当函请有关人民法院依法及时解除查封。据此，为加快处置海南省积压房地产，对海南省范围内处于人民法院查封状态下的闲置国有土地使用权，人民政府可以依法无偿收回，人民政府决定收回的，应当函请人民法院及时解除查封。

第三，土地使用权人依据海南省人民代表大会常务委员会《关于加快处置海南经济特区停缓建工程的决定》第13条的规定，应待人民法院解封后，海口市政府才能收回土地使用权的意见，系对该规定的误解。

第四，土地使用权人提及的自2004年3月1日起开始实施的《规范法院执行和国土房产部门协助执行的通知》的第3条规定，并不涉及被人民法院查封的闲置国有土地使用权是否可由人民政府无偿收回的问题。

（3）无明文规定自然资源主管部门无权收回处于法院司法查封状态下的闲置土地。

在龙岩市永定区国土资源局、龙岩市国土资源局与福建双富专用汽车有限公司土地行政管理案[案号：（2017）闽08行终128号]二审中，土地使用权人认为案件应适用2008年《闲置土地处置工作的意见》第2条的规定，土地被司法查封的，查封前不符合闲置土地认定标准，司法查封后满一年以上未动工的，可不认定为闲置土地。龙岩市中级人民法院认为，2008 年《闲置土地处置工作的意见》规定适用的范围是 2007 年年底前的现状闲置土地，而本案宗地出让发生在 2010 年不属该意见适用范围，而且《闲置土地处置办法》第 8 条及第 14 条亦未将司法查封作为不得收回的排除情形，故本院对该主张不予支持。

同样在广西北部湾银行股份有限公司南宁市秀灵支行与隆安县国土资源局、隆安县人民政府土地行政收回案［案号：(2018) 桂 01 行终 66 号］二审中，南宁市中级人民法院认为，一审所适用的《规范法院执行和国土房产部门协助执行的通知》并不适用于对闲置土地的处置；一审所适用的 2008 年《闲置土地处置工作的意见》是对 2007 年年底前的现状闲置土地进行清理的规范性文件，现已失效，该意见不能适用于本案。一审法院适用前述两份文件认定被诉收回决定程序违法，属于适用法律错误，本院亦予以纠正。

2.3.2　自然资源主管部门无权收回处于法院司法查封状态下的闲置土地

在可供参考的例案一中，宜昌市中院认为，司法查封措施是依据国家强制力进行的，任何财产一经人民法院依法查封，在查封期间未经人民法院许可，必须维持财产现状，不得转移或改变财产权属关系。枝江国土局在明知涉案土地已被人民法院查封的情形下，作出《收回国有土地使用权决定书》，撤销土地出让合同及补充协议，无偿收回涉案土地中未开工部分的土地使用权，显然是违反了《民事诉讼法》及相关司法解释的规定，并与人民法院作出的民事裁定书和协助执行通知书相冲突，应属违法行政行为。

2.4　可以适用“先管优先”的原则处理

从前述不同的司法观点中我们可以看出，对于自然资源主管部门是否有权收回处于法院司法查封状态下的闲置土地，司法实践中存在非常大的争议。从深层意义上讲，这种争议实质上是司法权和行政权对同一标的物发生管辖权重叠而引起的。

司法权与行政权属平行权，两种权利互不干预，可以适用“先管优先”的原则处理收回处于法院司法查封状态下的闲置土地。从“先管优先”原则出发，如土地使用权已经被法院采取司法查封措施，即司法权先对可能或将要构成《闲置土地处置办法》规定的闲置土地实施管辖，此时，自然资源主管部门不宜直接无偿收回该土地使用权并处置利用，以避免行政权损害司法权的权威和作用；

如该土地使用权被司法查封前已经被自然资源主管部门认定为闲置土地或者已经作出收回闲置土地使用权的决定,基于管理国家和社会事务职能的需要,司法权不宜直接干涉行政权力的行使。故,适用“先管优先”原则,可保持两种权力正常运行状态,维护社会秩序的稳定。

2.4.1 司法权对自然资源主管部门收回闲置土地所行使的行政权而言具有被动性

行政权和司法权都是关于具体法律适用的国家权力,从权力的内在属性上看,行政权在调整社会关系中具有主动性,司法权在解决社会矛盾中具有被动性。一是行政权受到司法权的监督,人民法院通过司法审查对行政权进行法律监督;二是行政权逐渐地向司法领域扩张,行政权之中也包含裁判职能,如行政裁决权、行政仲裁权等。虽然根据《行政诉讼法》的规定,因自然资源主管部门的具体行政行为有可能侵犯公民、法人或其他组织的合法权益而提起行政诉讼时,人民法院对涉诉具体行政行为享有司法审查权,并可依法判令自然资源主管部门撤销具体行政行为,或者重新作出具体行政行为,但这种司法审查权是根据法律的授权进行的被动审查,即只有当公民、法人或其他组织向人民法院提起行政诉讼时,人民法院才能对被诉具体行政行为加以审查,而对非涉诉具体行政行为,人民法院并不拥有审查和监督权。

2.4.2 司法权应尊重自然资源主管部门收回闲置土地所行使的行政权

出于对社会利益的考虑,不同国家的权力机构也清楚地知道其本职任务是服务社会,因此可以自主协调各自的行为。基于服务社会公共利益的考虑,司法权和行政权力都应当尊重对方的权力管辖领域。同为国家权力的执行者,司法权与行政权既相互独立、相互尊重,又可以互动合作,共同预防和化解争议,提升法治效益。自然资源主管部门依法收回闲置土地,系行使管理国家、社会事务职能的范畴,当然未排除处于法院司法查封状态下的闲置土地。

2.4.3 自然资源主管部门作出收回闲置土地决定时也应考虑是否会干涉司法权的公正行使

在我国现有政治和司法体制下,司法权与行政权行使应有各自界限,二者的分工合作或者互动也应规范化运行。司法权与行政权的互动应当尊重司法权的中立性特征,闲置土地已经处于被法院查封的状态,自然资源主管部门需要考虑无偿收回该闲置土地,是否会随意干涉司法权或影响司法权的公正行使。

2.4.4　收回先被法院查封的闲置土地应避免权力之间的对抗

司法权与行政权针对同一标的物或对象发生作用或管辖时不可避免地会发生冲突。我国的司法权和行政权共同源于国家最高权力机关，内在保持一致性和协调性，两种权力在行使时相互配合和尊重。而外在方面，这两种权力在实际行使时必然发生冲突。两种权力冲突的基础在于管辖权的重叠，适用"先管优先"的原则可以更有效地处理两种权力的关系，哪一种权力在先行使，后来的权力对先前权力实施的管辖不予干涉。①

如果司法权对土地使用权先施加作用，即法院依当事人申请查封土地使用权在先，而自然资源主管部门认定土地闲置在后，根据以上两权力的关系以及冲突处理原则，在土地使用权被查封期间，自然资源主管部门不宜直接收回土地使用权并处置利用。

在土地使用权已经被查封的状态下，假设认定自然资源主管部门收地决定合法，则在实践层面走不通，两权力冲突问题得不到解决。因为一旦自然资源主管部门认定该土地为闲置土地并作出收地决定，行政相对人为维护自身权益，一定会申请行政复议或提起行政诉讼，请求法院确认自然资源主管部门作出的收地决定违法并要求其撤销，法院必须对行政相对人的诉求进行审理，并对收地决定的合法性进行审查，如判定收地决定合法，则行政权与司法权必然产生巨大的冲突，两权力的关系无法平衡。

2.5　不宜无偿收回先被法院查封的闲置土地

如前文所述，按照"先管优先"的原则，土地使用权先被法院查封的，自然资源主管部门不宜无偿收回并处置利用。并且，其作出的收地决定没有明确的法律依据，如直接无偿收回，有损司法权威，不利于维护公正、法治等社会主义核心价值观。

2.5.1　自然资源主管部门直接无偿收回先被法院查封的闲置土地缺乏法律依据

法治政府的实质是依法行政的政府，依法行政要求行政主体在执法过程中

---

①　参见彭涛：《司法权与行政权的冲突处理规则》，载《法律科学》2016年第6期。

应严格遵循“授予原则”,即“法无授权即禁止”“法无授权不可为”,这既是确保自然资源主管部门严格规范公正文明执法的前提,也是建设法治政府、全面推进依法治国的基础和核心。

自然资源主管部门执法以职权法定为基础。职权法定,是指自然资源主管部门行使职权的范围和内容必须由法律明确规定。相对于公民权利“法无禁止即自由”而言,自然资源主管部门行使职权必须遵循“法无授权即禁止”的原则。这一原则要求自然资源主管部门没有法律的规定就不能行使行政权、作出行政行为,否则就是超越职权、属于违法行为。

《宪法》第 107 条第 1 款规定:“县级以上地方各级人民政府依照法律规定的权限,管理本行政区域内的经济、教育、科学、文化、卫生、体育事业、城乡建设事业和财政、民政、公安、民族事务、司法行政、计划生育等行政工作,发布决定和命令,任免、培训、考核和奖惩行政工作人员。”因此,自然资源主管部门在执法过程中应全面贯彻“法无授权即禁止”的法治理念,确保当事人的合法权益不受没有法律依据的限制和剥夺。特别是在法律没有规定的情况下,自然资源主管部门不得作出影响行政相对人合法权益或者增加行政相对人义务的决定。

《闲置土地处置办法》是目前闲置土地处置的纲领性、指引性文件,但《闲置土地处置办法》并未对涉法涉诉地块是否开展处置予以明确。另外,《土地管理法》《城市房地产管理法》中也没有土地被查封期间主管部门有权无偿收回并进行处置利用的规定。法律法规及部门规章中均没有对被查封的闲置土地这类特殊状态下的土地无偿收回的规定,因土地使用权被查封后存在司法权的管辖,笔者认为在法律没有规定的情况下,自然资源主管部门不宜直接将被查封的土地使用权收回并处置利用。

2.5.2 无偿收回先被法院查封的闲置土地将损害司法权威

司法权威包括两个方面。一方面,由于法律的制订和法律的适用都是国家意志的体现,司法机关在实现其解决纠纷、化解冲突等职能的过程中必然会把国家的意志施加于诉讼参与人及其他社会公众;另一方面,诉讼参与人及其他社会公众服从于司法机关代表的国家意志,即司法权威是代表国家意志的司法机关行使权力与诉讼参与人及其他社会公众服从的统一,是司法的外在强制力及人们内在服从的有机统一。①

法院查封土地使用权系司法权的行使范畴，因行政权对司法权不享有优先效力，如果自然资源主管部门通过行使行政权力直接收回被司法查封的土地使用权，必将损害司法权的权威。

如果作为国家权力之一的行政权在行使过程中不尊重和维护司法权的权威，不符合保证社会正常秩序的要求；如果国家强制力无法保证司法裁判得到执行，也就意味着司法权威的丧失，不利于维护公平正义等社会主义核心价值。

2.5.3　限制自然资源主管部门无偿收回先被查封的闲置土地有利于保护私权利

法院依法对土地使用权进行查封主要是基于债权人的申请，以确保裁判文书确定的债权能够得到执行，以维护债权人合法权益。对于作为诉讼当事人一方的债权人，法院裁判最终维护的是其私权利，而自然资源主管部门对土地使用权采取无偿收回的行为所维护的是公权，因维护的利益不同，不可避免会涉及到公权优先还是私权优先的问题。如果公权优先，自然资源主管部门直接将被查封的土地使用权无偿收回并处置利用，第三方债权人的债权无法得到清偿，必将损害第三方债权人私权利益。

在法学理论界，如何平衡公权力与私权利二者之间的关系一直是研究的重点和难点，且其在宪法学和行政法学的理论研究中尤为重要。按照主流观点，公权力与私权利二者之间应该是相辅相成的关系，这样二者之间的关系可以说是一种非常理想的状态；但现实生活中，公权力往往处于一个明显的优势地位，以各种方式不断侵害私权利。在平衡公权力与私权利二者之间的关系时，如何有效地限制公权力和保护私权利是当今法治社会发展中的一个重要问题。

当然，如果自然资源主管部门土地使用权在被查封前已认定该宗土地为闲置土地或者已经作出收回闲置土地使用权决定的，不允许自然资源主管部门收回该闲置土地也不符合维护公共利益的需要，必将妨碍政府正常行使管理国家事务、社会事务的基本职能。

根据调查显示，截至2018年，全国处于司法查封及司法处置状态的闲置土地约4896公顷，其中未动工且处于司法查封状态的土地约为3920公顷，占比

① 参见卞建林、郭鑫：《初论司法权威》，载《江汉大学学报（社会科学版）》2009年第3期。

80%；处于司法拍卖状态或处置遗留问题闲置状态的约508公顷，占比10.4%。山东、广东、吉林、内蒙古地区处于司法查封及司法处置状态的闲置土地面积较大。另外，调查数据显示，北京、上海、湖南、海南、广东、安徽、辽宁、宁波、青岛5省4市共有涉法涉诉闲置土地案件722宗，土地面积3140公顷。[①] 以上是有数据统计的现实情况，处于司法查封状态的土地使用权被无偿收回很有可能使这些债权人丧失债权得到受偿的机会，亦可能会直接影响企业的正常生产经营。限制行政权所代表的公权力、保护合法债权人享有的私权利，是我国进一步迈向依法治国的重要体现。

---

① 参见祝培甜、郭文华、张迪：《涉及司法查封的闲置土地处置相关问题探讨》，载《中国土地》2019年第10期。

专题十一 闲置土地处置过程中，自然资源主管部门未按规定组织或开展听证程序，存在闲置土地处置决定因程序违法而被撤销的风险

要点描述 闲置土地处置听证程序是自然资源主管部门在作出征缴土地闲置费或无偿收回闲置土地使用权决定前，书面告知建设用地使用权人有申请听证的权利，并在听证过程中，由建设用地使用权人向自然资源主管部门陈述意见、申辩、提供证据，自然资源主管部门听取建设用地使用权人意见、接纳其证据的一种法律制度。听证程序有利于自然资源主管部门查清土地闲置原因，依法作出或不作出处置决定。但实践中，自然资源主管部门常常不重视建设用地使用权人依法享有的听证权利，出现了诸多包括不告知建设用地使用权人有申请听证的权利、不组织开展听证或不按照规定程序开展听证等违法现象。自然资源主管部门忽视听证程序的重要性、未依法组织或开展听证程序，若构成程序违法，将会产生闲置土地处置决定被撤销的风险。

一、可供参考的例案

例案一 郁南县农村信用合作联社与郁南县国土资源局、原审第三人郁南县碧桂园房地产开发有限公司征缴土地闲置费纠纷案

【法院】

广东省云浮市中级人民法院

【案号】

(2019)粤53行终26号

【当事人】

上诉人(原审原告):郁南县农村信用合作联社

被上诉人(原审被告):郁南县国土资源局

原审第三人:郁南县都城碧桂园房地产开发有限公司

【基本案情】

2010年9月29日,郁南县农村信用合作联社(以下简称郁南县农信社)与郁南县某投资开发有限公司、郁南县人民政府签订《以物抵债协议》一份,郁南县农信社通过出让方式取得位于广东省云浮市郁南县三宗土地的土地使用权,用途为商住用地。该三宗土地使用权面积分别为:50,377.9平方米、21,948.24平方米、50,000平方米,合计122,326.14平方米。

2017年11月22日,郁南县农信社发出郁南县农村信用合作联社《关于云浮市郁南县××××商住用地拍卖的公告》,公开竞价处置涉案土地。同年12月6日,郁南县碧桂园房地产开发有限公司(以下简称郁南碧桂园公司)以17,400万元的价格竞得。双方于同年12月21日签订《资产转让协议》约定:自郁南碧桂园公司按约定支付本协议项下全部转让价款之日起,涉案土地转让生效,郁南碧桂园公司取得涉案土地使用权,有关的所有权利、义务及风险,均由郁南县农信社转移至郁南碧桂园公司;次日,郁南碧桂园公司付清土地转让款人民币17,400万元。目前,案涉土地使用权仍登记在郁南县农信社的名下,尚未办理过户手续。

2018年3月9日,郁南县国土资源局对郁南县农信社分别作出郁国土资执法字〔2017〕021号、郁国土资执法字〔2017〕022号、郁国土资执法字〔2017〕023号三份闲置土地调查通知书,内容为案涉三宗土地"……存在疑似闲置土地的现象……请你接到本通知书后三十天内向郁南县国土资源局或都城国土所提交该宗土地的使用情况证明材料,并请你配合调查,在调查期间你有举证、申辩的权利和义务"。郁南县国土资源局于当日给郁南县农信社送达了该三份闲置土地调查通知书。

2018年5月4日,郁南县国土资源局对郁南县农信社作出闲置土地认定通知书一份,内容为:"……我局派员于2018年3月9日对该三宗国有土地通过现场核查、资料审查等方式进行闲置土地调查。经调查,该三宗土地属于商住用地,于2010年9月26日取得土地使用权,现场土地至今还未开发动工,没有任何建筑……经我局研究,决定对该三宗国有土地认定为闲置土地。"郁南县国土资源局于2018年5月4日给郁南县农信社送达了该份闲置土地认定通知书。

2018年5月7日，郁南县国土资源局对郁南县农信社作出郁国土资（执法）字〔2018〕310号《征缴土地闲置费决定书》一份，内容为："你单位坐落在某镇的土地三宗，已于2010年11月8日取得土地使用权，该三宗土地均为商住用地，现场的土地至今还未开发动工，没有任何建筑物。该三宗土地符合2012年6月1日国土资源部令第53号《闲置土地处置办法》第2条和《郁府办〔2000〕51号文》的有关规定，认定为闲置土地，我局已依法向你（单位）告知并发出《闲置土地认定通知书》。根据《郁府办〔2000〕51号文》以及《粤府办〔2005〕25号文》的有关规定，从2014年9月计算，以上三个国有土地使用证，应缴闲置费共15,391,074.92元。"并于2018年5月7日给郁南县农信社送达了该份征缴土地闲置费决定书，郁南县农信社不服该决定书，向法院提出诉讼。

【案件争点】

郁南县国土资源局作出的征缴土地闲置费用决定程序是否合法。

【裁判要旨】

根据《闲置土地处置办法》第4条第1款"市、县国土资源主管部门负责本行政区域内闲置土地的调查认定和处置工作的组织实施"的规定，被上诉人郁南县国土资源局作为郁南县人民政府主管国土的职能部门，有对辖区内的闲置土地进行处置的职权。但处置闲置土地必须依照法律、法规的规定进行。《闲置土地处置办法》第15条规定："市、县国土资源主管部门在依照本办法第十四条规定作出征缴土地闲置费、收回国有建设用地使用权决定前，应当书面告知国有建设用地使用权人有申请听证的权利。国有建设用地使用权人要求举行听证的，市、县国土资源主管部门应当依照《国土资源听证规定》依法组织听证。"本案中，被上诉人对上诉人作出征缴土地闲置费决定之前，虽然向上诉人分别发出了郁国土资执法字〔2017〕021号、郁国土资执法字〔2017〕022号、郁国土资执法字〔2017〕023号《闲置土地调查通知书》，告知其有举证、申辩的权利，但没有告知上诉人有申请听证的权利。根据上述法律的规定，被上诉人对上诉人作出征缴土地闲置费决定之前，应当书面告知上诉人有申请听证的权利，应当举行听证会，听取当事人的陈述、申辩意见。被上诉人在没有组织听证和听取当事人陈述、申辩的情况下就作出征缴决定，属于程序违法，故被上诉人作出的征缴决定依法不能成立。

➡ 例案二　大连联发置业有限公司与长海县国土资源和规划建设局行政决定案

【法院】

辽宁省大连市中级人民法院

【案号】

(2018)辽02行终431号

【当事人】

上诉人(原审原告):大连联发置业有限公司

被上诉人(原审被告):长海县国土资源和规划建设局

【基本案情】

2013年11月29日至12月9日,在被告长海县国土资源和规划建设局举办的国有建设用地使用权网上挂牌出让活动中,原告大连联发置业有限公司竞得建设用地。2013年12月9日,双方签订了成交确认书,按该确认书约定,该项目成交价格为人民币玖佰肆拾万元。同年12月16日,双方签订国有建设用地使用权出让合同,约定出让宗地面积为7813平方米,总出让价款为人民币玖佰肆拾万元,宗地用途为其他普通商品住房用地,被告同意于2013年12月20日前将出让宗地交付给原告,交付土地应达到场地平整的"六通一平"规定的土地条件,出让年限为70年。合同还对规划建设、违约责任等作了规定。其中第10条第1项约定:本合同签订之日起30日内,受让人一次性付清国有建设用地使用权出让价款;第16条约定:受让人同意本合同项下宗地建设项目在2014年12月19日之前开工,在2017年12月19日之前竣工。受让人不能按期开工,应提前30日向出让人提出延建申请,经出让人同意延建的,其项目竣工时间相应顺延,但延建期限不得超过一年。

2016年3月1日,被告的工作人员在对案涉的国有建设用地进行检查时发现现场未开工建设,并对现场进行了勘测和拍照。2016年11月1日被告作出闲置土地认定书,并于11月2日通过特快专递向原告的法定代表人邮寄,原告的法定代表人拒收,并于2016年11月7日在长海县政府网站公示该决定书的内容;11月7日被告作出闲置土地情况告知书,11月8日通过特快专递向原告的法定代表人邮寄了闲置土地情况告知书,原告的法定代表人拒收,并于2016年11月7日在长海县政府网站公示该告知书的内容;2016年12月30日长海县人民政府对被告的《关于收回大连联发置业有限公司国有建设用地使用权的请示》作出同意收回的批复，2017年1月5日被告作出闲置土地处置听证权利告知书，于当日在长海县政府网站公示该告知书的内容，并于1月6日通过特快专递向原告的法定代表人邮寄闲置土地情况告知书，原告的法定代表人拒收。2017年1月20日被告作出《收回国有建设用地使用权决定书》，同时于当日通过特快专递向原告的法定代表人邮寄闲置土地情况告知书，原告的法定代表人拒收，并于当日在中国土地市场网和长海县政府网站公示该决定书的内容。原告不服该收地决定，因此发生本案诉讼。

【案件争点】

长海县国土资源和规划建设局在收回闲置土地过程中是否存在程序违法问题。

【裁判要旨】

本案被上诉人主张其依据《闲置土地处置办法》第14条第2项的规定作出案涉行政行为。但该办法第15条规定："市、县国土资源主管部门在依照本办法第十四条规定作出征缴土地闲置费、收回国有建设用地使用权决定前，应当书面告知国有建设用地使用权人有申请听证的权利……"本案中，长海县人民政府已于2016年12月30日对被上诉人的《关于收回大连联发置业有限公司国有建设用地使用权的请示》作出同意收回的批复，而被上诉人2017年1月5日才制发《闲置土地处置听证权利告知书》，即本案被上诉人在已经有批准权的人民政府批准案涉行政决定后，才告知上诉人就无偿收回土地有申请听证的权利，显然违反了程序正当原则。

原审法院对案涉土地闲置两年未动工开发建设并非由被上诉人行为造成的认定并无不当，但上诉人关于被上诉人程序违法的上诉理由成立，法院予以采纳。判决撤销长海县人民法院（2018）辽0224行初1号行政判决；撤销长海县国土资源和规划建设局长国土规建收字〔2017〕1号《收回国有建设用地使用权决定书》；责令长海县国土资源和规划建设局90日内重新作出行政行为。

➡ 例案三　海口明华旅业有限公司与澄迈县人民政府土地行政处罚纠纷案

【法院】

海南省高级人民法院

【案号】

(2019)琼行终301号

【当事人】

上诉人(一审原告):海口明华旅业有限公司

被上诉人(一审被告):澄迈县人民政府

【基本案情】

2002年12月23日,海口明华旅业有限公司(以下简称明华公司)向澄迈县人民政府(以下简称澄迈县政府)相关部门申请,在澄迈县老城经济开发区东水村群崖坡地段选址并建设综合仓库,项目总占地面积10亩,总建筑面积约5000平方米,项目预计总投资200万元。

2003年1月2日,澄迈县发展计划局、澄迈县建设局在批复中同意明华公司建设综合仓库的请求。2003年5月21日,明华公司与老城经济开发区管理委员会(以下简称老城管委会)签订《国有土地使用权出让合同》,约定由老城管委会出让6600平方米国有土地使用权给明华公司作为建设综合仓库用地,土地用途为工业用地,土地出让金为人民币316,800元。合同还约定明华公司于2003年9月1日动工,2004年8月25日前竣工,超过合同约定的开发日期满一年未动工开发的,出让人可以向受让人征收相当于土地使用权出让金20%以下的土地闲置费;满2年未动工开发的,出让人可以无偿收回土地使用权,但因不可抗力或者政府、政府有关部门的行为或者动工开发必需的前期工作造成动工开发迟延的除外。协议未约定由政府部门负责的基础设施建设要达到"五通一平"。

2003年6月26日,澄迈县政府给明华公司颁发了老城国用〔2003〕第602号《国有土地使用证》(以下简称第602号国土证),土地面积为6599.97平方米,地类(用途)为综合仓库用地。明华公司取得涉案土地使用权后,未向政府相关部门申请报规报建,亦未对土地进行开发建设。2010年,明华公司向老城管委会申请,拟将涉案土地使用权转让给明华公司的法定代表人关某生。

2010年6月11日,老城管委会向澄迈县政府请示,称经其研究,同意将该宗地转给关某生，并称根据澄迈县老城片区总体规划(2005—2020)，土地用途为居住用地，土地用途变更及土地转让过户登记有关费用、税收由用地单位按规定缴交。澄迈县政府将该请示函转给澄迈县国土资源局(以下简称澄迈县国土局)，澄迈县国土局于2010年8月2日作出答复，称明华公司应缴纳完涉案土地开发投资总额的25%才能转让，建议老城管委会核实以上情况，并称该宗土地是否可以由综合仓库用地变更为居住用地，可根据老城片区总体规划(2005—2020年)，参考澄迈县住建局出具的意见办理。若变更土地用途，土地使用权受让人应按照经确认的土地评估价格补交土地出让金价差，其他有关税收按规定缴交。尔后，明华公司并未办理涉案土地过户手续，亦未缴交涉案土地变更用途的费用及办理涉案土地变更用途的手续。

2017年1月23日，澄迈县国土局向明华公司作出《闲置土地调查通知书》，要求明华公司对涉案土地是否闲置作出说明并举证。2017年9月4日，老城管委会向澄迈县存量国有建设用地清理处置工作领导小组作出《关于海口明华旅业有限公司用地闲置原因调查的情况说明》，称该地块在《海南省澄迈县老城片区总体规划修编(2015—2030年)》中属于教育科研用地。项目未办理报建手续，现状没有道路，未进场动工开发。

2017年10月16日，澄迈县国土局作出《闲置土地认定书》，认定涉案土地为闲置地，明华公司满两年不开发，造成土地闲置，属于明华公司自身原因，并电话告知明华公司听证的权利。2017年11月21日，澄迈县国土局举行听证会，明华公司参加了听证并进行申辩，明华公司的申辩意见未被采纳。

2017年12月21日，澄迈县国土局作出拟无偿收回涉案土地的处理意见，并向澄迈县政府请示。同年12月29日，澄迈县政府向明华公司作出第474号《收地决定》，认为明华公司自取得涉案土地使用权后，一直未开发建设，造成土地闲置已满两年以上，依据《海南经济特区土地管理条例》第43条、《海南省闲置土地认定和处置规定》第29条的规定，决定无偿收回涉案土地使用权。同时，澄迈县政府还告知明华公司自本决定书送达之日起30日内，到澄迈县国土局办理国有建设用地使用权注销登记手续，交回国有土地使用权证；逾期不履行相关义务的，将直接公告注销国有建设用地使用权登记和土地权利证书。明华公司如对本决定不服，可在收到本决定之日起60日内向海南省人民政府申请行政复议或6个月内向人民法院提起行政诉讼。该决定于2018年1月19日送达给明华公司。

一审法院现场查看,发现涉案土地道路未通。明华公司已对涉案土地进行平整、地面道路硬化,并建筑了围墙、大门以及一间约100平方米的平房。

【案件争点】

第474号《收地决定》是否合法、是否应予撤销。

【裁判要旨】

澄迈县政府在作出第474号《收地决定》前,履行了告知、调查、听证、送达等程序,该收地决定认定事实清楚,证据确凿,适用法律正确,程序并无不当。根据《行政处罚法》第31条①的规定,行政机关在作出行政处罚决定之前,应当告知当事人作出行政处罚决定的事实、理由及依据,并告知当事人依法享有的权利。本案中,明华公司在上诉状中自认,澄迈县政府电话告知了明华公司申请听证的权利。明华公司也出席了澄迈县政府组织的听证,充分发表了意见。可见,澄迈县政府在作出第474号《收地决定》前,充分保障了明华公司知情、陈述、申辩的权利,没有违反法律规定。明华公司主张澄迈县政府在送达文书时存在严重程序违法,缺乏事实依据和法律依据,本院不予支持。《行政诉讼法》第63条第3款规定:"人民法院审理行政案件,参照规章。"《海南省闲置土地认定和处置规定》属于海南省政府制定的地方政府规章,一审法院参照该规章对第474号《收地决定》的合法性进行审查,并无不当。因此,明华公司主张本案应优先适用《行政处罚法》而不是《海南省闲置土地认定和处置规定》,其理由不能成立,本院不予支持。

二、要点分析

本篇专题的要点分析包括三部分内容。第一部分,阐述了听证程序是闲置土地认定处置程序中的重要组成部分,若市、县自然资源主管部门作出征缴土地闲置费或无偿收回闲置土地的决定违反听证程序,可能会被人民法院认定为程序违法;第二部分,通过分析实务案例总结了哪些情况属于听证程序严重违

---

① 《行政处罚法》第31条已修改为第44条。

法,征缴土地闲置费或无偿收回闲置土地决定将会被撤销;第三部分,通过分析实务案例总结了哪些情况构成听证程序轻微违法,但不足以导致征缴闲置土地费或无偿收回闲置土地决定被撤销。

2.1　关于听证制度

市、县自然资源主管部门作出的征缴土地闲置费或无偿收回闲置土地使用权的决定性质上属于行政处罚,《行政处罚法》第 7 条规定了被处罚对象享有陈述权和申辩权,听证制度就是为了保障当事人行使陈述权和申辩权,赋予当事人进行申辩和提出意见的机会。《闲置土地处置办法》第 15 条规定:“市、县国土资源主管部门在依照本办法第十四条规定作出征缴土地闲置费、收回国有建设用地使用权决定前,应当书面告知国有建设用地使用权人有申请听证的权利。国有建设用地使用权人要求举行听证的,市、县国土资源主管部门应当依照《国土资源听证规定》依法组织听证。”

2.1.1　听证制度的核心在于保障当事人充分表达意见、陈述事实的权利

行政机关在作出行政处罚决定前,应当及时向当事人告知违法事实以及其依法享有的申请听证的权利,由当事人决定是否申请听证。若当事人申请听证并经听证机构审核符合听证条件的,则听证机构应当制作《听证通知书》,当事人应按照听证通知的要求参加听证会,并向听证机构表达意见、提供证据。行政机关应充分听取当事人的意见,对当事人提出的事实、理由和证据,应当进行复核。

听证的目的主要是查清事实真相,作出公平合理的行政决定,其程序的关键环节在于质证、申辩。行政机关应出示合法有效证据以证明当事人违法的事实和原因,以确保所作出的行政决定合法有效。听证制度的核心在于保障当事人充分表达意见、陈述事实的权利。

2.1.2　行政听证主要适用于行政决策、行政立法和行政处罚等领域

(1)行政决策听证

《价格法》施行后,听证制度首次被引入我国行政决策领域,该法第 23 条规定:“制定关系群众切身利益的公用事业价格、公益性服务价格、自然垄断经营的商品价格等政府指导价、政府定价,应当建立听证会制度,由政府价格主管部门主持,征求消费者、经营者和有关方面的意见,论证其必要性、可行性。”

（2）行政立法听证

《立法法》施行后，听证制度被进一步引入行政立法领域，该法第 67 条规定："……行政法规在起草过程中，应当广泛听取有关机关、组织和公民的意见。听取意见可以采取座谈会、论证会、听证会等多种形式。"

（3）行政处罚听证

《行政处罚法》首次在行政法律制度中引入听证程序，将听证程序单独作为一节。1996 年《行政处罚法》第 42 条第 1 款规定："行政机关作出责令停产停业、吊销许可证或者执照，较大数额的罚款等行政处罚决定之前，应告知当事人有要求举行听证的权利，当事人要求听证的，行政机关应当组织听证……"第 43 条规定："听证结束后，行政机关依照本法第五十七条的规定，作出决定。"

征缴土地闲置费或无偿收回闲置土地使用权是自然资源主管部门针对建设用地使用权人的土地闲置违法行为实施的较为严重的行政处罚措施。自然资源主管部门在作出行政处罚决定前，应按照法律规定告知当事人申请听证的权利，组织听证活动，充分听取当事人对土地闲置原因的申辩和陈述，依法保障建设用地使用权人的合法权利。

2.1.3 闲置土地处置的听证机构为自然资源主管部门

《自然资源听证规定》第 3 条第 1 款规定："听证由拟作出行政处罚、行政许可决定，制定规章和规范性文件、实施需报政府批准的事项的主管部门组织。"自然资源主管部门是作出征缴土地闲置费或收回闲置土地决定的主体，有权组织听证程序。

通常，政府的法制机构作为办理听证事务的听证机构，这样做的主要原因是其能公平合理地组织听证程序，充分维护当事人的合法权利，可以做到公平公正处理听证事项。相应地，作出行政决定的行政机关不宜作为听证程序的听证机构。但《自然资源听证规定》第 3 条第 2 款规定："依照本规定具体办理听证事务的法制工作机构为听证机构；但实施需报政府批准的事项可以由其经办机构作为听证机构。"也就是说，需要报政府批准的事项，可以由其经办机构作为听证机构，处理听证事项。

何为需要报政府批准的事项呢？《自然资源听证规定》第 3 条第 3 款规定："本规定所称需报政府批准的事项，是指依法由本级人民政府批准后生效但主要由主管部门具体负责实施的事项，包括拟定或者修改基准地价、组织编制或者修改国土空间规划和矿产资源规划、拟定或者修改区片综合地价、拟定拟征地项目的补偿标准和安置方案、拟定非农业建设占用永久基本农田方案等。”

自然资源主管部门是作出征缴土地闲置费和收回闲置土地决定的主体,其是否可以作为听证机构,则需要考虑该行政决定是否需要先由政府批准才生效。《闲置土地处置办法》第14条规定:“……(一)未动工开发满一年的,由市、县国土资源主管部门报经本级人民政府批准后,向国有建设用地使用权人下达《征缴土地闲置费决定书》……(二)未动工开发满两年的,由市、县国土资源主管部门按照《中华人民共和国土地管理法》第三十七条和《中华人民共和国城市房地产管理法》第二十六条的规定,报经有批准权的人民政府批准后,向国有建设用地使用权人下达《收回国有建设用地使用权决定书》,无偿收回国有建设用地使用权……”根据前述规定,自然资源主管部门在作出征缴土地闲置费或收回闲置土地决定前,应当报本级人民政府批准,符合《自然资源听证规定》中经办机构可以作为听证机构规定的,即自然资源主管部门可以作为闲置土地处置听证程序的听证机构。

2.1.4　违反听证程序可能导致闲置土地处置决定被撤销

闲置土地处置程序是自然资源主管部门在依职权实施行政行为时应当遵循的步骤、方法、形式和时限等构成的一个连续过程。[①] 它具有稳定性、连续性、可预见性和规范性的特点。

《行政处罚法》第38条第2款规定:“违反法定程序构成重大且明显违法的,行政处罚无效。”自然资源主管部门作出征缴闲置土地费或收回闲置土地决定,应按照法定程序实施,所实施行政处罚行为违反法定程序,可能会导致行政决定被撤销、确认违法或无效;自然资源主管部门实施的行政行为虽然不符合法律规定,但只是轻微违法,没有实质性侵害当事人权利,不足以导致行政处罚决定因违反法定程序而被撤销或确认无效。

如前文所述,闲置土地处置听证程序的核心在于给土地使用权人陈述、申辩以及质证的机会,保护土地使用权人合法权益,防止行政权过度滥用。若建设用地使用权人陈述和申辩的权利受到实质侵害,则可认定为程序违法,反之可能构成程序瑕疵。

---

① 参见应松年主编:《行政法学新论》,中国方正出版社1998年版,第487页。

2.2 闲置土地处置因听证程序违法应当被撤销的典型

实务中存在大量的因听证程序违法导致闲置土地处置决定被撤销的案例,法院主要以听证程序未能充分保障行政相对人陈述、申辩的实体权利为由认定听证程序违法,因而判决撤销闲置土地处置决定。

2.2.1 自然资源主管部门在作出闲置土地处置决定前未告知建设用地使用权人有申请听证的权利

《闲置土地处置办法》第 15 条规定:“市、县国土资源主管部门在依照本办法第十四条规定作出征缴土地闲置费、收回国有建设用地使用权决定前,应当书面告知国有建设用地使用权人有申请听证的权利……”现行《行政处罚法》第 44 条规定:“行政机关在作出行政处罚之前,应当告知当事人作出行政处罚决定的事实、理由及依据,并告知当事人依法享有的权利。”也就是说,在自然资源主管部门作出征缴土地闲置费或者无偿收回闲置土地使用权决定之前,应当告知当事人有申请听证的权利,并且是在事前告知,而不是事后告知。

自然资源主管部门经过调查发现土地涉嫌构成闲置土地后,按照规定程序向建设用地使用权人发送了《闲置土地调查通知书》《闲置土地认定书》。此后,自然资源主管部门呈报政府请求无偿收回闲置土地使用权,政府批复同意。经政府批准收地后,自然资源主管部门才向建设用地使用权人发出《闲置土地处置听证权利告知书》,经建设用地使用权人申请,自然资源主管部门组织了听证,但听证过后没有再将听证情况上报政府,而是直接作出了《收回国有建设用地使用权决定书》。建设用地使用权人认为,自然资源主管部门在通知听证申请前,政府已经批复同意收回建设用地使用权,实质上已严重侵害了建设用地使用权人依法享有的听证权利,属程序违法。

在成都佳世海生物科技有限公司、成都市温江区国土资源局其他一审行政判决案[案号:(2018)川 0124 行初 170 号]中,审理法院认为,自然资源主管部门已决定无偿收回宗地使用权并上报有权人民政府批准后,才告知了土地使用权人其享有的听证权利,听证后亦未报经有权人民政府审批决定。该听证程序完全丧失了让当事人充分陈述意见、质证、申辩的应有之义,违反了《闲置土地处置办法》第 15 条之规定,违背了程序正当原则,收地决定应予以撤销。

2.2.2　自然资源主管部门制作的《听证通知书》未告知当事人听证活动的主要信息

申请人提出的听证申请由听证机构审核后，对符合听证条件的，听证机构应当制作《听证通知书》并载明下列事项：听证的事由与依据；听证的时间、地点；听证员和记录员的姓名、职务；当事人、拟听证事项的经办机构的权利和义务；注意事项。

自然资源主管部门作为听证会的组织者，在通知当事人参加听证会前应当告知当事人参加听证会的具体时间和地点等主要信息，若没有告知当事人，则难以要求当事人正常参加听证。由于是听证机构原因造成当事人未能参加听证会，不应将当事人没有参加听证会的行为视为放弃听证，因而在这种情况下，自然资源主管部门作出闲置土地处置决定的，将构成程序违法。

2.2.3　自然资源主管部门未按照规定期限提前告知当事人参加听证

《自然资源听证规定》第 25 条规定，听证机构应当在听证的 7 个工作日前通知当事人和拟听证事项的经办机构。从文义上看，听证机构应至少提前 7 个工作日通知当事人参加听证。

实践中，自然资源主管部门可能会忽视按照期限提前通知这一法定要求。例如，政府为了推进本辖区相关重点工程的建设，需要尽快收回一宗闲置土地为该重点工程项目提供建设用地。自然资源主管部门收到建设用地使用权人提交的听证申请后，通知建设用地使用权人于收到通知的第二天参加听证会，仅提前 1 个工作日告知当事人参加听证。

按照上述规定，自然资源主管部门应当在举行听证会前 7 个工作日通知当事人，至少要给当事人留出 7 个工作日的时间。给当事人留出合理时间主要是让当事人准备证据材料，对土地闲置的原因和背景情况进行说明，也有助于行政机关更清楚地了解土地闲置的原因等。若听证机构极大地缩短当事人准备听证的时间，致使当事人未能充分准备听证，实质是侵害了当事人进行陈述、申辩的权利，这种情况下作出的闲置土地处置决定程序违法。

2.2.4　听证机构听证员组成不符合法律规定

（1）听证机构安排听证员数量为双数，无法形成多数意见。

《自然资源听证规定》第 7 条第 1 款规定："听证一般由一名听证员组织；必要时，可以由三或五名听证员组织，听证员由主管部门指定。"也就是说，听证程序中听证员的人数应为 1 人、3 人或 5 人,不得是双数。若听证员人数不符合该法定条件,即使当事人未提出异议,听证会程序亦正常进行,在司法实践中,法院一般也会认定本次听证程序违法。

在承德泰达新能源发电有限公司与平泉县国土资源局不服土地行政处罚一案的再审案[案号:(2016)冀08 行再 6 号]中,审理法院认为,听证机构另外指定了主持人,如该听证主持人是听证员,便使该听证程序中存在两个听证员,对于听证事项无法形成多数意见;如该听证主持人不是听证员,那么也违反《自然资源听证规定》。无论听证机构设置的听证主持人是否为听证员,其听证程序的人员组成均违反法律规定。

(2)听证机构安排的听证主持人并非听证员。

听证主持人是负责主持听证会议的人,听证主持人在听证准备、听证庭审举行到听证结束的整个过程中发挥着协调管理及秩序保障作用,甚至直接影响到听证程序的公正性。通过听证,听证主持人要调查了解案件的真实情况,以便为依法作出行政决定提供事实与法律两方面的充分准备。

《自然资源听证规定》第 7 条第 2 款规定:“听证设听证主持人,在听证员中产生,但须是听证机构或者经办机构的有关负责人。”

前述规定对听证会主持人的产生有两方面要求,其一,听证主持人要在听证员中产生,不得是参与听证程序的其他人员;其二,听证主持人必须是听证机构或经办机构的相关负责人。这是因为,听证主持人是听证会的“灵魂”,在听证活动中发挥着保障行政主体依法行使职权以及维护当事人合法权益的重要作用。听证会能否依法有序进行,在相当程度上取决于听证主持人的能力、素质水平。听证机构未按照规定安排听证主持人,很大程度上会影响听证会的价值,听证会的功能和程序价值可能无法实现,亦无法保障当事人的合法权益。

(3)听证机构安排记录员兼任听证主持人。

《自然资源听证规定》第 7 条第 3 款规定:“记录员由听证主持人指定,具体承担听证准备和听证记录工作。”第 10 条第 1 款规定:“记录员应当将听证的全部活动记入笔录……”第 28 条第 2 款规定:“听证主持人的回避由主管部门决定。听证员、记录员的回避,由听证主持人决定。”从以上规定不难看出,听证主持人和听证记录员是两个完全不同的角色,在听证会中发挥着不同的作用,就连其回避的决定主体都不同。

在违法的听证程序中会遇到这种情况：听证会开始后，建设用地使用权人认为听证主持人与本案有利害关系，可能影响听证公正，提出听证主持人回避申请。听证主持人回避后，听证机构没有合适人选，为了完成听证会程序，遂决定由记录员兼任听证主持人。

前文已对听证主持人的地位和作用有相应的描述，在听证主持人确实需要回避的情况下，听证机构应选择符合要求的听证员担任听证主持人，以保障听证会的公正进行。听证主持人和听证记录员的产生方式不同，其地位和发挥的作用存在很大的差别。听证记录员不是听证员，也不是听证机构或经办机构的相关负责人，由其兼任听证主持人显然不适当。在平泉新桥汽车驾驶员培训学校不服平泉县国土资源局土地行政处罚案[案号：(2015)平行初字第55号]一审中，审理法院认为，记录员由听证主持人指定，具体承担听证准备和听证记录工作，故自然资源主管部门决定听证主持人反而由记录员兼任，属违反法定程序。

2.2.5　自然资源主管部门未按照法定程序开展听证会

(1)参加听证会主体没有取得当事人授权，但主管部门仍然正常开展了听证会。

《自然资源听证规定》第8条规定，在听证开始前，记录员应当查明听证参加人的身份和到场情况，宣布听证纪律和听证会场有关注意事项；第22条规定，当事人可以委托一名至二名代理人参加听证，收集、提供相关材料和证据，进行质证和申辩。

实务中会存在这样的情况：自然资源主管部门将《闲置土地调查通知书》《闲置土地认定书》《闲置土地处置听证权利告知书》均发送给了案外人，该案外人与建设用地使用权人有合作关系，共同参与项目地块的开发建设。虽然上述文件并未直接发送给建设用地使用权人，但建设用地使用权人提出了听证申请。随后，自然资源主管部门又将《听证通知书》发送给了案外人，听证会亦由案外人参加，建设用地使用权人并未参加或授权案外人代为参加。

自然资源主管部门未将《闲置土地处置听证权利告知书》等行政文书直接送达给建设用地使用权人，而是送达给了建设用地使用权人的合作方，虽然从建设用地使用权人提交了听证申请可以看出其确实收到了听证权利告知书，但自然资源主管部门在送达程序上存在重大瑕疵。鉴于建设用地使用权人提交了听证申请，土地使用权人申请听证的权利并未受到侵害。

从《自然资源听证规定》的上述规定看,建设用地使用权人可以亲自参加听证会,也可以委托代理人参加听证会,听证机构还要核实听证人的身份是否属实。虽然《自然资源听证规定》未明确规定代理人需要取得书面授权文书,但从一般生活经验法则可知代理人需要取得委托人的授权文书,否则,无法判断该代理人是否有权代为参加听证以及其代为参加听证的权限。

虽然案外人是建设用地使用权人的合作方,而且通过案外人,自然资源主管部门也向建设用地使用权人送达了相关法律文书,但显然,送达了相关行政文书并不代表建设用地使用权人授权同意案外人代为参加听证。听证程序直接涉及建设用地使用权人的陈述、申辩等基本权利,对自然资源主管部门作出行政处罚决定的正当性和合法性亦有重要影响。在建设用地使用权人未亲自参加听证、案外人未提交相关授权委托手续的情况下,自然资源主管部门允许由案外人代表参加听证,严重违反了听证程序,剥夺了建设用地使用权人的陈述、申辩权利,违反了法定程序。

(2)自然资源主管部门在听证会中未就听证事项提出理由、依据、有关材料及意见。

拟听证事项的经办机构提出理由、依据和有关材料及意见,是听证会的重要程序之一。因此,在闲置土地处置听证会的该环节上,自然资源主管部门需要准备四方面的工作:一是向建设用地使用权人说明征缴土地闲置费或收回闲置土地的理由;二是应当告知建设用地使用权人征缴土地闲置费或收回闲置土地的事实依据和法律依据;三是应当向建设用地使用权人出示书面的证据材料,以证明土地存在闲置的事实、证明闲置的原因等;四是自然资源主管部门基于相关事实和理由以及相应的法律依据,向建设用地使用权人说明是征缴土地闲置费还是收回闲置土地。

在新乡市连邦置业有限公司与新乡县国土资源局、新乡县人民政府资源行政管理:土地行政管理案一审中[案号:(2018)豫0704行初12号],主管部门提供的听证笔录内容显示,听证主持人宣布听证会开始。听证主持人介绍听证会工作人员。问:听证代表对以上工作人员是否申请回避?答:不申请回避。问:听证代表对今天听证会时间上是否有异议?答:没有异议。听证会代表对拟听证事项的必要性、可行性,以及具体内容发表意见和质询。自然资源主管部门:无偿收回土地使用权。新乡市连邦置业有限公司答:对组织人无异议(但对没收土地有异议)。听证主持人:本次听证是依法公开召开的,听证会参加人员核对笔录签字,听证会到此结束。

从听证笔录内容看,自然资源主管部门没有就征缴土地闲置费或收回闲置土地提出任何事实理由,也没有给出相应的法律依据,更没有发表关于收回闲置土地的意见。自然资源主管部门未按规定程序就听证事项提出理由、依据、有关材料及意见,造成建设用地使用权人无法就土地闲置事宜进行申辩,亦无法质证。该案审理法院认为,这事实上剥夺了当事人进行申辩和质证的权利,性质上属严重的程序违法,判决撤销收回土地的决定以及行政复议决定。

(3)听证程序中当事双方对土地闲置进行了说明,但没有对处置决定是否合法发表意见或举证质证。

自然资源主管部门送达土地闲置认定书,载明土地闲置系建设用地使用权人自身原因造成,与政府或其他第三方无关,同日,向建设用地使用权人送达了《闲置土地处置听证权利告知书》。自然资源主管部门按照通知的时间召开听证会,建设用地使用权人就土地闲置原因进行了说明,自然资源主管部门亦就土地闲置原因及相关证据作出了说明,但双方并未就自然资源主管部门处置决定的合法性进行说明或举证。听证会举办后,政府批复同意无偿收回土地使用权,自然资源主管部门作出《收回国有建设用地使用权决定书》。这种情况是否对建设用地使用权人的实体权益造成影响,是否会构成程序违法,实践中存在两种不同观点。

第一种观点认为:自然资源主管部门虽然召开了听证会,但在该听证会中,相关人员仅对土地闲置的原因、认定土地闲置的理由进行了阐述,对于收回土地使用权的原因、理由及适用的法律没有任何说明。本次听证是对土地是否属于闲置土地进行的听证,而非对收回土地使用权是否合法的听证,故自然资源主管部门作出的《收回国有建设用地使用权决定书》明显不符合相关程序。

第二种观点认为:听证会中,相关人员已经对土地闲置的原因进行了充分说明和举证,虽然收地的合法性问题未作为论证的焦点问题,但不会对建设用地使用权人的利益产生实质性影响。

笔者更倾向于第一种观点,主要理由是,按照《闲置土地处置办法》的相关规定,自然资源主管部门在作出收回闲置土地决定前告知当事人申请听证,也就是说,听证的重点在于收回闲置土地是否合法,而并非仅对造成土地闲置的原因进行听证。而且,即便构成土地闲置,还需要论证土地闲置是由政府原因造成还是由企业原因造成,或是政府和企业对土地闲置都有责任,这些事实情况需要通过听证会调查清楚。

在刘某云、林某等与绥宁县自然资源局土地行政管理案[案号:(2020)湘0511行初70号]中,审理法院认为,听证会仅对土地构成闲置以及闲置的原因进行说明,而没有对收地的合法性进行充分论证,对土地使用权人不公,程序不合法。

(4)听证机构就听证事项提出了事实、理由和依据,但未让当事人陈述、辩论以及质证,仅在最后陈述中让当事人发表最终意见。

根据《自然资源听证规定》第9条的规定,听证会程序之一为,当事人进行质证、申辩,提出维护其合法权益的事实、理由和依据。《行政处罚法》第7条规定,公民、法人或者其他组织对行政机关所给予的行政处罚,享有陈述权、申辩权;第45条第1款规定,当事人有权进行陈述和申辩。

自然资源主管部门在听证会上向当事人说明了拟收回土地的事实、理由和依据,并告知当事人,土地闲置是当事人自身造成,决定收回闲置土地。自然资源主管部门未对收回闲置土地的事实和理由进行陈述,也未安排当事人进行申诉辩解,更未让当事人对自然资源主管部门提出的证据进行质证。在最后陈述阶段,自然资源主管部门才让当事人发表对于收回闲置土地的意见。

听证制度设置目的就是让听证双方享有平等的陈述权、申辩权。自然资源主管部门就收回土地提出事实、理由以及进行举证,目的就是让当事人对相关事实进行申辩,对主管部门所提证据的合法性等事宜进行质证,以便查明土地闲置的事实。而主管部门未安排当事人进行陈述、申辩和质证,显然失去了召开听证会的意义和价值,也严重侵害了当事人进行陈述、申辩的权利。

(5)当事人在听证程序中反映问题,但自然资源主管部门未进行调查核实。

《行政处罚法》第45条规定:"当事人有权进行陈述和申辩。行政机关必须充分听取当事人的意见,对当事人提出的事实、理由和证据,应当进行复核;当事人提出的事实、理由或者证据成立的,行政机关应当采纳。行政机关不得因当事人陈述、申辩而给予更重的处罚。"

建设用地使用权人在听证会上提出了宗地未通水、高压电缆通过该宗地、地下有国防光缆、开发区整体规划编制的暂停、历史遗留农民土地补偿问题等未解决以及建设用地使用权人向政府提出收储申请,政府未给予答复等影响了宗地的开工建设的理由。听证会结束后,自然资源主管部门并未就建设用地使用权人提出的上述问题进行核实,而是请示政府,以企业自身原因造成土地闲置而收回土地使用权,政府批复同意。

建设用地使用权人在听证过程中提出了相应的理由,可能涉及对行政处罚对象、事实的认定问题,以及对是否存在政府原因造成土地闲置等问题的认定,自然资源主管部门应当按照规定予以调查复核。在福建省富之达房地产有限公司与南平市建阳区自然资源局土地行政管理一审案[案号:(2019)闽0702行初13号]中,审理法院认为,听证制度的意义在于查清事实真相,给当事人一个公平而合情合理的行政决定。主管部门对当事人提出的事实不予复核,事实没有查清,不利于主管部门作出公正的决定,其作出的收地决定程序违法。

2.2.6　听证机构未按照法定程序制作听证笔录

《自然资源听证规定》第10条第2款规定:"听证笔录经听证参加人确认无误或者补正后当场签字或者盖章;无正当理由又拒绝签字或者盖章的,记明情况附卷。"

自然资源主管部门在听证时没有现场制作听证笔录,没有记录听证内容和过程,在听证会结束后制作了笔录,但笔录中的内容与听证时建设用地使用权人的陈述意见不符。由于该笔录系自然资源主管部门单方制作,因而没有调查人员和建设用地使用权人的签名确认。

听证笔录应载明听证会的全部事项,包括听证参加人的基本情况;听证的时间、地点;听证公开情况;拟听证事项的理由、依据和有关材料;当事人或者听证会代表的观点、理由和依据等内容。听证笔录的完整、合法与否等直接关系到闲置土地收回事实是否清楚,收地决定是否合法。自然资源主管部门应当在听证会结束时,让听证参加人于确认无误后当场在笔录上签字或者盖章,需要进行补正的,也应在补正后当场签字或盖章确认。

在屯昌盛都橡胶发展有限公司与屯昌县综合行政执法局、屯昌县人民政府行政处罚二审案[案号:(2019)琼96行终114号]中,审理法院认为,自然资源主管部门没有在听证过程中制作听证笔录,而事后单方补充的笔录又未经土地使用权人确认,依据该听证笔录难以判断主管部门是否组织了有效合法的听证会,是否清楚地了解土地闲置的原因和背景等情况,程序不合法。

2.3 不足以导致闲置土地处置决定被撤销的听证程序瑕疵典型

实务中存在听证程序不符合法律规定,但法院经审理认为听证程序并不没有侵害行政相对人陈述、申辩的实体权利的情形,此时闲置土地处置决定并不会因此被撤销。

2.3.1 听证通知不符合规定

(1)自然资源主管部门口头通知当事人有申请听证的权利,申请人向听证机构提出听证书面申请。

《自然资源听证规定》第19条第2款规定:“有下列情形之一的,主管部门在作出决定之前,应当书面告知当事人有要求举行听证的权利:(一)较大数额罚款、责令停止违法勘查或者违法开采行为、吊销勘查许可证或者采矿许可证等行政处罚的;(二)国有土地使用权、探矿权、采矿权的许可直接涉及申请人与他人之间重大利益关系的;(三)法律、法规或者规章规定的其他情形。”第20条规定:“当事人对本规定第十九条规定的事项要求听证的,主管部门应当组织听证。”

自然资源主管部门拟作出收回闲置土地的决定,然后电话通知建设用地使用权人可以申请听证,当事人按通知时间向听证机构提交了听证申请。因自然资源主管部门最终作出收回闲置土地的决定,因此双方涉诉,庭审中当事人主张自然资源主管部门仅口头通知而非书面通知其申请听证,严重违反法定程序。

自然资源主管部门作为听证会的组织者,应当按照法定程序组织听证会,之所以要求以书面方式告知当事人申请听证,主要在于书面通知能更好地保障当事人申请听证的权利。并且,当事人的听证申请应在法定期限内提出,避免双方就是否通知以及何时通知的事宜发生争议。但笔者认为,书面通知当事人申请听证,重在“通知”,虽然自然资源主管部门没有按照规定书面通知申请听证,但仅属于程序瑕疵,并没有导致当事人依法向听证机构申请听证的权利受损。

(2)自然资源主管部门在听证权利告知书中未提示当事人在规定期限内提出听证申请,当事人逾期申请听证,听证机构受理。

《自然资源听证规定》第21条规定:“当事人应当在告知后5个工作日内向听证机构提出书面申请,逾期未提出的,视为放弃听证;但行政处罚听证的时限为3个工作日。放弃听证的，应当书面记载。”以上是对听证申请时限的规定。一般情况下，当事人应当在收到通知后5个工作日内提出申请，涉及行政处罚听证的，应当在告知后3个工作日内提出，对于这些时限要求，听证机构应予以告知。

自然资源主管部门向当事人发送了《闲置土地处置听证权利告知书》，其载明当事人对拟订的“收回国有土地使用权”措施有申请听证的权利，但告知书中并未写明应当在何时提出申请。因告知书没有明确提示当事人申请听证的时间，因此当事人在收到告知书后的第6个工作日提出申请，听证机构亦没有查明当事人的申请是否已逾期，遂受理了听证申请。因收回闲置土地决定导致诉讼后，当事人提出自然资源主管部门对逾期申请听证没有审慎审查，认为听证程序违法。

当事人逾期提交听证申请的，视为放弃听证，但需要根据具体情况予以认定。前述情况主要是因为听证机构在告知书中没有明确告知当事人提交听证申请的时限，以致当事人逾期提交，若将此种情况视为当事人放弃听证实为不妥。考虑到当事人逾期提交申请并非自身原因所致，基于保护当事人合法权利的原则，听证机构受理当事人提交的听证申请并非不当。当事人逾期提交的申请，与听证机构过错有关；听证机构受理听证申请实际上并未损害当事人的合法权利。虽然主管部门未明确告知当事人申请时限确有不妥，但尚不足以导致行政决定被撤销。

（3）自然资源主管部门电话通知当事人参加听证，当事人参加听证并充分发表意见。

如前文所述，听证机构审核听证申请时，对符合听证条件的，应当制作《听证通知书》，并通知当事人和拟听证事项的经办机构。如自然资源主管部门未按照规定制作听证通知书，而是采取电话通知的方式，将听证的时间、地点及听证组成人员情况告知当事人，提前七天通知。当事人按照电话通知的时间参见了听证会，自然资源主管部门按照规定的程序组织了听证会，听取当事人意见，进行了质证。这种情况下，听证程序是否违法？

在可供参考的例案三中，审理法院认为，自然资源主管部门在作出征缴土地闲置费或收回闲置土地决定前，虽然未作出书面的听证通知书，存在程序瑕疵，但当事人认可自然资源主管部门已电话通知其参加听证，当事人也出席了自然资源主管部门组织的听证,充分发表了意见,进行了质证,可以认为自然资源主管部门充分保障了当事人知情、陈述、申辩等权利,没有对当事人权利造成实质性损害。

2.3.2 听证记录人员安排不符合法定程序

如前文所述,记录员由听证主持人指定,承担听证准备和记录工作。听证通知中应载明记录员的姓名和职务,当事人认为记录员有利害关系可能影响公正的,有权申请其回避。

在实务中,存在这样的情况:根据听证通知书记载,本听证会记录员为李某,但根据听证笔录内容显示听证记录员为王某。根据自然资源主管部门提交的证据材料看,记录员完成了听证准备和记录工作,听证会亦按照法定程序进行,且当事人在听证会中没有申请该记录员回避。土地使用权人与自然资源主管部门因收地决定发生诉讼,土地使用权人认为本听证会记录员与听证通知书中记录员不一致,听证会程序明显违法,要求撤销收地决定。

笔者认为,从《自然资源听证规定》相关规定看,听证会记录员的主要工作是听证准备和记录,其作用系辅助听证主持人按照法定程序进行听证。听证记录员尽到全部职责的表现为:按照法定程序准备听证工作,查明听证参加人的身份和到场情况,宣布听证纪律和听证会场有关注意事项,按照程序进行记录工作,将听证活动全部如实记录到听证笔录等。基于此,听证会中的听证记录员和听证通知书中记载的不一致,存在程序瑕疵,但未实际侵害当事人享有的听证权利的,不足以构成程序违法。

2.3.3 听证机构未按照法定程序进行听证

(1)听证主持人没有介绍听证员、记录员,宣布听证事项、事由及告知听证参加人的权利和义务。

《自然资源听证规定》第9条规定:"听证会按下列程序进行:(一)听证主持人宣布听证开始,介绍听证员、记录员,宣布听证事项和事由,告知听证参加人的权利和义务……"根据上述规定,听证主持人介绍听证员、记录员等情况是听证会进行的第一项程序。

自然资源主管部门组织听证会时,听证主持人没有向当事人介绍听证员、记录员等情况,而是直接就土地闲置以及闲置土地处置的相关事宜进行说明,列举证据材料,让当事人进行申辩、质证、提出相关意见。因收回闲置土地决定发生诉讼后，建设用地使用权人认为，自然资源主管部门没有按照法律要求进行以上程序性活动，听证程序违法。

听证主持人介绍听证人员、记录员、宣布听证事项和事由等情况，是听证会的一项程序安排，自然资源主管部门应按照规定在听证会中开展这项程序，以便当事人清楚了解召开听证会的相关情况。听证会的核心意义在于保障当事人陈述、申辩权利，听证会中，自然资源主管部门在听证会开始时没有按照程序告知当事人有关听证人员、记录员和听证事项、事由的相关情况，但当事人对土地闲置问题进行了充分的申辩和陈述，虽然听证程序存在瑕疵，但当事人实质性权利没有受到影响。

（2）听证程序中，听证机构未让当事人做最后陈述。

闲置土地听证会共有五项程序，当事人最后陈述是听证会进行的第四项程序。自然资源主管部门提出闲置土地处置的理由、依据和证据，当事人也进行了陈述、申辩和质证等工作，理论上当事人已就闲置土地处置问题的事实、法律依据等有了基本的认识和判断。

与当事人的最后陈述相比，自然资源主管部门就闲置土地处置提出理由、依据和证据，当事人进行质证、申辩等程序更为核心。最后陈述作为听证会的程序之一，自然资源主管部门理应安排进行，若没有安排该项程序则不符合《自然资源听证规定》。如果自然资源主管部门没有安排当事人进行最后陈述，是否会侵害当事人的申辩、陈述的合法权利呢？笔者更倾向于认为，没有安排最后陈述程序，并不会对当事人构成实质影响，亦不会对闲置土地相关事实的认定构成实质性影响。

（3）听证笔录中未记载当事人质证意见，但当事人诉讼中的陈述内容中含有相关意见。

《自然资源听证规定》第 9 条规定，当事人有权就拟听证事项、自然资源主管部门提出的事实、依据和证据进行申辩、质证，这是保障土地使用权人权利最核心的部分；第 10 条第 1 款规定，听证笔录应当记载拟听证事项的理由、依据和有关材料；当事人或者听证会代表的观点、理由和依据等内容。

因自然资源主管部门决定收回土地使用权而引发的诉讼中，当事人就听证笔录记载内容提出意见，称该听证笔录未载明当事人有关质证意见的内容，仅记载了当事人就土地闲置以及自然资源主管部门对闲置土地的陈述、意见的内容。土地使用权人认为,自然资源主管部门听证会的听证笔录中未记载有关当事人进行质证的意见,属程序违法。

根据规定,听证笔录应当记载听证活动的全部内容,自然资源主管部门是否按照法定程序开展了听证活动,主要是从听证笔录记载内容进行判断。如果听证笔录记载内容不完整,又无法通过其他方式进行判断,则无法确认自然资源主管部门是否按照法定程序做出一系列事项,是否存在侵害当事人合法权益的行为。若根据法院的调查,当事人在听证会上的陈述和申辩意见与其在法庭上向自然资源主管部门提交证据的质证意见意思一致,听证笔录中虽然没有记载质证意见,但是也没有妨碍当事人依法行使权利,此种情形下,不应认定对当事人陈述、申辩的权利构成了实质性影响。

专题十二 闲置土地处置过程中，自然资源主管部门未按规定实施送达程序，存在闲置土地处置决定因程序违法而被撤销的风险

要点描述 若行政行为对公民、法人或者其他组织的权利、义务可能产生不利影响，行政机关应当对行政相对人享有的重要程序性权利给予有效的保障，行政行为违反法定程序的，依照《行政诉讼法》第70条之规定，人民法院可以判决撤销该行政行为。送达是一项重要程序，行政机关在对闲置土地进行调查、认定及处置过程中，应当按照法律规定的程序向行政相对人送达法律文书，依法保障当事人的合法权益。自然资源主管部门未按法定程序进行送达会产生两种法律后果：一种情况是，未按规定送达构成程序违法，存在闲置土地处置决定被法院撤销的风险；另一种情况是，虽然自然资源主管部门送达程序不符合法律规定，但并未对当事人依法享有的陈述、申辩等实体权利造成实质性影响，也就是仅构成程序上的轻微违法，人民法院可能会认定行政决定违法，但不会撤销该行政决定。

一、可供参考的例案

例案一 新乡市平原城乡一体化示范区管理委员会、新乡市容创实业有限公司资源行政管理纠纷案

【法院】

河南省高级人民法院

【案号】

(2019)豫行终3595号

【当事人】

上诉人(原审被告)：新乡市平原城乡一体化示范区管理委员会(以下简称

平原管委会)

被上诉人(原审原告):新乡市容创实业有限公司

原审被告:原阳县人民政府

原审被告:新乡市人民政府

【基本案情】

2014年3月26日,原告新乡市容创实业有限公司(以下简称容创公司)通过竞拍方式竞得位于新乡市平原新区沙河路以南、凤凰山路以东、丹江路以北、云梦路以西的一块国有建设用地的使用权。2014年4月25日,容创公司(受让人)与原阳县国土资源局(新乡平原新区管委会国土资源局)签订《国有建设用地使用权出让合同》,出让的建设用地面积为55,053.6平方米,用途为工业用地,出让价为1239万元,出让年限为50年。

《国有建设用地使用权出让合同》对案涉土地的交付、土地开发建设与利用、违约责任有以下约定:在2014年6月30日前将出让宗地交付给受让人,在交付土地时该宗土地应达到本条第2项规定的土地条件:……(2)现状土地条件:现状,三通一平(第6条);土地出让金在合同签订后30日内一次性付清(第10条);受让人对项目固定资产的总投资不低于经批准或登记备案的金额2300万元(第12条);建筑物性质为标准化厂房及配套设施,建筑总面积88,100平方米;受让人同意项目在2014年8月31日前开工,在2016年8月30日前竣工(第13、16条);受让人进行建设时,有关用水、用气、污水及其他设施与宗地外主管线、用电变电站接口和引入工程的相关事项,应按有关规定办理(第17条);受让人造成土地闲置,闲置满一年不满两年的,应依法缴纳土地闲置费。土地闲置满两年且未开工建设的,出让人有权无偿收回土地使用权(第32条)。出让人未能按期交付土地或交付的土地未能达到本合同约定的土地条件或单方改变土地使用条件的,受让人有权要求出让人按照规定的条件履行义务,并且赔偿延误履行而给受让人造成的直接损失。土地使用年期自达到约定的土地条件之日起算(第38条)。

2018年4月27日,原阳县国土资源局通过《新乡日报》向容创公司发送《告知函》,告知该公司所取得的建设用地荒废搁置早已超过两年,拟对该建设用地使用权收回,容创公司如有异议可在规定时间内进行陈述并提出书面异议,逾期视为放弃权利。2018年5月4日,原阳县国土资源局向容创公司作出

《闲置土地调查通知书》;2018年5月8日，该公司法定代表人姚某华签收该通知书。后容创公司向原阳县国土资源局出具了情况说明，认为其取得的建设用地所在的原武工业区水、电、排污设施不配套，至今没有完善，现状与当初招商时所提条件相差甚远，故不能进场施工。后原阳县国土资源局以联系不到容创公司负责人、按照工商登记住址找不到该公司、该公司不配合调查为由，于2018年6月8日对容创公司闲置土地进行了现场勘查、拍照，于2018年6月27日向容创公司作出《闲置土地认定书》，于2018年7月2日向容创公司作出《闲置土地处置听证权利告知书》，在2018年7月6日通过《新乡日报》向容创公司公告送达上述认定书及告知书。

2018年12月13日，原阳县政府、平原管委会向容创公司作出原(平)土闲收字〔2018〕1号《收回国有建设用地使用权决定书》，主要内容如下：由于你公司未在法律规定期限内动工开发建设，该宗地依法被认定为闲置土地。我部门已于2018年7月6日向你公司公告送达了《闲置土地认定书》，并根据《闲置土地处置办法》第14条第1款2项之规定，决定依法无偿收回上述闲置土地使用权。该决定书同时告知了行政复议及行政诉讼权利。2019年1月18日，容创公司委托其股东齐某江签收了《收回国有建设用地使用权决定书》。容创公司不服，向新乡市政府申请行政复议，新乡市政府于2019年3月5日受理，经延期，于2019年5月10日作出新政复决〔2019〕75号《行政复议决定书》，维持了原阳县政府、平原管委会作出的《收回国有建设用地使用权决定书》。容创公司不服，遂提起本案诉讼。

【案件争点】

原阳县国土资源局通过公告送达方式向容创公司送达《闲置土地认定书》《闲置土地处置听证权利告知书》是否程序违法。

【裁判要旨】

本案《国有建设用地使用权出让合同》约定，原阳县国土资源局出让给容创公司的土地应当符合合同约定的“三通一平”条件。容创公司称原阳县国土资源局未能依据行政协议的约定交付达到“三通一平”标准的土地，原阳县政府、平原管委会亦陈述“目前涉案的建设用地的市政供水没有通到位，企业可以自行打井取水”，此种情形下不宜认定交付的土地已通水，即不符合“三通一平”条件。容创公司在土地未达到三通条件的情况下，未对案涉土地开发利用，理由正当。故《收回国有建设用地使用权决定书》认定容创公司未动工开发满两年,将涉案土地闲置,事实和法律依据不足。

《行政处罚法》第40条规定:“行政处罚决定书应当在宣告后当场交付当事人;当事人不在场的,行政机关应当在七日内依照《中华人民共和国民事诉讼法》的有关规定,将行政处罚决定书送达当事人。”《收回国有建设用地使用权决定书》属于行政处罚的范畴,应依照民事诉讼法的规定送达当事人。公告送达的前提条件是受送达人下落不明,或者用其他送达方式无法送达。行政行为对公民、法人或者其他组织的权利、义务可能产生不利影响的,行政机关应当对其重要程序性权利给予有效的保障,行政行为会给当事人依法享有的重要程序性权利带来实质损害的,法院应当依照《行政诉讼法》第70条第3项之规定判决撤销。

本案被诉的《收回国有建设用地使用权决定书》涉及容创公司的重大利益,原阳县国土资源局在未穷尽其他送达方式进行送达的情况下,以电话联系不上容创公司、找不到该公司办公地点为由,认为容创公司不配合调查,即通过公告方式向容创公司送达《闲置土地认定书》《闲置土地处置听证权利告知书》,变相剥夺了容创公司在行政处罚决定书作出前享有的陈述、申辩的权利,其作出《收回国有建设用地使用权决定书》的过程违反上述法律规定的程序。故原审判决撤销原阳县政府、平原管委会作出的原(平)土闲收字〔2018〕1号《收回国有建设用地使用权决定书》并无不当。

➡ 例案二　焦作市大东钢结构有限公司与修武县人民政府、修武县国土资源局行政决定案

【法院】

河南省武陟县人民法院

【案号】

(2015)武行初字第00001号

【当事人】

原告:焦作市大东钢结构有限公司

被告:修武县人民政府

被告:修武县国土资源局

【基本案情】

原告于2007年11月21日按照程序取得位于高村乡金炉村的30.67亩国有建设用地使用权，2009年9月23日取得修国用〔2009〕第19号土地使用证。2012年4月15日，修武县国土资源局以原告未建设使用、土地闲置为由，作出修国土闲认字〔2012〕01号《闲置土地认定书》；2012年8月16日被告修武县人民政府以修政土字〔2012〕78号文件形式决定收回原告的使用权；2012年10月14日，被告修武县国土资源局作出修国土收字〔2012〕第01号《收回国有建设用地使用权决定书》，决定依法无偿收回原告的该宗地的国有建设用地使用权。被告修武县国土资源局作出的认定书和决定书，均是以其所谓的留置送达的方式，通过张贴在墙上的方式进行送达。2014年5月23日被告在《焦作日报》和《河南日报》刊登土地证注销公告，原告发现后不服，提起行政诉讼。

原告认为被告修武县国土资源局注销原告土地证的行为在程序等方面严重违法，并严重侵犯了原告的合法权益。

被告修武县人民政府辩称，土地证注销公告所依据的《收回国有建设用地使用权决定书》已经发生法律效力，土地证注销公告是行政决定的一种执行方式，不具有可撤销性，原告诉讼请求错误。并且，作出该公告不是县政府职责范围内的事项，原告起诉主体错误，应依法驳回原告的起诉。

被告修武县国土资源局辩称，我局作出的《闲置土地认定书》和《收回国有建设用地使用权决定书》事实清楚，作出程序合法，且均进行了公告送达，之后将在《焦作日报》和《河南日报》公告注销原告的土地使用证，应依法予以维持。

【案件争点】

修武县国土资源局是否依法有效地向焦作市大东钢结构有限公司送达了《调查认定闲置土地相关文书》、《听证权利告知书》及《收回土地决定书》。

【裁判要旨】

被告修武县国土资源局作出的修国土闲认字〔2012〕第01号《闲置土地认定书》和修国土收字〔2012〕第01号《收回国有建设用地使用权决定书》，在送达程序上存在瑕疵。其提供的送达照片，既不能反映张贴的地点，也不能反映张贴的时间；既不能称作公告送达，更不是所谓的留置送达。其做法变相剥夺了原告的复议权和诉权，使其刊登的土地证注销公告也成为无效的行政行为，因此，均应当予以撤销。在本案中，被告修武县人民政府虽不是直接的责任主体,但修武县国土资源局作出收回国有建设用地使用权决定书与其作出的修政土字〔2012〕78号文件不无关系,但鉴于原告的诉请未涉及,在此不作评判。依据《行政诉讼法》第54条之规定,判决如下:

判决撤销被告修武县国土资源局于2012年4月15日作出的修国土闲认字〔2012〕01号《闲置土地认定书》、于2012年10月14日作出的修国土收字〔2012〕第01号《收回国有建设用地使用权决定书》、于2014年5月23日在《焦作日报》及《河南日报》刊登的土地证注销公告。

➡ 例案三　高淳县苏宁置业有限公司诉南京市国土资源局高淳分局、南京市高淳区人民政府土地行政管理及行政复议案

【法院】

南京铁路运输法院

【案号】

(2016)苏8602行初914号

【当事人】

原告:高淳县苏宁置业有限公司

被告:南京市国土资源局高淳分局

被告:南京市高淳区人民政府

【基本案情】

2010年9月1日,原高淳县人民政府(现南京市高淳区人民政府,以下简称高淳区政府)与高淳县苏宁置业有限公司签订《经济合作协议书》。2011年4月23日,原告高淳县苏宁置业有限公司(以下简称高淳苏宁置业)(受让人)与原高淳县国土资源局(现南京市国土资源局高淳分局,以下简称高淳国土分局)(出让人)签订《国有建设用地使用权出让合同》,约定出让宗地坐落于南京市湖滨大道以南、湖滨广场湿地游览区以东,出让宗地面积为23,603平方米;出让人同意在2011年7月20日前将出让宗地交付给受让人;受让人同意本合同项下宗地建设项目在2012年11月30日之前开工,在2015年5月31日之前竣工。原告高淳苏宁置业的刘某在合同法定代表人(委托代理人)处签字。

2011年7月28日,高淳国土分局向原告高淳苏宁置业发函,告知其受让的上述宗地已到约定的交付期限,请原告于2011年7月31日前与高淳县土地储

备中心工作人员对该地块进行现场踏勘，办理该地块交接手续，逾期未办理视作该地块已交付。同时该函所附的交接书中载明交付方式为现状交付，交付时间为2011年7月31日。2011年7月29日，刘某在该函的送达回证上签字。2011年11月16日，原告办理了案涉宗地的土地使用权登记。

因案涉地块未动工开发，被告于2016年3月14日向原告作出《闲置土地调查通知书》，通知原告案涉宗地约定的动工日期为2012年11月30日，现该宗地存在超过《国有建设用地使用权出让合同》约定的动工开发日期满三年仍未动工开发情况，涉嫌构成闲置土地。同时该通知还载明，"高淳国土分局现依法对上述宗地进行调查，请原告接受调查，自通知书送达之日起30日内向高淳国土分局提供以下材料：（一）土地权利证明文件；（二）对宗地是否闲置的原因说明及其辅证材料；（三）抵押、查封等其他材料。原告应对上述材料的真实性负责，本调查将作为闲置土地认定的重要依据，逾期不提供上述材料，高淳国土分局将根据其他调查材料进行闲置土地认定"。2016年3月14日下午，高淳国土分局以EMS方式向苏宁置业集团有限公司姜某邮寄该通知书，邮寄地址为南京市玄武区徐庄软件园苏宁大道1号，该邮件已被签收。

2016年4月15日，南京市某区地籍管理所对案涉宗地进行了勘测定界。同日，被告高淳国土分局在南京市某区不动产登记中心对案涉宗地土地登记状况进行了查询。

2016年5月13日，被告高淳国土分局向原告高淳苏宁置业出具《闲置土地认定书》，认定案涉宗地为闲置土地，闲置原因为原告超过《国有建设用地使用权出让合同》约定的动工开发日期满三年仍未动工开发，应按照《闲置土地处置办法》的有关规定进行处置。同日，被告高淳国土分局仍按苏宁置业集团有限公司姜某的地址向原告送达了《闲置土地认定书》。原告不服，向被告高淳区政府申请行政复议。高淳区政府收到原告的复议申请后，于2016年6月19日通知原告补正复议申请材料，原告于2016年6月23日补齐复议申请材料后，高淳区政府于2016年6月27日决定受理，并于2016年8月23日作出《复议决定书》，决定维持被告高淳国土分局作出的《闲置土地认定书》。原告遂向本院提起诉讼，请求判如所请。

姜某系苏宁置业集团有限公司前期开发管理中心前期经理，原告高淳苏宁置业曾委托姜某全权代表其办理高淳商贸城的土地权属界限现场指界及土地使用权的登记事宜。另，原告高淳苏宁置业在向被告高淳区政府的行政复议申请书中写明，“2016 年 5 月 17 日，申请人高淳县苏宁置业有限公司收到南京市国土资源局高淳分局送达的高闲处字〔2016〕2 号《闲置土地认定书》”。

【案件争点】

高淳国土分局没有将《闲置土地调查通知书》和《闲置土地认定书》送达给高淳苏宁置业，是否属于未依法送达、送达程序违法。

【裁判要旨】

《闲置土地处置办法》第 2 条第 1 款规定，“本办法所称闲置土地，是指国有建设用地使用权人超过国有建设用地使用权有偿使用合同或者划拨决定书约定、规定的动工开发日期满一年未动工开发的国有建设用地”；第 5 条规定，“市、县国土资源主管部门发现有涉嫌构成本办法第二条规定的闲置土地的，应当在三十日内开展调查核实，向国有建设用地使用权人发出《闲置土地调查通知书》。国有建设用地使用权人应当在接到《闲置土地调查通知书》之日起三十日内，按照要求提供土地开发利用情况、闲置原因以及相关说明等材料”；第 7 条规定，“市、县国土资源主管部门履行闲置土地调查职责，可以采取下列措施：（一）询问当事人及其他证人；（二）现场勘测、拍照、摄像；（三）查阅、复制与被调查人有关的土地资料；（四）要求被调查人就有关土地权利及使用问题作出说明”；第 9 条规定，“经调查核实，符合本办法第二条规定条件，构成闲置土地的，市、县国土资源主管部门应当向国有建设用地使用权人下达《闲置土地认定书》”。

本案中，原告高淳苏宁置业与原高淳县国土资源局（高淳国土分局）签订的《国有建设用地使用权出让合同》明确约定，案涉地块建设项目在 2012 年 11 月 30 日之前开工，在 2015 年 5 月 31 日之前竣工。被告高淳国土分局在发现案涉地块存在到期未动工开发的情况后，依据上述规定，向原告作出了《闲置土地调查通知书》，要求原告就有关土地权利、是否闲置及闲置原因等提供材料，现场勘测、拍照并查询案涉地块土地状况，在履行了闲置土地调查职责后，向原告作出了《闲置土地认定书》，该认定有事实和法律依据。原告认为被告作出的《闲置土地调查通知书》和《闲置土地认定书》均送达给苏宁置业集团有限公司的姜某，而非原告高淳苏宁置业，程序违法。本院认为，姜某作为苏宁置业集团有限公司前期经理，代表原告高淳苏宁置业与高淳当地政府接洽，办理土地登记等事宜。鉴于苏宁置业集团有限公司与高淳苏宁置业之间的特殊关联，且原告认可其已及时收到《闲置土地认定书》，因此，被告将姜某作为收件人并送达文书材料虽不够严谨，但并不违背常识，且原告实际已收到相关文书并按期提起行政复议，即被告在送达上的瑕疵并未对原告权利义务产生实质影响，故本院对原告诉称被告未依法送达、程序违法的意见不予采纳。

二、要点分析

本篇专题的要点分析包含三部分内容，第一部分阐述了闲置土地调查、认定和处置过程中对送达程序的要求以及送达的方式，说明了依法送达是闲置土地处置程序合法的关键环节之一，自然资源主管部门应依照法定程序进行送达；第二部分具体说明了哪些情况下违反送达程序构成程序违法，征缴土地闲置费或无偿收回闲置土地的决定将被撤销；第三部分具体说明了哪些情况下违反送达程序仅构成程序轻微违法，不足以导致处置决定被撤销。

2.1　闲置土地处置送达程序的要求和方式

在闲置土地调查、认定和处置过程中，若不重视送达程序，最终可能导致闲置土地处置决定因程序违法被人民法院判决撤销的重大风险。因此，市、县自然资源主管部门应当依法向建设用地使用权人送达相关行政文书，确保程序合法。闲置土地认定、处置送达程序可以参照民事送达程序处理，《国土资源违法行为查处工作规程》（以下简称《工作规程》）规定了直接送达、留置送达、委托送达、传真或者电子信息送达、委托或者邮寄送达、转交送达和公告送达等方式，并就各种送达方式提出明确的送达要求。

2.1.1　依法送达是保证闲置土地处置程序合法的关键环节之一

闲置土地认定处置程序除涉及行政处罚决定书（自然资源主管部门作出的征缴土地闲置费或者无偿收回闲置土地的决定）的送达，还涉及行政处罚事先告知书的送达，陈述、申辩权利、听证权利告知书的送达，责令停止违法行为、责令整改告知书等行政文书的送达。任一个环节的送达工作处理不好，都有可能导致行政处罚程序的瑕疵，甚至可能导致行政处罚决定因程序违法而被撤销或者被确认无效。因此，依法送达是闲置土地处置过程中保证行政处罚程序合法的关键环节之一。

征缴土地闲置费或无偿收回闲置土地是自然资源主管部门依法对建设用地使用权人的土地违法行为实施的一项较为严重的行政处罚措施。自然资源主管部门对建设用地使用权人作出的闲置土地处置决定的送达程序主要参照《行政处罚法》和《民事诉讼法》的相关规定，作为闲置土地认定处置程序的重要组成部分，依法送达是保证闲置土地处置决定产生效力的必备要素。

《行政处罚法》第 61 条第 1 款规定："行政处罚决定书应当在宣告后当场交付当事人；当事人不在场的，行政机关应当在七日内依照《中华人民共和国民事诉讼法》的有关规定，将行政处罚决定书送达当事人。"自然资源主管部门作出征缴土地闲置费或无偿收回闲置土地决定后，多数情况下不是将决定当场交付土地使用权人，而是采取民事诉讼法规定的送达方式进行送达。自然资源主管部门送达闲置土地处置行政文书时，为了尽快送达，常常会忽视各种送达方式的先后顺序、条件、要求，比如在未穷尽直接送达、留置送达等送达方式的情况下直接采用公告送达方式送达，导致送达程序违法、送达无效的严重后果。

2.1.2 闲置土地处置送达程序可以参照民事送达程序处理

如前文所述，行政机关作出行政处罚决定时当事人不在现场的，行政机关应当按照《民事诉讼法》的规定将行政处罚决定书送达当事人。

按照《民事诉讼法》关于送达的规定，送达诉讼文书时，应当直接送交受送达人。受送达人是公民的，本人不在时交他的同住成年家属签收；受送达人是法人或者其他组织的，应当由法人的法定代表人、其他组织的主要负责人或者该法人、组织负责收件的人签收；受送达人有诉讼代理人的，可以送交其代理人签收；受送达人已向人民法院指定代收人的，送交代收人签收。受送达人或者他的同住成年家属拒绝接收诉讼文书的，送达人可以邀请有关基层组织或者所在单位的代表到场，说明情况，在送达回证上记明拒收事由和日期，由送达人、见证人签名或者盖章，把诉讼文书留在受送达人的住所，也可以把诉讼文书留在受送达人的住所，并采用拍照、录像等方式记录送达过程，即视为送达。受送达人下落不明，或者用民事诉讼法规定的其他方式无法送达的，应采用公告送达的方式，自发出公告之日起，经过 30 日，即视为送达。

从上述规定可以看出，首先应采取直接送达方式进行送达，在直接送达有困难或不能直接送达的情况下，可以采取留置送达等方式，受送达人下落不明，或者用其他方式无法送达的，才可以使用公告送达。也就是说，不能在未采取其他送达方式之前就先采用公告送达，否则送达程序违法。

2.1.3　闲置土地处置的送达程序应当执行《工作规程》规定

《工作规程》明确规定了国土资源违法行为查处工作的程序和标准。主要程序包括线索核查与违法行为制止、立案、调查取证、案情分析与调查报告起草、案件处理等，其中就包括送达程序。《工作规程》第1条规定："县级以上地方人民政府国土资源主管部门查处国土资源违法行为，适用本规程，法律、法规、规章另有规定的除外。"闲置土地的认定、处置是自然资源主管部门对土地使用权人存在的闲置土地违法行为进行查处而实施的工作，闲置土地认定、处置文件的送达程序依法应当适用《工作规程》。

（1）闲置土地认定处置送达程序的基本要求。

按照《工作规程》关于送达程序的规定，第一，《闲置土地调查通知书》《闲置土地认定书》等国土资源法律文书在作出后，应当及时送达土地使用权人；第二，在送达行政文书的同时应当制作《法律文书送达回证》，也就是说送达回证上要有被送达人的签收确认；第三，送达人应当为两人以上，起到互相监督的作用。

（2）闲置土地认定、处置行政文书一经送达即生效。

《行政处罚法》并未明确规定行政处罚决定书的生效时间，通说认为，行政处罚决定自作出之日即发生法律效力。除了行政处罚决定书明确了某具体时间履行外，当事人一般均应当立即开始履行处罚决定书载明的义务。也有观点认为，无论是从法律规定、法理还是逻辑角度，推定行政处罚决定在作出之日即发生法律效力都是欠妥的，行政处罚决定在行政相对人认可、法定起诉期限届满行政相对人不起诉，或被复议决定或行政判决维持后才发生效力既是法律公平、正义的体现，也是逻辑推理必然的结论。[①]《工作规程》规定国土资源法律文书一经送达，即发生法律效力，也就是说，征缴土地闲置费或收回闲置土地决定一旦送达建设用地使用权人，即对建设用地使用权人发生法律效力。

---

① 参见周万春、武超平：《浅析行政处罚决定的生效日期》，载中国法院网，https://www.chinacourt.org/article/detail/2017/10/id/3016685.shtml。

(3)闲置土地认定处置程序中的送达方式。

根据《工作规程》第13条的规定,闲置土地认定、处置程序中有六种有名送达方式,包括直接送达、留置送达、传真或电子信息送达、委托或邮寄送达、转交送达和公告送达。

有些地方对闲置土地认定、处置程序中行政文书的送达方式也有相应规定,如《海南省闲置土地认定和处置规定》第35条规定:"市、县、自治县土地行政主管部门应当通过直接送达、留置送达、邮寄送达或者转交送达等方式,将闲置土地认定和处置的有关文书送达国有建设用地使用权人。受送达人下落不明无法按照前款规定送达的,市、县、自治县土地行政主管部门应当在《海南日报》和省土地行政主管部门网站上进行公告送达。自发出公告之日起,经过60日,即视为送达。"

1)直接送达

采用直接送达方式的应当直接将相关文书送交建设用地使用权人。建设用地使用权人是自然人的,本人不在交其同住成年家属签收;建设用地使用权人是法人或者其他组织的,应当由法人的法定代表人、其他组织的主要负责人或者该法人、组织负责收件的人签收;建设用地使用权人有代理人的,可以送交其代理人签收;建设用地使用权人已向自然资源主管部门指定代收人的,送交代收人签收。

2)留置送达

建设用地使用权人拒绝接收法律文书的,自然资源主管部门可以邀请有关基层组织或者其所在单位的代表到场,说明情况,在送达回证上记明情况,在送达回证上记明拒收事由和日期,由自然资源主管部门、见证人签名或者盖章,把法律文书留在建设用地使用权人的住所或者张贴在违法用地现场,并采用拍照、录像等方式记录送达过程,即视为送达。影像中应当体现送达文书的内容、明确的送达日期、当事人住所等现场情况。

3)传真、电子信息送达

经建设用地使用权人同意,可以采用传真、电子邮件、手机信息等能够确认其收悉的方式送达《闲置土地调查通知书》《闲置土地认定书》等法律文书,但《征缴土地闲置费决定书》《收回国有建设用地使用权决定书》除外。传真、电子邮件、手机信息等到达土地使用权人特定系统的日期为送达日期。

4)委托、邮寄送达

直接送达《闲置土地调查通知书》等行政文书有困难的,可以委托其他自然资源主管部门或者其他机关代为送达,或者邮寄送达。

委托送达,以建设用地使用权人在送达回证上签收的日期为送达日期。邮寄送达,应当附有送达回证,回证上注明的收件日期与送达回证上注明的收件日期不一致的,或者送达回证没有寄回的,以回执上注明的收件日期为送达日期。

5)转交送达

建设用地使用权人是军人的,通过其所在部队团以上单位的政治机关转交;土地使用权人被监禁的,通过其所在监所转交,以其在送达回证上的签收日期为送达日期。

6)公告送达

建设用地使用权人下落不明或者上述方式无法送达的,可以公告送达。公告送达,可以在当地主要媒体上予以公告或者在本部门公告栏、建设用地使用权人所在基层组织公告栏、建设用地使用权人住所地等地张贴公告并拍照,并在本部门或者本系统门户网站上公告。自发出公告之日起,经过60日,即视为送达。公告送达,应当在案卷中记明原因和经过,并应保存公告的有关材料。

2.2　因送达程序违法导致闲置土地处置决定被撤销的典型

实务中存在大量的因送达程序违法导致闲置土地处置决定被撤销的案例,法院主要以送达程序未能充分保障行政相对人陈述、申辩实体权利为由而认定送达程序违法,因而判决撤销闲置土地处置决定。

2.2.1　自然资源主管部门采取的送达方式错误

如前述,自然资源主管部门应按照法定方式和程序送达行政文书,其中公告送达以及留置送达所涉的送达方式错误尤为常见。

(1)自然资源主管部门直接采用公告送达方式送达闲置土地认定、处置行政文书。

自然资源主管部门对建设用地使用权人闲置土地进行现场勘查、拍照,向当事人发出《闲置土地调查通知书》,经调查认定后,向建设用地使用权人作出《闲置土地认定书》《闲置土地处置听证权利告知书》《收回国有建设用地使用权决定书》，但并未直接向当事人送达上述行政文书，而是在当地有一定知名度的报纸上公告行政文书。因自然资源管理部门收回闲置土地发生诉讼后，建设用地使用权人认为自然资源主管部门通过公告方式送达相关行政文书程序违法，而自然资源主管部门辩称到公司地址无法找到该公司，通过电话方式也无法联系，故采取公告方式进行送达。

公告送达的前提条件是受送达人下落不明，或者用其他送达方式确实无法送达。在可供参考的例案一中，案件审理法院认为，收回建设用地使用权决定涉及土地使用权人的重大利益，如在闲置土地认定处置过程中，自然资源主管部门以无法与当事人取得联系、无法找到当事人住所地为由，即通过公告方式向当事人送达《闲置土地认定书》《闲置土地处置听证权利告知书》，属行政程序违法，行政处罚决定应依法被撤销。

(2)自然资源主管部门未按法定程序进行留置送达。

经自然资源主管部门现场勘查，发现建设用地使用权人取得土地使用权证后2年未开发建设土地。自然资源主管部门作出《闲置土地认定书》《收回国有建设用地使用权决定书》等行政文书后送到闲置土地现场，并将行政文书张贴在闲置土地现场拍照。建设用地使用权人得知自然资源主管部门作出闲置土地收回决定后，遂提起诉讼。建设用地使用权人认为自然资源主管部门将行政文书张贴在闲置土地现场而没有送达给建设用地使用权人程序违法，且拍摄照片根本无法确认拍照地点和时间。自然资源主管部门认为未联系到建设用地使用权人，将行政文书张贴到闲置土地现场并拍摄照片属于留置送达，送达程序合法。

《工作规程》第13条规定，受送达人或者其同住成年家属拒绝接收法律文书的，送达人可以邀请有关基层组织或者所在单位的代表到场，说明情况，在送达回证上记明情况，在送达回证上记明拒收事由和日期，由送达人、见证人签名或者盖章，把法律文书留在受送达人的住所或者张贴在违法用地现场，并采用拍照、录像等方式记录送达过程，即视为送达。影像中应当体现送达文书的内容、明确的送达日期、当事人住所等现场情况。

根据前述规定，留置送达的前提条件是当事人拒绝接收送达人的行政文书，在此前提下，自然资源主管部门可以邀请建设用地使用权人住所地的基层组织到建设用地使用权人住所地现场，在说明送达行政文书背景情况后，可进行留置送达,并且要在送达回证上写明当事人为何拒收,记录好送达时间;自然资源主管部门和见证人要在送达回证上签字或盖章确认,然后将行政文书张贴在建设用地使用权人住所地现场,用拍照或录像的形式将张贴行政文书的过程记录下来。最重要的是,不管采用拍照或是录像的形式,照片或视频的内容应当能够体现行政文书的内容、送达日期以及土地使用权人住所地现场的情况,缺少以上任一要素,都无法准确地确认是否将行政文书有效送达给当事人。

实践中,将行政文书张贴在闲置土地现场,并拍照留存张贴记录,此种方式被误以为是留置送达,但事实上与留置送达的标准和程序大相径庭。自然资源主管部门仅拍摄了张贴行政文书的现场照片,但照片中的内容无法体现送达时间、当事人住所地,事实上很难判断是否准确送达给当事人。在可供参考的例案二中,案件审理法院认为,自然资源主管部门仅提供张贴行政文书的照片,既不能反映张贴的地点,也不能反映张贴的时间,既不能称作公告送达,更不是所谓的留置送达,其做法变相剥夺了原告的复议权和诉权,收回闲置土地决定应当予以撤销。

2.2.2 自然资源主管部门采用的送达地址或相对人错误

除送达方式错误外,送达地址或者相对人的错误,也是实务中较为常见的送达程序违法的典型。

(1)自然资源主管部门将行政文书向建设用地使用权人法定代表人身份证地址送达。

自然资源主管部门调查发现建设用地使用权人未对土地开工建设,并对现场进行勘查、拍摄照片。自然资源主管部门认为,将闲置土地认定、处置行政文书邮寄给建设用地使用权人法定代表人即可,随即通过特快专递将行政文书向建设用地使用权人法定代表人身份证地址邮寄,邮件状态显示拒收。经政府批复同意收回闲置土地后,自然资源主管部门将《收回国有建设用地使用权决定书》向土地使用权人法定代表人身份证地址邮寄,邮件状态显示拒收。因自然资源主管部门收回土地引发的诉讼中,建设用地使用权人认为土地使用权出让合同约定了送达地址,自然资源主管部门却未按照约定地址送达,而是将行政文书邮寄给建设用地使用权人的法定代表人,送达程序无效。而自然资源主管部门认为建设用地使用权人的法定代表人能够代表建设用地使用权人接收行政文书,与送达给建设用地使用权人产生的效力一致。

按照《民事诉讼法》的规定,送达诉讼文书,应当直接送交受送达人;如无法直接送达的,可采取委托或留置送达等方式;如无法找到当事人且穷尽所有方式都无法送达当事人的,可采取公告送达的方式。由此可见,行政文书应当有效且准确地送达给当事人,以避免因送达程序无效或存在重大瑕疵而损害当事人陈述、申辩等权利,也意在防止行政机关滥用行政权力。

结合具体实践,企业的注册地可能并非其实际办公地,自然资源主管部门发现上述情况时应及时联系企业的负责人或相关办事人员,确认建设用地使用权人的准确办公地址;另外也可以通过查询企业与自然资源主管部门签订的土地成交确认书、土地使用权出让合同等文件资料确认是否有约定送达条款,如果有相关约定,应按照约定的地址进行送达。

法定代表人代表法人从事民事活动,其法律后果由法人承受,但行政文书直接送达法定代表人身份证地址是否构成有效送达值得商榷。笔者认为,如果自然资源主管部门难以找到建设用地使用权人的实际办公地址,可以和其法定代表人取得联系并确认邮寄地址或变更送达地址,同时留存与法定代表人联系沟通的证据,待法定代表人确认后可以向其法定代表人确认的地址进行送达。如法定代表人拒不配合或无法与其法定代表人取得联系的,主管部门可选择向企业在办理相关用地手续的资料时留存的通信地址送达,以最大限度确保送达的合法有效。

在大连联发置业有限公司与长海县国土资源和规划建设局行政裁决二审行政判决书[案号:(2018)辽02行终431号]中,案件审理法院认为,自然资源主管部门认为土地使用权人的营业地址不存在,故向其法定代表人身份证地址寄送了相关材料;但建设用地使用权人的营业地址是客观存在的,且当事人双方已在合同和《成交确认书》中明确了建设用地使用权人的通信地址,自然资源主管部门未提交曾向该通信地址寄送材料的任何证据,未提交其拨打建设用地使用权人法定代表人的联系电话进行沟通的相关证据,也未提交与其法定代表人进行沟通后其同意变更通信地址的任何证据。自然资源主管部门虽辩称其多次向建设用地使用权人法定代表人身份证地址寄送相关材料,但其法定代表人身份证地址并非约定的通信地址,故送达程序违法。

(2)行政文书送达给未取得建设用地使用权人书面授权的“代理人”。

自然资源主管部门以建设用地使用权人未按约定动工为由将项目地块认

定为闲置土地,将《闲置土地认定书》《闲置土地处置听证权利告知书》《收回国有建设用地使用权决定书》等行政文书发送给建设用地使用权人的相关办事人员。二者间后因收回土地发生诉讼,建设用地使用权人认为,虽然建设用地使用权人的相关办事人员一直具体负责办理该地块的用地手续,但并不代表其有权接收行政文书,自然资源主管部门送达行政文书程序违法。

《工作规程》第 13 条就直接送达的标准和程序进行了规定,受送达人有代理人的,可以送交其代理人签收;受送达人已向国土资源主管部门指定代收人的,送交代收人签收。

在办理用地手续时,企业一般都会安排固定人员负责办理,自然资源主管部门相关办事人员可能跟企业的办事人员更为熟悉,在送达行政文书时直接邮寄给企业的办事人员,虽然可能将行政文书更为快捷地送达,但办事人员在没有取得授权的情况下,也存在较大的无效送达法律风险。在东方市人民政府与张某安、朱某友等其他行政行为案[案号:(2018)琼行终 475 号]二审中,自然资源主管部门将《闲置土地认定书》《闲置土地处置听证权利告知书》《收回国有土地使用权决定书》等行政文书送达给企业的办事人员,建设用地使用权人在诉讼中提出异议,认为该办事人员没有取得授权,主管部门送达无效;案件审理法院认为,主管部门实施的立案调查、听证、作出闲置土地认定和收回闲置土地决定、送达等程序的相关法律文书送达给办事人员,但该办事人员并不是涉案土地使用权人,不属于有效的委托,故直接将行政文书送达该办事人员属送达无效。

对于自然资源主管部门来说,在送达行政文书之前,需要核实建设用地使用权人的办事人员是否已取得接收行政文书的授权,或者建设用地使用权人是否已向主管部门提交了指定代收人的书面文件。如果建设用地使用权人已经提交了上述资料,自然资源主管部门可以向该办事人员送达行政文书;如果经核实没有该等相关确认材料,自然资源主管部门应进一步确认送达地址,避免无效送达的法律风险。

2.3 不足以导致闲置土地处置决定被撤销的送达程序瑕疵典型

实务中存在送达程序不符合法律规定,但法院经审理认为送达程序并没有侵害行政相对人陈述、申辩的实体权利,闲置土地处置决定并不会因此被撤销的情形。

2.3.1 收件的建设用地使用权人的法定代表人未签收送达回证

自然资源主管部门作出《闲置土地认定书》后送交建设用地使用权人的法定代表人,但其拒绝签收,自然资源主管部门将该行政文书放置在法定代表人处,没有在送达回证上说明情况,没有拍照或录像保留证据,该法定代表人也没有签字确认。因主管部门作出收回闲置土地决定引发诉讼,建设用地使用权人虽然认可收悉《闲置土地认定书》,但认为主管部门出示的证据中没有其法定代表人签字确认的送达回证,不符合法定程序,应当认定送达程序无效。

根据《工作规程》第13条的规定,受送达人是法人或其他组织,应当由法人的法定代表人、其他组织的主要负责人或者该法人、组织负责收件的人签收。根据《民事诉讼法》第87条的规定,送达诉讼文书必须有送达回证,由受送达人在送达回证上记明收到日期,签名或者盖章;受送达人在送达回证上的签收日期为送达日期。

送达的实质在于让当事人及时有效知晓行政机关作出的行政认定、决定,以保障行政相对人进行陈述、申辩的权利。相关规定对于送达回证的要求,包括需要填写确定的日期、签名或盖章等内容,主要是为了说明行政相对人知晓了解行政认定或决定的情况。自然资源主管部门送达的行政文书没有经过建设用地使用权人法定代表人或负责人的签收,在一定程度上会造成送达举证困难,但如果建设用地使用权人确认已收悉行政认定、决定,说明自然资源主管部门已将行政文书及时送达给建设用地使用权人,没有签收送达回证存在程序性瑕疵,但事实上没有对建设用地使用权人的权利造成实质性影响。

2.3.2 虽未有效送达但建设用地使用权人认可收到了行政文书

自然资源主管部门作出《闲置土地认定书》《收回国有建设用地使用权决定书》后没有直接送达建设用地使用权人,而是将行政文书送交给了与建设用地使用权人有关联关系的主体。因收回闲置土地引发诉讼,法院在调查了解案件事实的过程中,建设用地使用权人认可该有关联关系的主体及时将行政文书予以转交。

对于主管部门没有将行政文书直接送达给行政相对人,而是送达给与行政相对人有关联关系的人,并由该有关联关系的人送交给行政相对人,送达程序是否有效,存在较大争议。

观点一：将行政文书送交给与行政相对人有关联关系的主体，该关联关系的主体将行政文书转交给行政相对人，不符合法定的送达形式和程序，即便行政相对人确认已收悉该等行政文书，但因严重违反法定程序导致送达程序无效。

观点二：《民事诉讼法》及《工作规程》等文件规定了有名送达，虽然将行政文书送达给与行政相对人有关联关系的主体不符合法定送达程序，但行政相对人确认收悉行政文书的事实，足以说明行政文书已经有效送达，不应拘泥于有名送达这种形式。

笔者更倾向于第二种观点，虽然闲置土地行政文书并没有直接送达给土地使用权人，但收件人将行政文书及时送交给土地使用权人，并且土地使用权人也确认收悉的，送达程序虽然不够严谨确有瑕疵，但送达瑕疵没有对当事人陈述、申辩等权利造成实质性影响。在可供参考的例案三中，有关联关系的办事人员曾代表建设用地使用权人与政府主管部门接洽办理土地登记等事宜，鉴于有关联关系的主体与土地使用权人之间的特殊关联，且土地使用权人认可其已及时收到《闲置土地认定书》，案件审理法院认为，有关联关系的主体作为收件人并接收行政文书材料虽不够严谨，但并不违背常识，且建设用地使用权人实际已收到相关文书并按期提起行政复议，即主管部门在送达上的瑕疵并未对建设用地使用权人权利义务产生实质影响，故法院对建设用地使用权人诉称自然资源主管部门未依法送达、程序违法的意见不予采纳。

2.3.3　虽逾期送达行政文书但未影响建设用地使用权人行使权利

自然资源主管部门经过现场勘查，发现土地涉嫌构成闲置土地后并没有及时向当事人发送《闲置土地调查通知书》，后因建设用地使用权被收回引发诉讼，当事人认为自然资源主管部门未在法定期限内发出行政文书，送达程序违法，收回闲置土地的行政决定应予以撤销。

《闲置土地处置办法》第5条第1款规定："市、县国土资源主管部门发现有涉嫌构成本办法第二条规定的闲置土地的，应当在三十日内开展调查核实，向国有建设用地使用权人发出《闲置土地调查通知书》。"该条款对《闲置土地调查通知书》送达时限作出了规定，自然资源主管部门发现土地闲置的，应当在三十日内开展调查并向土地使用权人发送《闲置土地调查通知书》。

《闲置土地调查通知书》送达后，建设用地使用权人应按照要求提供土地开发利用情况、闲置原因以及相关说明等材料，这是闲置土地调查、认定的起始流程。自然资源主管部门没有在发现土地闲置状态后 30 日内将《闲置土地调查通知书》送达建设用地使用权人，客观上并不妨碍建设用地使用权人向自然资源主管部门提交土地开发利用、闲置原因等说明情况的材料，也不会对建设用地使用权人行使权利构成实质性影响。在海南聚盈企业管理中心与琼海市人民政府行政处罚一审案［案号：（2018）琼 96 行初 252 号］中，案件审理法院认为，尽管在送达过程中，主管部门没有按照法定程序在规定时间完成送达任务，但该行为仅属于程序瑕疵，并未实际影响行政相对人行使权利。因此，对建设用地使用权人以自然资源主管部门超期或未正当履行送达义务而请求撤销行政行为的主张法院不予支持。

当然，自然资源主管部门没有按照规定的时限向建设用地使用权人送达《闲置土地调查通知书》等行政文书可能不会对行政处罚决定的合法有效构成实质性影响，但对自然资源主管部门来讲，按照法定的程序送达行政文件可以在最大程度上避免不必要的争议，降低程序违法的法律风险。

附录一　闲置土地行政案件大数据报告

一、大数据报告数据检索来源

裁判日期：2002 年至 2021 年

案例来源：Alpha 案例库

检索范围：全国

案　　由：行政

检索条件：

审理程序：一审、二审、再审

全文模糊：闲置土地 + 处置

法院认为包含：闲置费、收回、协商

文书类型:判决/裁定

案件数量:1678 件(该文书数量系根据上述检索关键词而得出的结果,在民事诉讼中也会涉及闲置土地的案件,但考虑到诉讼类型和主体有较大区别,故本报告仅针对闲置土地行政案件做相关大数据分析)

数据采集时间:2021 年 12 月 23 日

二、报告说明

1. 本报告分析的闲置土地行政纠纷包含征缴土地闲置费纠纷、收回闲置土地纠纷,这里面包含了土地使用权人自身原因造成土地闲置的情况,也包含了政府原因造成土地闲置的情况。

2. 因为"闲置土地"和"处置"具有闲置土地案件的共通性,故将这两个关键词放置在"全文"检索框中进行检索,为避免其他类型案件中也包含上述关键词,我们在"法院认为"检索框输入"闲置费""收回""协商",使检索数据更具准确性和完整性。

3. 本报告分析的闲置土地纠纷行政案件,是指政府依照《闲置土地处置办法》的规定,以土地使用权人原因造成土地闲置为由,征缴土地闲置费或收回闲置土地时引发的纠纷。

4. 受限于各地公布裁判文书规则的差异以及裁判文书网公布裁判文书时间上的延迟性,目前检索出的文书数量与实际审结案件所产生的文书数量相比存在一定差异,报告统计的数据、分析结论难免存在疏漏和不足之处。

三、大数据报告分析正文

本次检索获取了闲置土地行政类案件在 2021 年 7 月 13 日前的共 1678 篇裁判文书,并以此为基础进行大数据分析。

（一）涉闲置土地行政纠纷整体情况分析

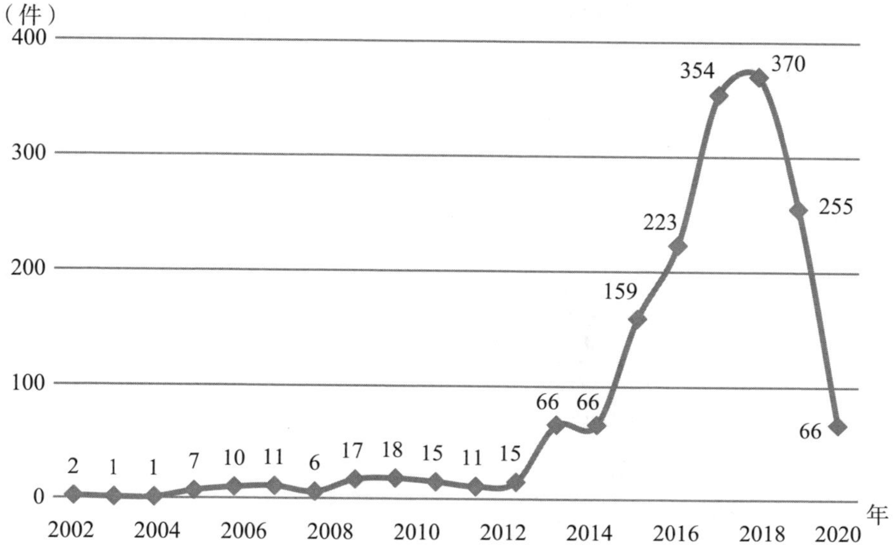

图1　案件数量走势

从图 1 的案件数量走势图中，我们可以看到，当前条件下闲置土地行政案件数量呈递增的变化趋势，2002 年至 2010 年案件数量较少，但从 2013 年以后，案件数量呈爆炸式增长。

司法实践中，裁判文书实际作出时，有些文书可能未及时上传到法院系统，这就造成了裁判文书网公开文书的延迟。从 2013 年到 2018 年间的增长趋势看，2019 年和 2020 年闲置土地案件会大概率保持增长的态势。

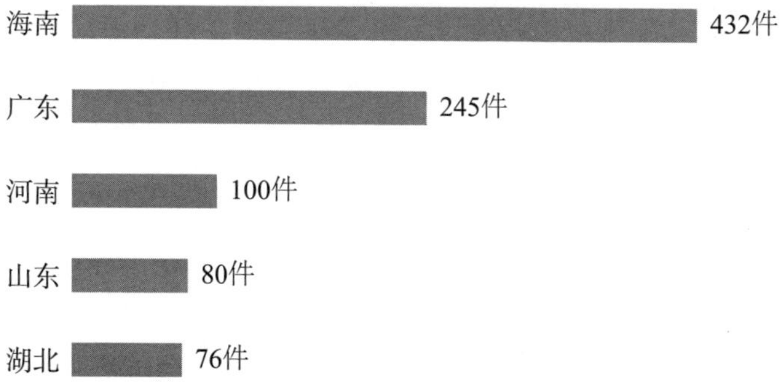

图2　各省份案件数量占比

从图 2 的地域分布来看,当前我国发生的闲置土地行政案件主要集中在海南省、广东省、河南省。其中,海南省的案件量最多,达到 432 件。

20 世纪 90 年代,海南省出现了房地产发展过热的情况,国家出台专门文件[①]处置海南省积压房地产,其中就涉及闲置土地的处置问题,以及积压商品房问题、停缓建工程问题和闲置土地的权属关系问题。

(二)闲置土地行政案件案由分布

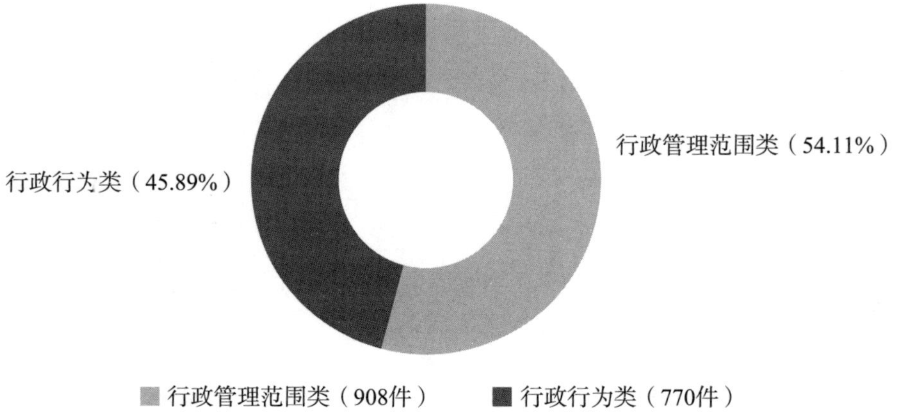

图 3　案由分类

从图 3 的案由分类情况中,我们可以看到,闲置土地行政类案件在当前条件下的案由分为行政管理范围类、行政行为类。行政管理类包括土地行政管理、城市规划管理、交通运输行政管理、经贸行政管理等,行政行为类别包括行政处罚、行政许可、行政登记、行政确认、行政复议等。

---

① 参见国务院办公厅《关于印发海南省人民政府、建设部、财政部、国土资源部、人民银行处置海南省积压房地产试点方案的通知》(国办发〔1999〕62 号)。

(三)闲置土地行政案件所涉行业分布

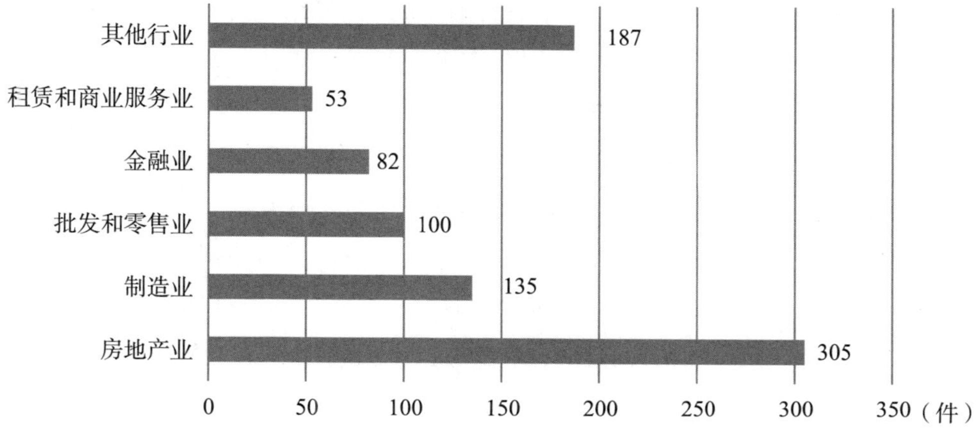

图4　案件行业分布

我们从图4的案件行业分布情况中,可以看到,当前闲置土地行政案件涉及的行业分布主要集中在房地产业,制造业,批发和零售业,金融业,租赁和商务服务业。

房地产行业所涉闲置土地行政类案件比重大的原因,主要是我国房地产行业观模巨大;除了规模庞大的缘故,房地产行业具有高风险、高资金依赖等特点,与其他行业相比发生土地闲置风险的系数更高。

(四)闲置土地行政案件诉讼程序分析

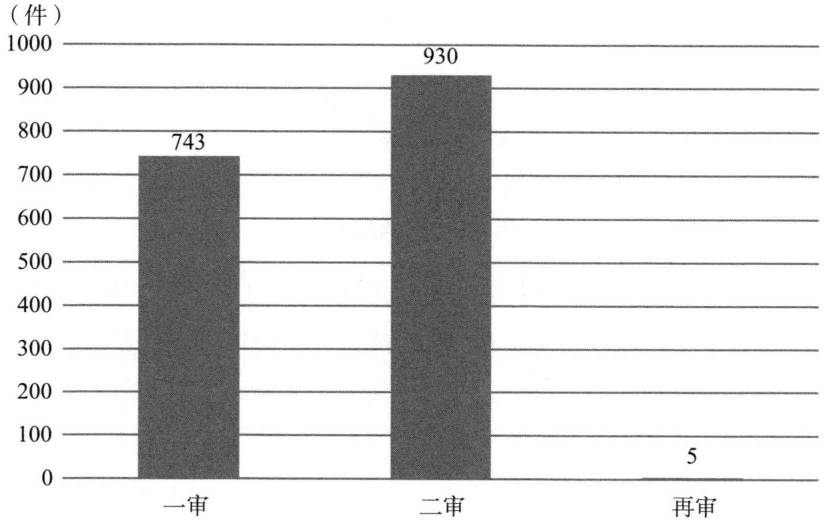

图5　审理程序分布

从图 5 的审理程序分布统计中,我们可以看到,闲置土地行政案件在当前条件下的审理程序分布状况。一审案件有 743 件,占比 44. 28%;二审案件有 930 件,占比 55. 42%;再审案件有 5 件,占比 0. 30%。从以上数据能够看出,闲置土地行政案件上诉率非常高,再审率相对较低。

出现上诉率高这一现象的缘故是,闲置土地的处置涉及当事人重大利益,尤其是政府主管部门收回闲置土地属于非常严重的处罚措施,会给土地使用权人和政府主管部门带来非常重大的影响。因土地闲置,土地使用权人有可能会丧失土地使用权,重大投资项目也可能因政府主管部门未收回闲置土地(如程序违法使收地决定被撤销)而延后,这在一定程度上推动了诉讼程序的延伸。

(五)闲置土地行政案件裁判结果分析

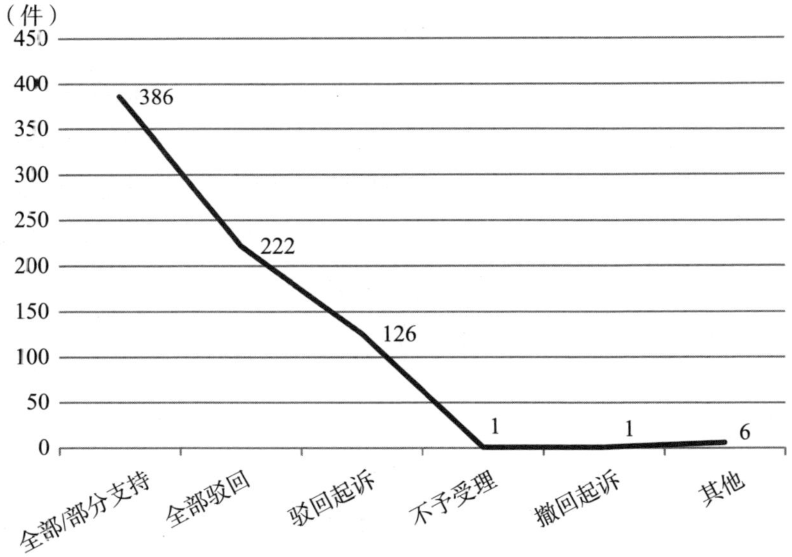

图 6　一审裁判结果

从图 6 的一审裁判结果的可视化分析中,我们可以看到,当前条件下诉讼请求被全部/部分支持的案件有 386 件,占比为 52. 02%;全部驳回的有 222 件,占比为 29. 92%;驳回起诉的有 126 件,占比为 16. 98%。也就是说,在一审程序中,虽然原告的诉求得到法院全部或部分支持的案件的比重超过了 50%,但不难看到,很大一部分案件被驳回,当事人从实体和程序上都要重视这个问题。

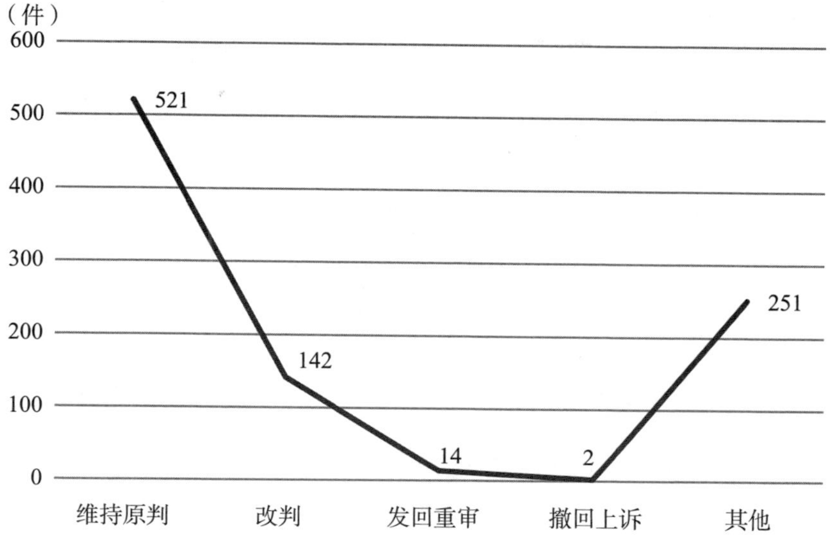

图 7　二审裁判结果

从图 7 的二审裁判结果的可视化分析中，我们可以看到，当前条件下维持原判的案件有 521 件，占比为 56.02%；其他的有 251 件，占比为 26.99%；改判的有 142 件，占比为 15.27%。从以上数据可以看出，上诉案件中大部分上诉人的诉求没有得到支持，二审法院维持了一审法院的判决；另外改判和发回重审的比率并不高，所以当事人应当在一审当中充分进行举证说明事实情况。

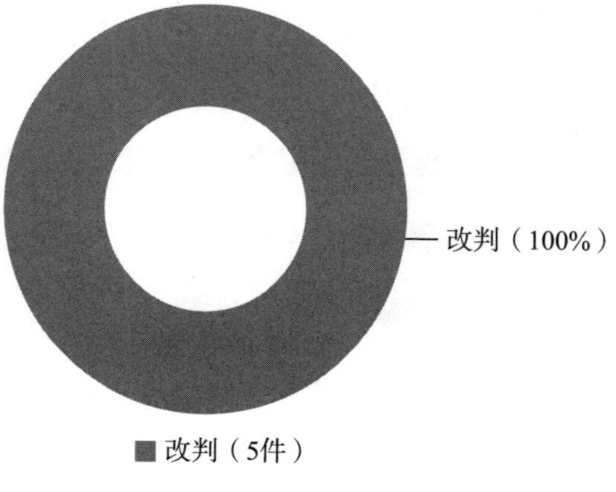

图 8　再审裁判结果

从图 8 的再审裁判结果的可视化分析中，我们可以看到，当前条件下改判的案件有 5 件，占比为 100.00%。

这 5 起再审案件均系土地使用权人提起,2 起由最高人民法院审理,3 起由中级人民法院审理,再审法院均支持了申请人的再审请求;其中有 4 起案件再审法院判决撤销收回闲置土地决定,另外 1 起案件再审法院认为仅构成轻微违法,不予撤销收回闲置土地决定。

(六)闲置土地行政案件审理期限分析

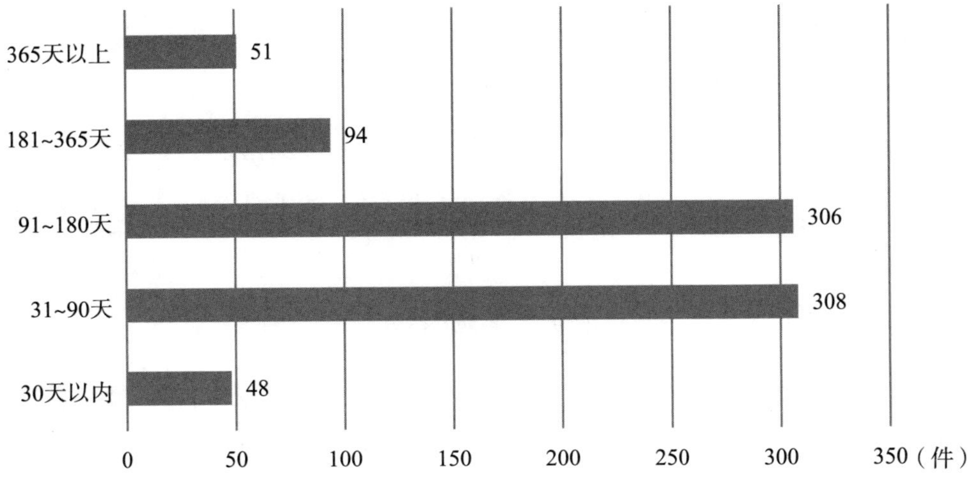

图 9　审理期限

从图 9 的审理期限的可视化分析中,我们可以看到,当前条件下的闲置土地行政案件审理时间更多处在 31 ~ 90 天、91 ~ 180 天的区间内,平均时间为 146 天。

(七)审理闲置土地行政案件法院分析

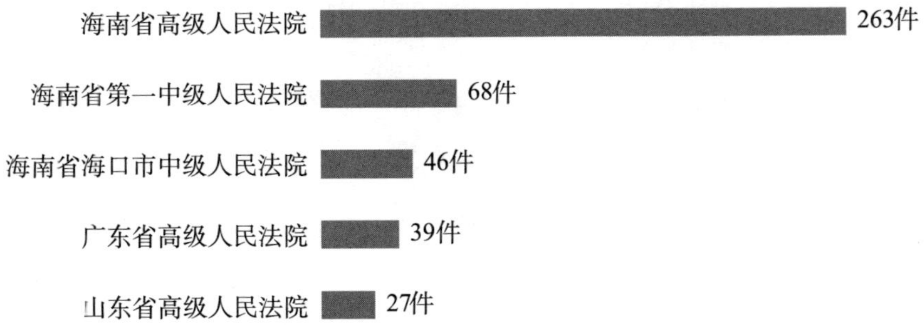

图 10　审理法院分布

通过图 10 对审理法院分布进行可视化分析,我们可以看到,审理闲置土地行政案件的法院由多至少分别为海南省高级人民法院、海南省第一中级人民法院、海南省海口市中级人民法院、广东省高级人民法院、山东省高级人民法院。海南地区法院审理案件的数量占据了前三位，主要是因为海南地区闲置土地行政案件数量最多，相应的，海南省辖区法院审理的案件数量，在全国范围内也排在前列。

（八）闲置土地行政案件政府方当事人分析

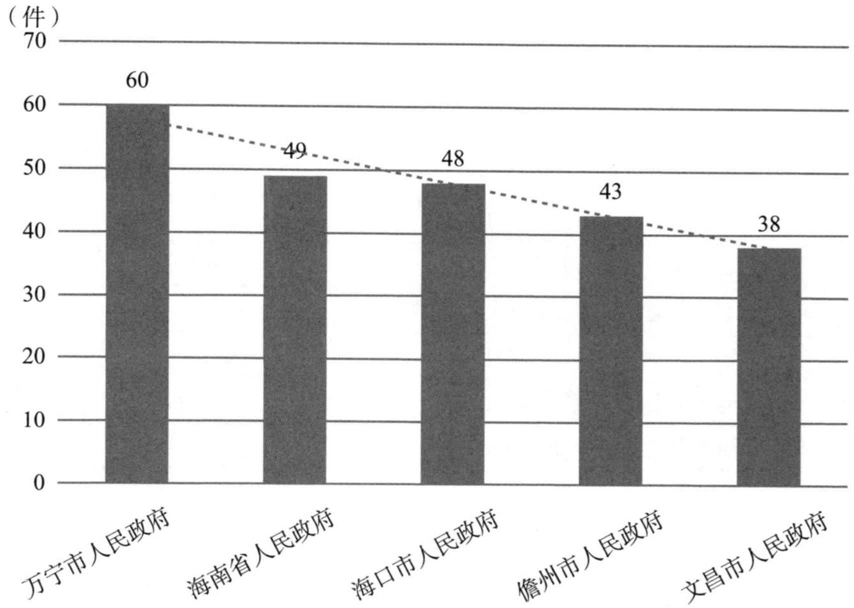

图 11　政府作为当事人数量分布

通过图 11 政府作为当事人数量分布进行可视化分析，我们可以看到，在当前条件下对闲置土地行政案件涉案最多次的政府方当事人分别是：万宁市人民政府、海南省人民政府、海口市人民政府、儋州市人民政府以及文昌市人民政府。以上数据也凸显了海南省闲置土地案件发生数量多，分布范围广的特点。

（九）闲置土地行政案件高频法条

此处统计了闲置土地行政案件中所有被援引的高频法条，见表 1、表 2。

表 1　高频实体法条

序号	法规名称	条目数	引用频次
1	闲置土地处置办法（2012 年修订）	第二条	401
2	闲置土地处置办法（2012 年修订）	第十四条	384
3	中华人民共和国城市房地产管理法（2009 年修正）	第二十六条	347

续表

序号	法规名称	条目数	引用频次
4	中华人民共和国土地管理法(2004 年修正)	第三十七条	338
5	闲置土地处置办法(2012 年修订)	第八条	321
6	闲置土地处置办法(2012 年修订)	第十二条	256
7	闲置土地处置办法(2012 年修订)	第十四条第二项	218
8	闲置土地处置办法(2012 年修订)	第二条第一款	174
9	闲置土地处置办法(2012 年修订)	第五条	154
10	中华人民共和国土地管理法(2004 年修正)	第五十八条	142
11	闲置土地处置办法(2012 年修订)	第二十一条	132
12	闲置土地处置办法(2012 年修订)	第四条	122
13	海南省闲置土地认定和处置规定	第二十九条	121
14	闲置土地处置办法(2012 年修订)	第十三条	119
15	闲置土地处置办法(2012 年修订)	第十五条	98
16	海南省闲置土地认定和处置规定	第六条	95
17	闲置土地处置办法(2012 年修订)	第九条	91
18	海南省闲置土地认定和处置规定	第二条	88
19	中华人民共和国城市房地产管理法(2019 年修正)	第二十六条	75
20	中华人民共和国土地管理法(2019 年修正)	第三十七条	75

表 2 高频程序法条

序号	法规名称	条目数	引用频次
1	中华人民共和国行政诉讼法(2017 年修正)	第八十九条第一款第一项	473
2	中华人民共和国行政诉讼法(2017 年修正)	第六十九条	401
3	中华人民共和国行政诉讼法(2017 年修正)	第七十条第一项	233
4	中华人民共和国行政诉讼法(2017 年修正)	第七十条第二项	147
5	中华人民共和国行政诉讼法(2014 年修正)	第八十九条第一款第一项	123
6	中华人民共和国行政诉讼法(2017 年修正)	第七十条第三项	121
7	最高人民法院关于适用《中华人民共和国行政诉讼法》的解释	第六十九条第一款第一项	112
8	中华人民共和国行政诉讼法(2017 年修正)	第八十九条第一款第二项	108
9	中华人民共和国行政诉讼法(2014 年修正)	第六十九条	89

续表

序号	法规名称	条目数	引用频次
10	中华人民共和国行政诉讼法(2017年修正)	第二十五条第一款	84
11	中华人民共和国行政诉讼法	第五十四条第二款	84
12	中华人民共和国行政诉讼法(2017年修正)	第四十九条	75
13	最高人民法院关于执行《中华人民共和国行政诉讼法》若干问题的解释	第五十六条第四项	75
14	中华人民共和国行政诉讼法	第六十一条第一项	73
15	中华人民共和国行政诉讼法(2017年修正)	第二十五条	72
16	中华人民共和国行政诉讼法(2014年修正)	第七十条第一项	69
17	中华人民共和国行政诉讼法(2014年修正)	第七十条第二项	68
18	中华人民共和国行政诉讼法(2017年修正)	第七十条	65
19	中华人民共和国行政诉讼法(2017年修正)	第四十六条	61
20	中华人民共和国行政诉讼法(2017年修正)	第四十九条第一项	58

附录二 闲置土地认定与处置流程图

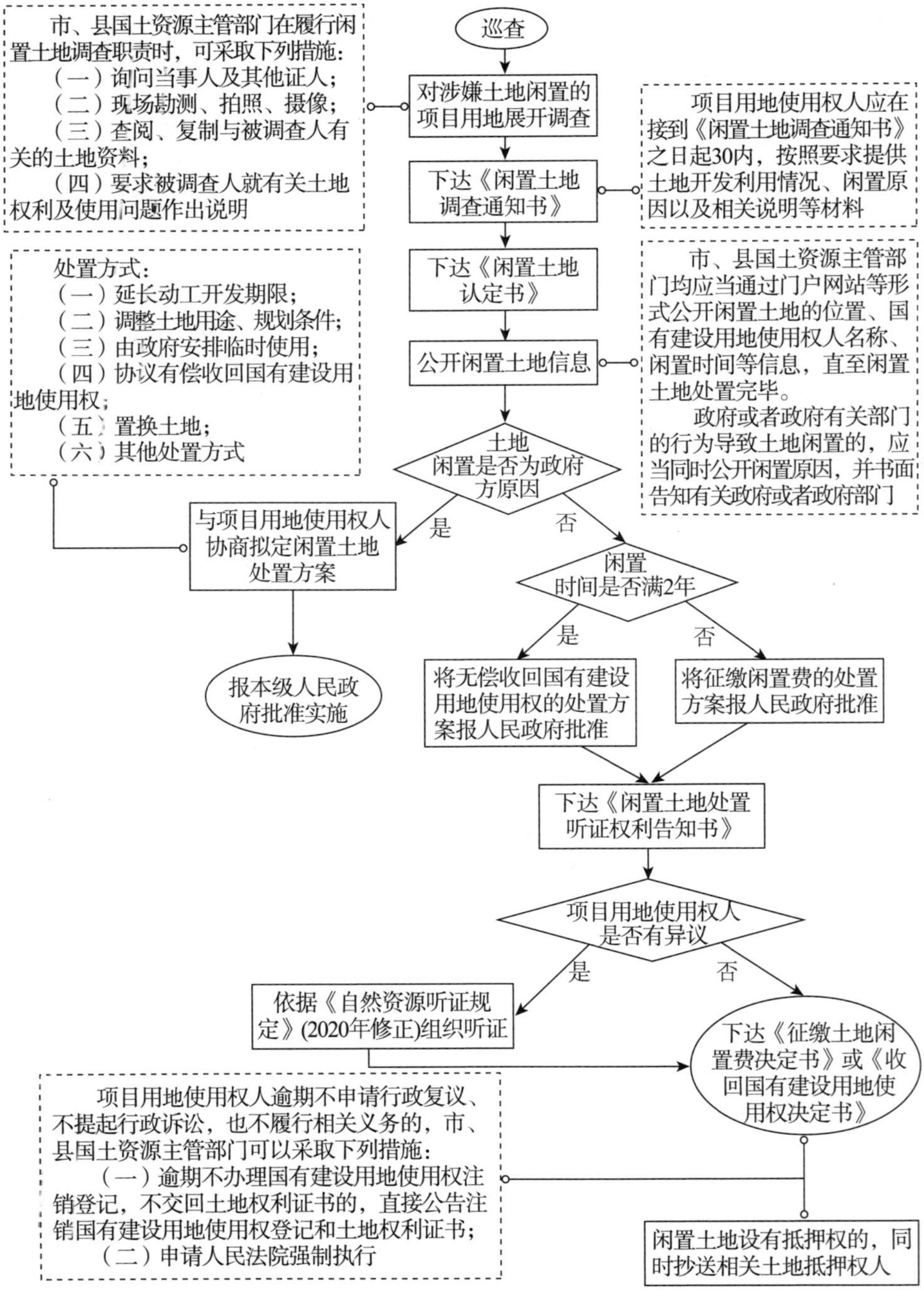

附录三　各地关于闲置土地认定及处置的文件名称

各地关于闲置土地认定及处置的规定

序号	法规/规章名称	发文机关	文　号	施行日期
1	湖北省自然资源厅关于分类处置历史遗留闲置土地的通知	湖北省自然资源厅	鄂自然资函〔2021〕188号	2021年9月6日
2	湖北省自然资源厅关于闲置土地认定处置有关事项的通知	湖北省自然资源厅	鄂自然资规〔2018〕1号	2018年12月3日
3	珠海市闲置土地处置办法(2020年修正)	珠海市人民政府	珠海市人民政府令第131号	2020年12月23日
4	广州市闲置土地处理办法(2020年修正)	广州市人民政府	广州市人民政府令第176号	2020年11月11日
5	高州市人民政府关于印发《高州市闲置土地处置办法(修订)》的通知	高州市人民政府		2019年8月17日
6	肇庆市闲置土地处置实施办法	肇庆市人民政府	肇庆市人民政府令第4号	2019年4月1日
7	寿县人民政府办公室关于进一步盘活利用全县工业企业闲置土地和低效用地的实施意见(试行)	淮南市寿县人民政府	寿政办〔2019〕17号	2019年8月6日
8	茂名市人民政府关于印发《茂名市城市规划区闲置土地处置办法实施细则》的通知	茂名市人民政府	茂府规〔2019〕6号	2019年5月27日
9	云霄县人民政府办公室关于进一步明确协议有偿收回闲置土地项目资金补偿有关规定的通知	漳州市云霄县人民政府		2019年6月10日
10	河源市人民政府关于印发河源市区闲置土地处置办法(试行)的通知	河源市人民政府	河府〔2018〕86号	2019年2月1日

续表

序号	法规/规章名称	发文机关	文 号	施行日期
11	莆田市国土资源局关于印发《闲置土地处置规程》的通知	莆田市国土资源局		2018 年 8 月 21 日
12	株洲市人民政府办公室关于印发《株洲市闲置土地处置、低效工业用地再开发利用实施方案》的通知	株洲市人民政府	株政办发〔2018〕23 号	2018 年 10 月 24 日
13	佛山市三水区人民政府办公室关于修订佛山市三水区闲置土地处置实施细则的通知	佛山市三水区人民政府	三府办〔2017〕24 号	2017 年 8 月 23 日
14	邵阳市人民政府关于清理处置闲置土地的通告	邵阳市人民政府	市政发〔2016〕16 号	2016 年 10 月 19 日
15	沈阳市人民政府办公厅转发市规划国土局关于《沈阳市闲置土地处置办法》的通知	沈阳市人民政府	沈政办发〔2016〕140 号	2016 年 11 月 2 日
16	泰州市人民政府办公室印发《关于盘活利用工业企业低效用地和闲置土地实施意见》的通知	泰州市人民政府	泰政办发〔2016〕86 号	2016 年 6 月 21 日
17	乌兰察布市人民政府办公厅关于印发闲置土地处置实施意见的通知	乌兰察布市人民政府	乌政办发〔2016〕4 号	2016 年 1 月 14 日
18	上海市宝山区人民政府办公室关于转发区规划土地局制订的《宝山区闲置土地处置实施意见(试行)》的通知	上海市宝山区人民政府	宝府办〔2015〕80 号	2015 年 12 月 7 日
19	海南省人民政府关于进一步做好闲置土地处置工作的通知	海南省人民政府	琼府〔2015〕24 号	2015 年 4 月 22 日
20	安庆市人民政府办公室关于有偿收回闲置土地的指导意见	安庆市自然资源和规划局	宜政办秘〔2015〕15 号	2015 年 2 月 13 日
21	鄂尔多斯市人民政府关于公布《鄂尔多斯市闲置土地处置实施办法》的通知	鄂尔多斯市人民政府	鄂府发〔2015〕5 号	2015 年 1 月 12 日
22	湖南省国土资源厅办公室关于抓紧报送闲置土地清理工作情况的通知	湖南省国土资源厅	湘国土资办发〔2014〕166 号	2014 年 9 月 30 日
23	永州市人民政府关于清理处置闲置土地的通告	永州市人民政府	永政函〔2014〕78 号	2014 年 6 月 3 日

续表

序号	法规/规章名称	发文机关	文　号	施行日期
24	阳江市人民政府关于印发《阳江市闲置土地处置实施细则(试行)》的通知	阳江市人民政府	阳府〔2014〕40号	2014年5月20日
25	海南省闲置土地认定和处置规定	海南省人民政府	海南省人民政府令第247号	2013年11月1日
26	连山壮族瑶族自治县人民政府办公室关于印发连山壮族瑶族自治县处置闲置土地工作实施方案的通知	连山壮族瑶族自治县人民政府	山府办发〔2014〕35号	2014年4月1日
27	常州市政府关于颁发《常州市闲置土地处置办法》的通知	常州市人民政府	常政规〔2013〕13号	2013年11月1日
28	大庆市人民政府关于印发大庆市闲置土地处理办法的通知(2012年)	大庆市人民政府	庆政发〔2012〕50号	2012年12月31日
29	杭州市国土资源局关于印发《关于贯彻实施〈闲置土地处置办法〉若干问题的意见》的通知	杭州市国土资源局	杭土资发〔2013〕2号	2013年4月10日
30	兴宁市人民政府关于印发兴宁市闲置土地处置暂行办法的通知	兴宁市人民政府	兴市府〔2012〕39号	2012年9月25日
31	商洛市人民政府关于印发闲置土地处置实施办法的通知	商洛市人民政府	商政发〔2012〕29号	2012年9月1日
32	深圳市规划和国土资源委员会关于印发《深圳市贯彻执行〈闲置土地处置办法〉的实施意见(试行)》的通知	深圳市规划和国土资源委员会	深规土〔2013〕22号	2013年1月8日
33	抚州市人民政府办公室关于印发抚州市闲置土地和低效用地清理处置实施方案的通知	抚州市人民政府	抚府办发〔2012〕50号	2012年11月15日
34	杭州市闲置土地处理办法(2012年修改)	杭州市人民政府	杭州市人民政府令第270号	2012年5月18日
35	长沙市闲置土地处理办法(已废止)	长沙市人民政府	长沙市人民政府令第113号	2011年7月1日
36	周口市人民政府关于印发周口市闲置土地处置办法的通知	周口市人民政府	周政〔2011〕78号	2011年11月15日

续表

序号	法规/规章名称	发文机关	文　号	施行日期
37	拉萨市闲置土地处置办法	拉萨市人民政府	拉萨市人民政府令第31号	2011年1月1日
38	福州市闲置土地处置办法（2010年修正）	福州市人民政府		2010年11月17日
39	牡丹江市人民政府办公室关于印发牡丹江市市区闲置土地处置办法的通知	牡丹江市人民政府	牡政办发〔2011〕2号	2011年1月8日
40	肇庆市人民政府印发肇庆市闲置土地处理办法的通知	肇庆市人民政府	肇府〔2010〕12号	2010年5月12日
41	合肥市闲置土地处置办法（试行）	合肥市人民政府	合肥市人民政府令第148号	2009年10月1日
42	吴忠市人民政府关于印发《吴忠市闲置土地处置办法》的通知	吴忠市人民政府	吴政发〔2009〕39号	2009年5月18日
43	大庆市人民政府关于印发大庆市闲置土地处理办法的通知	大庆市人民政府	庆政发〔2009〕9号	2009年5月18日
44	唐山市人民政府关于印发《唐山市闲置土地处理办法》的通知	唐山市人民政府	唐政发〔2009〕11号	2009年3月27日
45	南宁市国有闲置土地处置办法（2008）	南宁市人民政府	南宁市人民政府令第22号	2009年2月1日
46	信阳市人民政府关于印发信阳市闲置土地处置办法的通知	信阳市人民政府	信政〔2008〕56号	2008年5月15日
47	张掖市人民政府关于印发张掖市国有闲置土地处置实施办法的通知	张掖市人民政府	张政发〔2008〕43号	2008年5月28日
48	平度市人民政府办公室关于印发《平度市闲置土地处置工作方案》的通知	平度市人民政府	平政办发〔2008〕5号	2008年3月12日
49	汕头市人民政府办公室关于印发汕头市闲置土地处置意见的通知	汕头市人民政府	汕府办〔2007〕382号	2007年12月21日
50	桂林市人民政府关于印发桂林市闲置土地处置暂行办法的通知	桂林市人民政府	市政〔2007〕79号	2007年11月14日
51	武汉市人民政府关于印发武汉市闲置土地处置办法的通知	武汉市人民政府	武政〔2006〕53号	2006年12月9日

续表

序号	法规/规章名称	发文机关	文 号	施行日期
52	韶关市闲置土地处置办法	韶关市人民政府	韶关市人民政府令第29号	2006年7月10日
53	上海市金山区人民政府批转区房地局关于《金山区闲置土地处置暂行办法》的通知	上海市金山区人民政府	金府〔2006〕29号	2006年9月30日
54	邯郸市闲置土地处理暂行办法	邯郸市人民政府	〔2005〕94号	2006年2月1日
55	盐城市人民政府办公室关于印发《盐城市市区闲置土地处置办法》的通知	盐城市人民政府	盐政办发〔2005〕67号	2005年6月13日
56	南通市政府关于印发《南通市区闲置土地处置暂行规定》的通知	南通市人民政府	通政发〔2005〕28号	2005年5月1日
57	关于印发《昆山市闲置土地处置办法》的通知	昆山市人民政府	昆政发〔2004〕41号	2004年6月16日
58	河池市人民政府关于印发《河池市闲置土地处理暂行规定》的通知	河池市人民政府		2003年4月1日
59	北海市人民政府关于印发北海市处置闲置土地暂行规定的通知	北海市人民政府		2002年12月26日
60	北京市闲置土地处理办法	北京市人民政府	市政府令第83号	2001年8月28日

附录四 闲置土地认定与处置法律文书示范文本

闲置土地调查通知书

________________：

____________局与你方签订的国有建设用地使用权出让合同，合同电子监管号为______________（向你方核发的国有建设用地划拨决定书，划拨决定书电子监管号为____________），宗地四至为____________________________________，面积为________________平方米，约定（规定）的动工日期为______年____月____日（交地确认书确定的交地日期为______年____月____日）。

根据《闲置土地处置办法》（国土资源部第53号令）第二条的规定，上述宗地存在_____________________________情况，涉嫌构成闲置土地。我局依法对上述宗地进行调查，请你方接受调查，自本通知书送达之日起30日内，向我局提供以下材料：

（一）土地权利证明文件；

（二）宗地是否闲置的原因说明及辅证材料；

（三）其他______________________________。

你单位应对上述材料的真实性负责。本调查将作为闲置土地认定的重要依据。逾期不提供上述材料，我局将根据其他调查材料进行闲置土地认定。

特此通知。

我局联系人：　　　　　　　　　　　　联系电话：

局（印章）

年　月　日

闲置土地认定书

________________：

__________局与你方签订的国有建设用地使用权出让合同，合同电子监管号为__________（向你方核发的国有建设用地划拨决定书，划拨决定书电子监管号为________________），宗地四至为________________，面积为______________平方米，约定（规定）的动工日期为___年___月___日（交地确认书确定的交地日期为___年___月___日）。

上述宗地存在________________的情况，我局已向你方送达了《闲置土地调查通知书》（文号__________）。根据调查结果和《闲置土地处置办法》（国土资源部第 53 号令）的规定，认定上述宗地为闲置土地，闲置原因为：____，应按照《闲置土地处置办法》的有关规定进行处置。

特此告知。

我局联系人：　　　　　　　　　　联系电话：

局（印章）

年　月　日

闲置土地情况告知书

____________________:

我局于____年____月____日向____________下发了《闲置土地认定书》(文号:__________________),认定其中所涉宗地为闲置土地,宗地四至为____________________________,闲置原因为:____。

我局将适时公示闲置情况及原因,并按照《闲置土地处置办法》(国土资源部令第53号)的规定进行处置。

特此告知。

我局联系人:　　　　　　　　　　联系电话:

局(印章)

年　月　日

闲置土地处置听证权利告知书

________________:

我局向你方下发了《闲置土地认定书》(文号:______________)。根据《闲置土地处置办法》(国土资源部令第53号)规定,我局将采取以下处置措施:

□(一)按出让价款(划拨价)20%收缴土地闲置费;

□(二)无偿收回国有建设用地使用权。

如有异议,你方接到本告知书5个工作日内可向我局申请听证,我局将依照《国土资源听证规定》依法组织听证。逾期未提出的,视为放弃听证。

我局联系人:　　　　　　　　　　联系电话:

局(印章)

年　月　日

征缴土地闲置费决定书

____________________:

________局与你方签订的国有建设用地使用权出让合同,合同电子监管号为__________(向你方核发的国有建设用地划拨决定书,划拨决定书电子监管号为______________),宗地四至为______________________________,面积为__________________平方米,出让价款(划拨价款)为__________万元。

我局认定上述宗地为闲置土地,已向你方送达了《闲置土地认定书》,文号为________________。根据《闲置土地处置办法》(国土资源部第53号令)第十四条的规定,经报请__________________人民政府批准(批准文号:______________________),对上述闲置土地征缴土地闲置费。请你方自本决定书送达之日起30日内,按以下方式足额缴纳土地闲置费____________________万元:____________________________________。

对本决定不服的,可依据《行政复议法》的规定申请行政复议,或依照《行政诉讼法》的规定提起行政诉讼。

我局联系人:　　　　　　　　　　　联系电话:

局(印章)

年　月　日

收回国有建设用地使用权决定书

________________：

__________局与你方签订的国有建设用地使用权出让合同，合同电子监管号为__________（向你方核发的国有建设用地划拨决定书，划拨决定书电子监管号为______________），宗地四至为______________________，面积为______________平方米，土地用途为______________________，出让价款（划拨价款）为______万元。

我局认定上述宗地为闲置土地，已向你方送达了《闲置土地认定书》，文号为______________。根据《闲置土地处置办法》（国土资源部第53号令）第十四条的规定，经报请________________人民政府批准（批准文号：____________），我局依法无偿收回上述闲置土地使用权。请你方自本决定书送达之日起30日内，到我局办理国有建设用地使用权注销登记，交回土地权利证书。逾期不履行相关义务的，我局将直接公告注销国有建设用地使用权登记和土地权利证书。

对本决定不服的，可依据《行政复议法》的规定申请行政复议，或依照《行政诉讼法》的规定提起行政诉讼。

我局联系人：　　　　　　　　　　联系电话：

局（印章）

年　月　日